U0574419

权威·前沿·原创

皮书系列为
"十二五""十三五""十四五"时期国家重点出版物出版专项规划项目

BLUE BOOK

智 库 成 果 出 版 与 传 播 平 台

志愿服务蓝皮书
BLUE BOOK OF VOLUNTARY SERVICES

中国志愿服务发展报告
（2022~2023）

**REPORT ON THE DEVELOPMENT OF VOLUNTARY SERVICES
IN CHINA（2022-2023）**

主　编／张　翼
副主编／田　丰

社会科学文献出版社
SOCIAL SCIENCES ACADEMIC PRESS（CHINA）

图书在版编目（CIP）数据

中国志愿服务发展报告.2022~2023/张翼主编；
田丰副主编.--北京:社会科学文献出版社，2024.3
（志愿服务蓝皮书）
ISBN 978-7-5228-3352-1

Ⅰ.①中… Ⅱ.①张… ②田… Ⅲ.①志愿者-社会
服务-研究报告-中国-2022-2023 Ⅳ.①D669.3

中国国家版本馆 CIP 数据核字（2024）第 051713 号

志愿服务蓝皮书
中国志愿服务发展报告（2022~2023）

主　　编／张　翼
副 主 编／田　丰

出 版 人／冀祥德
组稿编辑／谢蕊芬
责任编辑／胡庆英　孟宁宁
责任印制／王京美

出　　版／社会科学文献出版社·群学分社（010）59367002
　　　　　地址：北京市北三环中路甲 29 号院华龙大厦　邮编：100029
　　　　　网址：www.ssap.com.cn
发　　行／社会科学文献出版社（010）59367028
印　　装／三河市东方印刷有限公司

规　　格／开　本：787mm×1092mm　1/16
　　　　　印　张：29.25　字　数：440 千字
版　　次／2024 年 3 月第 1 版　2024 年 3 月第 1 次印刷
书　　号／ISBN 978-7-5228-3352-1
定　　价／188.00 元

读者服务电话：4008918866

▲ 版权所有 翻印必究

志愿服务蓝皮书
编 委 会

主　　编　张　翼

副 主 编　田　丰

编委会成员　（以姓氏笔画为序）

　　　　　　田　丰　张　翼　张书琬　陈咏媛　郭　冉

撰 稿 人　（以姓氏笔画为序）

　　　　　　凡清悦　马　帅　马　琳　王玉香　王光荣

　　　　　　王兢霆　王露瑶　卞成日　邓依瑶　田　丰

　　　　　　任肖容　齐从鹏　许宇童　孙超凡　芦　恒

　　　　　　李潇洁　杨　丹　杨威威　吴皓月　良警宇

　　　　　　张书琬　张佑辉　陈咏媛　房欣杨　袁　瑗

　　　　　　莫于川　徐配燕　郭　冉　黄晓星　韩凤莹

　　　　　　曾　超　魏雷东　Jurgen Grotz

主编简介

张　翼　社会学博士，研究员，博士生导师，现任中国社会科学院社会发展战略研究院院长、中国志愿服务研究中心主任、中国社会学会会长；长期关注中国社会结构变迁、中国社会阶层流动、中国社会组织与社会治理、国有企业社会成本、就业与制度变迁等问题；出版学术专著多部，在《中国社会科学》《社会学研究》《新华文摘》等高水平学术期刊上发表论文多篇；承担多个国家社科基金项目和各级政府委托的研究项目。

前　言

　　志愿服务是社会文明进步的重要标志，是助力社会治理、促进经济社会高质量发展的重要维度，是建设社会主义现代化强国的重要依仗。党的十八大以来，我国志愿服务事业取得了长足进步，走上了同"两个一百年"奋斗目标、同建设社会主义现代化国家同向同行的发展道路。党的十九大报告明确提出推进志愿服务制度化，党的二十大报告明确要求"完善志愿服务制度和工作体系"，为志愿服务事业的发展提出了要求、指明了方向。中国特色志愿服务体系进入组织化、规范化、制度化、法制化发展的新阶段。

　　纵观 2022 年，我国志愿服务事业立足百年变局和时代新局的关键时期，坚持围绕中心、服务大局，在推进国家治理体系和治理能力现代化、提升应急救援规范化水平、服务国家重大战略、补齐基本公共服务短板、保障和改善民生、促进乡村振兴和共同富裕、塑造和传播国家形象等方面，不断彰显强大生命力，展现新作为，实现新担当。2023 年 3 月，中共中央、国务院印发了《党和国家机构改革方案》，组建了中央社会工作部，中央社会工作部划入中央精神文明建设指导委员会办公室的全国志愿服务工作的统筹规划、协调指导、督促检查等职责。中央社会工作部的组建意味着党和国家对志愿服务事业发展的重视程度不断提高、领导力度不断加大，必将引领志愿服务事业踏上新征程、再上新台阶，标志着中国特色志愿服务进入新的发展阶段。

　　为适时总结、全面掌握 2022 年我国志愿服务发展状况，解读我国志愿服务在新时代的发展大势，进一步明确要求、推广经验、巩固成果、推进发

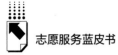

展，完善中国志愿服务制度和工作体系，促进志愿服务事业的制度化、系统化、规范化、常态化、长效化开展，中国社会科学院社会发展战略研究院中国志愿服务研究中心组织编撰了《中国志愿服务发展报告（2022~2023）》（以下简称《报告》）。《报告》作为《中国志愿服务发展报告（2021~2022）》的续章，将对2022年志愿服务工作的开展进行全面阐述，总结提炼志愿服务的宝贵经验，全面呈现已有的志愿服务工作基础，深度分析相关领域亟须突破的关键问题，并结合党中央的工作要求，对志愿服务工作的当前形势和未来方向提供专业解读与思路参考，以期为各地完善志愿服务制度和工作体系提供有益借鉴。

摘　要

2022年是中国踏上全面建设社会主义现代化国家新征程、向第二个百年奋斗目标进军的开局之年。党的二十大报告明确要求"完善志愿服务制度和工作体系",为志愿服务事业的发展提出了要求、指明了方向。中国特色志愿服务体系进入组织化、规范化、制度化、法制化发展的新阶段。纵观2022年,我国志愿服务事业坚持围绕中心、服务大局,在党的领导下取得了长足进步,志愿服务相关制度建设再上新台阶,社区志愿服务取得新成效,文化和旅游志愿服务获得新进展,应急志愿服务取得新突破,生态环境志愿服务开启新篇章。各类各地区各企业志愿服务蓬勃发展,在服务国家重大战略、补齐基本公共服务短板、保障和改善民生、促进共同富裕和乡村振兴、推进国家治理体系和治理能力现代化中展现出新作为、新担当。

2023年3月,中共中央、国务院印发了《党和国家机构改革方案》,组建了中央社会工作部,中央社会工作部划入中央精神文明建设指导委员会办公室的全国志愿服务工作的统筹规划、协调指导、督促检查等职责。组建中央社会工作部是贯彻落实党的二十大精神、坚持问题导向、深化党的社会工作机构职能体系改革的重大举措,有利于坚持和加强党对志愿服务工作的集中统一领导,推动志愿服务工作在机构设置上更加科学、在职能配置上更加优化、在体制机制上更加完善、在运行管理上更加高效,有利于全方位推进中国特色志愿服务工作体系朝着符合社会主义现代化国家要求的方向发展。

站在新起点,认真回顾和总结2022年中国志愿服务的重大创新与重要进展,对深入贯彻落实习近平总书记重要指示批示精神,在新时代新征程上

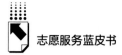

持续推进志愿服务事业发展，引领志愿服务事业迈上新台阶，具有十分重要的现实意义。为此，中国社会科学院社会发展战略研究院中国志愿服务研究中心主持编撰了《中国志愿服务发展报告（2022~2023）》（以下简称《报告》）。《报告》由总报告、分报告、部门报告、地区报告、企业报告、国际报告及基金组织报告组成。其中，总报告系统总结了党的十八大以来中国志愿服务事业的新发展，全面解读了中国特色志愿服务新目标、新任务、新使命，科学展望了中国特色志愿服务新作为、新担当、新方向。分报告、部门报告、地区报告、企业报告、基金组织报告采取经验研究和理论研究相结合的方式，从不同层面考察志愿服务的开展情况，在案例分析中总结、提炼了志愿服务的基层工作模式，以大数据和实践案例全景式解读并总结中国特色志愿服务的新经验、新态势、新进展。此外，国际报告还对英国、德国和韩国的志愿服务发展情况进行了深描，为中国特色志愿服务的发展开拓了国际视野。

关键词： 志愿服务　中央社会工作部　党的建设

目 录 ⟩⟩

Ⅴ　企业报告

Ⅵ　国际报告

Ⅶ　基金组织报告

皮书数据库阅读 **使用指南**

总 报 告

B.1

十八大以来我国志愿服务事业的新发展

田 丰 王露瑶*

摘 要： 党的十八大以来，我国志愿服务事业在政策制度方面有一系列重大突破，在实践方面也取得了重大进展，这主要体现在：党建引领志愿服务正确方向，志愿服务接地气聚人心；志愿服务方式方法创新，社会治理效能与水平得到显著激发和提升；新时代文明实践激活农村志愿服务，助力全面脱贫与乡村振兴有效衔接；互联网新技术赋能志愿服务，志愿服务信息化进程不断加快；志愿服务推进优秀传统文化的创造性转化、创新性发展。党的二十大报告明确要求"完善志愿服务制度和工作体系"，为志愿服务事业的发展提出了新的要求，也提供了新的机遇。中央社会工作部的组建引领志愿服务事业迈上新台阶，中国志愿服务事业发展进入新阶段。站在新起点，认真回顾和总结党的十八大以来中国志愿服务的重大创新与重要进展，深入领会和贯彻落实党的二十大精神，对在新时代新征程上持续推进中国特色志愿

---

* 田丰，中国社会科学院社会发展战略研究院研究员、志愿服务研究室主任、博士生导师，中国志愿服务研究中心常务副秘书长，研究方向为志愿服务与社会治理。王露瑶，中共中央党校（国家行政学院）社会与生态文明教研部博士研究生，研究方向为志愿服务、社会保障与社会治理。

服务事业具有十分重要的现实意义。

关键词： 志愿服务　志愿服务制度　志愿服务工作体系

一　中国志愿服务进入新阶段

党的十八大以来，我国志愿服务事业取得了长足进步，走上了同"两个一百年"奋斗目标、同建设社会主义现代化国家同向同行的发展道路。党的十九大报告明确提出推进志愿服务制度化，党的二十大报告明确要求"完善志愿服务制度和工作体系"，为志愿服务事业的发展提出了要求、指明了方向。中国特色志愿服务体系进入组织化、规范化、制度化、法制化发展的新阶段。

2023年3月，中共中央、国务院印发了《党和国家机构改革方案》，组建了中央社会工作部，中央社会工作部划入中央精神文明建设指导委员会办公室的全国志愿服务工作的统筹规划、协调指导、督促检查等职责。组建中央社会工作部是贯彻落实党的二十大精神的重大举措，有利于坚持和加强党对志愿服务工作的集中统一领导，推动志愿服务工作在机构设置上更加科学、在职能配置上更加优化、在体制机制上更加完善、在运行管理上更加高效，有利于全方位推进中国特色志愿服务工作体系朝着符合社会主义现代化国家要求的方向发展。

站在新起点，认真回顾和总结党的十八大以来中国志愿服务的重大创新与重要进展，对深入贯彻落实习近平总书记重要指示批示精神，在新时代新征程上持续推进志愿服务事业发展，引领志愿服务事业迈上新台阶，具有十分重要的现实意义。

二　新时代中国志愿服务事业的新进展

进入新时代以来，党和政府出台了一系列支持和创新志愿服务事业发展的新政策，形成了内涵丰富、有机统一、逻辑严密的政策制度体系，加强了党对志愿服务领域的全面领导，深化了志愿服务基础性制度改革创新，多元合力推进了志愿服务事业的繁荣发展。

（一）加强党对志愿服务领域的全面领导

党的十九大报告提出"必须毫不动摇坚持和完善党的领导，毫不动摇把党建设得更加坚强有力"。党的二十大报告再次强调"坚持和加强党的全面领导。坚决维护党中央权威和集中统一领导，把党的领导落实到党和国家事业各领域各方面各环节"。加强党对志愿服务领域的全面领导是党的十八大以来志愿服务实践最重要、最显著的变化，在志愿服务领域全面加强党的集中统一领导，可以发挥党总揽全局、协调各方的领导核心作用。

2012年以来，中共中央相继印发了《关于加强基层服务型党组织建设的意见》《中国共产党支部工作条例（试行）》《中国共产党农村基层组织工作条例》《中国共产党国有企业基层组织工作条例（试行）》等政策文件，狠抓党的组织体系建设，推动党组织向志愿服务组织延伸。2016年，中共中央宣传部、中央文明办、民政部、教育部、财政部、全国总工会、共青团中央、全国妇联印发了《关于支持和发展志愿服务组织的意见》，提出具备条件的志愿服务组织应设立党的组织，充分发挥党组织的政治核心作用，围绕党章赋予基层党组织的基本任务开展工作，团结凝聚志愿者，保证志愿服务组织的政治方向。各地志愿服务组织根据党的章程，广泛设立党的组织，开展党的活动，坚持把加强党的领导作为志愿服务组织发挥作用的根本着眼点，把支持和推动志愿服务组织有序参与社会治理作为党组织发挥作用的着力点，把团结群众、凝聚群众、服务群众作为党组织发挥作用的落脚点，牢牢把握正确政治方向，把党的理论和路线方针政策贯彻落实到志愿服务全过程之中，发挥党的政治领导力、思想引领力、群众组织力、社会号召力，坚定不移地走中国特色志愿服务之路。党加强志愿服务领导的相关政策如表1所示。

在党中央的指引下，各级党委（党组）鼓励和引导党员积极参与志愿服务，突出基层党组织的战斗堡垒作用。广大党员干部积极响应党组织号召，充分发挥模范带头作用，就地转化为志愿者，充实志愿服务队伍。党员志愿者在区基层党建和社会治理中的重要作用得到充分发挥，促进了党员志愿服务的繁荣发展。

表1　党加强志愿服务领导的相关政策

年份	政策名称	政策内容
2014	《关于加强基层服务型党组织建设的意见》	要求广泛开展以党员为骨干的各类志愿服务
2016	《关于支持和发展志愿服务组织的意见》	具备条件的志愿服务组织应设立党的组织，充分发挥党组织的政治核心作用，围绕党章赋予基层党组织的基本任务开展工作，团结凝聚志愿者，保证志愿服务组织的政治方向
2018	《中国共产党支部工作条例（试行）》	组织党员集中学习、过组织生活、进行民主议事和志愿服务等
2019	《中国共产党农村基层组织工作条例》	要求村党组织组织党员学习党的文件、上党课，开展民主议事、志愿服务等
	《中国共产党党员教育管理工作条例》	鼓励和引导党员参与志愿服务。党员应当积极参加党组织开展的志愿服务活动，也可以自行开展志愿服务活动
	《中国共产党农村工作条例》	各级党委应支持引导农村社会工作和志愿服务发展，鼓励社会各界投身乡村振兴
	《2019—2023年全国党员教育培训工作规划》	鼓励和引导党员参与结对帮扶、志愿服务等。鼓励建立党员教育培训志愿者讲师队伍
2020	《中国共产党国有企业基层组织工作条例（试行）》	引导党员积极参与志愿服务，注重发挥党员在区域化党建和基层治理中的重要作用
2022	《关于推动党史学习教育常态化长效化的意见》	各级党组织要积极组织开展志愿服务，鼓励和引导党员、干部到工作地或居住地，满腔热忱地为群众办实事、解难事

（二）深化志愿服务基础性制度改革创新

为了促进志愿服务事业发展，党和国家采取了一系列重大决策部署和制度安排（见表2），使志愿服务事业的基础性制度不断完善，志愿服务事业进入组织化、规范化、制度化、法制化的新发展阶段。

在推动志愿服务制度化建设方面，中央文明委印发了《关于推进志愿服务制度化的意见》，明确了推进志愿服务制度化的重要意义和指导思想，确立了志愿服务制度化的主要内容和主要方向。

在推进志愿服务法制化建设方面，2017年，国务院颁布《志愿服务条例》，对志愿服务机构的法律地位、规范管理、活动开展做出了系统规范，标志着我国志愿服务事业正式进入法制化发展阶段。

在志愿服务规范化发展方面，《志愿服务记录办法》《关于规范志愿服务记录证明工作的指导意见》《志愿服务记录与证明出具办法（试行）》相继出台，有效促进和规范了志愿服务的记录工作，确保了志愿服务工作的规范化和常态化。

在支持和发展志愿服务组织方面，2016年，中共中央宣传部等八部门联合印发《关于支持和发展志愿服务组织的意见》，加强对志愿服务组织的孵化培育，引导志愿服务组织规范运行管理，有效推进志愿服务组织健康发展。

在加强志愿服务阵地建设方面，2018年，中共中央办公厅印发《关于建设新时代文明实践中心试点工作的指导意见》，明确指出新时代文明实践中心（所、站）的主体力量是志愿者，主要活动方式是志愿服务。2019年，中共中央宣传部、中央文明办印发《关于新时代文明实践志愿服务机制建设的实施方案》，加强新时代文明实践志愿服务机制建设。2021年，中共中央办公厅印发《关于拓展新时代文明实践中心建设的意见》，新时代文明实践中心建设由试点探索转为全面展开、由试点县（市、区）向全国范围的县级行政区全面覆盖，在制度上为志愿服务事业的发展提供了广阔舞台，推动了文明实践志愿服务的制度化和常态化。

表2　中共中央制定的系列志愿服务相关政策制度（2012~2021年）

年份	政策名称	政策内容
2012	《志愿服务记录办法》	促进和规范志愿服务记录工作
2014	《关于推进志愿服务制度化的意见》	明确推进志愿服务制度化的重要意义和指导思想,建立健全志愿服务制度的主要内容,加强制度化的组织推动
2015	《关于规范志愿服务记录证明工作的指导意见》	进一步规范志愿服务记录证明工作,包括明确出具主体、统一证明格式、规范工作流程、虚假责任追究、加强组织领导
	《志愿服务信息系统基本规范》	首次对志愿服务信息系统的数据采集、功能作用、共享与交换、信息安全等做出统一规范和要求
2016	《关于支持和发展志愿服务组织的意见》	加强志愿服务组织培育,提升志愿服务组织能力,深化和加强对志愿服务组织的领导

续表

年份	政策名称	政策内容
2017	《志愿服务条例》	保障志愿者、志愿服务组织、志愿服务对象的合法权益
2018	《关于建设新时代文明实践中心试点工作的指导意见》	明确指出新时代文明实践中心(所、站)的主体力量是志愿者,主要活动方式是志愿服务
2019	《关于新时代文明实践志愿服务机制建设的实施方案》	加强新时代文明实践志愿服务机制建设,推动文明实践志愿服务制度化常态化
2020	《志愿服务记录与证明出具办法(试行)》	规范志愿服务记录和志愿服务记录证明出具工作
2021	《关于拓展新时代文明实践中心建设的意见》	新时代文明实践中心建设由试点探索转为全面展开、由试点县(市、区)向全国范围的县级行政区全面覆盖,在制度上为志愿服务事业的发展提供了广阔舞台

(三)多元合力推进志愿服务的繁荣发展

2016年7月11日,中共中央宣传部、中央文明办、民政部、教育部、财政部、全国总工会、共青团中央、全国妇联印发了《关于支持和发展志愿服务组织的意见》,要求持续推进扶贫、济困、扶老、救孤、恤病、助残、救灾、助医、助学和大型社会活动等重点领域的志愿服务。各有关部门响应号召,有序规划和推动志愿服务事业,细化志愿服务相关政策措施,加大各类志愿服务激励保障力度,推动老年关怀、儿童关爱、扶助残障、抢险救灾、文化旅游、科技惠民、法律援助、对外援助等志愿服务事业的繁荣发展。

2021年9月,中央文明办、民政部、退役军人事务部联合印发《关于加强退役军人志愿服务工作的指导意见》,明确了做好退役军人志愿服务工作的指导思想、工作原则、目标任务、保障措施等内容,旨在推动退役军人志愿服务工作深入开展,引导广大退役军人自觉践行"若有战、召必回"的使命担当,努力在服务国家、奉献社会、凝聚群众中提升思想境界、激发奋斗精神,为建设中国特色社会主义现代化强国贡献力量,全面打造"中国退役军人志愿服务"品牌。

2022 年 11 月，应急管理部、中央文明办、民政部、共青团中央联合印发《关于进一步推进社会应急力量健康发展的意见》，对从事防灾减灾救灾工作的社会组织、城乡社区应急志愿者（统称"社会应急力量"）的健康发展做出了明确要求。

2021～2022 年各部门出台的志愿服务相关规范性文件如表 3 所示。

表 3　各部门出台的志愿服务相关规范性文件（2021～2022 年）

年份	政策主体	政策名称	政策内容
2021	国家国际发展合作署、外交部、商务部	《对外援助管理办法》	将志愿服务项目纳入对外援助项目
	国务院	《"十四五"旅游业发展规划》	推进旅游志愿者队伍建设,在旅游公共场所建立志愿服务站点,组织志愿者开展文明引导、文明劝导服务
	司法部、中央文明办	《法律援助志愿者管理办法》	鼓励和规范社会力量参与法律援助志愿服务,发展法律援助志愿服务事业
	国务院	《"十四五"国家老龄事业发展和养老服务体系规划》	积极开展"银龄行动",支持老年人参与文明实践、公益慈善、志愿服务、科教文卫等事业
2022	中国残联、中央文明办等12 部门	《关于进一步推进扶残助残文明实践活动的实施意见》	深化志愿助残服务活动,推进志愿助残服务便利化、普及化
	国务院办公厅	《"十四五"城乡社区服务体系建设规划》	坚持共建治共享,加快培育社区志愿者,完善村(社区)志愿服务
	民政部、中央农村工作领导小组办公室、财政部、国家乡村振兴局	《关于进一步做好最低生活保障等社会救助兜底保障工作的通知》	充分发挥志愿者等的作用,提升社会救助专业化水平
	国家乡村振兴局、民政部	《社会组织助力乡村振兴专项行动方案》	注重对当地志愿者的培育、培训,助力乡村振兴
	应急管理部、中央文明办、民政部、共青团中央	《关于进一步推进社会应急力量健康发展的意见》	探索建立城乡社区应急志愿者网络体系,做好志愿者骨干队伍的建设储备,打造满足多个领域需求的应急志愿者队伍

2012 年以来，部分具有创新精神的省（自治区/直辖市）先后出台了省级层面的志愿服务条例。2017 年国务院颁布《志愿服务条例》后，浙江省、上海市、山西省、宁夏回族自治区、广东省、江苏省根据《志愿服务条例》并结合当地管理的现实，修订了所在省（自治区/直辖市）的志愿服务条例。随后，天津市、安徽省、河南省、广西壮族自治区、福建省、贵州省、山东省、北京市、内蒙古自治区陆续出台了志愿服务相关条例（见表4）。这为各地志愿服务事业的健康发展提供了坚实的政策制度基础，从制度化层面促进了各地志愿服务环境的改善，促进了各地志愿服务的持续长效发展。

表 4　各省（自治区/直辖市）出台的志愿服务相关法规（2012~2022 年）

省（自治区/直辖市）	法规名称	通过年份
湖南省	《湖南省志愿服务条例》	2012
吉林省	《吉林省志愿服务条例》	2015（修订）
湖北省	《湖北省志愿服务条例》	2015
重庆市	《重庆市志愿服务条例》	2015
西藏自治区	《西藏自治区志愿服务条例》	2015
河北省	《河北省志愿服务条例》	2016
天津市	《天津市志愿服务条例》	2017
辽宁省	《辽宁省志愿服务条例》	2017
浙江省	《浙江省志愿服务条例》	2018（修订）
河南省	《河南省志愿服务条例》	2018
上海市	《上海市志愿服务条例》	2019（修订）
山西省	《山西省志愿服务条例》	2019（修订）
宁夏回族自治区	《宁夏回族自治区志愿服务条例》	2019（修订）
安徽省	《安徽省志愿服务条例》	2019
广东省	《广东省志愿服务条例》	2020（修订）
广西壮族自治区	《广西壮族自治区志愿服务条例》	2020
福建省	《福建省志愿服务条例》	2021
贵州省	《贵州省志愿服务办法》	2021
山东省	《山东省志愿服务条例》	2021
江苏省	《江苏省志愿服务条例》	2021（修订）
北京市	《北京市志愿者服务管理办法》	2022
内蒙古自治区	《内蒙古自治区志愿服务条例》	2022

群团事业是党的事业的重要组成部分，是党组织动员广大人民群众为完成党的中心任务而奋斗的重要法宝。2014 年，中央政治局会议审议通过《中共中央关于加强和改进党的群团工作的意见》，提出支持群团组织加强服务群众和维护群众合法权益工作，群团组织广泛开展志愿服务，完善组织管理，提升志愿服务水平，工会、共青团、妇联等群团组织充分发挥联系广大人民群众的优势，广泛开展志愿服务工作。

2020 年，中国科协、中央文明办结合《科技志愿服务管理办法（试行）》，联合发出《关于组织实施科技志愿服务"智惠行动"的通知》，提出大力推进科技志愿服务，促进科技志愿服务制度化、规范化、常态化，中国科协与中央文明办在全国范围内广泛开展以科技惠民、科学普及等为主要内容的科技志愿服务"智惠行动"。2021 年，中华全国总工会发布《中国工运事业和工会工作"十四五"发展规划》，要求加快推进工会志愿服务体系建设，搭建管理服务平台，打造职工志愿服务品牌。同年，全国妇联、中央文明办联合印发《关于推动新时代巾帼志愿服务发展的意见（试行）》，为全国巾帼志愿服务工作的总体规划、统筹协调和整体推进提供了有力支撑。2023 年通过的《中国共产主义青年团章程》强调，团员要积极参加志愿服务。此外，中国科协、中国社会工作联合会、中国红十字总会也相继发布相关志愿服务政策，推进了科技志愿服务、社区志愿服务、医疗救援志愿服务的广泛开展。

三 新时代中国志愿服务实践的新发展

党的十八大以来，在习近平新时代中国特色社会主义思想的指导下，中国志愿服务事业发生了深刻变革，实现了一系列新突破，取得了一系列新进展、新成效。

（一）党建引领志愿服务正确方向，志愿服务接地气聚人心

党对志愿服务的领导是全面的、系统的、整体的，党的领导体现在志愿

服务工作的全过程、各方面和各环节，通过政治引领、组织建设、能力提升，确保志愿服务发展方向正确、形成合力、提高效能。习近平总书记特别强调："要把基层党组织这个战斗堡垒建得更强，发挥社区党员、干部先锋模范作用。"① 党建引领确保了志愿服务事业始终在正确的方向上前行，使志愿服务接地气、聚人心的作用不断得到强化。

南京市江宁区政务服务中心和新时代文明实践中心强强联合，设立党员先锋志愿服务台-红梅站，志愿服务站用心为民众提供下沉服务、延时服务、微笑服务、集成服务、帮办服务。新时代文明实践和志愿服务助力南京市政务"宁满意"工程，使政务办理更加高效、便捷、温馨。例如，江宁街道坚持发挥党建引领作用，紧扣社会发展，探索建立简约高效、阳光便民的基层治理新架构，打造以"红、橙、黄、绿、紫"为特色的"务"彩政务服务品牌，实现党建工作与政务服务同频共振，提升辖区人民群众的幸福感。

海南省党建引领"志愿红"，共筑疫情"防控网"。2022年8月，海南省发出了志愿服务防控疫情的倡议，号召海南省广大党员干部就地转化为志愿者参与疫情防控工作，充分发挥了党员的先锋模范作用，为广大志愿者做出了良好的表率。在上级党组织的指导下，发生疫情的社区立即成立临时党支部，充分发挥了党组织的战斗堡垒作用。临时党支部通过组建党员志愿者突击队，健全了组织架构，明确了责任分工，强化了疫情防控的组织力量。

国家电网四川电力公司创新国有企业党的建设，成立（成都连心桥）共产党员服务队，并以共产党员服务队为载体，深化社企党建共建，强化优势互补、工作协同，将党员志愿服务融入社区网格化。共产党员服务队队员和青年志愿者到社区双报到，积极承担志愿服务项目，开展"电力讲堂""电工培训"，长期定点帮扶孤寡老人，真心实意为群众办实事、解难题，全力打通服务群众的"最后一公里"，以实际行动架起了党联系群众的"连心桥"。

---

① 2021年6月7~9日，习近平总书记在青海考察时的讲话。

（二）推动志愿服务方式方法创新，激发和提高社会治理效能与水平

习近平总书记在给上海市虹口区嘉兴路街道垃圾分类志愿者的回信中强调"发挥志愿者在基层治理中的独特作用"。创新社会治理、整合社会资源、扩大群众参与成为新时代志愿服务参与基层社会治理的新要求。随着志愿服务事业在全社会得到普遍认同，志愿服务组织成为新时代基层社会治理的重要力量，志愿服务也成为组织公众参与社会治理的有效方式、促进新时代社会创新的可行路径、完善新时代社会治理体系的重要环节。进入新时代以来，各地推动志愿服务方式方法创新，激发了志愿服务的社会治理效能，提升了基层社会治理水平。

垃圾分类志愿服务改善社区治理。从 2018 年 6 月起，深圳市创新开展垃圾分类"蒲公英计划"，以党建引领、政府推动、志愿先行、基层发动、全民参与的工作思路，根据深圳环卫设施与公园数量多、分布广的优势，依托其建设科普馆等垃圾分类宣传教育阵地，传播垃圾分类理念和知识。深圳市组建垃圾分类宣教志愿服务团队，打造硬件科普场馆，提供软件技术支撑，使生活垃圾分类宣传教育逐渐体系化、规模化、常态化、智慧化。"蒲公英计划"以公共议题凝聚社区共识，联动多元主体促进社区共建，以志愿先行带动居民参与，使垃圾分类的志愿先行成为社区治理的实践典范。

志愿服务融入社区网格化治理。上海市长宁区将志愿服务作为优化社会治理体系不可或缺的组成部分，探索形成了"三个转变+三治融合"的"长宁创新实践"。上海市长宁区以五级网络为总体布局，在建设"个十百"三级阵地的基础上，织密"个十百千万"精细化服务网络，构筑"零距离"服务圈、"家门口"风景线；动员社会成员自主管理自身事务、协同参与公共事务、共同提供社会服务，为推进国家治理体系和治理能力现代化汇聚志愿服务的独特力量；以制度规范为保障，推动志愿服务从数量扩张向质量提升转变，为自治赋能，形成志愿服务的"长宁模式"。

腾讯打造互联网技术守护网络安全的协作机制，于 2016 年推出了反电信网络诈骗公益平台——"守护者计划"。"守护者计划"建立的反诈系统

借助大数据技术带来的优势,广泛收集相关信息,并实时高效地进行分析,能够精准迅速地发现异常信息,从而帮助公安部门及时定位犯罪地点、打击犯罪分子。例如,腾讯的麒麟伪基站实时观察系统帮助警方对伪基站进行精准定位,为警方打击伪基站犯罪集团提供了重要支持。互联网技术在信息收集、分析方面的强大优势,允许"守护者计划"公益志愿服务平台快速、高效、广泛地传递信息,提高了各社会主体信息流通、资源共享的速度和效率,极大地增强了志愿服务响应社会治理的时效性,改进了其滞后性。

(三)新时代文明实践激活农村志愿服务,助力全面脱贫与乡村振兴有效衔接

中国特色志愿服务事业一直扎根农村,心系农村发展和农民生活,是农村稳定与发展不可或缺的力量。特别是 2018 年以来,全国各试点在农村社区积极探索通过志愿服务助力脱贫攻坚和乡村振兴的多种方法和路径,取得了积极进展。农村志愿者通过帮扶困难群众,助力农业生产,促进农村社区邻里互助,协调农村政民、邻里关系,关注农村儿童教育,保护农村传统文化和生态环境等方式支持农村社会经济发展。

2018 年,《关于打赢脱贫攻坚战三年行动的指导意见》明确指出需大力开展扶贫志愿服务活动。在脱贫攻坚战中,广大志愿者扎根贫困地区,自觉把志愿服务行动融入党和国家发展大局,服务于农村教育科技、振兴农村文化、关爱特殊群体、发展农村产业等各条扶贫战线,取得了显著成效,发挥了重要作用。比如,贵州省织金县引导志愿服务组织参与脱贫攻坚,积极协调扶贫部门,建立未出列深度贫困村台账,引导志愿服务组织入驻易地扶贫搬迁安置点和社区,开展对口帮扶工作;同时,志愿者通过对群众"大走访"、大排查,把贫困群众急需的生活物资进行造册登记,整合多方资源,补齐困难群众生活短板,重点为留守儿童、留守老人、重度残疾人等特殊群体提供志愿服务。

2021 年,我国脱贫攻坚战取得了全面胜利,开启了乡村振兴的新篇章。正如习近平总书记在当年两会期间参加内蒙古代表团审议时指出的:"脱贫

摘帽不是终点，而是新生活、新奋斗的起点。"① 总结宣传中国脱贫经验，巩固脱贫成果，实现脱贫攻坚与乡村振兴的有效衔接，让农民过上更加幸福美好的生活是下一个阶段农村的工作重点，也是志愿服务的工作重点。各地农村志愿服务工作重心从脱贫攻坚转向乡村振兴，农村志愿者全面、立体、深入地参与乡村振兴战略实施。比如，内蒙古自治区科尔沁右翼中旗坚持"吃生态饭、做牛文章、念文旅经"的战略定位，把志愿服务主动融入"禁牧、禁垦、禁伐"和肉牛养殖、刺绣扶贫、乡村旅游等产业发展中，助力乡村产业振兴。当地改陈规去陋习，以实施农牧民素质提升工程为重点，在全旗173个嘎查村组建党员、卫生健康、移风易俗、矛盾化解、邻里帮扶等常备志愿服务队。

（四）互联网新技术赋能志愿服务，志愿服务信息化进程不断加快

智能手机的广泛普及使志愿服务的信息化进程不断加快，区块链、云计算、人工智能等新技术的出现和快速发展持续为志愿服务进行数字化赋能，志愿服务也在互联网环境下不断迭代升级。一方面，互联网数字技术的迭代和应用，催生出一些志愿服务领域的新形态（如社交媒体影响下的志愿服务、微志愿服务以及虚拟志愿服务等），在提高信息交流效率、降低志愿服务成本、扩大志愿服务规模等方面发挥了突出作用。另一方面，基于这些互联网技术，传统志愿服务的形式和效果得到了极大的丰富与提升。例如，大数据和云计算提高了收集、整理海量信息的能力，可以提供更加精准的服务；人工智能在志愿服务融入社会治理和应急志愿服务方面发挥了重要作用；区块链技术可以完整地记录和呈现志愿服务的流程。

新型互联网技术的应用为志愿者招募赋能，帮助更多的潜在志愿者群体打破时空一致性的限制，加入志愿服务队伍。比如，2018年快手发起了"幸福乡村带头人"计划，为返乡创业的职业农民群体提供了一系列教育资

---

① 《"脱贫摘帽不是终点，而是新生活、新奋斗的起点"——落实习近平总书记两会嘱托一年回顾》，中华人民共和国农业农村部网站，http://www.moa.gov.cn/ztzl/2022lhjj/mtbd_29093/202203/t20220304_6390476.htm，最后访问日期：2024年3月20日。

源。该计划是国内首个关注乡村创业者的互联网企业社会责任项目。项目以"线上+线下"的方式开展，既有乡村创业人才的现场演讲，也鼓励创业者通过快手直播、线上快手课堂分享乡村振兴的新思路。借助即时视频通信技术，快手成功聚集了一批面向返乡创业者的志愿群体。他们向创业者分享自己的经验，与创业者共同搭建起"带头人互助社区"，在社区内针对创业者的具体问题提供思路，共同成长，为振兴乡村贡献力量。

新型互联网技术赋能志愿服务项目对接。互联网技术通过面向多方搭建信息交流平台，促进志愿者、志愿项目与需求对象三方的顺利对接。例如，中国平安致力于整合内外部资源、搭建好平台，促进公益的可持续发展，创建了"三村晖"APP。"三村晖"APP 创新性地将区块链技术应用到平台搭建的过程中，将扶贫物资、扶贫对象、扶贫过程全链条录入。2019 年 4 月，中国平安借助"三村晖"APP 开展了"幕天捐书"活动，通过降低公众参与公益的门槛，精准推进筹捐图书的公益行动。志愿者只需三步，就能发起筹书活动并成为筹书代理人，带动自己圈子内的人共同参与线下的志愿活动。此外，为了更好地与志愿者组织开展合作，阿里巴巴上线了"链上公益计划"，通过区块链提升信息透明度，简化审核等一系列对接机制。这套系统对所有公益机构免费开放，即使机构内没有技术人才，也能基于这套系统让整个项目上链。这样不仅确保了信息公开，还简化了基金平台与志愿组织对接的流程。

（五）志愿服务推进优秀传统文化的创造性转化、创新性发展

中华优秀传统文化源远流长、博大精深，是中国特色志愿服务的精神标识和精神追求。悠久的历史文明与丰富的思想文化为中国的志愿服务提供了具有深厚历史文化底蕴的精神与价值养分，代表了中国志愿精神的文化基因，并随着中国经济社会的发展不断进步更新，在新的时代条件下不断拓展与活化。进入新时代以来，志愿服务工作重视中华优秀传统文化的创造性转化、创新性发展，通过弘扬志愿精神将中华优秀传统文化中富有永恒魅力、具有当代价值的概念、理念发掘出来，作出新的时代阐释。多地将深度挖掘与现代转换有机结合，将借鉴吸收与赋予时代内涵有机结合，从中华优秀传

统文化中汲取营养，使志愿精神得到广泛传播和普遍认同，志愿文化成为新的文化潮流。

上海市创建了志愿文化营造的"上海模式"，增强了志愿服务和社交、直播平台的联系，并且有意识地融入了传统文化元素，提升了志愿服务的文化品牌属性。聚焦"上海之根"的深厚历史底蕴，通过主播的镜头，市民得以了解围绕"文化的传承与保护"主题开展的皮影戏、十锦细锣鼓体验活动，体会当地特有的文化魅力。

内蒙古自治区满洲里市聚焦国门特色志愿服务讲好中国故事。满洲里市致力于打造国门形象这一品牌，把塑形象与优服务结合起来。满洲里市铁路车站、边检、海关推出的"浓浓中国情满站欢迎您"文化志愿服务、"壹元爱心公益基金"和口岸救助"绿色通道"志愿服务等项目弘扬了真情服务的新理念，通过"守望相助、共建共享——中俄友好城市交流""雷锋的故事""街拍满洲里感知文明""新视角"四个模块讲述中国故事，传播中国声音，把树形象与对外交流结合起来。"友谊小天使·欢乐中国行"爱心活动、"中国科普大篷车走进俄罗斯"交流活动等，进一步促进了国际交流与合作，增进了中俄蒙地区间的交往和友谊。

四 展望未来：新时代志愿服务的新方向

中央社会工作部的组建意味着党和国家对志愿服务事业发展的重视程度不断提高、领导力度不断加大，必将引领志愿服务事业踏上新征程、再上新台阶。新时代志愿服务事业发展要把握机构改革带来的发展机遇，牢牢掌握以下五个发力点：党建引领，推动志愿服务高质量发展；以人为本，提高志愿服务专业化水平；完善体系，构筑志愿服务工作新格局；加强保障，落实志愿者优待礼遇措施；科技支撑，助力志愿服务精细化发展。

（一）党建引领，推动志愿服务高质量发展

中国特色志愿服务事业发展要坚持党建引领，将党的思想理论转化为行动

指南，发挥党组织的战斗堡垒和党员志愿者的先锋模范作用，推动志愿服务高质量发展。要不断壮大党员志愿服务队伍，拓宽党员志愿服务领域，填补志愿服务的空白点，结合"双报到"制度，为城乡社区志愿服务注入活力，提升志愿服务基层治理效能。要紧紧围绕党的路线方针政策，积极引导志愿服务组织主动融入基层党建，创新社区志愿服务方式方法，在基层志愿服务高质量发展的过程中充分体现党的政治领导力、思想引领力、行动感召力。

（二）以人为本，提高志愿服务专业化水平

中国特色志愿服务事业发展要始终突出群众的主体地位，坚持把以人民为中心的发展思想作为推进中国特色志愿服务事业的根本遵循，把满足人民群众日益增长的美好生活需要和对美好生活的向往放在首位，不断提高志愿服务专业化水平和精细化程度，孵化培育专业化、精准化的志愿服务项目。要充分发挥广大志愿者、志愿服务组织和志愿服务工作者的主动性、创造性，根据各地经济社会发展状况，结合志愿服务发展规律，探索特色化、专业化、高效化、新颖化的志愿服务发展路径和志愿服务的组织模式。

（三）完善体系，构筑志愿服务工作新格局

中国特色志愿服务事业发展要加强志愿服务制度和工作体系建设，坚持推进志愿服务制度化、常态化，服务国家战略、增进民生福祉，在基层党组织的统筹指导下，依托党群服务中心、新时代文明实践中心、社会工作服务站等载体，以灵活多变的系统性思维靶向发力，根据本地属地志愿服务事业发展状况、志愿服务人员构成及时调整工作的主要方向和关键着力点。鼓励混合所有制企业、非公有制企业、新经济组织、新社会组织、新就业群体支持和参与志愿服务，鼓励基层群众性自治组织搭建志愿者与社会组织、社会工作者合作平台，构筑志愿服务工作新格局。

（四）加强保障，落实志愿者优待礼遇措施

中国特色志愿服务事业发展要构筑志愿服务工作新格局，要鼓励有条件

的地区设立志愿服务专项基金，加大政府购买服务力度，鼓励志愿服务组织和志愿服务队伍加入公益创投，提升志愿服务组织的自我造血能力。广泛开展优秀志愿者典型选树工作，创新志愿者表扬嘉许制度，提高志愿者的成就感和荣誉感。充分落实志愿者礼遇措施，对优秀志愿者在就业就医就学、公共服务方面给予适当礼遇优待，鼓励在公务员考录、企事业单位招聘、学生考学升学时，将参与志愿服务情况纳入考察范围。

（五）科技支撑，助力志愿服务精细化发展

在志愿服务信息化建设层面，充分运用互联网、大数据、区块链等新技术，建设中国志愿服务协同平台，不断强化科技对志愿服务的支撑作用，实现数字赋能志愿服务，以数字技术驱动志愿服务发展，推动志愿服务供需精准对接，助力志愿服务数字化、精细化发展。不断拓展志愿服务系统平台应用场景与服务功能，深入推进志愿服务专业化运行、项目化管理，强化志愿服务协同平台对重大活动、专项行动的支撑作用，为数据智能互通、统一指挥调度、全程精准管理等提供有力支持。

分 报 告

B.2

"十四五"期间志愿服务法律制度
建设及展望

莫于川　任肖容*

摘　要：　法律制度是志愿服务发展的重要保障。具体而言，志愿服务法律制度包括规范法和促进法两类，涉及法律、法规、规章等。我国志愿服务法律制度建设大体包括萌芽起步、高速发展、规范发展三个发展阶段。新时代志愿服务法律制度发展具有四个特色：坚定文化自信，建设中国特色的志愿服务法律制度体系；深入科学立法，促进志愿服务法律制度精细化；加强党的领导，形成齐抓共管志愿服务的良好局面；着眼主要矛盾，拓展志愿服务领域，提升服务质量。"十四五"期间中国特色志愿服务法律制度已在中央和地方层面形成较为完善的体系，但仍要解决好中央层面立法和地方层面立法以及二者之间的协调关系，逐步完善志愿服务法律制度实施机制。当下志愿服务法律

---

* 莫于川，中国人民大学二级教授、博士生导师，中国法学会行政法学研究会副会长，北京市志愿服务发展研究会副会长，研究方向为中国行政法治理论与实践问题、志愿服务、应急法治。任肖容，法学博士，最高人民检察院检察理论研究所助理研究员，研究方向为行政法、行政诉讼法、志愿服务。

制度实践重点是切实推动《志愿服务条例》贯彻落实，长远任务是尽快推出"志愿服务法"，并形成与之配套的完善的法律规范体系和高效运行机制。

关键词： 志愿服务　法律制度建设　法治体系　志愿服务条例　"志愿服务法"

当今社会，除国家机关提供公共管理和服务、企业提供商业管理和服务外，社会成员也要自我约束、管理和服务，保障社会健全协调运转。志愿服务正是满足社会成员需要的社会互助型管理和服务方式，是人性向善、参与民主、社会自治和政民合作的重要渠道。志愿服务是当今世界受到普遍认同、民众广泛参与的社会事业，也是中国公共道德水平、文明建设水平和社会发展水平的衡量尺度，正在成为公民满足精神追求、体现社会价值的一种生活方式（莫于川，2020）。

志愿服务作为精神文明创建的重要活动形式，不仅有利于提升公民素质，还逐渐成为社会治理的重要手段。2019年，习近平总书记视察天津并参观朝阳里社区志愿服务展馆时指出，志愿服务在社会治理中发挥着积极作用。以习近平同志为核心的党中央长期高度重视志愿服务发展，党的十八大报告、十八届三中全会决定、十八届四中全会决定专门提出要广泛开展志愿服务活动并支持和发展志愿服务组织，引导志愿服务规范发展（莫于川，2014a）。党的十九大报告进一步明确指出了志愿服务的发展方向，即"推进诚信建设和志愿服务制度化，强化社会责任意识、规则意识、奉献意识"。党的二十大报告提出要"完善志愿服务制度和工作体系"。习近平总书记多次给志愿者群体回信[①]，这坚定了广大志愿者投身志愿服务的信心，也为我国的志愿服务发展描绘了美好的蓝图。

---

① 据统计，习近平总书记曾经回信的志愿者包括"本禹志愿服务队""郭明义爱心团队""南京青奥会志愿者"等。

制度化离不开法律的制定与实施，完善中国特色志愿服务法律制度有助于贯彻落实党的二十大报告中对志愿服务提出的要求，也有助于"十四五"期间持续推动志愿服务健康和规范发展。

一　志愿服务发展与法律制度保障

（一）志愿服务法律制度的基本概念

志愿服务法律制度是指促进和规范志愿服务活动的法律规范和规章制度。按照立法主体、程序和效力的不同，志愿服务法律制度的具体内容包括志愿服务有关法律、行政法规、地方性法规、行政规章以及各项专门制度。

在志愿服务法律层面，目前我国主要是《民法典》《慈善法》等法律文本中的分散立法，尚未制定专门法律的"志愿服务法"。在志愿服务行政法规层面，除了分散立法之外，我国已出台了专门行政法规《志愿服务条例》。在志愿服务地方人大立法层面，我国已有比较多的集中和分散立法。截至 2022 年 11 月，全国已有 53 个由省、自治区、直辖市和设区的市出台的现行有效的志愿服务地方性法规。另有一些国务院部门和具有地方立法权的地方政府也推出了关于志愿服务的行政规章。上述不同位阶的立法和行政立法文件，从多个层面和不同角度发挥着对志愿服务活动的法律调整作用。

（二）志愿服务法律制度的相关规范

在我国，与志愿服务密切相关的规范性文件、政策文件、党内法规和团体规章等组织和行为规范，也在志愿服务事业发展与活动开展过程中发挥着积极的规划、指导和调整作用。

志愿服务的规范性文件主要是指党和政府发布的有关志愿服务的文件。这里需要特别说明的是，志愿服务的行政规范性文件，也即主要由行政机关发布的有关志愿服务的文件，虽然不是法律规范，仅是一般行政规范，但对志愿服务组织、志愿者等社会主体具有约束作用，如民政部办公厅发布的

《关于做好志愿服务组织身份标识工作的通知》《志愿服务记录与证明出具办法（试行）》等。

志愿服务的政策文件主要是指政府发布的有关志愿服务的宣传性、指导性政策的文件，如《教育部关于教师参与志愿服务活动的指导意见》。

志愿服务党内法规主要是指执政党组织依据有关职权和专门程序制定的具有制度约束作用的文件总称，如中央宣传部、中央文明办、中央社工委等制定的有关党内法规。

志愿服务团体规章主要是指群众团体、社会团体和志愿服务团体推出的具有指导、协调和调整作用的社会规范文件，如共青团中央制定的《中国注册志愿者管理办法》，全国妇联颁布的《全国妇联关于深入开展巾帼志愿服务工作的意见》，以及中国残疾人联合会、中国文学艺术界联合会、中国志愿服务联合会等就有关志愿服务活动颁布的文件规定等。

（三）志愿服务法制建设的必要性

1. 志愿服务与社会治理

志愿服务在社会治理中发挥着重要作用，如在治安、交通、应急等社会治理中经常有大量的志愿者参与。志愿服务已经成为国家治理体系的重要一环。《中共中央关于制定国民经济和社会发展第十四个五年规划和二〇三五年远景目标的建议》明确提出"健全志愿服务体系，广泛开展志愿服务关爱行动"。开展志愿服务本身就是利用社会力量服务社会的重要方式，是创新社会治理的有效途径。治安志愿者、社区志愿者、应急救援志愿者等在交通、养老、突发事件应急管理等方面发挥了巨大的作用。一方面，志愿服务有利于提升社会治理效能，弥补政府的不足，为政府排忧解难；另一方面，志愿服务有助于激发公众参与社会治理的热情，同时志愿服务培训有利于提升公民个人素质，进一步增强社会发展活力。例如，北京治安志愿者已近百万人，其在首都维稳、反恐防恐、社会治安等方面的作用日益凸显。

新冠疫情期间，志愿者发挥了巨大作用。2020 年 2 月 23 日，习近平总书记在统筹推进新冠肺炎疫情防控和经济社会发展工作部署会议上指出："广大志愿者等真诚奉献、不辞辛劳，为疫情防控作出了重大贡献。"（《光明日报》，2020）基于志愿服务在社会治理和应对突发事件中的作用，2021年中共中央、国务院印发的《法治政府建设实施纲要（2021—2025年）》要求，"明确志愿者参与突发事件应对的法律地位及其权利义务，完善激励保障措施"。

2.志愿服务的风险

当今社会已经成为风险社会，志愿服务也存在风险，需要通过法制建设对风险分担进行规定。例如，赛会志愿者因高温天气中暑，交通文明劝导志愿者在引导车辆时因技术不熟练而被车辆剐伤，社区志愿者因欠缺医疗常识在照顾老年人时导致服务对象身体受到伤害，应急救援志愿者因自然灾害等生命受到威胁。笔者于2023年6月以"'十四五'期间志愿服务法制建设及展望"为题进行了问卷调查，共回收问卷2528份，其中针对"您在志愿服务过程中通常会感受到哪些风险"这一问题的回答情况如图1所示。

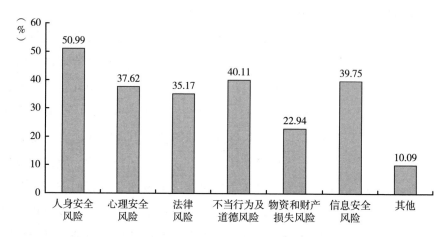

图1　志愿者在志愿服务过程中通常会感受到的风险类型

由此可见，志愿服务存在各类风险，需要法律加以规制。志愿服务中的风险大致可以分为两类：一类是志愿者自身可能遭受的损失，另一类是志愿者在服务过程中对服务对象或他人造成的损失。志愿服务中的风险不可忽视，因为危险一旦发生，一方面会严重挫伤志愿者的服务积极性，另一方面会给服务对象造成损失，使其日后对志愿者的服务因有"不专业"的印象而产生抵触心理，致使志愿服务不能长远健康发展。志愿服务法制建设对风险防范进行了规范，包括风险告知、风险评估、风险防控、保险购买、签订协议、应急预案制定等。

二 志愿服务法律制度建设发展历程

志愿服务法律制度建设大体经历了三个发展阶段。第一个阶段为1999~2008年，为志愿服务法制建设的萌芽起步阶段。该阶段的起点为《广东省青年志愿服务条例》，它开启了中国大陆地区志愿服务的法制化进程（魏娜，2013）。第二个阶段为2008~2017年，为志愿服务法制建设的高速发展阶段。该阶段的起点为2008年，2008年汶川地震中的应急志愿者、北京奥运会的赛会志愿者和百万城市志愿者极大地带动了志愿服务的发展。该时期从中央到地方的立法进入了高速发展阶段，各领域、各部门的志愿服务立法也大量出现，为规范治理志愿服务领域中的乱象起到了一定作用，也为志愿服务的健康发展奠定了坚实的基础。第三个阶段为2017年至今，志愿服务进入规范发展阶段。2017年，党的十九大报告为志愿服务的发展指明了方向，《志愿服务条例》的出台及实施成为全国志愿服务法制发展的标杆。该阶段的志愿服务立法走向系统化、条理化、精细化。

（一）新时代志愿服务法律制度建设基础

1. 萌芽起步阶段：1999~2008年

20世纪90年代至21世纪初，青年志愿服务与社区志愿服务是当时志愿服务主要的发展形式，这两个领域的志愿服务活动较为活跃。志愿服务相关的法律制度规范也大多围绕这两者制定。

1999年8月，《广东省青年志愿服务条例》通过，该条例是大陆首部专

门规定志愿服务的地方性法规，是志愿服务立法史上的里程碑。广东省通过的条例主要将志愿者群体定位为青年志愿者，这和当时的志愿服务发展实际是密不可分的。广东省条例的制定也影响了很多省市。《山东省青年志愿服务规定》《宁波市青年志愿服务条例》《福建省青年志愿服务条例》陆续出台，这几个省市也将志愿服务条例的调整范围主要集中于青年志愿者，甚至21世纪初颁布的《银川市青年志愿服务条例》《湖北省青年志愿服务条例》《江西省青年志愿服务条例》《天津市青年志愿服务条例》都或多或少地受到了广东省地方法规的影响。但是随着志愿者群体的扩大，这些地方的条例已失效或面临修改。

2. 高速发展阶段：2008~2017年

2008年是我国志愿服务发展的关键一年，也被称为"志愿者元年"。这一年有两大标志性事件：一是大批志愿者参与汶川地震抢险救灾；二是数以万计的城市志愿者、赛会志愿者、社会志愿者为奥运会提供服务。这使志愿服务一时成为社会风尚。

为进一步弘扬志愿精神，奥运会结束后的当年我国就出台了《关于深入开展志愿服务活动的意见》，要求为志愿服务提供法规和政策保障。北京市也出台了《关于进一步加强和改进志愿者工作的意见》，要求进一步转化奥运会志愿工作成果、建立志愿服务长效机制。在这一阶段，中共中央办公厅、共青团中央、民政部、中央文明办、教育部等部门出台了一系列规范性文件、政策文件，对志愿服务领域的基础性问题（包括注册、管理、证明开具等）做了详细的规定，形成了全社会推动志愿服务、参与志愿服务的新局面。

3. 规范发展阶段：2017年至今

2017年，我国《志愿服务条例》颁行，它以行政法规的形式实现了全国范围内志愿服务法律规范的某种统一。经过新冠疫情防控、2022年北京冬奥会和冬残奥会等大型志愿服务活动的历练，我国的志愿服务动员能力进一步提高，相关运行更加规范有序。

（二）新时代志愿服务法律制度建设特色

1. 志愿服务法律制度建设新理念

（1）坚定文化自信，建设中国特色的志愿服务法律制度体系

党的十九大报告对志愿服务的要求位于报告第七部分"坚定文化自信，推动社会主义文化繁荣兴盛"的第三节"加强思想道德建设"，这表明志愿服务是弘扬社会主义文化、提高思想道德修养的重要途径。2014 年，习近平同志在给南京青奥会志愿者的回信中强调，要打造最美的"中国名片"（《光明日报》，2014）。中国特色社会主义志愿服务的发展离不开中国特色志愿服务法治体系。

习近平法治思想中包括坚持中国特色社会主义法治道路。这就要求立足我国目前的基本国情，对实践中出现的问题予以解答回应（杨小军，2015）。我国志愿服务法治建设不仅要借鉴国外先进的立法经验，而且要贯彻文化自信的思想，着眼于我国志愿服务发展的法治需求，将监管执法服务中的良好实践经验上升为法律法规，为世界贡献中国智慧、提供中国方案。

（2）深入科学立法，促进志愿服务法律制度精细化

党的二十大报告提出要"全面推进科学立法、严格执法、公正司法、全民守法"。在依法治国 16 字新方针中，首先就要求科学立法，而科学立法要求"立法必须遵循法律体系的内在规律和立法工作规律"，最终"形成和维护符合国家发展目标的法律秩序"（信春鹰，2014）。

目前，志愿服务领域尽管法律、法规、规范性文件众多，但是概念不统一、规定不一致、职能不明确、条文不易落实等问题仍然存在。之后的志愿服务立法需要实现现用众多制度的体系化、条理化、精细化，从而形成科学完备的志愿服务立法体系。

（3）加强党的领导，形成齐抓共管志愿服务的良好局面

在志愿服务领域，多部门管理的局面一直存在，包括民政部、教育部、中央文明办、中央宣传部、共青团中央等。之后的志愿服务立法强调要发挥

党在其中的领导作用，同时建立协调机制，形成多部门共同管理的良好局面。《志愿服务条例》第十条规定了在志愿服务组织中设立党组织，这有助于加强党对志愿服务活动的管理，充分发挥党建引领的核心作用。

（4）着眼主要矛盾，拓展志愿服务领域，提升服务质量

党的十九大报告明确指出，当前我国的主要矛盾发生了变化，而人民对志愿服务的需求自然也是美好生活的应有之义。但是目前我国志愿服务领域仍然存在以下问题：注册志愿者多，活跃志愿者少；参与人次多，参与时长短；普通志愿者多，专业志愿者少。在笔者开展的专题问卷调查中，针对"在过去一年里您参与志愿服务的频率"这一问题的回答情况如图2所示。

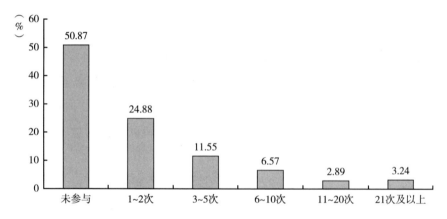

图2　过去一年受访者参与志愿服务活动的情况

可见，之后我们需要进一步解决志愿服务的供给问题，提升志愿者的活跃度和志愿服务质量，把创造美好生活作为志愿服务活动的奋斗目标。解决该矛盾，需要进一步加强志愿者招募、培训、宣传等机制建设。

2.志愿服务法律制度建设新实践

（1）地方立法颁行

随着志愿服务的发展，各地着手制定志愿服务条例以弥补立法空白，促进当地志愿服务的有序发展。例如，《辽宁省志愿服务条例》于2017年11月审议通过。

（2）地方立法修订

国务院制定的《志愿服务条例》对基础概念、活动原则、促进措施等做了明确规定。地方需要对照条例的要求修订和条例不一致的地方。例如，2007年制定的《浙江省志愿服务条例》将志愿者限定为"登记注册"或者"参加志愿服务组织临时招募"的个人，这就和《志愿服务条例》规定的志愿者范围产生了冲突。《志愿服务条例》对志愿者的规定没有局限为注册志愿者，除了注册志愿者外，自行开展志愿服务的志愿者也就是所谓的草根志愿者也属于其调整对象（莫于川、任肖容，2019）。2018年，《浙江省志愿服务条例》进行了修订。

（3）法律法规培训机制建立

《中国志愿服务培训工作"十三五"时期发展规划（2016—2020）》将现代法治理念、法律法规、志愿者行为规范列为培训内容。目前，我国多地建立了专门的志愿服务学校，包括广州志愿者学院、河北志愿服务学院、青岛市志愿服务学院、包头市志愿服务学院、潍坊市志愿服务学院等。这些专业志愿服务培训机构承接了大量的志愿服务培训工作，为法规培训提供了基础。

三　我国志愿服务法律制度建设现状

（一）志愿服务法律制度体系

1. 法规及政策体系

目前，我国志愿服务领域法制体系可以大体分为法规及政策两大类。广义的法规是指人大及其人大常委会和政府机关根据法定职权和立法程序通过的规范性文件。法制体系的具体形式包括法律、行政法规、地方性法规、规章及其他规范性文件。而志愿服务政策是指党和政府针对该领域制定的特定方针、路线、指导意见等。相较于法规来讲，政策的制定程序更为简单，内容也更为灵活。由于政策具有上述特点，在没有立法或立法不完善的情况下，政策发挥着补充立法漏洞、增强法规适用性的作用。

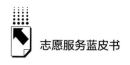

2.法规与政策之间的关系

由于法制建设不完备，志愿服务领域存在法律规范少、政策多的情形。在实践中正确处理法规与政策之间的关系需要把握以下几点。

其一，摒弃法律万能论的做法。法规只是众多治理工具中的一种，并非所有志愿服务领域的问题都需要法规调整，也并非所有志愿服务领域的问题都适合法规调整。"政策有独立存在的价值和空间"（肖金明，2013），在志愿服务领域更适合政策调整的要交给政策，发挥政策的能动优势。

其二，转化实践效果良好的政策。在实践中，一些政策文件经常被反复适用，实施效果良好，在实践中也积累了经验。例如，中共北京市委、北京市人民政府印发的《关于进一步加强和改进志愿者工作的意见》就是北京市志愿服务管理部门经常使用的政策文件。类似的政策文件可以适时转化为法规，以提升文件的法律效力位阶。

其三，避免政策违反相关法律规定。政策的制定要符合法律规定。根据《立法法》第一百零七条，若存在下位法违反上位法的情形，可以由有关机关予以改变或者撤销。政策的制定也要符合上位法的规定，符合立法精神和法律原则，不能与相关法律规定相抵触。

（二）中央层面立法建制

1.法律

志愿服务法律体系涉及《民法典》《刑法》《涉外民事关系法律适用法》《公益事业捐赠法》《企业所得税法》《个人所得税法》《慈善法》《涉外社会组织管理法》等。

《精神卫生法》《公共图书馆法》《红十字会法》《公共文化服务保障法》《野生动物保护法》《老年人权益保障法》《义务教育法》《残疾人保障法》等均在相关条款中体现了志愿服务，内容多为支持与鼓励志愿服务。

2.行政法规

除了国务院发布的《志愿服务条例》在志愿服务中经常使用之外，志愿服务还需考量《社会团体登记管理条例》《基金会管理条例》等行政法规。

3.部门规章

民政部于 2020 年印发的《志愿服务记录与证明出具办法（试行）》是专门针对志愿服务的部门规章，也有很多部门规章的条款中已经体现了志愿服务。例如，《湿地保护管理规定》第六条规定了鼓励志愿者参与湿地保护，《援外青年志愿者选派和管理暂行办法》第六条规定了援外青年志愿者应符合的条件。类似的部门规章还包括《养老机构管理办法》《对外援助管理办法（试行）》《普通高等学校学生管理规定》《社会体育指导员管理办法》等。

4.行政规范性文件

部门规章以外的行政规范性文件本身不是法律规范，但具有法律效力（包括公定力、确定力、拘束力、执行力），是志愿服务管理领域最常见的一类抽象行政行为和具体行政行为的依据形式。从 2010 年起，中央层面颁布了大量专门针对志愿服务的行政规范性文件。这些规范性文件厘清了志愿服务领域常见的概念，解决了管理中存在的一些疑难问题，比较有代表性的包括《民政部关于进一步推进志愿者注册工作的通知》《志愿服务记录办法》《中国社会服务志愿者队伍建设指导纲要（2013—2020 年）》《志愿服务信息系统基本规范》《关于规范志愿服务记录证明工作的指导意见》；共青团中央颁布的《中国注册志愿者管理办法》《关于推动团员成为注册志愿者的意见》《关于加强中学生志愿服务工作的实施意见》；中央文明委颁布的《关于推进志愿服务制度化的意见》《贯彻落实〈关于推进志愿服务制度化的意见〉的任务分工》；教育部颁布的《学生志愿服务管理暂行办法》等。特别是"十四五"伊始推出的法治建设"两纲要"，对志愿服务发展提出了很高的要求。①

---

① "十四五"期间关于法治建设的两个"纲要文件"是指：第一，2020 年 12 月中共中央印发的《法治社会建设实施纲要（2020—2025 年）》，其中 6 处提及志愿者、志愿服务等内容，还提出要注重志愿服务组织发展，注重开展志愿服务标准化建设；第二，2021 年 8 月中共中央、国务院印发的《法治政府建设实施纲要（2021—2025 年）》，其中明确规定了志愿者参与突发事件应对的法律地位及其权利义务，并要求完善有关激励保障措施。

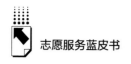

（三）地方层面立法建制

1.地方性法规

地方性法规是省、自治区、直辖市、设区的市的人民代表大会及其常务委员会根据本行政区域的具体情况和实际需要在不同宪法、法律、行政法规相抵触的前提下制定的。目前已有 50 多个省市通过地方性法规制定了本地区的志愿服务条例，这是地方层面法律效力较高的文件。[①]

2.地方政府规章

专门针对志愿服务颁布的地方政府规章比较少，仅《洛阳市志愿服务管理办法》和《贵州省志愿服务办法》是以地方政府规章的形式颁布的。但是志愿服务元素也大量体现在地方政府规章之中。以北京为例，《北京市献血管理办法》第十四条第三款就对志愿服务做了个别规定。[②]

3.行政规范性文件

行政规范性文件可谓量大、面广、涉及要素多，是志愿服务管理领域最常见的抽象行政行为和具体行政行为的依据形式，也是细化地方志愿服务法律制度的重要途径。例如，《北京市志愿者管理办法（试行）》《山东省文化志愿服务实施办法》等对志愿服务的具体实施进行了细化规定，增强了有关志愿服务工作的可操作性。

4.其他政策纲领性文件

政策性文件特别是重要的纲领性文件，是地方推进志愿服务制度化的有力抓手。例如，《关于加强上海市普通高中学生志愿服务管理工作的实施意见》《贵阳市国资委党委关于推进志愿服务制度化的实施意见》等为当地的志愿服务制度化发展提供了政策支持。

---

① 据笔者统计，截至 2022 年 11 月，我国现行的志愿服务专门地方性法规共 53 部，其中，条例名称中含有"青年"二字的有 2 部（银川 2004，汕头 2010），含有"促进"二字的有 4 部（北京 2007，汕头 2010，陕西 2010，泰安 2022）。自 2015 年《立法法》修订扩增了地方立法主体、调整规定了设区的市的地方立法权之后，已有较多地方修订或制定了志愿服务专门地方性法规。
② 《北京市献血管理办法》第十四条第三款规定："参加献血志愿服务的个人可以依照有关规定享受志愿者权益。"

（四）《立法法》授权和价值观入法带来新要求

2015年《立法法》修正后，赋予更多地方立法权。《立法法》第七十二条规定了设区的市的人民代表大会及其常务委员会的立法范围，即城乡建设与管理、环境保护、历史文化保护等。《志愿服务条例》颁行后，地方立法进一步增强，但也存在认识模糊的情况，制约着志愿服务法治发展。志愿服务是否属于地方立法事项范围，在一些地方存有疑虑，这也导致立法停滞不前。

但在实践中，《立法法》修正前后一些设区的市（多系原较大的市）已经颁行地方志愿服务条例，如《淄博市志愿服务条例》（2009年发布）、《唐山市志愿服务条例》（2010年发布）、《抚顺市志愿服务条例》（2016年发布）。这些设区的市所做的志愿服务立法工作应当给予肯定。一是因为志愿服务本身和城乡建设与管理、环境保护、历史文化保护密切相关。城市志愿者、社区志愿者、环保志愿者、文化志愿者等在这些领域做出了突出贡献。二是《立法法》并未采用完全列举的方式罗列设区的市的所有立法权限。结合《立法法》的规定，鉴于全国人大常委会法制工作委员会对地方提出的立法权限范围如何理解问题的专门请示一般秉持开放包容和积极态度，"等"字包括的内容需要视地方具体情况和实际需要而定，这就为志愿服务立法提供了可能。当然，实际上在地方立法实务中，2015年《立法法》修正后新增的地方立法主体在对"等"字进行理解和运用时，往往倾向于持谨慎态度或保守立场，难以迈出一步制定当地所需的志愿服务专门地方立法。

2023年3月13日，第十四届全国人民代表大会第一次会议通过《关于修改〈中华人民共和国立法法〉的决定》，对《立法法》再次进行修正，除了原先规定的设区的市的地方立法事项内容之外，新增了"基层治理"的事项，同时将"环境保护"扩展规定为"生态文明建设"。这些是特别需要和能够发挥志愿服务作用的领域，期待"十四五"期间更多地方在这些方面能够积极推动志愿服务地方立法。

四 中国特色志愿服务法律制度发展展望

（一）尽快制定出我国的"志愿服务法"

国家层面立法滞后已成为志愿服务法制发展的一个瓶颈。尽管经过长期努力推出的《志愿服务条例》于2017年12月1日起施行，是我国第一部中央层面的志愿服务行政立法，但与全国人民代表大会及其常委会的立法相比，其法律效力位阶低了一个层级，作为行政立法的创制权能有限，调整和保护力度不足。该条例尚难充分满足志愿服务法治保障的特殊要求。党的十八届四中全会就提出"推进立法精细化"，但我国"志愿服务现行法律规范尚显粗疏、笼统，今后应注重精细化，提升可操作性"（莫于川，2014b）。

在现行行政法规、地方性法规等的基础上，我国还需要进一步凝聚法律共识，推动全国人大常委会补充立项，要尽快通过国家层面的龙头性立法即我国的"志愿服务法"，从而"高屋建瓴地规范志愿服务活动的各要素和全过程"（任肖容等，2022）。同时，我国志愿服务法治建设存在部门及地方立法分散、部分存在冲突，志愿服务与公益、慈善等概念的差异不够清晰等问题，须有针对性地加以解决。

（二）地方志愿服务立法应突出特色

《立法法》第八十二条规定，"制定地方性法规，对上位法已经明确规定的内容，一般不作重复性规定"。《志愿服务条例》颁行后，地方立法更应着眼于地方特色。目前，地方立法同质化问题比较严重，很多是《志愿服务条例》的改写。志愿服务事业是一个宏大的社会系统工程，"十四五"期间必须努力建构起基本完整的规范体系和科学的运行机制，才能依法保障志愿服务事业的规范化、制度化、高效化发展（莫于川，2020）。

（三）切实推动《志愿服务条例》贯彻落实

《志愿服务条例》的颁布是志愿服务法制化的标志性事件。在笔者开展的问卷调查中，针对"您是否了解我国有关志愿服务的相关规定（例如国务院颁布的《志愿服务条例》、北京市颁布的《北京市志愿服务促进条例》等）"这一问题的回答情况如图3所示。

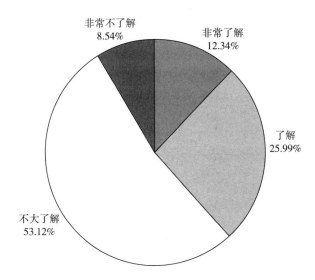

非常不了解
8.54%

非常了解
12.34%

了解
25.99%

不大了解
53.12%

图3　受访者对我国有关志愿服务相关规定的了解情况

可见，宣传贯彻《志愿服务条例》、推动志愿服务事业开创新的局面，是当前需要认真考虑的重要内容。除此之外，在"十四五"期间我们还要做好以下几点。

一是组织《志愿服务条例》的培训学习。根据《中国志愿服务培训工作"十三五"时期发展规划（2016—2020）》的规定，志愿服务法规是志愿服务骨干、志愿服务组织的重要学习内容。各地在组织培训时，要将《志愿服务条例》列为重要学习内容，要通过培训加强对《志愿服务条例》的宣传与理解。

二是对照《志愿服务条例》修订、清理地方的法规。各地立法机关、政府部门要比照《志愿服务条例》的内容，对地方有关志愿服务立法和规范性文件予以梳理。若存在冲突之处，则各地需要按照上位法规定修改，严重脱节或背离《志愿服务条例》立法精神的要予以废止。修订和清理工作可确保地方立法精神与中央的方针一致，确保《志愿服务条例》在地方的贯彻落实。

三是严格实施《志愿服务条例》内容。各地要确保《志愿服务条例》规定的对志愿服务活动的各项促进措施和法律责任等得到贯彻执行、切实落地。

（四）可适时出台专项志愿服务立法

随着志愿服务的精细化和专业化发展，根据志愿服务活动领域、类型出台专项立法是志愿服务法律制度的发展趋势。在笔者开展的问卷调查中，针对"您认为应加强哪些志愿服务领域类型的法律制度建设与保障"这一问题的回答情况如图4所示。

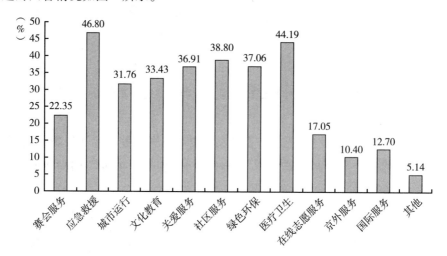

图4　受访者认为的应加强法律制度建设与保障的志愿服务领域类型情况

可见，针对常见志愿服务领域适时出台专项立法，不仅有助于理顺专项志愿服务领域的权利义务关系，也有助于回应志愿者和社会公众的期待。

（五）通过立法理顺志愿服务管理体制

尽管《志愿服务条例》明确了志愿服务的管理体制，但是我国各地实践并不统一。部分地方性立法颁行于《志愿服务条例》出台前，且未在《志愿服务条例》出台后加以修改，形成了各地规定不同的问题。总体来看，《志愿服务条例》引入行政管理和规制手段，突出民政部门的行政管理职权；地方立法重视共青团组织的指导，充分发挥志愿者联合会等行业组织的作用。党的二十届二中全会通过的《党和国家机构改革方案》决定组建中央社会工作部，划入中央精神文明指导委员会办公室的全国志愿服务工作统筹规划、协调指导等职责。这是一个重大的体制机制变化，对"十四五"期间我国志愿服务事业的发展将会产生重大影响。在调整过渡期间，各地应当以《志愿服务条例》为依据，按照《党和国家机构改革方案》的要求，在保留地方特色的情况下，尽快推动修改或解释地方立法，以实现志愿服务规范体系的基本统一。

五 结语

我国的志愿服务是一项长远的事业，不仅要解决当前的实际问题，也要面向未来解决志愿者"走进来，走出去"的问题。而在志愿服务规范发展中，法律制度保障必不可少。当下，我国志愿服务法律制度体系初步形成，但仍然缺乏一部专门的"志愿服务法"对其进行集中统一规范。那些没有立法权的组织也要符合法治精神和适应自身需要立章建制，包括依据职权出台规范性文件。"十四五"期间，我国若能努力建构起科学、完备、高效的规范体系，完善相关的法律制度，将有助于促使志愿服务成为积极推动社会协调可持续发展的"亮丽名片"。笔者相信，经过"十四五"期间积极努力打下更好的基础，中国特色志愿服务体系更加完善，志愿服务统筹协调机制高效顺畅，各行业各领域志愿服务制度更加健全，法律制度建设取得重大进展；志愿服务的社会参与率、活跃度大幅提高，组织队伍显著扩大，运行管理更加成熟规范；服务领域不断扩展，供需总量基本平衡，服务社会主义现代化建设的作用更加显著；志愿文化广泛传播，志愿精神得以弘扬，志愿服务成为人们的生活习惯、生活方式，成为文明中国的重要标志。

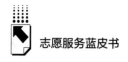

参考文献

《光明日报》，2014，《用青春激情打造最美"中国名片"》，7月17日，第1版。

《光明日报》，2020，《毫不放松抓紧抓实抓细防控工作统筹做好经济社会发展各项工作》，2月24日，第1版。

莫于川，2014a，《推动志愿服务法治化》，《光明日报》12月18日。

莫于川，2014b，《依法保障中国特色志愿服务体系》，《法制日报》3月7日。

莫于川，2020，《依法防控新冠肺炎疫情与依法化解志愿服务风险——兼论应急志愿服务法治发展的研究课题、创新路径和关键举措》，《中国志愿服务研究》第1期。

莫于川、任肖容，2019，《〈志愿服务条例〉实施一周年》，《中国社会工作》第1期。

任肖容、陈泓麟、农武东，2022，《全民动员依法治理：疫情防控志愿服务的中国实践》，《社会治理》第5期。

魏娜，2013，《我国志愿服务发展：成就、问题与展望》，《中国行政管理》第7期。

肖金明，2013，《为全面法治重构政策与法律关系》，《中国行政管理》第5期。

信春鹰，2014，《深入推进科学立法、民主立法》，《中国人大》第23期。

杨小军，2015，《习近平法治思想研究》，《行政管理改革》第1期。

B.3
新时代社区志愿服务发展新态势

黄晓星　房欣杨*

摘　要：　志愿服务是促进社会治理现代化的有生力量，而社区是开展志愿服务活动的重要场域。迈入新时代，我国高度重视社区志愿服务的发展，多管齐下促使社区志愿服务进入高速发展的关键时期，让社区志愿服务发挥着凝聚社会力量、构建治理网络、解决主要矛盾的关键作用。本文从历史演进的维度系统梳理了社区志愿服务制度化发展的五个阶段，总结了现阶段社区志愿服务发展的特点、亮点及经验，深入挖掘社区志愿服务典型项目，对社区志愿服务持续化发展进行展望。我国社区志愿服务经历了萌芽期、兴起期、发展期、上升期、蓬勃期五个发展阶段，逐渐呈现发展模式多元、开展形式多样、阵地打造别开生面、队伍建设稳定高效、覆盖领域广泛深入的特征，已由社区治理的"辅助力量"转为"核心力量"。我国社区志愿服务形成了坚持"党建引领""以人为本""多方联动""精细治理"的发展经验。以此为基础，社区志愿服务还需做好构建社区志愿服务文化体系、形成良好的发展环境、畅通多元主体参与渠道和营造持续发展服务生态四个方面的工作。

关键词：　社区志愿服务　社区治理　制度化发展

　　全面迈入新时代新征程，志愿服务不仅成为彰显社会文明、践行社会主义核心价值观的重要渠道，而且在推进基层治理现代化中起到举足轻重

---

　　* 黄晓星，厦门大学社会与人类学院教授，研究方向为社区研究、城市社会学和社会治理。房欣杨，厦门大学社会与人类学院博士研究生，研究方向为志愿服务、社区研究和残障治理。

的作用，是优化社会服务、提升社会治理能力、强化社会建设的关键动力。

党的二十大报告指出"增强城乡社区群众自我管理、自我服务、自我教育、自我监督的实效""健全城乡社区治理体系，及时把矛盾纠纷化解在基层、化解在萌芽状态"，其政策内核在于建立便于参与、有机协同、富有成效的社区治理路径，激发广大社区群众参与社区治理的内生动力，构建规范与弹性并举、需求与服务统一、内能与外力协调的社区治理体系。在此前提下，社区志愿服务作为"以社区为主要服务区域，以社区人群自助、互助为主要服务核心，以社区治理为主要服务领域，以社区资源为主要服务保障，以社区居民为主要服务人群"的社区治理路径，成为新时期群众参与基层治理的新主张，在全国上下有效地铺开。同时，社区志愿服务在打通社会治理"最后一公里"中发挥了压舱石的重要作用。

第一，社区志愿服务凝聚了社会发展力量。社区志愿服务作用于社会最基本单元的社区，实现了多领域服务、多业态技术、多层次人群在基层社区的集合参与，为我国社区治理打开了新局面。截至2023年8月，我国现有注册志愿者2.32亿人，志愿者来自教育、金融、制造等多行业，涵盖老、中、青多年龄段，组建了青年志愿服务队、巾帼志愿服务队、文化志愿服务队、科技志愿服务队等135万支志愿服务队伍，实施了文明实践、阳光助残、环境保护、为老服务等多主题的1127万个志愿服务项目。社会力量凝聚成优化社区服务供给、重塑社区发展体系、提升社区治理水平的磅礴伟力，为社会发展提供了有力支撑和有效保障。

第二，社区志愿服务构建了治理网络。社区志愿服务打破了"政府-社会"的二元格局，在政府的指导下，构建多元主体相互渗透、相互融合的治理新网络，使有治理技能和治理专业的群众以节点形式嵌入治理网络中，在提升群众参与社区治理的积极性和主动性的同时，让群众真正成为社区的主人，以增进公共福利、增强社区活力和提升生活质量为方向对社区开展自我管理，累计提供志愿服务总时长达到15.69亿小时，实现了"群众的矛盾由群众化解，群众的需求由群众满足"的治理目标，使社会治理的顶层设计与基层社区的网络治理有效贯通，基层矛盾顺利化解。

第三，社区志愿服务有利于解决主要矛盾。社区志愿服务成为化解新时代我国社会主要矛盾的有效措施，在提升群众幸福感、获得感、满足感上起到了关键作用。首先，在需求挖掘上，社区志愿者深入基层、走进一线，剖析需求背后反映的社会问题，统合普遍需求、关注特色需求；其次，在资源整合上，社区志愿服务采用外部引入与内部培育相结合的方法，广泛整合人力、物力、财力、智力等资源，为服务开展提供坚实的保障；再次，在需求满足上，社区志愿服务将因地制宜与精准介入相结合，针对不同的需求开展个性化、多元化介入；最后，在追踪与巩固上，社区依托社区志愿服务团队建设、制度建设、网络建设等举措，形成常态化帮扶机制，建立稳定帮扶体系。社区志愿服务弥补了基层资源短缺、力量薄弱等不足，不断完善社区公共服务供给，满足群众的多样化需求。

总之，社区志愿服务发挥了服务群众、维护社会和谐稳定与长治久安的重要作用，是提升社区治理效能的关键举措。本报告旨在厘清我国社区志愿服务发展脉络，剖析新时代社区志愿服务的发展特点，总结社区志愿服务发展经验和选树品牌项目，顺势提出下一阶段社区志愿服务的发展方向，为社区志愿服务持续发展提供参考。

一 与时俱进和日新月异：我国社区志愿服务发展脉络

我国社区志愿服务起步于从传统社会向现代社会、从传统计划经济向市场经济转型变革的关键时期，"单位制"社区向"现代式"社区转型催生了诸多社区治理难题，这为社区志愿服务的产生及发展创造了需求空间。社区志愿服务作为治理补充手段进入基层治理体系，在长达30余年的发展历程中，有明显的时代印记和治理特色，其发展可分为萌芽期、兴起期、发展期、上升期、蓬勃期五个阶段。

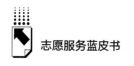

（一）1988~1993年：萌芽期

我国开始于20世纪80年代的市场化和城市改革，扭转了"单位制"社区"国家-单位-个人"纵向联结的治理体系，为"街道-居委会-社会组织"基层治理体系的应用创造了机遇。基于此，民政部召开了全国社区服务工作座谈会，在全国范围内开启城市社区服务。我国社区志愿服务是顺应社区服务多元化发展趋势产生的，而后逐步嵌入社区服务系统。随着社区服务的演进，社区志愿服务不断发生变化。

第一，社区志愿服务产生。我国社区志愿服务发端于天津市和平区。1988年初，和平区新兴街道号召开展居民互助服务，社区志愿服务就此扎根。同年9月，新兴街道朝阳里居委会13名社区居民自发成立志愿服务小组，致力于为社区弱势群体义务提供服务，此为社区志愿服务组织最早的雏形。1989年3月，和平区新兴街道成立了全国第一个街道层面的社区志愿服务协会。至此，中国社区志愿服务组织诞生，社区志愿服务也走入官方指导下的社区服务体系。同年10月，在全国社区服务经验交流会上，民政部重点推介新兴街道社区志愿服务协会的经验做法，倡导全国社区加强社区志愿服务队伍建设，探索社区志愿服务发展路径。会议后，全国掀起了宣传和推广社区志愿服务的第一波热潮，社区志愿服务迅速在北京、上海、天津、广州、深圳等社区转型快、基础好、规模大的大城市铺开。

第二，社区志愿服务嵌入社区服务。随着社区志愿服务试点铺开，各地积极探索志愿服务落地形式，逐步推进社区志愿服务组织建设、服务内容与社区服务发展相契合，如深圳市注册成立全国第一个志愿者社团——深圳市义务工作者联合会，佛山市成立"义工团"等，社区志愿服务形成一定规模。1993年，民政部等部门联合下发《关于加快发展社区服务业的意见》（以下简称《意见》）。《意见》将社区志愿服务纳入社区服务业范畴，指出"大力创办社区服务实体，不断壮大社区服务志愿者队伍和社会工作者队伍"。这标志着社区志愿服务成为社区服务的组成部分，社区志愿者成为社区服务的多元主体之一。以政策推动为前提，社区志愿服务在全国范围内拥有了合法化身份，正式成为社区治理不可或缺的力量。

（二）1994~1999年：兴起期

随着单位制解体，社区成为群众主要的生活场域，多领域、多层次的问题也需要在社区中解决。多样化的群众需求为社区志愿服务的兴起提供了机遇，使其逐渐被群众接受。

第一，社区志愿服务明确发展方向。1994年，民政部与中国社会工作者协会下发《关于进一步开展社区服务志愿者活动的通知》（以下简称《通知》），为持续开展社区志愿服务活动提供了指引。《通知》详细阐明了社区志愿服务的定义、宗旨，明确了社区志愿服务中各级民政主体的责任，对服务经费来源、表彰激励进行了详细规定，是社区志愿服务发展的第一份纲领性文件，有效推动了社区志愿服务全面铺开。同年10月，民政部与中国社会工作者协会印发《关于表彰全国社区志愿服务先进集体和优秀社区服务志愿者的决定》。时任国家领导人江泽民、李鹏充分肯定了社区志愿服务的意义，全国自上而下地掀起了社区志愿服务发展的第二波热潮。各地各级政府逐渐将社区志愿服务纳入社区治理的重点工作范畴。

第二，社区志愿服务全面兴起。1995年，民政部印发《全国社区服务示范城区标准》，规定了社区服务示范城区需设立社区志愿者组织及社区居民中志愿者比重、志愿者月度服务次数。通过示范创建活动，社区志愿服务进一步兴起铺开。截至1997年，全国各地建立社区志愿服务组织共计55200家，志愿者人数达到5478790人。与此同时，各地相继开展了一批社区志愿服务亮点活动，如"秋云倾心热线""厦门市青年志愿者治安分队""爱心接力111计划""三进千家门"等。这些志愿服务活动围绕社区居民急、难、困等需求开展，使社区志愿服务深入人心。

（三）2000~2007年：发展期

随着社区志愿服务在全国铺开，其充分发挥了凝聚社会力量的作用，逐

渐激发社区发展活力。但社区志愿服务也呈现"运动式""零散式""任务式"的发展态势,社区志愿服务的整合化、规范化、标准化发展成为当务之急。

第一,社区志愿服务精细化建设。2000 年,中共中央办公厅、国务院办公厅转发了《民政部关于在全国推进城市社区建设的意见》,要求党、政、军各部门统筹配合推动城市社区建设工作,为社区志愿服务发展统一思想、确定目标、整合力量、规定行动。该意见还特别指出,"积极发展志愿者队伍,广泛动员社会力量参与社区建设",使志愿服务力量在推进社区建设中的作用再次被重视。此后,全国各省市纷纷响应,以成立社区建设领导小组、出台加强城市社区建设意见、制定社区建设五年计划等方式因地制宜为社区服务发展提供方向,使社区志愿服务与社区建设密切挂钩,在以居委会为主导的社区服务中,凝聚居民力量,推动社区建设。为了更好地指导、支持社区志愿服务发展,2005 年,民政部在中国社会工作协会成立了社区志愿者工作委员会。社区志愿服务发展拥有了统筹组织,逐步向精细化迈进。

第二,社区志愿服务力量统合。随着中国青年志愿服务、中华巾帼志愿服务等志愿服务力量逐渐下沉社区,社区居委会作为社区志愿服务的主管组织,在志愿服务力量统筹上有所不足。2005 年,民政部联合中华全国总工会、共青团中央等九部门共同下发了《关于进一步做好新形势下社区志愿服务工作的意见》,提出各部门"要充分利用各自的优势,开展与各单位相适宜的活动方式",并规定了社区志愿服务发展的总体要求、基本原则及重点领域,为各部门开展社区志愿服务划定了统一的目标,推出了"青年志愿者社区发展计划""中华巾帼志愿者社区行"等服务品牌,形成合力助推社区发展。以江苏省为例,截至 2007 年,全省共计注册志愿者 120 万人,建成社区志愿服务站 735 个、服务基地 2050 个、服务广场 550 个,服务总时长达到 6800 万小时,社区志愿服务已具备规模(杨力群、卞维国,2008)。

第三,社区志愿服务规范建设。2006 年,国务院发布《关于加强和改进社区服务工作的意见》,提出"推行志愿者注册制度""指导建立志愿服务激励机制"等一系列社区志愿服务发展措施，标志着社区志愿服务开始迈向规范化发展。2007 年，民政部下发《关于在全国城市推行社区志愿者注册制度的通知》，强调以街道或社区为单位开展注册工作，通过建立管理系统、生成志愿者编号、加强培训等措施，着力提升社区志愿服务的规范性。各省市民政系统纷纷响应，我国自上而下逐步建立起一套贯通的社区志愿者管理系统和监管机制，为社区志愿服务规范化建设打下了坚实的基础。

（四）2008~2016 年：上升期

经由 2008 年北京奥运会和残奥会、汶川大地震抢险救灾等社会大型公共事件的牵引，现代化的志愿服务理念和精神在全国范围内得到了推广普及。加上上海世博会、广州亚运会及亚残运会对志愿服务的持续影响和政策的持续推动，全民性的志愿服务热潮在全国上下蔓延开来。社区志愿服务的发展再次加快，并成为各部门、各行业参与基层治理的关键方法。

第一，社区志愿服务力量增强。在汶川大地震中，全国共有 130 余万名志愿者奔赴抢险救灾一线，志愿者在抢险救灾过程中接受专业化培训，为社区服务领域拓展做好了能力上的准备。在北京奥运会及残奥会期间，170 余万名志愿者在理念、制度、方法等方面接受了与国际接轨的先进志愿服务培训，并在大赛期间提供了赛事保障、城市引导、文旅服务及社区治理效能提升等志愿服务，积累了丰富的经验，为社区志愿服务升级做好了人才储备和资源积累。同时，在 2008 年北京奥运会及残奥会、汶川大地震抢险救灾等社会大型公共事件的牵引下，群众的志愿服务热情被充分点燃，更多潜在志愿者被挖掘出来，如上千万人次群众共同参与"微笑北京"主题活动。社区志愿服务正从"政策引领、组织推动"向"骨干统筹、人人参与"的形式转变，社区志愿服务力量增强。

第二，社区志愿服务常态化发展。一方面，随着志愿服务逐渐走入千家万户，社区志愿服务力量日益壮大，社区服务活动的连续性、稳定性得到保障，各省市充分认识到志愿服务在基层治理中的关键作用，各类促进志愿服

务发展的政策顺势出台，如江苏省、北京市、上海市等地纷纷出台志愿服务条例，对志愿服务的促进与保障、奖励与优待等进行了详细的规定；另一方面，上海世博会、广州亚运会及亚残运会等盛会不断巩固志愿服务发展基础，仅两场盛会就组织了110万名志愿者参与社区志愿服务，地方政府依托赛事推出志愿服务促进措施，如世博会前夕，上海市印发《上海市社区志愿服务行动纲要》，要求广大社区志愿者践行世博会主题理念，积极创建社区居民自治家园；广州市设立"西关小屋"等志愿驿站作为社区志愿服务抓手；等等。社区志愿服务在政策促进和民间推动的双重助力下，实现了人才、技术、阵地等多方位的全面提升，社区志愿服务成为居民社区生活的重要组成部分。

第三，社区志愿服务成为重要治理资源。一方面，社区志愿服务发展逐渐从部门推动向国家联动转变，深深嵌入国家治理体系中，成为国家可凝聚、可调动的重要治理力量。比如，2015年国务院印发《关于促进慈善事业健康发展的指导意见》，细化了促进慈善事业发展的目标和措施，包括扶持社区志愿服务发展。另一方面，社区志愿服务进入各党政部门和群团组织的施政方针和策略中，成为其政策在基层落实的有效承接，如《中华全国总工会关于进一步做好困难职工解困脱困工作的实施意见》提出"大力开展帮扶志愿服务活动"；《中国青年志愿者行动发展规划（2014—2018）》指出，到2018年，经过标准化建设的各类实体型平台要达到50万个。

（五）2017年至今：蓬勃期

中国特色社会主义进入新时代，是党的十九大作出的一个重大判断，由此，我国社区志愿服务发展也迈入全新的历史阶段。习近平总书记高度称赞社区志愿者为社会做出的贡献，强调志愿者事业要同"两个一百年"奋斗目标、同建设社会主义现代化国家同向同行，对志愿服务事业发展寄予厚望。[①] 在新时代，社区志愿服务与新时代文明实践工作充分融合，拥有了新

---

① 《习近平在天津考察》，人民网，http://cpc.people.com.cn/n1/2019/0118/c64094-30576928.html。

阵地，形成了新目标，凝聚了新力量，达到了新高度。社区志愿服务活力被持续激发，实现蓬勃发展。

第一，社区志愿服务与新时代文明实践充分融合。《关于建设新时代文明实践中心试点工作的指导意见》指出，"新时代文明实践中心（所、站）的主体力量是志愿者，主要活动方式是志愿服务"。发挥好志愿者的作用、做好社区文明实践志愿服务是新时代文明实践的核心内容。首先，新时代文明实践以宣传习近平新时代中国特色社会主义思想为出发点与落脚点，为社区志愿服务提供了精神动力，让社区志愿服务紧紧围绕群众路线，拥有教育群众、凝聚群众、服务群众的突出能力；其次，新时代文明实践依托基层党组织，充分发挥党建引领作用，引导社区志愿服务回扣社区治理目标、落实社区治理任务；再次，新时代文明实践整合服务力量，精准供给，与社区志愿者力量相结合，将社区志愿者作为 1 支可靠力量，形成理论宣讲、文艺文化、科学普及等 8 支专业志愿服务队伍，根据社区特色，因地制宜形成 N 支品牌志愿服务团队，形成"1+8+N"志愿服务组织体系；最后，新时代文明实践重点实施"五项工作"，为社区志愿服务开展细化行动方向和确定任务重点，社区志愿服务拥有了创新的土壤，如博罗县打造文明实践基金蓄水池、长兴县融合"两个中心"推进文明实践等。

第二，社区志愿服务发展纳入国家治理总体规划。新时代，社区志愿服务由社区治理"辅助力量"转为"核心主体"，由"群众参与手段"转为"社会治理关键要素"，它已融入社会治理的方方面面。2021 年颁布的《中华人民共和国国民经济和社会发展第十四个五年规划和 2035 年远景目标纲要》专门提到加强志愿服务机构、平台及体系建设等相关内容；2022 年，党的二十大报告明确提出要"完善志愿服务制度和工作体系"，这从党和国家的发展全局出发给予社区志愿服务巨大的发展空间。同时，社区志愿服务还被纳入国家发展的各领域发展规划中。2017 年，中共中央、国务院印发的《关于加强和完善城乡社区治理的意见》提到发展志愿服务，倡导移风易俗，形成较好的社区气氛；2019 年，国务院办公厅印发的《关于推进养老服务发展的意见》指出，加大社区老年志愿者培养力度，加快建立"学

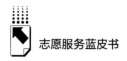

生志愿服务计学分""时间银行"等志愿服务记录制度等。

第三，社区志愿服务保障体系逐步完善。首先，迈入新时代，党和国家高度关注志愿服务发展。习近平总书记多次就志愿服务工作作出重要指示，并强调"推动志愿者在社区治理中有更多作为"①，自上而下为社区志愿服务奠定了支持发展的主基调。其次，志愿服务立法逐步完善。2017年国务院发布的《志愿服务条例》作为志愿服务领域第一部国家层面的立法，对推动社区志愿服务规范化、有序化、持续化发展，保障社区志愿者和服务对象权益具有重要意义。以此为开端，志愿服务立法工作长期成为社会的焦点问题。最后，在党和政府的指导下，社区志愿服务自主权有序扩大，随着社区志愿服务力量广泛参与防控和恢复生产的活动，由社区居民转化而来的志愿者与社区居委会合作成为特殊时期社区服务的主要力量，为社区志愿者参与社区治理提供了可塑空间，使社区志愿服务职能逐渐从社区弱势群体帮扶转移到社区自我管理和政治参与，社区志愿服务的服务职能得到完善，服务领域得到扩大，自主权得到保障。

二 欣欣向荣与统筹兼顾：我国社区志愿服务的发展特点

我国社区志愿服务发展从整体上看是先横向发展后纵向延伸，最终形成横向有宽度、纵向有深度的规模网络，并逐步融入共建共治共享的社区治理格局中。尤其是步入新时代，我国社区志愿服务发展产生了诸多新特点。

（一）社区志愿服务发展模式多元

受经济条件、地理区位、历史人文等因素影响，我国的社区服务发展呈现较大的差异，伴随着社区服务产生及发展的社区志愿服务发展模式也呈现

---

① 《习近平在河北承德考察时强调贯彻新发展理念弘扬塞罕坝精神努力完成全年经济社会发展主要目标任务》，新华网，http：//www.news.cn/politics/leaders/2021-08/25/c_ 1127795040.htm。

各异的特征，总体上可以分为四种类型。一是行政推动型，该模式多借助正式组织体制和政府资源建立社区志愿服务组织，服务开展主要围绕政府基层治理的核心工作，如新疆维吾尔自治区乌鲁木齐市的社区志愿服务多采用该发展模式，党政机关或群团组织下沉社区，与社区结成帮扶对子，围绕社区治理目标为社区提供志愿服务。二是居民主动型，该模式以社区群众自治为核心，通过非正式组织体制开展合作治理，服务多围绕社区公共福利提升，如北京市朝阳区的这种模式发展较好，形成了"朝阳大妈""社区伙伴计划"等多个群众志愿服务品牌。三是组织承接型，该模式强调以政府购买或社区合作为前提，社会组织以项目等形式承接社区志愿服务。近年来组织承接型社区志愿服务发展迅速，尤其是基层治理资源薄弱社区或新办社区多采用该模式。四是统筹协作型，该模式是以撬动政府资源、整合社会资源为基础，以培育社区居民志愿服务力量为目标的"半行政型"或"半社会型"社区志愿服务发展模式，如乡镇（街道）社工站在所辖社区中培育志愿服务力量，共同助力社工站在该社区服务活动的实施。

当然，随着社区志愿服务制度化、精细化发展及社区居民需求更加多样化，多种社区志愿服务模式常常会在同一社区并行出现，并产生相互促进、相互制约的互动关系，在社区中产生形态各异的社区志愿服务新发展模式。

（二）社区志愿服务开展形式多样

社区志愿服务开展形式是社区志愿者运用服务资源为服务对象提供志愿服务的策略或方法。我国社区志愿服务受到社区治理体制、治理资源、治理主体等多重差异影响，在社区志愿服务开展形式上呈现多样化特点。

从社区志愿服务的组织形式来看，社区志愿服务开展形式分为四种。一是项目合作式，由社区志愿服务力量以项目化管理思维开展服务。此类形式有较为清晰的服务目标、技术流程及监督评估，是专业化程度较高的社区志愿服务组织形式，一般由专业机构组织管理并实施。二是岗位职责式，由行政力量在社区中设立志愿服务岗位，为志愿者划分志愿服务职能或领域。此

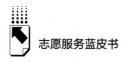

类形式充分体现社区网格化治理态势，主要围绕社区治理目标开展服务，如"民主议事会""社区党员楼栋长"。三是嵌入组织式，是指社区志愿服务力量嵌入其他治理主体的治理行动中开展志愿服务的组织形式，遵循"谁组织，谁使用，谁负责"的原则，因此该形式下社区志愿服务的依附性变强，社区志愿服务内容主要由被嵌入主体决定，通常志愿服务范围较广，如由社区居委会、物业培育并管理的志愿服务力量开展的志愿服务。四是间接作用式，志愿服务不直接下沉社区为服务对象提供服务，而是根据社区志愿服务的发展需要或不足，通过赋能社区治理力量、提供社区治理资源等方式提升社区志愿服务效用，如开展社区骨干志愿者培训、编制社区志愿服务操作手册等。

从社区志愿服务的服务形式来看，社区志愿服务开展形式分为四种。一是结对帮扶式，志愿者与服务对象结成帮扶对子，根据服务对象的需要精准提供志愿服务。该类型可追溯至1994年初发起的"一助一"结对服务行动，后经结对形式创新，延伸出"多助一""多助多"等形式，如社区志愿者入户为结对的高龄老人提供助浴服务。二是设置服务点式，志愿者利用社区志愿服务站、社区活动室等场地设置志愿服务点，定期围绕社区居民理发、家电维修等生活需求提供志愿服务。此类型需要服务对象根据自身需求自主匹配相应的志愿服务。三是点单派单式，服务对象根据需求拨打电话或网络下单服务，由管理平台根据需求派出志愿者提供服务，如全国社区便民服务公益热线"12349"、邯郸市志愿服务热线"96888"等。四是集体服务式，以节假日、纪念日为契机，根据不同主题以公益集市、公益联盟等形式为社区居民提供服务，如"重阳节社区助老行动""六一儿童节关爱儿童活动"等。

形式多样的社区志愿服务有力地助推了社区治理的多元化、丰富化，为不同需求、不同情况、不同类型的服务对象接受精准服务提供了可能性，有效促进了社区公共福利的提升。当然，形式多样的社区志愿服务也对社区志愿服务的组织方、管理方的治理协调能力及志愿者的专业服务能力提出了更高的要求。

（三）社区志愿服务阵地打造别开生面

随着社会治理体系和治理能力现代化的快速推进及社区治理任务趋于复杂化，社区治理阵地呈现多样化、灵活化、协作化的发展趋向，社区志愿服务阵地呈现"以人为本、新老交错、虚实结合"的建设特点。

社区志愿服务阵地建设可分为两大类别，共计六种类型。

第一大类别为社区志愿服务实体阵地，包含四种类型：一是依托官办治理阵地建设社区志愿服务阵地，如依托新时代文明实践中心（所、站）、民政乡镇（街道）社工站、残联"阳光家园"残疾人之家、妇联"妇女微家"站等官办基层治理阵地嵌入建设的社区志愿服务阵地；二是依托社区公共文化空间或服务场所建设社区志愿服务阵地，如依托社区文化站、社区服务活动室、社区广场建设的社区志愿服务阵地；三是依托项目空间建设的社区志愿服务阵地，如依托"垃圾分类""慈善超市""书香驿站"服务阵地建设的社区志愿服务阵地；四是依托组织阵地建设社区志愿服务阵地，如依托社区居委会、社区社会组织、党群服务中心等组织阵地建设的社区志愿服务阵地。

第二大类别为社区志愿服务虚拟阵地，包含两种类型。一是建设志愿服务网络管理阵地，利用官办志愿服务线上矩阵，发挥"互联网+志愿服务"的优势，落实志愿者登记注册、招募管理、考核激励制度，推进志愿服务的发布传播、过程监控、成效考评、宣传推广，如"中国志愿服务网""志愿汇""i志愿""时间银行"等网络志愿服务阵地。二是建设志愿服务网络服务阵地。互联网时代的到来使社区志愿者能够通过网络阵地打破时空限制提供优质服务，如淄博市的"逐梦计划"互联网社区支教项目已累计为中西部社区儿童提供1.08亿课时的网络美育支教课程。同时，新冠疫情的发生在一定程度上阻断了公共空间和社会空间，这促使社区志愿者创新志愿服务方式，网络志愿服务迅速被广大群众接受，网络服务阵地顺势建立，扩大了社区志愿服务的空间场域和覆盖范围，如疫情期间的"京鄂iWill志愿者联合行动"为公众搭建起联合抗击疫情的平台，形成志愿者行动网络、管

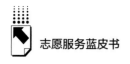

理网络、支持网络，赋能志愿者提供抗击新冠疫情的服务。

别开生面的阵地建设夯实了社区志愿服务的开展基础，打造了横跨虚拟与现实、联动政府与社会的服务矩阵，但如何调动此服务矩阵，使其发挥出治理效能，还是当今需要解决的难题。

（四）社区志愿服务队伍建设稳定高效

在我国社区志愿服务的发展历程中，志愿者团队建设经历了"自发组织—行政动员—居民参与—居民主导"的发展历程。伴随着人们社区志愿服务意识的不断增强以及基层治理能力的不断提升，社区志愿者团队实现快速发展，团队建设稳定高效。

首先，从社区志愿者团队规模来看，中国志愿服务网数据显示，截至2023年8月，我国共有志愿服务队伍135万支，注册志愿者2.32亿人，占我国总人口的16.08%。社区志愿服务已经从1988年开始的先进探索变为主流文化，即争当志愿者成为大众的共识。

其次，从社区志愿者团队专业发展来看，一方面，随着社会工作、心理学等专业的兴起和志愿服务教育培训体系的不断完善，志愿者持有社会工作师证、心理咨询师证的比例不断提升，更多的志愿者转型成为专家型志愿者，进而引领社区志愿服务整体专业性提升；另一方面，志愿服务精细化发展成为共识，由"全科志愿服务队"向"专科志愿服务队"转变成为发展趋势，精专化的志愿服务细化了志愿服务分工，提升了社区志愿服务的专业化水平。

再次，从社区志愿者团队类型来看，根据组织类型，其可分为青年志愿服务队、巾帼志愿服务队、阳光助残志愿服务队、科普志愿服务队等类型；根据服务内容，其可分为为老服务志愿服务队、关爱儿童志愿服务队、环境保护志愿服务队、水利巡查志愿服务队、应急救援志愿服务队等类型；根据队伍特点，其可分为老年志愿服务队、亲子志愿服务队、大学生志愿服务队等类型。各异的志愿服务团队反映出社区志愿服务功能的多样性和服务技术的广泛性。

最后，从社区志愿者来源来看，我国社区志愿者来源较为广泛，主要分为以下几类：一是以党员、团员为代表的先进群体，受到党建引领下的主题教育活动、"双报到"机制、中国青年志愿者社区行动等的带动，社区志愿服务成为先进群体联系群众、为人民服务的主要路径；二是学生群体，根据劳动教育和社会实践等素质教育的要求，学生参与社区志愿服务成为实现助人与育人双功能的有效方式；三是有意向参与社区治理的爱心居民，既包括社区老年人、爱心妇女等有余力且关心社区发展的人群，也包括掌握专业治理技能的服务人才，社区志愿服务为他们提供了发挥余热、展现才能的平台；四是社区辖区内的政社力量，包括机关职业单位、各行业企业及社会组织，社区志愿服务是其树立单位形象、体现责任担当的重要渠道。

伴随着社区治理体系不断改革，我国社区志愿者数量空前庞大、类别格外丰富、来源更为广泛，志愿服务队伍建设已经迈入高质量建设的新阶段。在新阶段，如何实现需求端与供给端相统一、治理端与服务端相协调是社区志愿服务未来发展的重要方向。

（五）社区志愿服务覆盖领域广泛深入

在社区志愿服务30余年的发展历程中，随着治理资源的不断积累，社区志愿服务的服务领域从传统的民政兜底逐渐扩展到居民社区生活的方方面面，在服务对象数量、服务技术专业性、服务覆盖领域方面有显著变化。

首先，从服务对象角度来看，社区志愿服务从起初的以社区老年人、残疾人、优抚对象、少年儿童等特殊困难群体为主要服务对象，逐步向流动人口、失独家庭、残疾人家庭等社区弱势群体倾斜，再逐步扩展到社区每个成员。服务对象经历了从特殊化向普遍性的转变，社区志愿服务覆盖面不断扩大。

其次，从服务重点角度来看，社区志愿服务的帮扶重点从起初的以关注服务对象物质需求、开展物质救助为主转向组合式帮扶，将物质帮扶与精神帮扶相结合，甚至加大对服务对象利益相关者的帮扶力度。帮扶重点变化显示出社区志愿服务更加注重"以人为本"和"持续发展"，服务成效对服务对象的影响更为深远持久。

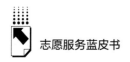
最后，从服务内容角度来看，社区志愿服务的内容现在主要涵盖三个领域：一是弱势群体的兜底服务，主要面向民政兜底的弱势群体，为其提供保障性、保护性、满足性的志愿服务，如为孤寡老人提供健康看护、为留守儿童提供暑期陪伴、为残疾人提供出行服务等；二是社区福利提升与环境改善的服务，包括宣传垃圾分类、实施旧衣回收、绘制社区文化墙等；三是居民自治能力培育服务，包括组建民主议事会、孵化社区帮帮团等。

社区志愿服务领域的扩展极大地满足了人民群众对美好生活的向往与追求，也让志愿服务从行政主导的旋涡中脱离出来，真正走进社区群众的日常生活，成为社区群众喜闻乐见、广泛参与的社会行动。

三　强化引领与协同发展：我国
社区志愿服务发展经验

我国社区志愿服务虽经历了一段时间的艰辛探索，但在发展的整体历程中并不是野蛮无序或单打独斗的，而是在党的引领下，紧扣社区群众需求，通过多方协同合作，落实精细化治理，最终实现社区志愿服务发展量的增长和质的飞跃，积累了一定的经验。

（一）坚持党建引领，构建发展引擎

党建引领是破除基层社会零散化、碎片化等局限性，解决社区志愿服务参与困境、资源困境、专业困境的根本保障，可以说党建引领是社区志愿服务最大的优势。

第一，构建党建引领的政策矩阵。党和国家深刻把握党建引领在促进志愿服务发展中的核心价值，构建了强有力的党建引领志愿服务的政策体系，明确了社区志愿服务的发展方向。比如，《志愿服务条例》规定，在志愿服务组织中要设立党的组织，开展党的活动；《关于加强和完善城乡社区治理的意见》奠定了社区治理的总基调，强调"把加强基层党的建设、巩固党的执政基础作为贯穿社会治理和基层建设的主线"，为社区志愿服务坚持党

建引领理顺了内在逻辑。

第二，激发党建引领各方主体的潜能。社区志愿服务必须坚持群众路线，做到以群众为基础，服务于群众。但是如果没有领导核心，各方主体就会成为"一盘散沙"。党建引领社区志愿服务发展，依托党组织强大的基层治理统筹能力，发挥联结各方治理主体、协同各类治理资源、统筹各种力量的吸纳作用，紧扣群众所需所求，并将其转化为治理效能，解决了人力、资金、技术不足的困境，如北京市海淀区以党建引领整合辖区内丰富的科研单位、上市企业等资源，将科技赋能社区志愿服务发展，促进社区志愿服务迈向智能化。

第三，强化党建引领内生秩序的功能。党建引领是培育社区居民主流价值观和伦理规范的思想利器，对社区内生秩序的建立起到了关键性的推动作用。党建引领社区志愿服务通过互助协作与情感沟通搭建社区情感纽带，进而建立社区治理行动规则，构建起社区合作体系，如社区党组织与志愿服务队建立联席制度，通过理性协商，共同开展治理行动。在党建引领下，社区居民不断更新对社区治理的认知，生成参与意识和互动信任。党建引领在调动居民参与志愿服务积极性的同时，实现居民自我教育、自我治理、自我重塑，让矛盾化解在基层。

第四，提升党建引领治理生态的成效。社区志愿服务开展常常会面临人才引领不足、内容亮点不够、服务手段不新等问题，这使部分社区的志愿服务驱动力常常处于休眠状态。党建引领志愿服务发展以空间为重塑治理生态的基础，引导社区内外治理力量在社区中凝聚并重新组合，如通过党员社区"双报到"制度建设，让治理人才下沉社区，发挥其先进性，带领志愿者开展创新性的社区志愿服务；基于党建"社区生活圈""社区文化圈"等阵地建设和成立联合党支部等措施，夯实社区志愿服务组织基础，提升社区志愿服务的号召、带动及服务能力。

（二）坚持以人为本，积极回应需求

坚持以人为本、突出需求导向是我国社区志愿服务长期发展得出的经

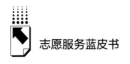

验。社区志愿服务源于群众需求，以解决群众需求为服务目标，以群众需求变化为调整方向。

第一，时代需求引领社区志愿服务逐步前行。社会主要矛盾是人民群众一个时期内的需求得不到满足的重要体现。我国社区志愿服务产生初期，人民群众的主要需求是物质文化需要，社区志愿服务的内容以扶贫救助、居民互助、培育文明为主，服务对象多为民政传统兜底人群，形成了如"扶贫接力计划""阳光助残行动""五美四讲三热爱"等以群众发展为主的志愿服务品牌项目。随着社会的发展，群众的物质文化生活丰富起来，尤其是步入新时代之后，人民群众的主要需求转为对美好生活的需要。社区志愿服务不仅关注弱势群体的可持续发展，而且关注群众生活质量和公共福利的提升，形成了"雷锋救援计划""长者食堂""善才培育计划"等以群众提升为主的志愿服务品牌项目，服务对象也逐渐纳入助人者，关注助人者的成长。

第二，空间需求推动社区志愿服务差异化发展。我国是一个幅员辽阔的人口大国，社区发展不均衡的现象依旧存在。我国社区志愿服务发展并不是统一推进的"一刀切"，而是分区域、分层次推进的。首先，在经济欠发达地区，社区志愿服务以服务满足型为主。社区志愿服务主要作为民政等基层治理部门的补充力量，满足基层服务的供给，形成了如"广西母亲邮包""温暖包爱新疆""点亮乡村光明万家"等志愿服务品牌项目。其次，在较发达地区，社区志愿服务保障性服务压力较小，以提供专业化服务为主要方向，提升居民的生活韧性和质量，形成了如"老兵关怀计划""黄手环计划""无暴力的未来"等志愿服务品牌项目。最后，在经济发达地区，社区志愿服务以服务引领型为主，服务重心在于培育社区在地治理力量和加快服务创新，形成了如"一个鸡蛋的暴走""青春社区建设行动""梧桐伙伴提升计划"等志愿服务品牌项目。

第三，技术需求提升社区志愿服务治理效能。随着服务对象的社会参与需求日趋多元，所需的服务更为深入和专业，社区志愿服务产生了技术变革的需求。为了顺应这一趋势，志愿服务研究的不断推进和在地实践的深入开展使社区志愿服务技术取得了长足进步。社区志愿服务技术从最初的运动式、偶遇式、任务式帮扶向项目式、陪伴式、专业式服务转变。志愿者将社会工作等专业方法融入社区志愿服务中，注重对服务对象"身、心、社、灵"的全方位帮扶，为服务对象提供陪伴式的服务，使志愿服务的成效更为显著。

（三）坚持多方联动，促进协同参与

我国社区志愿服务直接面向人民群众、服务人民群众。想要以群众力量解决群众问题，同时解决资源不足、治理乏力等问题，多方联动实现协同治理是关键。

第一，突出系统思维，促进条块整合。我国加强社区志愿服务的统筹发展，将志愿服务作为社区治理的重要方法融入各部门基层治理的任务中。首先，我国注重整体规划，将志愿服务建设写入"十四五"规划纲要、党的十九大及二十大报告等纲领性文件中，为社区志愿服务协同各方力量奠定基础。其次，我国强调施政衔接，将志愿服务作为治理手段和治理任务融入各部门"十四五"规划纲要和专项规划中，在医疗卫生、老龄事业、社区服务、文旅服务等重点领域体系建设部署志愿服务行动。最后，我国加强联动实践。以"雷锋月""国际社工日""国际志愿者日"为契机，文明办、民政、共青团、妇联、工会等部门形成常态化合作实践，自上而下地构建实践联动机制。

第二，强化五社联动，促进共建共享。中共中央、国务院印发的《关于加强基层治理体系和治理能力现代化建设的意见》指出，要创新社区与社会组织、社会工作者、社区志愿者、社会慈善资源的联动机制。社区志愿者作为基层治理的关键一环，与其他四大主体形成亲密的联结关系，是形成基层社区治理合力的必要条件。首先，社区做好对社区志愿者的统筹工作，培育志愿服务骨干力量，打造一支专业实力强劲、服务有效的志愿服务队伍。其次，社会工作者作为社区志愿者的伙伴，充分发挥其自身的专业性，在加强社区志愿服务人才队伍建设、以社会工作的规范化和专业性提升志愿

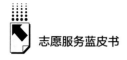

服务效能方面作用显著，如广州建立起"社工+慈善+志愿者"的工作机制。再次，社区社会组织充分发挥"补给站"和"赋能器"的关键作用，在服务专业和治理技术上为社区志愿服务赋能，通过整合外部资源、挖掘内部资源为社区志愿服务提供发展动能，如诸多社区通过建立社区社会组织孵化中心、社区基金会等社会组织引导、支持社区志愿服务发展。最后，社会慈善充分发挥补充作用，与社区志愿服务建立起互为推动、反哺的双向反馈机制。社区志愿服务通过增强群众意识培育社会慈善，而社会慈善又可以孵化社区志愿服务力量。

第三，优化整合方法，激发主体活力。我国不断畅通志愿服务资源链接、协同发展的渠道，持续提升志愿服务的影响力与号召力。首先，绘制社区志愿地图，对社区内可利用的资源进行梳理与分类，与资源方建立长期联系，做好服务资源的储备与撬动，如安徽省祁门县推进"一张图表"建设，通过"网格编码，区域划分"，整体呈现网格区域、志愿服务点、共建单位信息。其次，畅通资源反馈渠道，建立志愿服务资源台账，及时将志愿服务资源使用情况进行公示反馈。再次，建立议事干事机制，推动资源主体和社区志愿服务力量的联动，邀请资源方逐步参与志愿服务，持续提供服务资源，如泉州市南安市柳城街道新华社区建立"党建+邻里中心"的公益联盟模式，23家"党、政、社、企"单位通过建立合作共建关系助力社区志愿服务发展。最后，加强宣传矩阵建设，搭建"传统媒体+新媒体""官方媒体+自媒体"的宣传矩阵，吸引更多社会力量投入社区志愿服务。

（四）坚持精细治理，创新管理体系

精细治理既是治理现代化的要求，也是以人民为中心的治理思路在基层治理中的体现，可以推进志愿服务团队的高标准建设。坚持精细治理是我国社区志愿服务高水平发展的重要法宝。

第一，建立精细治理体系，细化志愿服务管理。以党建为红色引擎，依托现有治理网络，将社区志愿服务体系建设嵌入社区治理网格中，形成"街道有协会-社区有总队-网格有支队-楼院有小组-单元有义工"的"五位一体"社区志愿服务常态化体系，让社区志愿服务有支点。同时，以"红色驿站""业主之家"为抓手，整合外卖员、快递员等流动性强的新型职业者，在日常工作中发现社区治理的难点、堵点，小事随时处理，大事汇总报备，让社区志愿服务有动点。社区通过在社区治理网格中嵌入社区志愿服务，打造"支点+动点"的志愿服务体系，实现志愿服务提供到人、服务介入深入肌理，更能及时通过网络实现对社区志愿服务的引领和赋能，保障服务有成效、管理有保障，如济宁市任城区建立"网格志愿服务+信用积分"体系，以积分激励打造双向互动平台，实现志愿服务精准化对接。

第二，强化科技赋能发展，搭建信息管理平台。首先，依托中国志愿服务网等社区志愿服务管理平台，我国自上而下地建立起对社区志愿服务的精细化、智能化管理。平台除了实现志愿者注册、登记、工时记录、表彰评定等功能外，还可以对外发布项目，开展志愿服务数据监测，在一定程度上实现宽领域的精细化管理。其次，许多地方将社区志愿服务信息化管理纳入社区数字化治理体系，接入社区内机关事业单位、重点企业等主体的社区志愿服务参与反馈平台，以社区养老、应急救援、疫情防控为方向呈现志愿服务需求和服务资源。最后，我国许多地区推进社区志愿服务数字化场景应用，如将社区志愿服务作为反映城市文明风尚的重要指标与数字城市建设接轨，实现各行业的数据实时接入，让社区志愿服务应用场景得到进一步扩展，实现智能化管理。

第三，促进多元主体监督，拓宽长效发展路径。随着社会治理的体系化发展和数字化、智能化演进，社区早已不再是孤岛，社区治理自然也成为系统治理、综合治理的一环。社区志愿服务开展不仅要接受来自社区内部的监督，也要接受来自外界的监管。一方面，社区志愿服务自主建立自治、德治、法治相结合的综合监管体系，积极接受来自政府、社区、群众等利益相关者的监督，保持服务方向不跑偏、服务质量有保障。另一方面，社区志愿服务以接受监督、展现治理成果为前提，多渠道广泛撬动资源流入社区，如互联网已成为社区志愿服务品牌展示及资源整合的重要阵地。以腾讯公益平

台为例，截至 2023 年 8 月，其累计上线 13.36 万个筹款项目，累计获得筹款资金 247.25 亿元。① 社区志愿服务在该平台获取资金促进了项目的传播推广，同时资金的使用也接受大众的监督，实现了项目资源获取与社会精细监督并举。

四 标杆选树与品牌建设：我国社区 志愿服务品牌项目介绍

（一）广州市"志愿驿站"志愿服务项目

1. 项目缘起：亚运会及亚残运会志愿服务结晶

广州市"志愿驿站"被亲切地称为"关西小屋"，其前身是广州亚运会、亚残运会"城市志愿服务站""新生活驿站"。在 2010 年亚运会、亚残运会期间，广大志愿者依托该驿站投身城市志愿服务。随着大赛的结束，"城市志愿服务站""新生活驿站"的职能随之结束。

为了实现新城市发展目标，优化志愿服务阵地建设，广州市决定整体保留"城市志愿服务站"和"新生活驿站"，并将其改名为"志愿驿站"。该项目于 2012 年 3 月 5 日开始常态化运转，持续为群众提供志愿服务。

2. 项目内容：依能依需提供形式多样的志愿服务

广州市"志愿驿站"以提供咨询为主要业务，还根据群众需求在周末及假日开展便民服务、主题志愿服务活动，积极提供疫情防控、创建文明城市、环保宣讲、为老服务、阳光助残、助学助困、流动人口关爱等志愿服务。此外，"志愿驿站"还与反诈骗、禁毒、文旅、控烟、垃圾分类、暖冬行动等志愿服务品牌相结合提供优质服务。

3. 项目组织：推动专门成立志愿驿站联合会

2013 年 4 月，广州市推动专门成立社会团体"广州市志愿驿站联合

---

① 参见 https：//gongyi.qq.com/。

会"。该联合会以建立专业化团队,细分志愿驿站服务领域,打造专业化、规范化志愿驿站品牌项目为使命,采用理事会、监事会、执委会"三会合一"的运作模式,为"志愿驿站"项目提供政策建议、培训提升、项目开发、资源链接、会员管理、考核评估、孵化组织等服务,努力促进"志愿驿站"常态化运行,形成"一站一特色",以产生全国影响力。

4. 项目管理:"五个一"理念"双向管理"模式

广州市"志愿驿站"提出"五个一"理念,夯实"一个站体、一名站长、一支队伍、一个项目、一个挂点党团干部"的主体机制,以市、区、街三级联动模式,采取"横向属地管理+驿站垂直服务"形式,充分凝聚社会力量,发挥治理效能,构建起志愿服务驿站交错纵横的运营管理体系。

5. 项目重点:引领带动志愿服务走进基层社区

"让优质志愿服务走进基层社区,服务广大社区群众"是"志愿驿站"项目的实施重点,"志愿驿站"矩阵全力推进"就在您身边"志愿服务品牌,为社区群众提供在家门口的多样化专业服务,为群众做实事、解难题。"志愿驿站"将打通党群志愿服务作为实施核心,将阵地建设嵌入党建引领中,设立党员报到点、党员示范岗,发挥党员在联系、服务广大人民群众方面的主动性与先进性,打造党联系服务群众的新窗口。

6. 项目成效:服务成果深入人心,成为亮点品牌

截至 2022 年,广州市共有"志愿驿站"77 间,建立"志愿驿站"直属志愿服务队 158 支,驿站注册志愿者超过 12 万名,累计 152 万人次志愿者在"志愿驿站"提供上岗服务,贡献超过 315 万小时志愿服务,开展便民服务、政策宣传、交通咨询、抗击疫情、扶贫助困等各类服务 4000 余场次,服务群众达到 400 万人次,服务成效深入人心,在全国范围内产生了一定的知名度,成为广州市的亮点品牌。①

---

① 《北京路竟然还有这样一个地方!》,广州志愿驿站旗舰站,https://mp.weixin.qq.com/s/x1K03Jnm-0ccS3fn7SH3GA。

（二）青岛市"青文驿"青年文化服务驿站项目

1. 项目概述：打破传统，致力于丰富青年文化生活

传统的社区志愿服务通常面向老人、儿童等弱势群体，但随着社会的发展与进步，青年群体也需要不断充实、提升自身的志愿服务。青岛市市南区重点打造"青文驿"青年文化服务驿站项目，依托社区内的商务楼宇、产业园区、文化艺术空间等，利用午休等工作日的碎片时间，打造文化"快充站"，开展文艺演出、艺术培训、展览展示、非遗手作、传统文化体验等活动，丰富社区青年人的文化生活，提升社区的文化软实力，形成社区文化品牌。

2. 项目实施：凝聚多方合力壮大志愿服务力量

青岛市市南区面向社会招募优秀本土表演乐队、歌手和演唱组合等文艺表演团队，吸引社会力量广泛参与项目，同时与社区内的商务楼宇、园区合作，联合拓展城市公共文化空间，打造了10个线下"青文驿"站点，全年开展百场文艺演出活动，推出近千节艺术精品课程，如《沧海一声笑》等武侠民乐在锦鲤国潮坊的演绎下，给社区青年带来轻松愉悦的体验，拉近了青年人与艺术的距离。

3. 项目核心：着力凸显青年需求，彰显服务意识

为了切实满足青年人的文化需求，"青文驿"青年文化服务项目推出了"点单服务"，通过菜单式问卷收集社区就业青年的意见，以青年意见决定文化演出的形式与内容。此外，"青文驿"青年文化服务项目还开展定制化服务，为社区青年提供展示舞台，如在楼宇内的企业中成立特色艺术团，丰富青年人的精神文化生活。为了迎合青年人的喜好，"青文驿"青年文化服务项目在舞台设计上别具匠心，"起立吧，青年""有为之年，不躺平""干饭使我不饿，艺术使我快乐"等充满现代气息的舞台设计吸引了青年人的眼球，演出形式、类型也符合青年人的需求。

4. 项目创新：以多样化新颖服务引领内容革新

"青文驿"青年文化服务项目广泛发动辖区内的培训机构和文化企业联

合推出精品免费课程、微课堂，先后吸纳了海韵国乐艺术中心、青岛古筝协会、小红楼美术馆、黑匣子剧社等多家文化企业，在丰富驿站服务的同时，满足青年对文化艺术的多样化需求，先后为社区青年提供咖啡、手工制作、插花艺术等体验类艺术教学和京剧、国乐、马头琴等文化传承及小提琴、手碟、油画等艺术训练课程。"青文驿"青年文化服务项目通过中西艺术结合，美术、音乐等多种艺术种类的交互碰撞，极大地丰富了社区青年的文化生活，让年轻人轻松学习艺术。

5. 项目成果：受助者与助人者持续性双向提升

2022 年，青岛市市南区共计打造了 10 个"青文驿"站点，开展了近百场文化活动，推出了近千门艺术精品课程，以文化文艺普及体验形式助力社区青年人提升文化修养、丰富文化生活。同时，在"青文驿"青年文化服务项目运营过程中，志愿者需要完成大量的沟通、策划、组织工作，这切实提升了志愿者的沟通协调能力、问题解决能力和文化艺术水平，实现了自身的成长与发展。

五　面向未来与开创革新：我国社区志愿服务的发展方向

进入新时代，面对社区治理的新趋势、新要求，我国社区志愿服务在文化建设、法治保障等方面尚存在短板。踏上新征程，我国社区志愿服务需在加强文化体系建设、推进立法保障、畅通参与渠道、加强生态营造等方面进行完善。

（一）扎根文化传统与生动实践，构建社区志愿服务文化体系

社区志愿服务发展的关键是处理好发展的自主性与规范性之间的关系，核心工作是形成具有中国特色的志愿服务文化体系，以文化更新思想，优化志愿服务发展环境。中国特色社区志愿服务文化体系建设要在在地实践的基础上与中国优秀本土文化相结合，产生与时代发展相一致、与社会治理目标

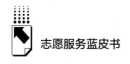

相统一、与社区志愿服务发展相协调的内容。

首先，中国特色社区志愿服务文化体系建设要融入党领导形成的红色文化。红色文化是党领导全国各族人民在长期革命、探索和改革过程中形成的先进文化，能让中国特色社区志愿服务文化体系紧密围绕在党的领导下，产生树立正确导向、广泛凝聚人心的磅礴力量。其次，中国特色社区志愿服务文化体系建设要融入中华民族在五千年的历史积淀中形成的优秀传统文化。优秀传统文化是中国先民在长期的生产劳作中形成的，能够让中国特色社区志愿服务文化体系拥有唤起广大人民群众对志愿服务认同感、归属感的力量。最后，中国特色社区志愿服务文化体系建设要依托长期以来社区志愿服务发展的生动实践，充分反映出时代的发展、人民的需求，关注实践中"大我"与"小我"、"集体"与"个人"、"志愿"与"回报"、"公益"与"利益"的关系，让社区志愿服务文化体系拥有协调社区志愿服务发展关系、紧跟时代发展潮流的革新力量。

（二）加强政策研究和立法保障，形成良好的发展环境

志愿服务作为一项有助于推动社会发展和提高公民文明水平的社会事业，受到大众广泛的认可与关注。但是我国志愿服务立法与志愿服务发展实际不同步、不协调的问题长期存在，具体表现为国家立法与地方立法不连贯、部门之间的规章不统一等。志愿服务在实际开展过程中出现了强制志愿、虚假志愿等不合理、不合规的现象，但缺乏全国性法律约束及惩处。此外，志愿服务激励保障不足问题持续存在，严重损害了志愿服务的市场环境。

面对人民群众日益强烈的志愿服务参与意愿和复杂的志愿服务参与环境，新时代我国应尽快开展志愿服务立法工作：首先，要邀请志愿服务、公益慈善、法律法规界的专家学者开展对志愿服务的立法研究及论证工作，借鉴国外发达国家志愿服务立法经验，把握国内各省份志愿服务法律法规新理念、新趋势、新特点；其次，要努力倾听各界的声音，既要关注各类志愿服务主管单位的做法及意见，又要深入一线开展调研，倾听各省市、各区域志

愿服务一线骨干的经验和建议；最后，推动"志愿服务法"等相关法律的立法工作，并以此为契机，加强我国志愿服务标准化建设，为志愿服务开展提供良好的发展环境。

（三）做好协同治理和协调统一，畅通多元主体参与渠道

"上面千条线，底下一根针"是社区治理面临的难题。同样，社区志愿服务发展也面临相同困境。社区志愿服务参与主体以社区为服务主阵地，但因治理目标、治理预期、治理手段上的差异，部分社区产生了治理主体不协同、不统一的现象，造成治理资源的浪费和治理成效的削弱。所以，社区治理要注重协同治理和协调统一。

一要强化党建引领作用。持续发挥党组织在协调各部门、各领域参与社区治理的优势作用，各参与主体要在党组织的统一领导下，围绕社区治理目标开展志愿服务活动，时刻发挥党组织在社区志愿服务发展中总揽全局、协调各方的核心领导作用。二要协调好两重关系。首先，参与主体要协调参与目标和治理总目标之间的关系，紧紧围绕治理总目标开展服务；其次，管理主体要协调好群众需求和参与主体意愿之间的关系，多撬动满足群众需求的参与主体提供服务。三要建立对接沟通机制。明确各参与主体的权利与义务，构建资源共享机制，在信息、人力等资源方面努力做到共建共享，形成各主体之间的需求转介机制。

（四）健全培养和激励机制，营造持续发展服务生态

当前，我国社区志愿服务重点关注"服务供给"与"服务需求"和"服务供给"与"受助者成长"两组关系，在回应服务对象需求时强调服务提供的专业性、丰富性、有效性，在服务内容和评估督导设计上强调以受助者改变为核心，但往往忽略了"助人者成长"与"服务供给"之间的关系，这导致志愿者能力与服务对象需求不匹配、志愿服务发展进程与志愿者成长不协调，严重影响了志愿者参与志愿服务的积极性。因此，只有健全志愿者培养和激励机制，才能形成社区志愿服务持续发展的良好氛围。

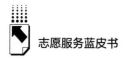
一要建立一体化的志愿者培养机制。首先，要将志愿者培训作为项目实施的关键一环，以政府购买和政策推动为牵引，使志愿者培养成为社区志愿服务开展的先决条件。其次，要建立富有针对性的志愿者培训体系，一方面，要面向不同能力层次的志愿者开展有差异的培训，如对领袖志愿者要开展引领型的"一对一"赋能培训，对普通志愿者要开展"结对帮扶式"的普及培训；另一方面，要针对不同类型的志愿者开展区别性培训，如为老志愿者需注重培训老年人志愿服务开展技巧等。最后，要开发社区志愿服务"一站式"学习平台，以微课形式帮助志愿者利用碎片化时间开展培训学习。二要做好志愿者的激励工作。首先，要完善工时记录和服务评价制度体系，做到与"时间银行""积分兑换"接轨，强化志愿服务激励。其次，要完善优秀志愿者的激励措施，除了定期开展志愿者选树活动外，还要在志愿者交通出行、生活娱乐等方面提供优惠政策。三要加大社区志愿服务宣传推广力度，搭建媒体宣传矩阵，运用官民结合、新老结合的宣传渠道，常态化开展优秀志愿服务社区、志愿服务项目、志愿者的宣传推广工作，让志愿者真正成为受人尊重、让人向往的群体。

参考文献

杨力群、卞维国，2008，《鲜花在潜心培育中绽放——江苏省社会志愿服务活动综述》，《党建》第 9 期，第 34 页。

B.4
中国文化和旅游志愿服务的发展状况
与新趋势

良警宇 韩凤莹 凡清悦*

摘　要： "十四五"规划实施以来，文化和旅游志愿服务在政策措施、制度建设、队伍发展、项目实施等方面逐步推进，特别是在文化场所服务、特殊群体关爱服务、边疆民族地区服务、文旅融合服务、数字文化服务以及机制建设等方面形成了诸多具有创新价值和鲜明特色的志愿服务项目品牌。研究结果显示，文化和旅游志愿者队伍和项目数量整体呈现增长趋势，但仍存在队伍成员的稳定性不足、地区之间发展不均衡、信息平台的互通性不足、社会化力量参与不充分和理论研究需要进一步加强等问题。围绕"十四五"时期的高质量发展要求，文化和旅游志愿服务需要进一步从创新体制机制、完善服务体系、提升服务品质、推进群体和区域均衡发展以及促进融合发展等方面着力。

关键词： 文化和旅游　志愿服务　高质量发展

　　"十四五"时期是我国开启全面建设社会主义现代化国家新征程的第一个五年，文化和旅游志愿服务被纳入文化和旅游各领域"十四五"发展规划的建设内容，为新时期文化和旅游志愿服务的可持续发展营造了良好的政策环境。本文在对"十四五"规划实施以来文化和旅游志愿服务发展状况

---

* 良警宇，中央民族大学教授，研究方向为文化社会学、公共文化服务等。韩凤莹，中央民族大学博士研究生，研究方向为城乡社会发展、民族地区社会治理等。凡清悦，中央民族大学博士研究生，研究方向为文化社会学、公共文化服务等。

进行分析的基础上，对新时期文化和旅游志愿服务的发展趋势进行探讨。

2021年以来，文化和旅游志愿服务在政策措施、制度建设、队伍发展、项目实施等方面取得了一定成效，特别是在文化场所服务、特殊群体关爱服务、边疆民族地区服务、文旅融合服务、数字文化服务以及机制建设等方面开展了诸多创新实践，但仍存在队伍成员的稳定性不足、地区之间发展不均衡、信息平台的互通性不足、社会化力量参与和理论研究不充分等问题。围绕"十四五"时期的高质量发展要求，文化和旅游志愿服务需要进一步从创新体制机制、完善服务体系、提升服务品质、推进群体和区域均衡发展以及促进融合发展等方面着力。

一　文化和旅游志愿服务的政策措施与制度建设状况

（一）"十四五"时期的政策措施

政策的制定与实施赋予文化和旅游志愿服务建设与发展的合法性是推进文化和旅游志愿服务事业的重要保障措施。文化和旅游领域发布的多部"十四五"发展规划将文化和旅游志愿服务纳入建设内容，为新时期文化和旅游志愿服务的发展营造了良好的制度环境。表1展示了"十四五"规划相关政策文件中有关文化和旅游志愿服务的内容。

表1　"十四五"规划相关政策文件中有关文化和旅游志愿服务的内容

文件名称	发布日期	发文字号/单位	核心内容
《关于推动公共文化服务高质量发展的意见》	2021年3月	文旅公共发〔2021〕21号	促进文化志愿服务特色化发展
《"十四五"文化和旅游发展规划》	2021年4月	文旅政法发〔2021〕40号	健全文化和旅游志愿服务体系，发扬志愿精神
《"十四五"公共文化服务体系建设规划》	2021年6月	文旅公共发〔2021〕64号	实施城乡示范性文化和旅游志愿服务活动，促进城乡志愿服务人员的交流互动和共同提升

文件名称	发布日期	发文字号/单位	核心内容
《"十四五"旅游业发展规划》	2021年12月	国发〔2021〕32号	推进旅游志愿者队伍建设,在旅游公共场所建立志愿服务站点,组织志愿者开展文明引导、文明劝导,传递文明旅游新理念、新风尚
《"十四五"文化发展规划》	2022年8月	中共中央办公厅、国务院办公厅印发	持续打造"阳光工程""春雨工程""圆梦工程"等志愿服务品牌

此外,文化和旅游部发布的年度《文化和旅游志愿服务工作方案》也提出了每年的重点工作任务和相应工作要求。2021年,部署以庆祝建党100周年为主题,结合党史学习教育,在抓好常态化疫情防控的前提下,以革命老区、民族地区、边疆地区、脱贫地区以及特殊群体为重点,深入实施"春雨工程""阳光工程""圆梦工程"和学雷锋志愿服务"四个100"先进典型宣传推选等重点志愿服务项目,着力推动文化和旅游志愿服务品牌化,促进文化和旅游志愿服务常态化。2022年,部署围绕迎接党的二十大胜利召开,以城乡基层、民族地区及特殊群体为重点,推动公共文化设施助力新时代文明实践,创新实施"春雨工程",保障特殊群体基本文化权益,常态化开展旅游志愿服务和传播文明旅游社会风尚,推进旅游志愿服务工作站和队伍建设,以及创新人才队伍、数字化和社会力量参与等工作机制。为深入贯彻落实党的二十大精神和中央民族工作会议精神,推动铸牢中华民族共同体意识,2023年,部署充分发挥"春雨工程"志愿服务平台作用,支持各地与边疆民族地区建立结对合作机制,以发挥文化和旅游工作在促进各民族交往交流交融中的重要作用。

这些指导性政策文件立足新发展阶段,落实新发展理念,使文化和旅游志愿服务工作始终围绕中心、服务大局,在从健全文化和旅游志愿服务体系到促进文化和旅游志愿服务特色化发展、从推进城乡一体建设到促进内地与边疆民族地区的交往交流交融和共同提升等方面进行了重点部署,为创新文

化和旅游志愿服务体制机制、提升公共文化和旅游服务品质、推进群体和区域均衡发展、促进文化和旅游志愿服务融合发展提供了政策指导。

（二）制度规范和标准建设的推进

为进一步贯彻落实《公共文化服务保障法》和《志愿服务条例》，"十四五"规划实施以来，许多地区积极推动制度化建设，研究制定文化和旅游志愿服务相关政策，出台本地区文化和旅游志愿服务的管理办法、工作规范、服务标准、实施细则等，为文化和旅游志愿服务的健康发展提供了保障。

2021年以来，一些地区在新出台的地方性法律法规中明确了文化志愿服务的建设要求，如《江西省公共文化服务保障条例》《四川省公共文化服务保障条例》《甘肃省公共文化服务保障条例》《北京市公共文化服务保障条例》《甘肃省公共图书馆条例》《新疆维吾尔自治区公共图书馆条例》等。一些地区正式发布了文化和旅游志愿服务管理办法，如《内蒙古自治区文化和旅游志愿服务管理办法》《大美青海文艺轻骑兵团队管理办法》《贵州省文化和旅游志愿服务考评办法》《广州市文化和旅游志愿服务管理办法》等，为文化和旅游志愿服务工作提供了切实的制度保障。与此同时，各地制定和出台了不同层次、不同类别的地方标准，以推进实现对文化和旅游志愿服务工作的规范管理和统一协调。例如，安徽省颁布了《公共图书馆阅读推广志愿服务规范》，大同市颁布了《图书馆志愿服务规范》，推进了公共图书馆志愿服务的科学化、规范化、标准化建设。2022年，全国旅游标准化技术委员会发布了《文明旅游志愿服务站设置与服务规范》并公开征求意见。此外，还有一些地区通过制定工作指南和规范指引等指导文化志愿服务工作的规范化实施。

二 文化和旅游志愿服务队伍建设状况

（一）志愿服务队伍数量

据中国志愿服务网统计，截至2023年5月31日，旅游服务类志愿队伍共有 8618 支，文化艺术服务类志愿队伍共有 199729 支①。根据各地 2021 年底上报文化和旅游部的统计数据，全国 31 个省区市和新疆生产建设兵团组建文化和旅游志愿服务组织近 10 万家，在民政部门独立注册的文化和旅游志愿服务组织有 8816 家，未注册的约 85222 家；全国文化和旅游志愿者总人数达到 4130457 人，其中文化志愿者 3664325 人，旅游志愿者 466132 人（良警宇，2022）。② 从增长趋势来看，2020~2022 年，文化和旅游服务志愿队伍数量整体呈现增长趋势。与 2020 年相比，2022 年文化志愿服务队伍数量增长 37.09%，旅游志愿服务队伍数量增长 33.47%。但从每年登记数量来看，文化志愿服务队伍 2021 年增长明显，2022 年增长趋势减缓（见图 1），这可能与 2020 年开始受到新冠疫情防控影响、2021 年线上线下防疫志愿服务队伍大量涌现有关。总体而言，文化志愿服务队伍数量比旅游志愿服务队伍数量增长更快。

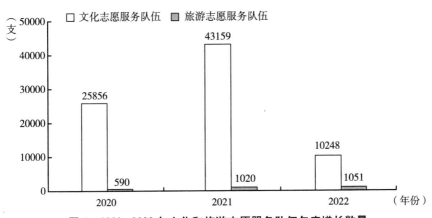

图 1　2020~2022 年文化和旅游志愿服务队伍年度增长数量

（二）志愿服务队伍规模

从志愿服务队伍规模来看（见图 2），截至 2023 年 5 月 31 日，正式人

---

① 数据最后访问日期为 2023 年 5 月 31 日，因中国志愿服务网为开放性平台，不同最后访问日期可能存在部分数据的小范围波动。

② 该数据为文化和旅游部下属部门独立上报，与其他平台资料来源不同。

员在 1~100 人的旅游志愿服务队伍有 3448 支，占比 40.01%；文化志愿服务队伍有 52655 支，占比 26.36%。在这一队伍规模上，两者占比相差13.65 个百分点。

正式人员在 101~1000 人、1000 人以上的队伍中，文化和旅游志愿服务队伍的占比相差不大。其中，101~200 人的旅游志愿服务队伍有 337 支，占比 3.91%；文化志愿服务队伍有 8019 支，占比 4.01%。201~500 人的旅游志愿服务队有 277 支，占比 3.21%；文化志愿服务队伍有 8225 支，占比4.12%。501~1000 人的旅游志愿服务队伍有 118 支，占比 1.37%；文化志愿服务队伍有 3957 支，占比 1.98%。1000 人以上的旅游志愿服务队伍有145 支，占比 1.68%；文化志愿服务队伍有 4553 支，占比 2.28%。总体来说，文化志愿服务队伍人数在这些区间的占比略高于旅游志愿服务队伍，但占比相差不大。

在显示无正式人员的队伍中，旅游志愿服务队伍有 4293 支，占比49.81%；文化志愿服务队伍有 122320 支，占比 61.24%。文化和旅游志愿服务队伍中有正式人员的仅占 38%~51%。

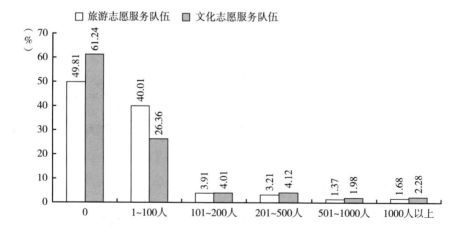

图 2　文化和旅游志愿服务队伍规模

整体来看，从中国志愿服务网平台登记的文化和旅游志愿服务队伍情况可以看出以下几点。（1）没有正式人员的志愿服务队伍占比较大，文化志愿服务队伍没有正式人员的占比更是达到61.24%。笔者认为可能的原因有以下几方面：首先，这些队伍成立以后，多是以团体合作的方式开展活动，来自其他团体的志愿者不列入该团队；其次，事件性志愿服务居多，不需要长期稳定的队伍；最后，登记疏忽或不登记。因此，显示队伍人数为0的，表示队伍中没有正式人员，但其开展活动时的人员规模不为0。（2）有正式人员的旅游志愿服务队伍占比超过50%，且主要集中在1~100人的规模上，这说明旅游志愿服务队伍以小规模为主。（3）与旅游志愿服务队伍相反，有正式人员的文化志愿服务队伍占比不足40%。非队伍内部正式人员的志愿者是灵活开展志愿服务的补充力量，但正式成员是保证志愿服务队伍组织化、稳定化、持续化、常态化提供服务的原动力。志愿服务队伍的建设不仅应重视通过广泛合作吸纳更多志愿者加入志愿服务活动，也要重视形成稳定的志愿服务队伍，以促进志愿服务的常态化和可持续发展。

（三）志愿服务队伍地区分布情况

从旅游志愿服务队伍地区分布情况来看（见图3），山东省、陕西省、甘肃省、海南省旅游志愿服务队伍数量排在前四，旅游志愿服务队伍依次为1780支、1142支、995支、935支。旅游志愿服务队伍的地区分布情况，一方面反映出排在前几位的这些地区旅游志愿服务发展情况相对较好；另一方面体现出这些地区拥有丰富的旅游资源且这些资源都得到了较好的开发，丰富的旅游资源与旅游志愿服务需求之间的正比关系促使旅游志愿服务供给的增加。但值得注意的是，北京市、上海市等热门旅游城市按旅游服务分类检索，结果显示其志愿服务队伍的数目为0。笔者在此以北京市旅游志愿服务队伍为例，进一步分析产生这一结果的原因。笔者通过进一步检索北京市整体志愿服务队伍的登记状况发现，截至2023年5月31日，北京市全部类型志愿服务队伍有81319支，其中开展社区服务、环境保护、关爱特殊群体等志愿服务的志愿服务队伍较多，数目均在30000支以上，但其旅游志愿服务队伍数目为 0[1]。产生这一现象的主要原因是：其一，志愿服务内容的丰富性、交叉性，志愿服务队伍开展服务的多样性使人难以将相关志愿服务队伍仅仅归为某一志愿服务类型；其二，各平台分类标签不一致，不同志愿服务平台关于志愿服务类别的划分不统一，如"志愿北京"关于文化和旅游志愿服务的分类为"文旅服务"[2]，而"中国志愿服务网"将"文化艺术"和"旅游服务"分开，"上海志愿者网"则归类为"文体活动"，没有旅游类这一分类，因此各平台有关志愿队伍服务类型的统计口径存在不一致的问题；其三，此类志愿服务队伍未进行登记。

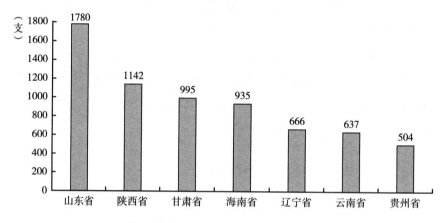

图 3　旅游志愿服务队伍地区分布情况

注：图中仅呈现志愿服务队伍在 500 支以上的地区的旅游志愿服务队伍分布情况。

从文化志愿服务队伍地区分布情况来看（见图 4），山东省、北京市、四川省、湖北省、广西壮族自治区排在前五，文化志愿服务队伍登记数量依次为 21929 支、21342 支、19021 支、15740 支、15544 支。这一分布情况体现出这些地区文化艺术资源丰富，且当地文化志愿服务供给较好。

①　数据来自"志愿北京"平台。
②　截至 2023 年 6 月 10 日，"志愿北京"有 265 支文化和旅游志愿服务队伍，但据笔者实地调查，北京市的文化和旅游志愿服务队伍数量远远超过这一数字。

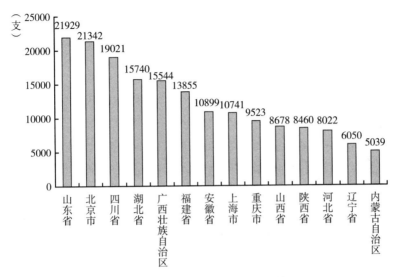

图4 文化志愿服务队伍地区分布情况

注：图中仅呈现志愿服务队伍在5000支以上的地区的文化志愿服务队伍分布情况。

（四）志愿服务队伍单位类型分布情况

从图5可以看出，在开展旅游志愿服务的志愿服务队伍中，党政机关、教育事业单位、其他事业单位排在前三，占比依次为29.77%、15.77%、12.17%。志愿服务队伍数量占比在1%以下的为居民委员会、社会组织、科技事业单位、社会福利事业单位、基金会。

从文化志愿服务队伍有关单位类型分布情况来看，排在前三的依次为教育事业单位、党政机关、社会团体，占比分别为32.46%、29.91%、10.47%。

由此可以看出，在中国志愿服务网平台登记的队伍中，文化和旅游志愿服务队伍以政府和教育事业单位为主，社会团体、群团组织等也广泛参与其中。这与我国当前文化和旅游志愿服务的主要推动力量仍是党政和事业单位密切相关。

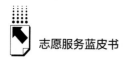

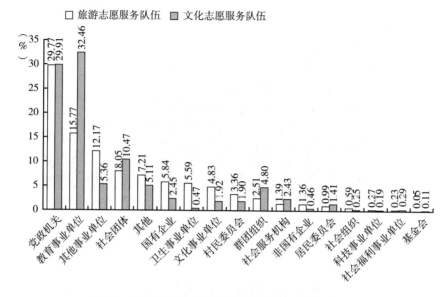

图5　文化和旅游志愿服务队伍单位类型分布情况

（五）志愿服务队伍的整体特点

图6统计了2020~2022年文化和旅游志愿服务队伍占比情况。整体来看，文化和旅游志愿服务队伍虽呈现一定程度的增长趋势，但旅游志愿服务队伍所占比重较低，文化志愿服务队伍占比较高，其中2020年文化志愿服

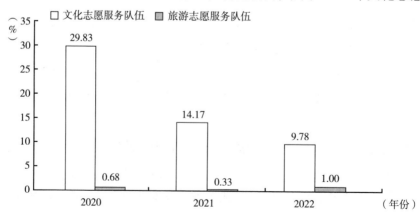

图6　2020~2022年文化和旅游志愿服务队伍占比情况

务队伍占当年整体志愿服务队伍的比例达到 29.83%。2020～2022 年，各年度旅游志愿服务队伍占整体志愿服务队伍的比例均在 1.00% 及以下，旅游志愿服务水平仍有较大的提升空间。

三 文化和旅游志愿服务项目的实施状况

（一）志愿服务项目数量

截至 2023 年 5 月 31 日，旅游志愿服务项目共 25500 个，已结项的项目有 11038 个；文化志愿服务类项目共 798288 个，已结项的项目有 269194 个。2020～2022 年，文化和旅游类志愿服务项目整体呈现增长趋势。与 2020 年相比，2022 年文化志愿服务项目增长 13.80%，旅游志愿服务项目增长 48.07%。但从每年登记的数量来看，相较于 2020 年文化志愿服务项目登记的数量，2021 年和 2022 年文化志愿服务项目数量增速明显减缓（见图 7），这可能与新冠疫情防控常态化相关。总体而言，2020～2022 年旅游志愿服务项目比文化志愿服务项目数量增长速度更快。

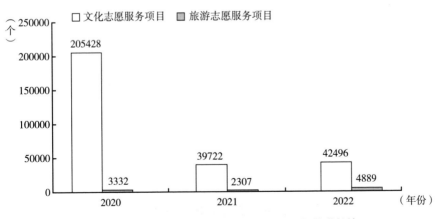

图 7 2020～2022 年文化和旅游志愿服务项目数量增长情况

（二）志愿服务项目的地区分布情况

从图8可以看出，旅游志愿服务项目地区分布差异较大。旅游志愿服务项目数量在2000个以上的地区有6个，分别为新疆维吾尔自治区、云南省、山东省、陕西省、海南省、贵州省，项目数量依次为4410个、3542个、3495个、3293个、2546个、2059个；甘肃省、福建省、广东省、广西壮族自治区四个地区的项目数量在1000~2000个；江西省、湖南省、青海省、河北省、新疆生产建设兵团、内蒙古自治区、黑龙江省、天津市、浙江省、西藏自治区、北京市、上海市12个地区的旅游志愿服务项目数量在100个以下。旅游志愿服务项目的地区分布与开展旅游志愿服务的队伍数量存在一定的相关性。具体表现为，开展旅游志愿服务的志愿服务队伍数量越少，则该地区旅游类志愿服务项目的数量也越少。志愿者是开展旅游志愿服务、参与旅游类志愿服务项目的重要力量。一个地区的旅游类志愿服务队伍数量较少，在一定程度上会影响该地区旅游志愿服务项目的开展与实施。

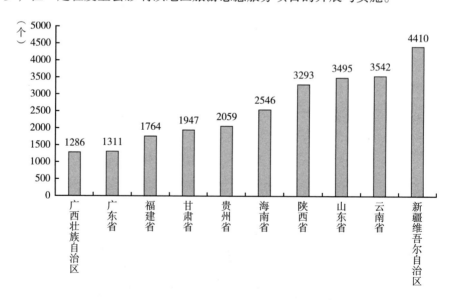

图8　旅游志愿服务项目地区分布情况

注：图中仅呈现了志愿服务项目数量在1000个以上的地区的旅游志愿服务项目分布情况。

从图9可以看出，文化志愿服务项目的地区分布差异较大。数量较多的地区为上海市、福建省、北京市、重庆市、广西壮族自治区，项目数量依次为130653个、124133个、64019个、61066个、49532个。另外，天津市、黑龙江省、西藏自治区、青海省、新疆生产建设兵团5个地区的文化志愿服务项目数量在1000个以下。这几个地区的文化志愿服务项目数量占总项目数量的比重与该地区志愿服务队伍数量占比一致。除了天津市和新疆生产建设兵团外，这些地区项目数量较少的原因还可能包括没有登记在册，或者是项目类别的划分不同，将属于文化志愿服务的项目划分到其他类别中。

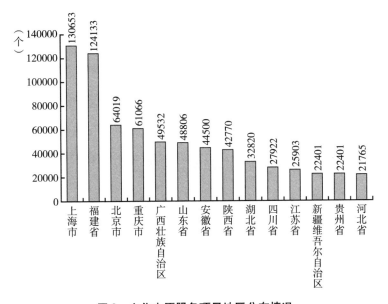

图9 文化志愿服务项目地区分布情况

注：图中仅统计了志愿服务项目数量在20000个以上的地区的文化志愿服务项目的分布情况。

（三）志愿服务项目整体情况

图10统计了2020~2022年文化和旅游志愿服务项目占比情况。整体来看，旅游志愿服务项目占整体志愿服务项目的比重相对不高。2020~2022

年，旅游志愿服务项目占当年总志愿服务项目的比例呈现缓慢上升趋势，但占比均不足 0.50%，2020~2022 年依次为 0.19%、0.22%、0.32%。文化志愿服务项目占比较高，2020 年文化志愿服务项目占比超过 10%，而 2021 年和 2022 年占比呈现快速下降趋势。

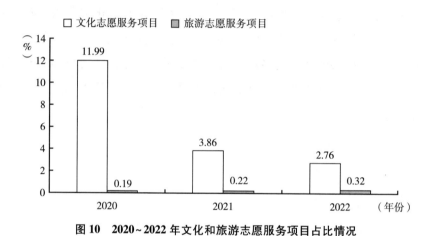

图 10　2020~2022 年文化和旅游志愿服务项目占比情况

（四）文化和旅游志愿服务项目品牌建设

在全国示范性项目品牌建设方面，2021 年文化和旅游志愿服务在继续深入实施"春雨工程""阳光工程""圆梦工程"项目的同时，着力推进学雷锋志愿服务"四个 100"先进典型宣传推选等重点志愿服务项目。2022 年和 2023 年，文化和旅游志愿服务重点以铸牢中华民族共同体意识为主线，深入推进"春雨工程"项目实施。2023 年，文化和旅游部与国家民委共同组织开展"春雨工程"——文化和旅游志愿服务边疆行计划，截至 2023 年 6 月，形成确认实施的"春雨工程"志愿服务项目共 364 个。各地文化和旅游志愿服务组织单位在文化和旅游志愿服务项目的品牌打造方面不断探索，在公共文化设施场所服务、特殊群体关爱服务、边疆民族地区服务、文旅融合、数字文化服务以及社会力量参与等方面形成了诸多具有创新价值和鲜明特色的志愿服务项目品牌。2022 年，有 50 项优秀项目入选文化和旅游志愿服务典型案例。

在文化设施场所项目中，博物馆、文化馆和图书馆等公共文化机构以及基层文化中心，立足文化设施场所的资源优势，形成了许多常态化、具有鲜明特色的服务项目。博物馆志愿服务类项目有天津博物馆"红色记忆宣讲团"的"喜迎二十大——党史宣讲 志愿同行"项目、上海博物馆的"人人共享 近悦远来——上博志愿服务赋能高品质生活"项目、甘肃省兰州大学文化行者团队的"馆语计划——活化中小博物馆助力县乡儿童教育志愿服务行动"项目等；文化馆志愿服务类项目有浙江省海宁市文化馆"潮韵文化"文化和旅游志愿者分队的"光影中的'家'"项目等；图书馆志愿服务类项目有内蒙古自治区赤峰市图书馆学雷锋志愿服务站项目、吉林省长春市图书馆以未成年人为实践主体的"义务小馆员"志愿服务项目、江苏省南通市图书馆以青年志愿者为实践主体的"青阅计划"志愿服务项目、安徽省黄山市图书馆的"科普志愿服务走向世界——黄山自然讲堂志愿服务"项目、广东省广州市图书馆的"专家志愿者咨询服务"项目等；基层社区文化志愿服务类项目有云南省世纪半岛社区志愿服务站的"578我去帮"志愿服务项目等。

在特殊群体服务方面，各地形成了面向老年人、未成年人以及残疾人等特殊群体开展志愿服务的文化悦老、文化筑梦以及文化助残等系列志愿服务品牌。在文化悦老方面，有北京市文化旅游志愿者服务中心及下属各分中心的"文化让生活更美好——'小时候您教我用筷子，长大后我教您用手机'智慧助老文化志愿服务"项目。在文化筑梦方面，有石家庄市图书馆的"未成年人凡人星光，聚微成炬——'星星河'少儿志愿服务"项目、浙江省文化馆的"圆梦青苗·以艺育美"——乡村未成年人"美育课堂"志愿服务项目、铜陵市图书馆的"护苗·筑梦"——"小小管理员"文化志愿者项目、修水县图书馆组织返乡大学生组建青鸟团队着力打造面向乡村留守儿童和困难儿童的"青鸟课堂"公益助学项目、兰州文化行者文化交流中心的西部民族地区青少年文化培育与成长关怀志愿服务"童享计划"。在文化助残方面，有山西省图书馆的"我是你的眼"

文化助盲志愿服务项目、淄博市张店区文化馆的"追梦"文化助残志愿服务项目、成都市文化馆系统的"文旅蓉光"——成都文旅志愿服务关爱残疾人系列活动、广东美术馆的"艺术疗愈，病房花开：肿瘤病童艺术课堂"项目等。这些项目在传播社会关爱、保障特殊群体基本文化权益方面发挥了积极作用。

在边疆志愿服务方面，首都图书馆开展了"京和书香"志愿援建新疆和田地区的服务活动；内蒙古博物院的"博物弘文·守望相助"志愿服务项目开展五大系列活动，立足自身文物资源弘扬历史文化，传播志愿服务精神；柳州市的"火塘计划"点亮乡村文化之光——"文化特派员"志愿服务乡村振兴项目通过构建三级文化特派员联动机制提升服务效能，推动创建"文艺乡村"；新疆生产建设兵团文化馆的"沙枣花"文化和旅游志愿服务项目围绕培训、活动、创作以及展开与内地省份的合作交流，不断提升边疆文化和旅游骨干人才专业技能和服务水平。

在旅游志愿服务方面，有山西省洪洞县的"孝亲敬茶"志愿服务项目、上海市黄浦区旅游公共服务中心志愿者服务团队的景点志愿活动、浙江省的"美丽杭州行 助力亚运会"金牌导游志愿服务、安徽省潜山市文化馆的"保护传承非遗，助力全域旅游"志愿服务项目、湖南师范大学旅游学院文旅志愿服务队服务地方经济社会发展和提升大思政教育的"三聚焦三融合"项目。这些项目通过将文化元素融入旅游发展，促进了在旅游开发中弘扬优秀传统文化，推动了文旅融合和旅游新业态发展。

在"互联网+志愿服务"方面，有河北省图书馆开展的冀图"线上共读经典"文化志愿服务项目、浙江省图书馆针对低龄段残障儿童开展的"0分贝阅读"志愿服务项目、广东省深圳市南山博物馆的新媒体创新志愿服务、贵州省碧江区文化馆配合碧江区易地扶贫搬迁后续工作需要形成的"码尚到"文化志愿服务模式，以及文化和旅游部全国公共文化发展中心的培育"乡村网红"新型文化志愿者扎根乡村、助力乡村振兴的服务项目。这些项目通过数字化赋能文化和旅游志愿服务，拓展了服务半径，扩大了服务活动的覆盖面，提升了社会关注度。

在社会力量参与志愿服务方面，北京 2022 年冬奥会、冬残奥会公共文化机构文化志愿者城市志愿服务项目联动全市 16 个冬奥文化广场城市志愿服务站点招募文化志愿者，推广全民健身和运动项目基础知识，助力冬奥城市志愿服务保障和文化宣传。另外，还有河北省的"幸福秦皇岛"全民艺术普及项目、上海市社区文化活动中心公共文化机构设施日常巡查项目、江苏省苏州市吴江区旨在构建志愿服务资源共建共享机制的县域文化类社会组织志愿服务平台建设项目、浙江省旨在将优质资源按需输送乡村的美育村志愿者服务项目、山东省汇集社会力量建设的重点面向青年人服务的"青文驿"青年文化服务驿站项目、湖北省以"张富清先锋队"志愿服务为抓手提升来凤县公共文化服务体系建设水平的项目、湖南省张家界市人民医院的"旅游医生"志愿服务项目、广州市的"繁星行动"文化和旅游志愿服务特色项目，以及中国古籍保护协会引入京东方科技集团的公益资助来促进社会力量参与云南傣文古籍保护的志愿服务行动项目。这些项目通过与企事业单位、社会组织、互联网平台等社会力量广泛合作，促进了文化和旅游志愿服务模式创新，探索了文化和旅游志愿服务参与社会治理、文化赋能城乡基层的长效机制。

四　文化和旅游志愿服务研究成果

2021 年以来，学界和实务界围绕文化志愿服务发展的现状与问题，开展经验和理论研究，形成了一批新的研究成果。2022 年出版的《中国文化志愿服务发展报告（2019～2022）》总结了 2019～2022 年文化和旅游志愿服务各领域的发展状况、发展机遇和趋势，展现了"十三五"收官和开启"十四五"新征程发展阶段文化和旅游志愿服务的实践特点与品牌建设特色，从志愿服务视角为新形势下进一步做好公共文化服务和社会建设工作提供了参考（良警宇，2022）。

在论文成果方面，根据对中国知网收录论文篇名的关键词搜索结果进行数据汇总①发现，在期刊（含辑刊）论文发表方面，2021~2022年合计发表196篇，其中文化馆类9篇、图书馆类67篇、博物馆类36篇、旅游类21篇、文化综合类63篇。从时间维度上看，2021年有99篇，2022年有97篇（见图11）。总体上，针对不同服务领域的文化志愿服务研究论文发表数量之间差异大，图书馆类和文化综合类相对较多，博物馆类、旅游类和文化馆类相对较少。此外，相关会议研究论文和学位论文数量也不多，相关研究需要得到进一步重视和推进。在内容上，研究者围绕未成年人、高校学生、老年人（良警宇，2023；王屾，2022；宣艺瑶，2022；姜惠梅，2023）、边疆民族地区（胡那苏图、王朝力门，2021）、服务专业化（刘晓东等，2021）、政策研究（邱春苗、白艳宁，2021）、大型赛会参与、公共数字文化服务、志愿服务管理、法律风险防范、社会力量参与、对外文化交流、旅游志愿服务（王怡，2021），以及国外文化和旅游志愿服务实践等议题进行讨论。

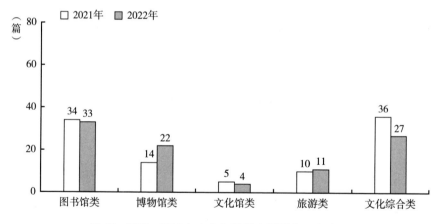

图11　2021~2022年文化和旅游志愿服务研究成果

① 以CNKI中国学术期刊全文数据库为数据源，分别以"文化""文化馆""群艺馆""群众艺术馆""群众文化""图书馆""阅读""博物馆""美术馆""纪念馆""旅游+志愿服务""志愿者""志愿"为关键词进行篇名搜索，然后对搜索结果进行清理和数据汇总得出统计结果。许多篇名中没有相关关键词，但主题为文化志愿服务的成果未统计在内。最后访问日期：2023年9月6日。

五　文化和旅游志愿服务的发展特点与问题

综合上述分析，2021 年以来，文化和旅游志愿服务的队伍建设和项目实施状况主要呈现以下三个特点。

第一，文化和旅游志愿服务队伍数量、项目数量整体呈现增长趋势。这与文化和旅游志愿服务工作得到重视紧密相关，与新时代国家经济、社会和文化发展的总体趋势相关，也是满足人民不断增长的精神文化和休闲生活需要的体现。

第二，文化志愿服务队伍和项目发展规模更大，在志愿服务领域占据重要位置。文化志愿服务队伍数量和项目数量远远超过旅游志愿服务队伍数量和项目数量，文化志愿服务在整体志愿服务中占了一定比重。但相较于2020 年，2021 年和 2022 年文化志愿服务队伍数量和项目数量占当年整体志愿服务队伍数量和项目数量的比重有明显的下降趋势，说明这两年文化志愿服务在整体志愿服务中的地位下降，这种变化可能受到新冠疫情防控常态化的影响。

第三，各地加强了品牌项目的示范引领作用，推进了文化和旅游志愿服务创新发展。通过组织开展典型案例遴选推介活动，各地、各单位结合实际不断培育特色文旅项目，发挥了品牌项目的辐射聚合、示范引领作用，推动了文化和旅游志愿服务不断提质增效。近年来，除了继续发挥公共文化设施志愿服务的阵地引领作用，各地还在文旅大型赛事服务、公共文化服务机构日常管理、基层文化类社会组织培育、美育赋能乡村振兴、青年群体文化服务、文旅融合服务等方面不断创新。

综合信息平台数据统计与各地实践情况，文化和旅游志愿服务存在的问题主要表现为以下几个方面。

第一，队伍成员的稳定性不足。没有固定成员的队伍占比较高，其中文化志愿服务队伍占比高达 61.24%。究其原因，除了登记疏忽或未登记成员以外，人员流动性较强的队伍倾向于将正式成员的人数登记为 0，也可能与

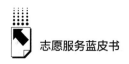

事件性志愿服务居多，不需要长期稳定的队伍，而是采用以团体合作的方式开展活动有关。与此相对，有固定志愿者成员的旅游志愿服务队伍占比超过50%，高于文化志愿服务队伍，且主要集中在 1~100 人的规模上，这说明旅游志愿服务队伍以小规模为主，常态化活动显著。这可能与以文明引导为主要服务工作内容的日常性要求密切相关。

第二，地区之间发展不均衡，信息统计标准不统一。不同省区市的队伍数量和项目数量地区差异较大。除了自身建设的基础和工作推进问题，全国各志愿服务类平台对志愿服务的分类差别较大，上报登记的标签设置多样化，单一归类存在一定困难，有的地区平台甚至没有旅游分类，这导致没有分类数据或数据不完整，因此本研究的数据可以作为总体参考，但并不能反映全部情况。

第三，社会化力量参与不充分。文化和旅游志愿服务队伍的单位类型以政府和教育事业单位为主导，社会团体、群团组织等不同主体广泛参与其中，与我国当前文化和旅游志愿服务是党政和事业单位推动发展的模式密切相关。

第四，理论研究需要进一步加强。研究成果的影响力不足，核心类期刊发表文章较少；经验展示多，理论分析不足；图书馆领域成果相对丰富，其他领域较为薄弱。

六　促进文化和旅游志愿服务发展的建议

从中国式现代化的特征出发，遵循中国式现代化的本质要求，围绕"十四五"时期高质量发展要求，文化和旅游志愿服务将进一步通过健全与完善文化和旅游志愿服务体系，促进文化和旅游志愿服务品质发展、开放发展，推进文化和旅游志愿服务均衡发展、融合发展。

（一）坚持中国特色社会主义现代化道路，促进文化和旅游志愿服务品质发展

坚持党的全面领导，把握社会主义先进文化前进方向，坚持以人民为中

心，承担起举旗帜、聚民心、育新人、兴文化、展形象的使命任务，满足人民对享有更丰富、高品位文化生活的需求是新时代文化和旅游志愿服务发展的基本原则和发展目标。以示范项目为引领，推动品牌化、特色化发展是文化和旅游志愿服务发展的重要路径。"春雨工程""大地情深""阳光工程""圆梦工程"等不同时期形成的全国性示范项目品牌和典型案例的引介和推广，对引领全国文化和旅游志愿服务的组织化、体系化、社会化和专业化发展发挥了积极作用。各地结合地方性、行业性特点，探索形成的丰富多彩、卓有实效的地方品牌发挥了积极示范作用。根据时代变迁和人民的需求，进一步打磨老品牌、推出新品牌，共同推动文化和旅游志愿服务的品质提升，以满足人民群众日益增长的对美好生活的需要是文化和旅游志愿服务品质化发展的具体体现。在实践基础上，我们需要不断推进理论研究，加强经验推广，全面提升服务水平。

（二）保障全体人民的基本文化权益，推进文化和旅游志愿服务均衡发展

面对公共文化和旅游服务发展不充分、不均衡的主要矛盾，以文化和旅游志愿服务助力城乡公共文化服务体系一体建设，促进区域协调发展，实现基本公共文化服务均等化是新时代的任务。举措包括将文化和旅游志愿服务融入乡村振兴和城乡经济社会发展全局，探索以志愿服务形式推动乡村文化遗产、数字文化助力乡村振兴；助力铸牢中华民族共同体意识，推动优质文化和旅游资源以志愿、公益的形式继续向基层社区、边疆民族地区和特殊群体流动；不断拓展面向保障全体人民基本文化权益的服务项目、服务内容和服务形式，推动全体人民精神共富。

（三）健全与完善文化和旅游志愿服务体系，促进文化和旅游志愿服务开放发展

如上所述，文化和旅游志愿服务在队伍数量和项目数量方面整体上呈现累计增长的趋势，但仍明显存在无固定人员的志愿服务队伍占比较高、服务

常态化不足、地区分布不均、数字平台建设的融通性不足等问题。此外，虽然各级政府在政策文件的发布和指导方面具有及时性，但相关标准和管理规范的制定与执行仍然存在不足。根据笔者的实地调查，即使是在一些发达地区，条块分割形成的体制机制和信息无法共享等问题也未得到充分解决。因此，完善志愿服务制度和工作体系，创新治理方式，扩大社会参与，形成开放多元、充满活力、共建共享的文化和旅游志愿服务体系仍然是新时代发展的基础工作。同时，我们需要进一步加强理论研究，提升理论与实践的结合水平。

（四）拓展跨领域协同合作，推动文化和旅游志愿服务融合发展

近年来，各地出现了许多优秀的"文旅志愿服务+"品牌项目。通过文旅融合、文教融合，以及与法治文化宣传推广、文化生态保护、文化产业创新以及科技新生活等相结合，文化和旅游志愿服务的领域不断拓展，促进了社会文明新风尚建设。新时期促进文化和旅游志愿服务与社会治理等多个领域工作与服务的协同与结合，是建立文化和旅游志愿服务发展新格局的新趋势。

参考文献

胡那苏图、王朝力门，2021，《牧区"乌兰牧骑+"志愿服务模式研究——基于内蒙古的调研》，《中国志愿服务研究》第 3 期。

姜惠梅，2023，《从"服务对象"到"服务者"：山东博物馆老年志愿者群体的扎根理论研究》，《中国博物馆》第 3 期。

良警宇主编，2022，《中国文化志愿服务发展报告（2019～2022）》，社会科学文献出版社。

良警宇，2023，《博物馆青少年志愿服务实践育人的机制创新》，《中国青年社会科学》第 1 期。

刘晓东、王琼、王丽玲，2021，《我国公共图书馆专业志愿服务的内涵、特征与深化路径研究》，《图书馆理论与实践》第 2 期。

邱春苗、白艳宁，2021，《1949 年以来文化志愿服务的政策梳理》，《文化学刊》第 1 期。

王屾，2022，《新时代高校学生志愿者的文化志愿服务模式》，《中国志愿服务研究》第 2 期。

王怡，2021，《殊途与共生：中国旅游志愿服务的海外公益实践研究》，《中国志愿服务研究》第 1 期。

宣艺瑶，2022，《未成年人文化和旅游志愿服务实践与思考——以国家典籍博物馆"我是小小讲解员"为例》，《图书馆学刊》第 3 期。

部门报告 ⟨⟨

B.5
应急管理部志愿服务发展报告

张书琬　马　帅*

摘　要： 应急志愿服务是志愿服务事业的重要组成部分，是防范化解重大风险的重要力量。近年来，我国应急志愿服务得到广泛发展。总体来看，我国应急志愿服务在体系建设、队伍建设、制度建设及实战救援等方面取得了一定的成就；积累了许多亮点做法与经验，如党建引领应急志愿服务、信息化赋能应急志愿服务、品牌打造成就应急志愿服务、技能培训保障应急志愿服务；孵化了一系列品牌项目，如应急宣教类项目、应急培训类项目、应急保障类项目。未来我们要进一步加强应急志愿服务队伍建设，健全应急志愿服务制度，强化应急志愿服务的理论与应用研究，推进应急志愿服务项目的孵化，从而发挥应急志愿服务在推进国家治理体系和治理能力现代化中的重要作用。

---

* 张书琬，中国社会科学院社会发展战略研究院助理研究员，研究方向为社会治理、社会发展和志愿服务。马帅，中国社会科学院大学社会与民族学院博士研究生，研究方向为社会结构与社会发展。

关键词： 应急志愿服务　品牌项目　志愿服务培训

　　应急志愿服务是一种无私奉献、友善互助、协同应对的社会活动，是一种展现社会主义核心价值观、彰显中国特色社会主义文化自信的社会实践，是一种推动人民群众共建共享美好生活、助力中华民族伟大复兴的社会力量。应急志愿服务对提升社会应急能力、传递社会正能量、推动社会创新发展具有重要的意义和作用。

　　近年来，国家出台了一系列法律法规文件和政策文件，为应急志愿服务的发展指明了方向。《突发事件应对法》规定了突发事件的分类、预警、应对、救援、恢复等方面的基本原则和制度安排。《关于推进志愿服务制度化的意见》提出了加强志愿服务组织建设、完善志愿服务管理体制、健全志愿服务保障机制等措施，明确了推进应急救援志愿服务专业化的目标和任务。《"十四五"应急救援力量建设规划的通知》提出了"十四五"时期应急救援力量建设的总体目标、重点任务和保障措施，强调了加强社会力量参与应急救援工作，支持和引导社会力量开展专业化培训和演练，提高应急救援能力。《关于进一步推进社会应急力量健康发展的意见》提出了完善社会力量参与应急救援体制机制、加强社会力量参与应急救援能力建设、优化社会力量参与应急救援环境等方面的政策措施，明确了社会力量参与应急救援工作的范围、方式和程序。以上法律法规和政策文件为应急志愿服务的发展提供了明确的规范和依据，也为应急志愿服务的制度化、规范化、专业化奠定了坚实的法治基础。

　　应急管理部高度重视应急志愿服务工作，积极推动应急志愿服务队伍的培训、演练、考核、评价等，旨在提高应急志愿服务队伍的专业技能和综合素质，提升应急救援能力和水平。同时，应急管理部鼓励和支持社会应急力量开展创新实践活动，探索适应本地区本领域的应急志愿服务模式和方法，提高应急志愿服务的质量和效果。

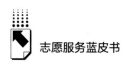
一 我国应急志愿服务的总体成就

近年来，应急管理部坚持以习近平新时代中国特色社会主义思想为指导，以培育和践行社会主义核心价值观为主线，将应急志愿服务和应急管理工作有机结合，通过统筹指导各地开展多项志愿服务，着力发挥应急管理志愿者队伍的专业作用，在应急志愿服务体系建设、应急志愿服务队伍建设、应急志愿服务制度建设以及实战救援能力提升等方面取得重要成就。

（一）应急志愿服务体系健全

应急志愿服务体系建设是我国应急管理领域的一项重要成就。随着我国社会发展和应急管理需求的不断增长，应急志愿服务体系逐步得到了健全和完善，主要体现在以下几个方面。

1. 监测预警体系

我国建立了完善的监测预警系统，通过各类监测设备、传感器和卫星遥感等手段，实时获取灾害信息和预警信号。不仅如此，各级政府和应急志愿服务组织还建立了多渠道、多层次、多形式的突发事件信息收集、分析、发布机制，利用互联网、大数据、人工智能等技术手段提高了监测预警的效率和精准度。这些信息被及时传递给应急志愿者和相关部门，加强了与志愿者之间的信息沟通和反馈，提高了救援效率。

2. 应急动员体系

各级政府和应急志愿服务组织建立了统一指挥、分级负责、协同配合、快速响应的应急动员体系，明确了应急志愿服务的组织领导、协调指导、分工协作、督促检查等职责和流程。通过预案制定、演练和应急指挥中心的运行，应急志愿服务可以及时调动和组织应急志愿者力量。应急动员体系的健全确保了应急志愿者能够快速响应和有效行动，提高了应急工作的效率和质量。

应急志愿服务社会化发展也为应急动员体系的完善提供了支撑。政府部门和社会组织鼓励企事业单位、社区和居民自发参与应急志愿服务工作，形成了全社会共同参与的良好局面，也使应急志愿服务更加贴近民众、更具针对性和可持续性。

3. 应急保障体系

各级政府和应急志愿服务组织加大了活动投入和支持力度，建立了专项资金、物资储备、装备配备等保障机制，为志愿者提供必要的经费、物资、设备等保障。同时，各地加强了对志愿者的培训教育、心理疏导、安全防护、法律维权等保障，为志愿者提供了必要的技能、心理、安全、法律等保障。应急保障体系的健全为应急志愿者提供了必要的支持和保障，提高了应急工作的可持续性和稳定性。

（二）应急志愿服务队伍壮大

我国应急志愿服务队伍的发展是我国在志愿服务领域取得的又一项重要成就。随着我国社会发展和应急管理需求的增长，应急志愿服务队伍规模得到了显著扩大。在不断努力下，我国各地构建了一支庞大而专业的应急志愿者队伍。

1. 队伍规模扩大

政府部门、社会组织和企事业单位积极开展应急志愿者招募工作，吸引了更多的志愿者参与应急工作。《中国志愿服务发展报告（2021~2022）》显示，截至2021年10月30日，我国注册志愿者总人数达到2.17亿人，平均每万人中就有1544人注册成为志愿者；志愿团体113万个，志愿项目621万个；累计志愿服务时长达到16.14亿小时。其中，在抗击新冠疫情中，参与疫情防控的注册志愿者达到881万人，记录志愿服务时间超过2.9亿小时。在应对其他突发事件和灾害中，大量志愿者积极参与救援。例如，在2021年7月20日郑州暴雨中，有超过10万名来自全国各地的志愿者参与救援工作。

2. 专业化水平提高

政府部门和社会组织积极开展培训，提升志愿者的应急救援技能和专业知识水平。志愿者接受系统的培训，包括急救、灭火、抢险救援等，提高了应急工作的专业水平和能力。同时，专业化的培训让志愿者更加了解应急工作的要求和要点，提高了应急响应和处置的效率。根据2022年应急管理部

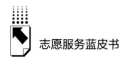

印发的《"十四五"应急救援力量建设规划》，我国已建成地震、矿山、危险化学品、隧道施工、工程抢险、航空救援等国家级应急救援队伍90余支计2万余人；各地建成抗洪抢险、森林（草原）灭火、地震和地质灾害救援、生产安全事故救援等专业应急救援队伍约3.4万支计130余万人。这些专业应急救援队伍不仅具备基本的应急救护、心理疏导、灾后重建等技能，而且能根据不同的灾害类型和场景，灵活调整自己的救援方式和内容，有效地降低了灾害带来的损失和影响。除了专业应急救援队伍外，我国还有大量的普通志愿者参与应急志愿服务，他们通过网络平台或社会组织等渠道接受相关的培训和指导，提高了自己的专业化水平。

3. 服务领域广泛

我国应急志愿服务涵盖了各种突发事件的救援内容和环节，包括但不限于以下几个方面：一是应急救援，主要包括搜救被困人员、转移安置受灾群众、运送救援物资等；二是防灾减灾，主要包括开展防灾宣传教育、增强与提升群众防灾意识和能力、参与防灾设施建设和维护等；三是恢复重建，主要包括参与灾后清理、恢复基础设施、重建家园等；四是社会服务，主要包括提供心理疏导、医疗卫生、法律咨询、文化娱乐等服务；五是资源链接，主要包括整合社会资源、协调社会力量、推动社会合作等。此外，志愿者队伍包括各个年龄段和不同职业背景的人员，涵盖各个社会群体。这种多样性的队伍能够更好地满足应急工作的需求，提供更加全面的服务。

4. 服务效果好

我国应急志愿服务在多次突发事件和灾害中展现了强大的能力，不仅在数量上达到规模效应，在质量上也达到专业水准。我国应急志愿服务不仅能够在复杂危险的环境中有效地开展救援行动，还能够在不同文化背景下有效地沟通协作。我国应急志愿服务不仅能够在紧急情况下迅速响应和动员，还能够长期持续关注和跟进。我国应急志愿服务不仅能够在本国本地区发挥作用，还能够在国际舞台上展现风采。正是由于积极参与实战演练和模拟训练，不断提高自身的应急处置能力和应变能力，在实际应急行动中，志愿者才能迅速而有序地开展工作，有效地救助和支持受灾群众。未来，我们需要进一步加强队伍建设，提高队伍的整体素质和能力，以更好地发挥应急志愿者在应急管理中的作用。

（三）应急志愿服务制度建设成效显著

应急志愿服务制度建设会规范我国应急志愿服务的发展，确保应急志愿服务的效果，保障志愿者的合法权益。

1. 注册制度科学

我国应急志愿服务制度建设的重要一环是志愿者注册制度。政府部门和社会组织建立了应急志愿者注册制度，通过登记和管理志愿者的基本信息，建立了志愿者数据库。我国建立了全国统一的志愿者信息管理平台，实现了志愿者的在线注册、信息更新、服务记录等功能。通过注册制度，我国能够及时掌握志愿者的基本情况、专业技能、服务意愿等信息，为应急动员提供依据和保障。这也使应急志愿者的组织和调度更加有序和高效，便于政府部门和相关机构在应急情况下快速调动和利用志愿者资源。同时，注册制度的完善能够保护志愿者的合法权益，为志愿者提供必要的保障和支持。

2. 管理制度规范

我国应急志愿服务制度建设的另一个重要方面是管理制度。规范的管理制度提高了应急志愿者的素质和能力，保证了应急响应和处置的效率和质量。我国建立了以政府为主导、社会组织为主体、企业和高校广泛参与的多元化管理体系，明确了各方的职责和分工，形成了有效的协调机制，在志愿者的选拔、培训、考核和奖励等方面有了明确的规定。通过管理制度的建立，我国能够对应急志愿服务进行全程监督和评估，确保志愿服务的质量和效果。同时，管理制度能够对应急志愿服务进行及时总结和反馈，不断提高志愿服务的水平和能力。

3. 宣传制度有效

政府部门和社会组织积极开展应急志愿服务的宣传工作，包括宣传志愿者的作用和意义、宣传应急救援的知识和技能等。我国建立了以新闻媒体为主渠道、网络社交媒体为辅助渠道的多样化宣传体系，充分利用报纸、电视、广

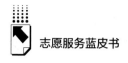

播、网络、微信、微博等各种媒介，广泛宣传应急志愿服务的理念、内容、成果等。宣传制度提高了公众对应急志愿服务的关注程度，增加了志愿者的参与意愿和社会支持，营造了良好的社会氛围。同时，通过宣传制度，我国能够激发广大民众参与应急志愿服务的动力，扩大应急志愿服务的影响力。

4. 激励制度合理

政府部门和社会组织通过多种方式，鼓励和奖励积极参与应急志愿服务的志愿者。我国建立了以荣誉表彰为主要形式、奖励惩罚为辅助形式的多层次激励体系，根据不同层级、不同领域、不同类型的应急志愿服务，设立了相应的荣誉称号、奖金补贴、优先待遇等激励措施。通过激励制度，我国能够充分肯定和表彰应急志愿者的贡献和价值，增强他们的自豪感和荣誉感。激励制度为志愿者提供了实实在在的激励，调动了他们的参与积极性，有效地规范和约束了应急志愿者的行为，增强了他们的责任感和使命感。

（四）实战救援能力极大提升

实战救援能力的提升是应急志愿服务的一大成果，这主要体现在以下几个方面。

1. 做到了迅速响应

应急志愿者在各类自然灾害和突发事件中积极投身救援工作，为受灾地区提供了及时的援助和支持。他们参与了抗震救灾、抢险救援、灾后重建等工作，为灾区人民提供了重要的人力支持和服务。例如，在 2008 年的汶川地震中，应急志愿者迅速行动，积极参与救援工作，为受灾地区提供了紧急救助和物资支持。他们冒着危险，奋不顾身地搜救被困群众，提供紧急救护和生命维持等支持，为灾区人民带来了希望和生机。

2. 达到了专业水准

应急志愿服务的发展促进了灾害救援领域的专业化水平提升。应急志愿者通过培训和学习，提高了应急管理和救援技能水平。他们接受灾害应对、心理支持、急救技能等方面的系统培训，掌握了科学的救援方法和技巧。这使他们能够更加高效地应对灾害和突发事件，提供专业化的救援服务。例如，在地震救援中，应急志愿者通过学习和模拟训练，掌握了搜救技巧、急救知识等，提高了救援效率。

3. 促进了多元参与

应急志愿服务的发展促进了社会组织的参与，形成了多元化的救援力量。各类慈善组织、社区组织、学生组织等积极开展应急志愿服务活动，为应急工作提供了更多专业化和有针对性的支持。他们与应急部门和救援队伍紧密合作，共同开展救援行动，形成了合力。例如，在抗击新冠疫情期间，许多社区组织发动志愿者开展疫情防控宣传、物资发放、居民服务等活动，为疫情防控提供了重要的支持和帮助。

4. 增强了大众认知

应急志愿服务的发展增强公众对应急工作的认知和参与意识。宣传教育活动的开展提高了公众对灾害风险的认知和应对能力。公众也更加积极主动地参与应急志愿服务，为社会的安全稳定贡献力量。大家认识到自己作为一名志愿者的重要性，愿意通过行动为灾区人民提供帮助和支持。

二 应急志愿服务的亮点做法与经验

应急管理部在指导各地应急救援工作中明确要求积累工作经验和典型做法，各地在实施的过程中进行了充分的积累与总结，应急志愿服务工作也取得了显著成效。努力学习并实践这些亮点做法与经验，不仅会提升国内的应急志愿服务水平，也会为应急管理体系的完善提供借鉴。

（一）党建引领应急志愿服务

党建引领是应急志愿服务的重要保障和动力。党组织在应急志愿服务中发挥着重要的领导和组织作用。一方面，党组织通过建立应急志愿服务队伍、培养和选拔志愿者确保队伍的素质和能力。另一方面，党组织在应急志愿服务中发挥政治引领作用，加强对志愿者的思想教育和政治培养，提高和增强志愿者的党性修养和服务意识。党建引领的应急志愿服务，不仅能够保证服务的有效

性和专业性,还能够凝聚社会力量,形成良好的服务氛围,提高应急响应能力。

1. 山东省青岛市

崂山区"山海安澜"党建联盟是区应急管理局党委强化政治功能和职责定位,以推进"党建+应急"深度融合为目标创立的党建品牌。崂山应急志愿服务联盟是区应急管理局立足崂山实际,以"志愿服务,应急为民"为理念、以打造"应急志愿在身边"的志愿服务品牌为目标建立的应急志愿服务组织。两个联盟是崂山区应急管理局"党建+应急"载体建设的一种新模式,目前是青岛市首个"党建+应急"志愿服务联盟。联盟旨在通过签署共建协议、搭建共建活动平台、分享工作资源建立更加广泛的合作机制,实现以党建为统领、以党建促工作、以党建促发展,并探索构建具备一定规模、涵盖重点领域的"一支应急力量+两个联盟"的"1+2"应急志愿服务新模式,以凝聚应急志愿服务新力量。

崂山区"山海安澜"党建联盟和应急志愿服务联盟的成立,是区应急管理局深入推进"党建+应急"融合发展,打造党建带团建、党建引领型应急管理新体系的重要举措,对推动该区应急管理事业高质量发展、应急管理体系不断完善、应急志愿服务体系建设具有重大意义。

2. 江苏省苏州市

自成立以来,苏州市公交集团始终坚持"国企姓党、国企姓公"的政治属性,把学习宣传贯彻党的二十大精神作为首要政治任务,高效践行党建引领与中心工作"一盘棋"责任担当,固根铸魂,把舵扬帆,让党建引领成为坚守的初心和发展的强引擎,为公交事业高质量发展赋能增效。

一是坚持党的全面领导,加强基层党组织工作。集团党委先后召开2022年度全面从严治党暨党组织书记抓基层党建述职评议考核工作会议,召开2023年全面从严治党工作部署会议,召开集团党建、意识形态、作风效能建设工作会议,指导督促基层党组织落实全面从严治党主体责任,为推进公交事业高质量发展保驾护航。

二是坚持党建引领,践行社会责任。集团党委始终把党建与社会责任深度融合,通过切实履行社会责任,助力企业可持续发展。2022年末,为满足广大市民就医、转运、应急处置等需求，苏州市公交集团第一时间组建起一支由200名公交志愿者组成的"120救护应急力量"志愿队伍，他们24小时待命，奋战在患者安全转运、急救运输保障的前线，用实际行动守护百姓平安。

（二）信息化赋能应急志愿服务

习近平总书记指出，要强化应急管理装备技术支撑，优化整合各类科技资源，推进应急管理科技自主创新，依靠科技提高应急管理的科学化、专业化、智能化、精细化水平（《人民日报》，2019）。这说明信息技术在应急志愿服务中发挥着重要作用，能够提高服务的灵活性和适应性，提供更加便捷和高效的服务。各地不断探索运用大数据手段拓宽"网络阵地"，拓展应急志愿服务应用场景，构建智慧型应急志愿服务管理体系，提升应急志愿服务的信息化管理水平，助力应急志愿服务智治化、数字化、专业化、精准化。

1. 北京市应急单兵系统

近年来，北京市应急管理事业发展始终沿着正确的方向坚定前行，不断健全风险防范化解机制，坚持从源头防范化解重大安全风险，着力把问题解决在萌芽之时、成灾之前。在信息化建设方面，北京市应急管理局投入大量专项资金用于风险监测预警系统建设，建成了危化品、危险源及尾矿库风险监测预警系统，有效提升了综合监测、风险早期识别和预报预警能力。

应急单兵系统让隐患排查和事故灾害处置更加便捷高效，上级部门可以"点对点"调度一线人员，让险情第一时间得到处置。一线人员在手机等移动设备上下载安装"云视频会议"APP后，就拥有了应急单兵终端，联网后就可实现视频会商、图像回传、远程调度等功能。该系统有助于实时掌握基层群众需求，及时调配各类防控力量，为疫情溯源、联防联控、资源调度提供了支撑。例如，针对防汛抗洪等突发事件，上级部门可以通过志愿服务云平台第一时间发布指令，精准联动应急志愿服务力量迅速到有需要的实践所（站）报到。

用四个"第一时间"概括应急单兵系统的作用就是：第一时间将现场情况回传到指挥中心和各指挥部，第一时间为分析研判突发事件提供参考，第一时间为市领导决策提供支撑，第一时间连接前方和后方。应急单兵系统

让后方指挥部实现了对突发事件可看、可听、可指挥，让指挥决策更加高效且更具针对性。

2. 江苏省无锡市"文明锡山"志愿服务数字平台

探索志愿服务规范化、精准化、数字化发展，是时代赋予的新课题。锡山区以数字赋能，建立"文明锡山"志愿服务数字平台，用"小工具"带动"大服务"，让"大数据"跑出"加速度"。一赋管理效能。平台具有注册登记、活动招募、服务记录、风采展示等功能，为志愿服务宣传、活动开展、统计管理等提供桥梁纽带。前期"文明锡山"志愿服务数字平台已链接"锡山发布"微信公众平台，各镇（街道）均启用对接，已有大量志愿服务队伍及志愿者相继入驻平台。二赋队伍潜能。平台线上开通网上培训课堂，包括理论宣讲、心理疏导、疫情防控等专题内容。优秀志愿服务队伍可以在平台展示服务风采、交流服务经验等。"文明锡山"平台真正成为传播文明风尚、弘扬志愿精神的"掌上志愿者之家"。三赋发展动能。平台从优化志愿服务供需入手，整合辖区师资力量和服务资源，做大志愿服务供给"蓄水池"，现入驻专业讲师125名，志愿服务项目清单260余个。此外，平台还建立了志愿服务时长兑换机制，志愿者可凭积分领取服务护照、兑换礼品、评定星级，进一步激发了志愿服务活力。新冠疫情期间，锡山区依托"文明锡山"管理数据，为志愿者赠送保险及手机流量，发放疫情防控感谢信和志愿者勋章，发放降温贴、挂脖风扇、空调冰凉服等防暑降温用品。

（三）品牌打造成就应急志愿服务

品牌打造是应急志愿服务的重要组成部分，可以提高应急志愿服务的知名度，增强服务的专业性和可信度，提升服务的影响力和号召力。比如，中国红十字会是我国应急志愿服务的重要品牌。通过多年来的品牌打造和管理，中国红十字会已经成为全球红十字会运动的重要组成部分，对推动应急志愿服务的发展和提高应急志愿服务的质量起到了重要作用。

1. 山东省烟台市龙口市："救在身边"新时代文明实践项目品牌

在深化拓展新时代文明实践中心建设工作中，龙口市以解决群众实际问题为工作导向，项目化、精细化组织新时代文明实践和志愿服务活动，结合突发事件应对和群众需求，打造"救在身边"新时代文明实践项目品牌，通过整合资源、靶向发力、内提外延，搭建起供需对接的应急志愿服务平台，真正做到群众在哪里，新时代文明实践就延伸到哪里。

（1）整合资源，形成"拳头力量"

强化组织建设。龙口市应急管理局作为业务主管单位，指导专业社会组织——龙口市蛟龙公益应急救援队完成注册登记，并将其纳入龙口市新时代文明实践中心17支志愿服务队，下设特勤中队、预备队、后勤与医疗保障队等6个中队，先后成立蛟龙特色党支部和蛟龙海域救援队团总支。截至2023年8月，全队共有308名正式队员、117名预备待转正队员。

强化支撑保障。由市政府支持在城区建设蛟龙公益应急救援站，市财政每年为骨干志愿者购买意外伤害保险和政府救助类保险，每年列支20万元作为应急救援车辆专项燃油经费，并调拨小型应急救援车辆、四驱工程抢险车辆、救生艇等各类救援装备，通过政府购买服务、爱心企业捐赠等形式筹集资金30余万元，为项目顺利开展提供了强有力的支持。

强化专业培训。龙口市把救援理论技术培训作为提升专业能力的重要途径，组织志愿者参加全国五级应急救援、AHA急救、红十字会应急救护等培训，180名志愿者通过考核并取得相关资质。同时，龙口市组织从事医护工作的志愿者为无法参与系统培训的队员进行单项救护和知识培训，全队80%的志愿者接受过专业医护培训。

（2）靶向发力，练就"救援尖兵"

常态化开展市内救援。龙口市以突发事件应急救援为核心，设计"救在身边"志愿服务项目，涵盖山林火灾、城市火灾、自然灾害、走失人员、水域等10项救援服务。应急救援队与公安、消防、海警、海事等部门建立联动机制，共建"迷途救援""水域救援""公益消防站"等子项目，在应急和消防部门的指导下，开展各类救援演练26次，提升与政府和相关部门共同应对突发事件的能力和队伍实战技能，全力当好政府专职救援队伍的"预备队"。截至2023年8月，应急救援队已协助扑灭各类火灾49起，累计

志愿服务蓝皮书

救援各类被困遇险人员近 400 人，挽救 30 多条鲜活生命。

积极参与异地救援。龙口市蛟龙公益应急救援队延伸"救在身边"项目品牌，先后参与四川汶川和长宁、河南郑州、河北涿州等地省外公益救灾服务。2019 年四川长宁抗震救灾期间，龙口市蛟龙公益应急救援队深入灾区开展情况摸排和反馈，志愿服务 7 天，成为救援时间最长的公益救援队伍。2023 年 8 月，作为烟台市第一支驰援京冀抗洪救灾的公益救援组织，龙口市蛟龙公益应急救援队 29 名志愿者转移被困群众 599 人，出色地完成了异地应急救援任务。

（3）内提外延，打造区域品牌

向内生长，项目多点开花。龙口市蛟龙公益应急救援队建立了平战结合的应急救援志愿服务体系。在市级层面，公益应急救援总站志愿者全年 24 小时轮班值守，随时参与救援；在镇街层面，由各镇街区支持建设公益应急救援分站 11 处，27 名常备队员实行 24 小时值班制，由应急站所在辖区政府给予值班补助，保障了救援服务的高效开展。截至 2023 年 8 月，龙口市蛟龙公益应急救援队已在防火、防汛、海域等基层救援工作中开展志愿服务 50 余场次，车辆救援 3000 余场次，害虫驱赶、动物救助等便民志愿服务近 1100 场次。

向外扩面，凝聚队伍合力。龙口市打破区市壁垒，牵头整合蓬莱、莱州、牟平、海阳等 8 个兄弟县市区的救援力量，组建烟台蛟龙公益救援联盟，将各地专业救援人员和救援装备进行优化联合，由龙口市蛟龙公益应急救援队骨干志愿者赴各县市区，为当地蛟龙救援队开展森林救火、海域救援等专业培训，并开展大型联合演练 7 次，选拔组建了一支 50 余人、随时可以拉得出拼得上的应急志愿者骨干团队。截至 2023 年 8 月，烟台蛟龙公益救援联盟已联合开展救援 13 次，寻找走失人员 20 人，参与了烟台朱雀超级168 马拉松、海阳马拉松等三次大型活动保障服务。

2. 基层应急志愿者队伍品牌：广西壮族自治区"八桂应急先锋"社区响应队

广西壮族自治区以城市社区为突破口，在学习借鉴国内外基层应急管理先进理念和成功做法的基础上，立足广西实际，将应急培训与基层应急志愿者队伍规范化建设结合起来，在全区组织实施以提升基层群众应急知识水

100

平、应急救援技能和综合防灾意识为主要内容的"八桂应急先锋"社区响应队建设培训项目。2019年6月,"八桂应急先锋"社区响应队建设与培训在全区全面铺开,并取得了不错的反响和成效。

(1)以点带面,全面铺开

梧州市"八桂应急先锋"社区响应队建设与培训班率先开始了探索。课堂培训方式包括理论授课、案例分析、小组讨论、桌面推演、实践操作等。培训内容包括"八桂应急先锋"社区响应队组织架构、备灾、消防安全和设施控制、灾难医疗行动、简单搜救和营救、灾后心理疏导、洪灾应对等模块。学员们表示,培训实用性很强,实际操作、小组讨论等多样的教学形式有别于以往接受的培训,针对全风险和灾种的培训项目,对增强个人应急意识、提高应急能力和加强团队协作具有积极作用。

梧州点的开班标志着全区社区响应队建设与培训工作正式全面铺开。事实上,早在2018年5月,应急志愿者队伍建设就已经在首府南宁市进行了试点示范。全市7个城区和3个开发区共计265个社区的应急志愿者、灾害信息员、综治网格员等基层应急队伍1200余人进行了"八桂应急先锋"社区响应队基础课程应用培训,并以他们为主体组建了有热情、善宣传、懂应急的社区应急响应队,发挥应急宣教、基层预防和应急响应的综合作用。

社区响应队的建设与培训很快成效初显。2018年9月16日,台风"山竹"影响广西壮族自治区前一天,南宁市政府应急办一声号令,"八桂应急先锋"社区响应队员身穿应急志愿者标识的"红马甲"立即行动,入户宣传防御台风知识、排查风险隐患、组织群众转移等。他们行动迅速、贴近群众,第一次在防灾减灾中发挥了不可替代的重要作用,使"红马甲社区响应队"成了防台风工作中的一道亮丽风景线,受到群众的广泛好评。广西壮族自治区将有计划、有步骤地完成全区其他13市的社区响应队建设与培训工作,构建具有广西壮族自治区特点、能够发挥显著作用的应急志愿者队伍体系。

(2)"五个统一"确保成效

近年来,广西壮族自治区积极推进基层应急管理规范化建设,除了对基层单位应急管理工作作出系统规范外,还着重建立了乡镇(街道)、村屯

（社区）、企业、学校等基层单位应急志愿者队伍。这些队伍在预防和应对突发事件中发挥了积极作用，但由于缺乏统一规范的管理以及相对专业和规范的培训、演练，这些队伍发挥的作用有限。打造广西壮族自治区基层应急管理规范化建设升级版，加强对这些志愿者队伍系统规范的管理、培训和演练迫在眉睫。

2018年5月12日，广西壮族自治区人民政府正式启动了"八桂应急先锋"社区响应队建设与培训项目。项目组织实施以来，自上而下做到"五个统一"，即统一培训教材、统一培训标准、统一培训师资、统一培训对象、统一队旗队服，探索出有效的社区应急响应队管理模式。

（四）技能培训保障应急志愿服务

技能培训是应急志愿服务的重要基础和保障措施。培训可以提高志愿者的专业能力和服务水平。通过培训，志愿者可以学习应急知识和技能，了解应急工作的流程和要求，提高应急响应的能力。同时，培训可以为志愿者提供安全保障和心理支持。培训机构可以为志愿者提供相关的知识和技能培训，帮助志愿者增强安全意识和提高应急处理能力。技能培训保障的应急志愿服务能够提供全面的培训支持和保障机制，保证志愿者的安全和服务质量。

1. 北京市：应急志愿者能力提升专题培训

为进一步提升全区应急志愿者骨干的工作热情和综合素质，不断加强和改进应急志愿服务工作，充分发挥应急志愿者队伍在应急管理工作中的积极作用，石景山区应急管理局联合北京市应急管理局宣传动员处、北京市应急志愿服务总队和北京市应急管理青年人才促进会共同开展应急志愿者能力提升专题培训，来自全区各街道应急志愿服务大队的骨干应急志愿者参加了培训。

在培训过程中，来自市应急管理局、红十字会和市应急志愿服务总队的各位专家老师围绕应急志愿服务相关政策解读、"志愿北京"平台使用、医疗急救知识讲解、基层应急志愿服务项目分享与开发、常见意外伤害处置以及地震灾害现场处置和避险逃生等专题，结合PPT和音视频等形式深入浅出地进行了授课。他们在授课过程中还设置了心肺复苏模拟教学等实操环节，使学员们能够更直观地进行学习和掌握相关技能。

此次培训在提升街道应急志愿服务大队骨干应急志愿者综合能力的同时，引导社会救援力量参与街道层面应急志愿服务的建设工作，促进了队伍间的交流合作和协同配合，扩大了应急志愿服务工作的社会效益和影响力。

2. 重庆市：红十字"应急救护员"持证培训

本着践行红十字会"保护人的生命和健康"的宗旨，弘扬"人道、博爱、奉献"的红十字会精神，在重庆市红十字会的指导下，由璧山区红十字会主办、璧山区童乐家园社工服务中心承办的红十字"应急救护员"持证培训班开展了应急救护知识志愿者培训讲座。

讲座隶属于重庆市璧山区"救在身边"红十字志愿服务队发起的"生命教育　博爱璧山"红十字志愿服务项目。该项目通过开展应急救护知识志愿者培训讲座，广泛吸纳红十字工作者、志愿者、捐献者等代表成为"应急救护知识"志愿服务宣讲团成员，为璧山区街镇社区、学校等提供应急救护知识宣讲服务，引导社会公众正确认识生命、尊重生命、珍惜生命，提升民众的应急救护能力，减少对健康的损害，更好地保护生命。

3. 浙江省：应急救护知识技能专场培训

为积极践行"健康为本、生命至上"的理念，提升自救互助能力，推动急救体系建设，新华保险浙江分公司嘉兴中心支公司、湖州中心支公司、绍兴中心支公司分别开展应急救护知识技能专场培训，共同迎接亚运会的到来。为护航亚运，进一步提高辖区内环卫工人和员工自我保护、自救互助能力，嘉兴中心支公司组织开展"救在身边，'医'起迎亚运"应急救护知识技能培训，邀请嘉兴市中医院医护人员进行授课。

在培训过程中，医护人员通过图文并茂的PPT、案例视频片段、现场互动等形式，将理论知识与实际操作相结合，全面讲解了心肺复苏、AED使用、海姆立克急救法等常见的急救知识。同时，培训师使用模拟人进行现场演练，一步步对急救技能步骤和要点进行讲解，并邀请参训人员上台实操演练，一对一指导，进一步提升了急救技能。"人人学急救，急救为人人"，

培训加深了环卫工人和员工对急救知识的了解，提高了其应对突发事件的能力，织严织密了生命健康保障网络。

三 应急志愿服务品牌项目

应急管理部积极推动应急志愿服务品牌项目化发展，通过政策引导和资源整合，大力弘扬广大应急志愿者践行志愿服务精神，结合应急管理工作实际，不断推动应急志愿服务项目培育，推进应急管理新时代精神文明建设工作向纵深发展。在应急管理部的统一安排下，各地有效地推动了具有当地特色的应急志愿服务品牌项目培育，为应急志愿服务的专业化发展及国家应急管理体系的完善做出了积极贡献。

（一）应急宣教类项目

1. 山东省"青护家园"小区应急救援志愿服务项目

"青护家园"小区应急救援志愿服务项目通过建设小区应急救援志愿服务站的方式，进一步加强应急救援青年志愿服务组织体系建设，通过青年社会组织及青年志愿者开展的应急宣教活动，带动小区居民以及物业服务人员学习掌握应急救援知识，学会把风险问题解决在萌芽之时、成灾之前。"青护家园"小区应急救援志愿服务项目的建设是为了提高小区居民和物业服务人员的应急救援能力。小区应急救援志愿服务站成为应急救援知识的传播和培训基地，为小区居民提供及时、专业的应急救援服务。志愿者通过定期的培训和演练，掌握应急救援技能，以便在紧急情况下能够快速、有效地响应和处理。

项目重点开展应急宣教活动，通过举办讲座、培训班、演练活动等形式，向小区居民和物业服务人员普及应急救援知识。志愿者通过生动的案例分析、实地演示等方式，让居民了解日常生活中可能遇到的各种突发情况，学会正确应对和处理；同时重点宣传火灾、地震、水灾等常见灾害的预防和自救方法，增强和提高居民的安全意识和自我保护能力。

此外，"青护家园"小区应急救援志愿服务项目还组织志愿者开展巡逻和值班工作，确保小区的安全和秩序。志愿者在小区内巡视，及时发现和报告可能存在的安全隐患，协助物业服务人员进行处置。同时，他们参与应急演练和救援行动，为小区居民提供紧急救助和支持。

"青护家园"小区应急救援志愿服务项目的推行有效提升了小区的应急救援能力。通过志愿者的参与和宣教活动的开展，小区居民和物业服务人员学习到实用的应急救援知识，掌握了正确的应对方式。在面对突发事件时，他们能够迅速做出反应，有效应对，保障自己和他人的生命安全。

2. 四川省新时代文明实践项目"应急课堂"项目

自 2021 年以来，都江堰市应急管理局立足"三遗"之城的优势，积极把保护自然、敬畏自然理念贯穿于应急管理全过程，联合推进"应急课堂"品牌创建，积极建立健全城市安全风险防范体系。"应急课堂"入选 2022年都江堰市新时代文明实践品牌项目，其打造的防灾减灾应急科普教育基地入选四川省第三批"天赋科技云服务"科普惠民共享基地目录、四川省自然教育基地、都江堰市党员教育体验基地，其创作的防灾减灾科普作品分别获得 2022 年度四川省防震减灾科普作品大赛实物类一等奖、平面类二等奖。这些都展示了防灾减灾救灾应急科普教育都江堰市应急特色和亮点。

（1）以"防灾减灾"为重点，突出应急科普特色

为满足人民群众对美好生活的需要，该项目结合防震减灾、防汛减灾、地灾防治、森林防火等，创新应急管理工作，增强公众防灾减灾的意识。此外，该项目还探索推出"应急课堂"品牌，组建了 1500 余人的五叶草志愿者、20 人的应急科普老师团队，做好防震、防汛、防地灾、防火"四防行动"，积极完善教材开发、课程设置、文创研发、基地建设"四个配套"，常态化开展志愿服务进社区、进学校等"七进活动"，努力当好应急管理的先锋、防震减灾的示范、专业化志愿服务的典型。

（2）以"五化联动"为载体，完善应急科普机制

该项目常态化推进，在国际防灾减灾日等时间节点，每月至少开展 2 次主题活动；长效化运作，从实现广大群众防灾减灾、安全生产目的出发，既考虑当前群众需要，又兼顾社会发展长远需要；协同化实施，积极协调宣

传、科技、教育、应急等系统单位，整合基地和人才资源，联合开展服务活动；信息化联通，加强信息开发，每月至少发送微信 2 次、在媒体播放防灾减灾活动成果 4 次以上；特色化引领，积极探索应急管理与党性教育、科普教育和志愿服务互动融合实施经验。此外，该项目还联动 20 家单位组建都江堰应急先锋党建联盟，并联合大邑县、彭州市及汶川县应急部门组建龙门山系成都片区应急先锋党建联盟，先后开展 5 次应急先锋主题党课，努力在成都市乃至全省打造应急特色党建品牌。

（3）以"三个需求"为导向，夯实应急科普基础

为满足社会、学校、个人的安全需求，该项目设置了"给地球把把'脉'""不能让'煤气'变'霉气'"等 20 门课程，编写了《防灾减灾应急科普实用手册》《防灾减灾应急科普体验手册》等宣传资料。此外，该项目还与科学出版社成都分社、西华大学、大熊猫国家公园都江堰管护总站、成都高新减灾研究所等 10 余所院校和单位建立了科普教育等合作关系，编制了《应急课堂教案》，打造了龙池南岳、虹口深溪沟等防灾减灾教育体验线路，联动建成了永丰学校、龙池南岳社区等 8 个应急科普基地，制定了 4 条应急科普线路，制作了 15 种防灾减灾文化产品，努力让更多的群众变成防灾减灾、安全生产的宣传员和实践者。

（4）以"三个互动"为目标，彰显应急科普成效

该项目积极在志愿服务、科普教育、团队建设三个方面争先创优，加强与院校、群众、媒体之间的互动，注重品牌宣传和提升。与院校互动，积极推进人才共享、资源共用，联合开展了"自然灾害联合巡查体验活动""防灾减灾地震台站监测体验活动""防灾减灾应急科普教育主题活动""三大系列活动"96 次，组织开展了五叶草志愿者队伍培训 8 次；与群众互动，通过开展"七进"等活动，与市文体旅局合作共建深溪沟地震遗址、"5·12"地震陈列馆，把"应急课堂"阵地延伸到监测台站、地灾（山洪）隐患点位、地震遗址和基层一线，以图文并茂、体验感知等方式增强和提高广大群众的防灾减灾意识和应急处置能力；与媒体互动，积极扩大品牌影响力，在新华社、中国地震局、新华网、国际在线、四川电视台、四川文明网等媒体报道 100 余次。

（二）应急培训类项目

1. 北京市"蓝朋友的贴心人"应急志愿服务项目

北京市消防志愿者服务总队成立于 2013 年，是北京市消防救援总队领导下的全市消防志愿者枢纽型组织。该队伍拥有庞大的实名注册消防志愿者队伍，并在近几年内开展了多种形式的宣传主题活动，受到了广泛的宣传推荐和报道。"蓝朋友的贴心人"应急志愿服务项目是北京市消防志愿者服务总队开展的一项志愿服务项目。该项目在 2022 年首都志愿服务项目大赛中获得了金奖，具有以下特点。

明确的项目目标：该项目通过调研发现大多数人对消防知识了解较少，因此制定了明确的目标，包括招募培训志愿者、开展消防志愿活动和推广消防科普知识等。

完善的项目运行机制：该项目充分利用互联网平台，通过微信群、朋友圈等方式发布志愿服务内容。同时，项目建立了招募注册、骨干选拔、任务发布和活动保障等常态运行机制，确保项目的顺利开展。

固定的志愿服务培训：该项目定期组织消防志愿者培训，培养了优秀消防志愿者和志愿者骨干，提高了群众的消防安全技能。

多样的消防志愿活动：该项目在企业、社区、高校、农村和家庭等多个场所开展了丰富多彩的消防志愿活动，增强了人们对消防安全重要性的认识。

广泛的服务范围：该项目吸引了众多志愿者参与，服务范围广泛，取得了明显的服务效果，具有一定的影响力。

在服务成效方面，北京市消防志愿者服务总队通过组织社区宣讲团、高校宣讲团等形式多样的宣传活动，积极开展消防安全培训和宣教活动。志愿者每月定期开展消防技能培训和安全宣传活动，足迹遍布北京市各个城区和街道，直接受益群众超过 20 万人。此外，该项目还通过线上线下相结合的方式开展了多场主题宣教活动，受到了志愿者和广大群众的欢迎。

2. 江苏省"救在身边"应急救护志愿服务培训项目

"救在身边"应急救护志愿服务培训项目由盐城市红十字会应急救援志

愿服务队负责实施。该服务队成立于 2011 年 8 月，自成立以来积极参与市红十字会救灾、救援、应急救护培训工作，发挥了重要作用，被江苏省红十字会确定为首批省级红十字应急救援队，被盐城市文明办、盐城市红十字会联合表彰为"盐城市优秀红十字志愿服务组织"。

"救在身边"应急救护志愿服务培训项目主要开展心肺复苏、创伤四项救护技术（止血、包扎、骨折固定、搬运）、常见意外伤害与危重急症等应急救护、技能培训。培训对象为机关企事业单位工作人员、学生、安全生产人员以及广大社区群众。每年都有 10000 余名群众在项目中受益。自 2012 年起，盐城市红十字会应急救援志愿服务队开展"救在身边"应急救护知识培训项目，截至 2015 年，已培训救护员 7183 人，普及性培训群众 53176 人。2018 年，该项目计划培训救护员 1000 人，普及性培训群众 9000 人；截至 2023 年，该项目已完成培训救护员 1130 人，普及性培训群众 2303 人。该项目切实增强了群众的应急救护意识，提高了群众的自救互救能力，形成了"人人学急救、急救为人人"的良好社会氛围。当地涌现出在危急关头伸出援手挽救他人生命的"最美救护员"徐静、朱同霞等一批优秀典型事迹，被省、市、县各级媒体宣传报道，在社会上掀起了学习应急救护知识的热潮。

3. 重庆市"生命花"志愿者助力公众卫生应急技能提升项目

2023 年 6 月 29 日，在由区新时代文明实践中心主办的 2023 年九龙坡区新时代文明实践志愿服务项目大赛中，区卫生健康委选送的九龙坡区人民医院"生命花"志愿者助力公众卫生应急技能提升项目在全区 23 个志愿服务项目中脱颖而出，荣获金奖！

2016 年 6 月，九龙坡区人民医院成立"生命花"志愿服务队，隶属于九龙坡区卫生健康委"九龙医生志愿服务队"，截至 2023 年 9 月，有志愿者 289 名。2018 年 5 月 12 日，重庆市启动公众卫生应急技能提升行动，九龙坡区人民医院作为重庆市首批、九龙坡区唯一一家培训基地，"生命花"志愿者进社区、进学校、进机关、进企业、进军队等开展急救志愿服务活动，对提高公众健康素养、提升急救能力发挥了积极的作用。

（三）应急保障类项目

1. "熊猫侠"稀有血型应急保障志愿服务项目

如何及时找到稀有血型献血者，如何提升稀有血型人群对自我血型的认知水平，是摆在血液工作者面前的难题。2012 年 4 月，成都市血液中心发起并创建了"熊猫侠"稀有血型应急保障志愿服务项目。该项目以保障临床稀有血型需求为目标，将"熊猫血"概念与成都熊猫城市符号相结合，将传统"侠客"文化的精神和新时代志愿服务精神融合到一起，组建了"熊猫侠"志愿服务队伍。

成都市血液中心坚持党建引领，通过平台搭建、制度管理、社群渗透品牌化运作项目。经过十年的努力，"熊猫侠"已由最初的 100 余人发展到 1300 余人，服务对象超过 5.5 万人，服务时长超过 1500 小时。"熊猫侠"们通过捐献"熊猫"血液、开展血型科普、动员热血接力等活动，为保障成都市乃至四川全省稀有血型血液供应、挽救稀有血型患者生命做出了贡献。

2. 关爱天线宝宝志愿服务项目

成都市第三人民医院团委牵头打造的"脊梁工程尚善人生"关爱天线宝宝志愿服务项目，从市级赛会单位、行业赛主办单位和社会自行申报的584 个项目中脱颖而出，获评省赛金奖（全省 40 个），并推报参加全国赛。

成都市第三人民医院关爱天线宝宝志愿服务项目以"脊梁工程尚善人生"为宗旨，以全面促进重度脊柱畸形患者（昵称"天线宝宝"）身心康复为目标，以 2016 年"感动中国"年度人物、全国道德模范提名奖获得者、医院骨科主任梁益建博士团队收治患者为服务对象。

自 2017 年启动以来，关爱天线宝宝志愿服务项目大力弘扬"奉献、友爱、互助、进步"的志愿精神，探索建立了"医护工作者+社会工作者+志愿者"三工联动协作模式，为患者及家属提供了入院宣教、健康管理、兴趣培养、能力提升、社区互动、基金申请等综合性志愿服务，并逐渐形成了"天线宝宝春晚""读书会""歌是最甜的药"等品牌志愿服务活动，不断丰富医疗服务内容，助力无数"低头"病患开启了他们的"抬头人生"。

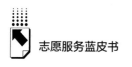

四　应急志愿服务未来目标与展望

应急管理部对发展应急志愿服务的坚定决心和信心源于其对社会应急力量的高度重视及统筹整合。近年来，应急管理部通过出台相关政策、指导意见及组织活动等方式，不断推动社会应急力量的专业化和规范化发展。这些措施不仅会提升社会应急力量的专业能力，也会增强志愿者的身份认同和荣誉感，从而有效地将应急志愿服务力量整合为应急管理体系现代化的重要支撑。未来，应急管理部将从队伍建设、制度建设、理论研究、项目孵化方面有针对性地开展工作。

（一）进一步加强应急志愿服务队伍建设

首先，建立健全培训体系是培养优秀志愿者队伍的基础。为此，应急志愿服务队伍需要制订详细的培训计划，涵盖基础知识培训、技能培训和应急处理能力培养等多个方面。在基础知识培训中，志愿者学习应急管理法律法规、灾害类型和特点、应急资源的调配和利用等内容，以便能够全面了解应急管理的基本知识和原则。同时，根据志愿者的特长和兴趣，应急志愿服务队伍进行技能培训和岗位分配，如医疗救援、心理支持、物资管理等，使志愿者能够发挥自己的专长和优势。此外，组织实地演练和模拟应急演习可以提高志愿者的应对能力和协同合作能力，使他们在紧急情况下能够迅速做出正确的决策和行动。

其次，加强队伍专业化建设是提高应急志愿服务队伍素质的重要途径。志愿者队伍的专业化建设应根据志愿者的特长和兴趣进行岗位分配，确保每个志愿者都能充分发挥自己的专长和优势。例如，各地可以建立医疗救援队、心理支持团队等专业化的志愿服务团队，为紧急情况下的人员提供专业化的医疗救援和心理支持。这样可以充分发挥志愿者的作用，提高整个应急管理队伍的素质和应急响应能力。同时，应急志愿服务队通过与相关专业机构建立合作关系，为志愿者提供专业培训和指导，不断提升他们的专业水平。

最后，各地要继续组建应急志愿者组织，为应急志愿服务队伍提供支持。这需要根据不同的救援需求，组建不同类别的应急志愿者组织，既要确定应急志愿者组织的主要服务对象、服务内容和服务方式，也要确定应急志愿者组织的规模、结构、配置和管理方式。另外，各地还要建立应急志愿服务组织与专业救援队伍、社区组织、企事业单位等的沟通协调机制，明确各方的职责分工、信息共享、资源调配等事项，以形成应急救援合力，提高应急志愿者组织的能力与水平。

（二）健全应急志愿服务制度

首先，明确制度的目标和任务。应急志愿服务制度的目标是提高应急管理能力，保障公众的生命财产安全。应急志愿服务制度应明确志愿者的任务和责任，包括参与应急预案的制定和演练、参与突发事件的应急响应和救援工作、提供心理支持和物资管理服务等。同时，应急志愿服务制度应明确志愿者的权利和义务，确保志愿者的合法权益。有了明确的制度目标和任务，才能更好地提高应急管理能力，保障公众的生命财产安全。

其次，健全志愿者的招募和培训制度。在志愿者招募方面，应制定招募的标准和程序，明确招募的对象和要求。各地可以通过宣传、招募会议等方式吸引更多的志愿者参与，并根据志愿者的特长和兴趣进行筛选和分配，以确保志愿者能够发挥自己的优势。在志愿者培训方面，培训内容包括基础知识培训、技能培训和应急处理能力培养等。培训可以通过线上线下相结合的方式进行，包括讲座、培训班、实地演练等。值得注意的是，要根据志愿者的特长和兴趣进行培训，使志愿者能够全面快速掌握应急管理的知识和技能。

最后，健全志愿者的管理和激励制度。在管理制度方面，应设立专门的志愿者管理部门或组织，负责志愿者的管理工作。一方面，应制定志愿者管理制度和规范，明确志愿者的权利和义务，建立志愿者的责任制度和考核制度；另一方面，应加强与志愿者的沟通和交流，了解他们的需求和意见，及时解决问题和困难。在激励制度方面，应通过表彰奖励、培训提升等方式，

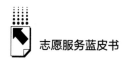

提高志愿者的参与度。各地可以设立志愿者荣誉制度，定期评选优秀志愿者，给予他们相应的荣誉和奖励，这样可以调动志愿者的积极性，提高他们的工作热情和效率。

（三）强化应急志愿服务的理论与应用研究

首先，建立相关的研究机构或平台。一方面，各地要选择具备条件和资质的单位，如高校、研究所、社会组织等，申请相关的资质和认证，同时制定研究机构的章程和规章制度，明确机构的组织架构、人员职责和工作流程。另一方面，建立应急志愿服务研究机构或平台离不开专业人才，包括研究人员、管理人员和技术人员等，因此各地要根据研究内容和方向，组建专业的研究团队，包括具有相关学科和专业背景的学者和专家、从事应急志愿服务的实践者等。

其次，各地可以通过举办学术研讨会、论坛和培训班等活动，加强学术交流和合作。学术研讨会和论坛可以邀请国内外专家学者分享研究成果和经验，促进学术交流和合作。培训班可以针对从业人员的需求，提供专业知识和技能培训，提高他们应对突发事件的能力，促进学术界与实践界的互动和交流，共同为应急志愿服务提供支持。

再次，加强对应急志愿服务政策和制度的研究，提出相应的政策建议和制度创新方案。相关研究可以从政策法规、组织运行机制、激励机制等方面展开，以促进志愿者服务的规范化和有效性。不仅如此，相关研究还要关注国内外的最新政策和经验，借鉴成功的案例，为我国应急志愿服务的发展提供借鉴和参考。

最后，及时总结和分享应急志愿服务的实践经验和成功案例。各地可以通过举办经验交流会、撰写研究报告和专业书籍等方式，将实践经验转化为理论研究的基础。这有助于指导我们更加深入地了解实际问题和需求，推动研究成果的应用和实施，不断提升应急志愿服务的质量和效能。

（四）推进应急志愿服务项目的孵化

首先，政府应加大对应急志愿服务项目的政策支持和资金保障力度。一方面，政府应通过制定相关政策，明确支持志愿者服务项目的发展和实施。政府可以通过提供用于项目启动、运行和推广的专项资金保障项目的可持续发展。另一方面，政府可以建立奖励机制，对优秀的应急志愿服务项目给予表彰和奖励，以激励更多的人参与其中。

其次，政府应建立应急志愿服务项目的孵化平台，提供项目孵化的相关支持，整合资源。一方面，平台可以提供项目策划、技术支持、培训指导等服务，助力项目从概念到实施的全过程。另一方面，政府可以通过整合包括政府、企业、社会组织等在内的各方资源支持项目的开展，帮助项目实现快速发展和可持续运营。

再次，政府应加强对应急志愿服务项目参与者的培训和能力建设，通过培训课程、工作坊、实践指导等方式，提升参与者的专业知识和技能水平，增强其实施项目的能力。各地可以邀请专业人士和行业专家进行培训，分享经验和技巧，同时建立评估机制，对项目的参与者进行能力评估和认证，确保其持续产出高质量的项目。

最后，应急志愿服务队可以与政府部门、社会组织和企业建立合作伙伴关系，共同推进应急志愿服务项目的开展。建立合作伙伴关系可以为项目提供更多的资源和支持，推动项目的持续创新和发展。例如，与政府部门合作可以获取政策支持和资源保障，与社会组织合作可以共同开展培训和宣传活动，与企业合作可以获取资金和技术支持。应急志愿服务可以通过合作实现优势互补，提升项目的影响力和可持续发展能力。

参考文献

《人民日报》，2019，《充分发挥我国应急管理体系特色和优势，积极推进我国应急管理体系和能力现代化》，12月1日，第1版。

B.6
生态环境部志愿服务发展报告

张书琬　徐配燕*

摘　要： 　生态环境志愿服务已经成为新形势下构建现代环境治理体系、践行构建人类命运共同体责任担当命题中的主流话语。党的十八大以来，以习近平同志为核心的党中央高度重视生态环境保护和志愿服务事业的发展，以"全社会牢固树立生态文明理念"为出发点，强调"节约资源、保护环境"的生活方式和生活价值，推进新时代社会治理新格局和现代环境治理体系建设，推动生态环境志愿服务实现了历史性、转折性、全局性发展。2022年，在生态环境部和中央文明办等部门的指导和推动下，生态环境志愿服务坚持"动员青年成为生态环境志愿服务的生力军、探索'生态文明＋文明实践'建设新模式、形成'总队＋分队＋特色服务队'多级组织体系、构建'基地＋志愿者＋活动'志愿服务全链条、推动互联网与生态文明建设深度融合"特色实践路径，取得了积极进展和明显成效，如公民生态环境意识逐渐增强、绿色习惯逐渐养成，生态环境志愿者的主动性提高，生态环境志愿项目领域多元化、流程化、机制化。未来，生态环境志愿服务将以习近平生态文明思想为价值指引、激发全民参与的内生动力，持续完善生态环境志愿者管理制度，优化生态环境志愿服务运行机制，加强统筹全国生态环境志愿服务信息化管理，加强农村地区的生态环境志愿服务工作，致力于全面构建生态文明志愿服务大格局。

关键词： 　生态环境志愿服务　志愿服务　生态环境部

* 张书琬，中国社会科学院社会发展战略研究院助理研究员，研究方向为社会治理、社会发展和志愿服务。徐配燕，吉林大学哲学社会学院博士研究生，研究方向为城乡社会学。

生态环境志愿服务是我国志愿服务体系的重要组成部分。在当前国家高度重视志愿服务事业的大背景下，生态环境志愿服务迎来了新的发展机遇。生态环境志愿服务是新形势下构建现代环境治理体系、推进生态文明建设的重要抓手和有效途径，揭开了生态文明建设事业的新篇章。

生态环境部联合中央文明办于2021年共同印发《关于推动生态环境志愿服务发展的指导意见》（以下简称《指导意见》），从多方面部署生态环境志愿服务管理建设工作，致力于全面构建生态文明志愿服务大格局，打造生态环境志愿服务特色，为持续改善生态环境、推动社会文明进步、增进民生福祉做出贡献。生态环境志愿服务天然聚焦生态、生产、生活"三生融合"的内在关系，需要联动全社会资源，在生态环境保护、经济绿色发展、公民生态意识等多重社会需求层面，结合志愿服务的专业组织和实践能力，构建多维度、实战型、协同式、长效化工作体系。

一 生态环境志愿服务的发展历程、现状及趋势

（一）生态环境志愿服务的概念

1. 生态环境志愿服务

2021年，生态环境部联合中央文明办共同印发了《指导意见》，首次明确了生态环境志愿服务的主要内容和形式，为各地开展生态环境志愿服务工作提供了参考，有利于引导各地根据当地实际确定生态环境志愿服务的重点工作内容和形式。

生态环境志愿服务的具体内容包含如下五个方面。

第一，习近平生态文明思想理论宣讲。将习近平生态文明思想与百姓关心的生态环境问题有机结合，深入推动生态文明进家庭、进社区、进学校、进企业、进机关、进乡村。

第二，生态环境宣传教育和科学普及。围绕减污降碳、生态保护、气候

变化、绿色低碳生活和消费方式转变等生态文明建设重点工作和公众关心的环境问题，采取组织重要环保纪念日活动、开展环保设施向公众开放工作、开设环保公益课堂、发起绿色倡议、举办圆桌对话等方式，开展宣传教育和科学普及。

第三，生态环境社会监督。组织志愿者依法有序参与监督、举报和曝光各类破坏生态环境问题、突发环境事件、环境违法行为及影响公众健康的行为等。

第四，绿色低碳实践参与。在各个生态环境领域开展不同类型的绿色低碳实践活动，包括组织志愿者开展人居环境维护、绿化美化、自然保育、节能减排、资源循环利用等方面的活动，推动公众绿色低碳生产生活方式转变，倒逼和带动绿色发展。

第五，国际交流合作。围绕生态文明、绿色发展、气候变化、生物多样性、绿色丝绸之路等重点领域和主题，通过组织志愿者参与文化交流、民间合作等相关活动，在国际舞台上讲好生态文明的中国故事，向世界分享绿色发展的中国智慧。

在新时代背景下，为深入贯彻习近平生态文明思想，深刻把握生态环境志愿服务事业的发展规律，生态环境志愿服务的内涵和外延也在不断发展细化。

一是队伍建设，各地生态环境部门会同文明办依托新时代文明实践中心，推动省、市、县三级生态环境志愿服务队伍建设。

二是加强生态环境志愿服务工作的交流培训，各省（自治区、直辖市）生态环境部门每年至少组织 1 次面向志愿服务工作者、志愿服务组织负责人、志愿者的培训。

三是鼓励和引导地方以习近平生态文明思想为题材开展公益性质的艺术创作和演出，2025 年底前，各地级及以上城市生态环境部门会同宣传部门牵头组建生态文化宣传小分队，推动优秀作品组织开展省内甚至全国巡演。

四是打造具有地方特色的生态文化公益活动品牌，牵头开展"生态环境宣传周"等系列活动，唱响《环保人之歌》《让中国更美丽》等主题歌曲，用好用活中国生态环境保护吉祥物；各地生态环境部门会同文明办表扬激励志愿服务工作中涌现的先进人物、优秀项目，继续开展百名生态环保志愿者推选和十佳公众参与案例征集活动，择优推荐参加全国学雷锋志愿服务"四个100"先进典型宣传推选活动等。

五是组织"媒体走基层"公益宣传活动，各省（自治区、直辖市）生态环境部门会同宣传部门每年集中组织1次体验式采访活动，让媒体走进污染防治攻坚战一线单位、走进企业治污现场，发掘一批先进人物和集体的典型事迹，做好做实宣传报道等。

2. 生态环境志愿服务在"生态文明建设"国家战略中的重要作用

（1）生态环境志愿服务是贯彻习近平生态文明思想、树立生态文明价值观的生动实践

我国生态文明建设处于保护与发展的长期矛盾和短期问题交织的关键期。党的十八大以来，以习近平同志为核心的党中央将"生态文明建设"纳入"五位一体"总体布局中，提出加强党对生态文明建设的全面领导，引领全社会提高对生态文明建设规律的认识。中国特色社会主义进入新时代以来，在习近平生态文明思想的科学指引下，我国努力建设人与自然和谐共生的现代化，取得了具有里程碑意义的重大成就。党的十九届六中全会通过的《中共中央关于党的百年奋斗重大成就和历史经验的决议》指出："党的十八大以来，党中央以前所未有的力度抓生态文明建设，全党全国推动绿色发展的自觉性和主动性显著增强，美丽中国建设迈出重大步伐，我国生态环境保护发生历史性、转折性、全局性变化。"

至此，生态环境部高度遵循党中央、国务院有关生态文明建设、生态环境保护和志愿服务事业的工作部署，深入贯彻习近平生态文明思想，进一步加强生态文明宣传教育工作，大力发展生态环境志愿服务，引导全社会牢固树立生态文明价值观念和行为准则，致力于全面构建生态文明志愿服务大格局。

（2）生态环境志愿服务是新形势下顺应国际绿色低碳发展浪潮、走可持续发展道路的必然选择

生态环境保护功在当代、利在千秋。我国已郑重向世界承诺，将力争在

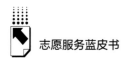

2030 年前实现碳达峰、2060 年前实现碳中和。这是我国基于推动构建人类命运共同体的责任担当和实现可持续发展的内在要求做出的重大战略决策。随着双碳目标的落地，中国全社会正式走上绿色变革之路，这是一场广泛而深刻的经济社会变革，需要全社会各界人士的共同参与。

生态环境保护不仅是政府责任、企业责任，而且是社会责任、历史责任、全人类责任。生态环境志愿服务以志愿服务的方式号召全社会参与生态文明建设，最大范围地动员全社会力量投身生态环境保护行动，为全社会参与生态环境保护搭建了广阔的平台。

（3）生态环境志愿服务是增强公民生态文明意识、构建现代环境治理体系的重要抓手

党的十九大报告提出"构建政府为主导、企业为主体、社会组织和公众共同参与的环境治理体系"。《中华人民共和国国民经济和社会发展第十四个五年规划和 2035 年远景目标纲要》也明确指出"健全现代环境治理体系"，旨在建立健全以"人人有责、人人尽责、人人享有"为基础的环境治理共同体。

大力发展生态环境志愿服务就是要以在全社会牢固树立生态文明理念为出发点，将共建、共治、共享的共同体理念与节约资源、保护环境的生活方式和生活价值紧密结合起来，推进新时代社会治理新格局和现代环境治理体系建设。

（二）生态环境志愿服务的发展历程

1. 生态环境志愿服务发展历史

从 20 世纪 80 年代的义务植树到近年来的巡河护林、保护生物多样性，我国生态环境志愿服务领域日益扩展，生态文明志愿服务队伍不断壮大。长期以来，生态环境志愿服务的民间力量持续发展，一直是志愿服务领域发端较早、社会基础较好的一支中坚力量。我国生态环境志愿服务具有悠久的发展历史，尤其是民间长期积蓄着对生态环保公益事业的巨大热情和动力，这也为生态环境志愿服务奠定了坚实的发展基础。

自 1978 年起，我国环保民间组织从诞生逐渐走向兴起。20 世纪 80 年代，全民义务植树运动开创了一条具有中国特色的全社会参与的国土绿化之路，成为我国生态环境志愿服务事业的开端。

到 21 世纪初，我国的民间生态环保公益力量在社区和基层不断延伸发展，民间环保公益活动领域逐步发展到组织公众参与环保、为国家环保事业建言献策、开展社会监督、维护公众环境权益等，环保社会组织逐渐进入成熟阶段。

2002 年，民间环保组织"绿色江河"的生态环境志愿者冯勇在可可西里不幸遇难，成为我国民间志愿服务的第一个遇难者。冯勇事件不仅促进了我国志愿者人身安全风险管理制度的诞生，也引起了社会对生态环境志愿服务事业的广泛讨论和关注。

党的十八大以来，以习近平同志为核心的党中央加强党对生态文明建设的全面领导，开展了一系列根本性、开创性、长远性工作，加快推进生态文明顶层设计和制度体系建设，加强法治建设，建立并实施中央环境保护督察制度，深入实施大气、水、土壤污染防治三大行动计划，率先发布《中国落实 2030 年可持续发展议程国别方案》，实施《国家应对气候变化规划（2014—2020 年）》，推动生态环境保护发生了历史性、转折性、全局性变化。这一系列举措将生态文明建设摆在全局工作的突出位置。

为紧扣党中央对生态环境保护和志愿服务事业的重要指示批示精神，进一步贯彻习近平生态文明思想，落实推进一体治理山水林田湖草沙，近年来，越来越多的普通民众积极参与生态环境志愿服务活动，化身为"民间河长""生态卫士""环保守夜人""生态文明宣讲员"……进而延伸出巡河护林、保护生物多样性、环境公益诉讼、生态文明宣讲、生态文化培育等多样化的志愿服务项目。这些志愿服务行为厚植了生态文明建设的土壤，也丰富了生态环境志愿服务的内容与形式。

纵观生态环境志愿服务的整体发展历程，过去 40 年间，生态环境志愿服务领域日益扩展，生态文明志愿服务队伍不断壮大，推动人与自然和谐共生的现代化建设已取得重大进展。

2. 生态环境志愿服务具体发展进程

2018年6月5日，生态环境部联合中央文明办、教育部、共青团中央、全国妇联发布了《公民生态环境行为规范（试行）》，旨在牢固树立社会主义生态文明观，推动形成人与自然和谐发展现代化建设新格局，强化公民生态环境意识，引导公民成为生态文明的践行者和美丽中国的建设者。该规范包括关注生态环境、节约能源资源、践行绿色消费、选择低碳出行、分类投放垃圾、减少污染产生、呵护自然生态、参加环保实践、参与监督举报、共建美丽中国十个方面的行为规范。

自2019年起，生态环境部环境与经济政策研究中心每年跟踪调查评估公民生态环境行为状况，并发布年度《公民生态环境行为调查报告》，旨在通过开展系统科学、有针对性和代表性的调查，全面深入了解公众环境行为状况、人群特征及影响因素，为更好地促进公众践行绿色生活方式和开展全民绿色行动、更有效地服务环境管理决策提供支撑。

2020年3月3日，中共中央办公厅、国务院办公厅印发《关于构建现代环境治理体系的指导意见》，为志愿者和志愿服务组织广泛参与环境治理提供了路径。同年11月5日，生态环境部举行"美丽中国，我是行动者"主题实践活动总结会，提出"十四五"期间要发展壮大生态环境志愿服务力量，建设省、市、县三级生态环境志愿服务队伍，有针对性地给予民间志愿服务组织政策和资金支持，打造流程化、机制化、可重复、能持续、易推广的志愿服务项目。

2021年2月23日，依据党中央、国务院关于推进生态文明建设、加强生态环境保护的要求和"十四五"时期生态环境保护工作部署，生态环境部、中央宣传部、中央文明办、教育部、共青团中央、全国妇联六部门共同制定并发布《"美丽中国，我是行动者"提升公民生态文明意识行动计划（2021—2025年）》，为社会各界参与生态文明建设提供了榜样示范和价值引领。

2021年6月4日，生态环境部、中央文明办共同印发《关于推动生态环境志愿服务发展的指导意见》，首次明确提出生态环境志愿服务工作的主要内容和重点任务，为生态环境志愿服务工作的深入开展提供了全国性的行动纲领。促进生态环境志愿服务制度化、规范化、常态化，助力美丽中国建设。

2022 年，在六五环境日国家主场活动中国生态环境志愿服务论坛上，生态环境部部长黄润秋介绍，截至目前，全国环境保护类志愿服务项目已超过 130 万个，约占全国志愿服务项目总数的 20%。不少公众都参与了生态环境志愿服务活动，包括习近平生态文明思想宣讲、生态环保科普教育、环境社会调查、野生动植物和栖息地监测、生态修复、环境公益诉讼、生物多样性保护等。

（三）生态环境志愿服务的总体发展特点

生态环境志愿服务的发展兼具政治性、战略性、时代性、国际性等特性。

一是政治性，党建引领志愿服务，践行社会主义核心价值观。生态环境志愿服务坚持发挥党支部战斗堡垒作用，发挥共产党员、共青团员在生态环境志愿服务中的先锋模范带头作用，做好政治引领、思想引领、价值引领和行为引领。志愿服务是践行和弘扬社会主义核心价值观的有效载体，践行生态环境志愿服务有利于诠释社会主义核心价值观的"文明"内涵，推动生态环境志愿服务工作走深、走实。

二是战略性，生态文明建设关系中华民族永续发展的千年大计。党的十八大以来，建设生态文明、走可持续发展道路已经成为我国的重大发展战略。近年来，随着"节能降碳 绿色发展"主题志愿服务活动、"保护黄河生态·落实国家战略"志愿服务三年行动等活动逐步推进落实，生态环境志愿服务更是与绿色经济发展国家战略、黄河国家战略等休戚相关。对于志愿服务工作而言，生态环境志愿服务更需要将生态文明建设纳入自身的服务体系，牢固树立生态优先、绿色发展理念，凝聚抓生态保护就是抓高质量发展的全社会共识，将生态环境志愿服务作为生态环境治理的重要切入点和突破口。

三是时代性，志愿服务是社会文明进步的重要标志，具有时代特质。2019年7月17日，习近平总书记在天津考察时指出："志愿者事业要同'两个一百年'奋斗目标、同建设社会主义现代化国家同行。"（谭日辉，2021）结合当前我国现代化建设的重要内容和重点工作，我国生态环境志愿服务必将服务乡村振兴，成为建设美丽中国的一支重要力量，助力实现碳达峰与碳中和。

四是国际性，环境保护与环境治理是全球性问题。我国生态环境志愿服务在国际上具有颇多的良好实践经验，如我国率先在国际上提出和实施生态保护红线制度、牵头共建"绿色丝绸之路"、充分发挥"一带一路"绿色发展国际联盟等组织的桥梁纽带作用，与联合国环境署、世界自然基金会等国际环保组织保持业务协作等，开展大范围、高水平、深层次的生态环境志愿服务国际合作，为建设美丽地球家园、构建人类命运共同体贡献"中国智慧"和"中国方案"，践行、参与、引领全球生态文明建设。

（四）生态环境志愿服务的未来发展趋势

一是全民参与、常态长效。生态环境是功在当代、利在千秋的长远事业，事关每个个体的切身利益，推动生态环境志愿服务工作持续健康发展须久久为功，建立全民参与、常态长效机制是生态环境志愿服务工作的必然要求。一方面，这是城市治理过程中的重要组成部分，旨在积极发动群众以主人翁姿态积极投身文明城市创建工作。另一方面，增强民众的生态环境保护意识、培养志愿服务精神理念，是新时代社会精神文明建设的内在诉求，也是社会文明进步的重要体现。

二是县域一体、均衡发展。2022年，中共中央办公厅、国务院办公厅印发了《关于推进以县城为重要载体的城镇化建设的意见》，该意见明确了城乡融合发展的基本格局，尤其是重视新型城镇化建设、新型工农城乡关系中的生态文明发展工作，强调推进"有序发展重点生态功能区县城""打造蓝绿生态空间""推进生产生活低碳化"等方面的重点生态工作。从该文件可以看出，未来统筹城乡推进生态文明志愿服务建设，要以习近平生态文明思想为指引，以县域一体为主体，以新型城镇化为契机，以志愿服务为载体，通过生态环境志愿服务推动城乡生态文明建设均衡、融合发展，打造和谐共生可持续的山水城乡生态系统。

三是数字赋能、科技创新。当今社会，"绿色"和"数字"两股浪潮奔涌而来，深刻影响着社会的方方面面。5G 传播、虚拟现实（VR）、增强现实（AR）、混合现实（MR）、区块链等新技术新产品，在生态环境志愿服务领域已经初露锋芒。充分利用互联网等高新技术进行"线上+线下"联动，打造多元化、多维度的生态环境志愿服务活动平台，运用科技手段不断拓展、创新生态环境志愿服务活动的内涵与形式，是生态环境志愿服务工作因时而变、顺势而为的必然趋势。

二　2022年度中国生态环境志愿服务发展总体情况

（一）公民生态环境行为

1. 公民生态环境意识逐渐增强，绿色习惯逐渐养成

生态环境部环境与经济政策研究中心于 2022 年 6 月发布的《公民生态环境行为调查报告（2022 年）》〔以下简称《报告（2022）》〕显示，公众普遍具备较强的环境责任意识和行为意愿，尤其是在"呵护自然生态""关注生态环境""减少污染产生""节约资源能源""选择低碳出行""分类投放垃圾"等领域。例如，八成左右受访者能基本做到"不食用陆生野生动物"或"拒绝购买毛皮、骨制品、药剂等珍稀野生动植物制品"；近八成受访者主动关注或传播交流过环境信息；八成左右受访者能在多数情况下做到"居家或公共场所控制音量不干扰他人"或"不露天焚烧"；超七成受访者能基本做到"不燃放烟花爆竹"；超七成受访者能通过及时关闭电器、电灯或水龙头的方式节约能源资源；六成左右受访者能经常做到"夏季空调温度设定不低于26℃"、一水多用和低楼层爬楼梯等；六到七成受访者能在前往不同距离目的地或远途旅行时优先选择低碳出行方式；六成以上受访

者能够按要求分类投放各类生活垃圾。受访者在这些领域基本能够做到"知行合一"。

调查发现，与往年调查结果相比，公众在多个方面的行为表现均有改变。在关注环境信息方面，2019年经常关注环境信息的受访者占60.8%，但到2022年，主动关注或传播交流过环境信息的受访者接近80%，比2019年提高了近20个百分点。在践行绿色消费方面，2020年能经常做到购买绿色产品的占30%~40%，但到2022年，占比已超过60%。在分类投放垃圾方面，2019年仅有30.1%的受访者认为自身在垃圾分类方面做得比较好，但到2022年，公众在厨余垃圾、可回收物、有害垃圾和其他垃圾等各类垃圾投放上经常能做到的占60%以上。在环保监督举报方面，2022年超一成（14.8%）受访者举报过环境问题，比2021年（10.6%）有所增加。

2. 生态环境志愿者后备军潜力大

《报告（2022）》显示，公众对生态环境保护的认识具有以下几个特征。

一是大多数公众经常主动关注或传播交流环境信息，最为关注的信息类型是环境质量信息（39.2%）、政府环境治理进展和效果（31.8%）以及个人环保行为知识技能（29.0%）。三到五成的公众对习近平生态文明思想和"碳达峰""碳中和"等环境知识和内容有一定的了解，半数以上的人没听说过或对内容不了解。

二是多数人能在食品、服装、电子产品方面做到适度消费，但也存在不同程度的浪费现象。23.3%的受访者"家中食品经常因为过期而被丢弃"，25.8%的受访者"经常购买很多衣服、鞋子却不常穿"，22.2%的受访者在旧的电子产品还能正常使用的情况下就会更换新款。月收入为20000元以上的高收入群体的浪费现象更为严重。

三是公众的低碳出行情况总体良好。75.3%的受访者在多数情况下能做到"前往较近的地点时，选择步行或骑自行车、电动车"，64.2%的受访者在多数情况下能做到"远途旅行时，在有条件的情况下尽量选择地面交通"，61.3%的受访者在多数情况下能做到"前往较远的地点时，选择乘坐公共交通"。阻碍公众选择低碳出行的主要因素是"公交地铁站点远、换乘多"（43.4%），"公交地铁不准时、等待久"（35.1%），以及"周边共享电/单车少或有故障，去公交站点不方便"（21.3%）等。

四是公众对参加生态环境志愿服务有一定的积极性。43.3%的受访者参加过生态环境志愿服务，主要通过社区（22.7%）、社会组织（12.0%）、政府（10.3%）等渠道参与，参与类型以绿色低碳实践活动（21.5%）以及生态环境宣传教育和科学普及活动（19.8%）为主。参与志愿服务活动面临的最大阻碍是不知道如何参与（46.1%），其次是缺乏必要的培训保障（19.1%）、活动没有吸引力（18.8%）和周围人都不参加（15.6%）等。这说明，社会中存在大量愿意参与生态环境志愿服务活动的潜在力量，只是受到一些活动宣传、激励机制等客观因素的影响——或将成为未来推动全民参与生态环境保护、壮大生态环境志愿队伍的有力突破口。

3. 公众对政府生态环境保护工作高度认可

公众对政府生态环境保护工作高度认可，认为中央和地方政府生态环境保护工作力度都在不断加大，占比分别为69.2%和64.7%。公众对所在城市的生态环境质量总体较为满意，东部地区公众的满意程度最高，东北地区公众的满意程度相对最低。超六成公众认可其获得感和幸福感整体上因政府的生态环境保护工作而不断增强，17.1%的公众认为其获得感和幸福感增强了很多。

（二）生态环境志愿者

全国志愿服务信息系统数据显示，截至2021年6月，我国注册环保志愿者已有近320万人。《报告（2022）》显示，我国公众普遍具备较强的环境行为意愿，八成以上受访者愿意践行各类绿色生活行为。与往年调查结果相比，公众在关注环境信息、践行绿色消费、分类投放垃圾、环保监督举报等多个方面的行为表现均有改变。而中国志愿服务研究中心的调查显示，生态文明志愿服务是公众志愿服务意愿的第二个选择，有39.33%的受访者表示参与过生态环境志愿服务活动。

此外，《报告（2022）》还区分了不同人群的特征，根据个体在私人、

公共领域的环保意愿和行为表现，识别出五类特点鲜明的典型人群，并对典型人群的行为特征等进行了深入分析。

一是环保爱好者，占21.9%。该类人群在私人领域和公共领域均表现出"高意愿、高行为"特征。党政机关或事业单位工作人员、社会组织或社会团体工作人员、本科及以上学历人群、月收入8000元以上中高收入人群、31~45岁的中青年人群、东部地区居民以及城镇居民中环保爱好者的比例较高。

二是独善其身者，占35.0%。该类人群在私人领域的环境行为表现较好，但在公共领域行动力较弱，呈现"高意愿、高私人领域行为"特点。企业或个体工商户从业者、高中中专和大专学历人群、月收入2001~5000元人群、西部地区居民、女性群体中独善其身者的比例较高。

三是公共参与者，占16.3%。该类人群在公共领域环境行为表现较好，但在私人领域表现一般，呈现"高意愿、高公共领域行为"特点。企业或个体户从业者、社区居委会和村委会工作人员、学生、高中或中专学历人群、月收入8000元以下人群、中部地区居民以及男性群体中公共参与者的比例较高。

四是行动不足者，占8.1%。该类人群表现出"高意愿、低行为"特点，即私人领域和公共领域行为表现均较差，而在私人领域的环境行为表现更差，在离退休人员、大学学历人群、18~30岁青年人、月收入10000元以上人群、东部地区人群、城镇居民以及男性群体中行动不足者的比例较高。

五是消极旁观者，占18.7%。该类人群呈现"低意愿、低行为"特点，在私人领域和公共领域均表现较差，既缺乏采取环境行为的意愿，也缺乏保护环境的具体行动，在务农人士、高中及以下学历人群、60岁以上老年人群、月收入8000元以下人群、西部地区人群以及乡村群体中消极旁观者的较高。

（三）生态环境志愿项目

《公民生态环境行为调查报告（2021年）》显示，我国生态环境志愿项目超过 128 万个。而 2022 年六五环境日国家主场活动中国生态环境志愿服务论坛公布的数据显示，全国环境保护类志愿服务项目已超过 130 万个，约占全国志愿服务项目总数的 20%。整体而言，当前我国生态环境志愿服务活动涉及多个领域，既包括生活领域，也包括生产领域，如习近平生态文明思想宣讲、生态环保科普教育、环境社会调查、野生动植物和栖息地监测、生态修复、环境公益诉讼、生物多样性保护等，旨在打造流程化、机制化、可重复、能持续、易推广的志愿服务项目。

三 2022年度中国生态环境志愿服务发展路径

（一）2022年中国生态环境志愿服务实践亮点

1.动员青年成为生态环境志愿服务的生力军

中国青年志愿者事业既是我国志愿服务事业的重要组成部分，也是新时代我国青年工作的重要一环，更是中国共产党一百年来带领中国青年不懈奋斗的精神赓续。2020 年 9 月 8 日，习近平总书记在全国抗击新冠肺炎疫情表彰大会上曾称赞青年一代"不怕苦、不畏难、不惧牺牲，用臂膀扛起如山的责任，展现出青春激昂的风采，展现出中华民族的希望"。[①] 生态环境保护是一项关系国计民生、关系千秋万代的宏大工程，青年组织、青年志愿者大有可为、大有作为，更需要一批批青年生力军接力参与。

2022 年，生态环境部宣传教育中心正式启动了全国性的品牌党建活动"学习有我——环保青年宣讲习近平生态文明思想"，发布了宣教中心青年理论学习小组全年活动安排，旨在进一步加强对青年理论学习小组活动的指导，强化青年理论武装和思想引导，形成"覆盖全面、牵动有力、基层活跃、特点鲜明"的青年理论学习工作体系，开展好习近平生态文明思想

---

① 《抗疫斗争为中国青年增添了怎样的精神气质》，求是网，http://m.cnr.cn/news/20201030/t20201030_525315140.html，最后访问日期：2024 年 3 月 20 日。

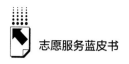

"读写编讲行"活动，推动中心党建工作与业务工作深度融合，促进青年干部成才成长，不断增强生态环境宣教本领。

每年五四青年节，生态环境部都会召开纪念五四青年节生态环保青年铁军汇报会、迎"五四"青年干部座谈会等会议，并联合其他部门开展"五四"主题的宣教分享会，进一步凝聚生态环境宣教青年力量。2021年，生态环境部直属机关团委开设了"青春同心·邮票中的党史故事"新媒体专栏，让生态环保青年结合岗位谈认识、结合生活谈感受。

此外，生态环境部直属机关团委还广泛发动基层团组织开展具有生态环保特色的青年志愿者活动。例如，中国环境科学研究院青年志愿者定期进校园开展生态环保科普教育，在六五环境日开展"人与自然和谐共生"主题宣传，争做生态文明理念的践行者和传播者；国家海洋环境监测中心"湛蓝"青年志愿者服务队与大连市环保志愿者协会联合开展海滩垃圾清理活动，形成"呦呦鹿鸣"等志愿服务活动品牌；生态环境部环境规划院青年志愿者深入基层社区，开展庭院清洁志愿服务。在生态环境部的引领下，全国各地加强了对青年志愿力量的重视和培养，各省（自治区、直辖市）团委以"保护母亲河"、"三减一节"（减霾、减塑、减排和资源节约）、垃圾分类为主要内容，开展生态文明宣传教育实践项目；建立以共青团为主导，以团员、少先队员和青年环保社会组织成员、青少年志愿者为主体的志愿服务力量，每年组织"青年讲师团""生态文明大讲堂"进学校、进企业、进农村、进社区、进网络活动。总之，各类青年环保志愿服务组织、广大青年志愿者积极行动，强化青年环保理论武装，彰显青年环保铁军风采，助力构建从政府主导到人人参与生态文明建设的新格局，充分发挥在深入打好污染防治攻坚战中的先锋队和生力军作用。

江苏省积极发挥青年志愿力量，省生态环境厅与省水利厅、文明办等部门协调联动。一是组建共青团直属的青年环保志愿队伍。2018年，省生态环境厅联合省水利厅开展"保护母亲河　争当河小青"志愿服务活动，在全国率先开展"河小青"队伍建设。2022年，全省已建立"河小青"队伍1400余支，"河小青"志愿者超过10万人。二是整合社会各方的青春力量。

2021年，江苏省面向省（部）属企业、科研院所和省直单位成立行业青年环保突击队，遴选了中国华电集团江苏分公司"节减降"青年突击队等14支团队为全省首批行业青年环保突击队。三是培育生态环境志愿服务的青年骨干力量。江苏省通过联合举办省市"青年创益项目大赛""青年环保志愿服务骨干培训班"等活动，发掘、培养了一批优秀环保青年骨干。

山东省潍坊市生态环境系统深入实施青年理论学习提升工程，制订青年干部理论武装工作方案，集合市生态环境局40岁以下青年干部，组建了4个青年理论学习小组，建立领导联系制度，每月开展一次集中学习活动，每季度开展一次集体学习交流研讨活动，保证学习时间和质量。各青年理论学习小组纷纷以"迎五四、做先锋""国家安全教育日"等为主题，通过读书会、集中学习、交流研讨等多种形式，组织开展学习活动，引导青年干部持续在提升生态环境质量中守初心、担使命，把破解工作难题、完成重大任务作为检验学习成效的"度量衡""试金石"，不断提高运用理论指导实践的能力水平。此外，市生态环境局青年志愿者还奔走在志愿服务第一线，彰显铁军风采。例如，他们到潍城区增福堂社区开展便民服务进社区暨"五为"志愿服务活动；到高新区新邻里社区开展结对共建志愿服务活动，进行环保宣传、法治宣传，发放宣传海报，引导社区居民从自己做起、从家庭做起、从点滴做起，以实际行动践行"勤俭节约、绿色低碳"的生活方式。

2.探索"生态文明+文明实践"建设新模式

新时代文明实践中心建设作为基层建设重要的综合性抓手，是推动习近平新时代中国特色社会主义思想深入人心、落地生根的重大举措，在推进基层经济建设、政治建设、文化建设、社会建设和生态文明建设方面发挥着不可替代的作用。

新时代文明实践中心各试点地区积极聚焦推动习近平新时代中国特色社会主义思想和习近平生态文明思想在基层落地生根，将新时代文明实践中心作为生态文明宣传教育的基地、习近平生态文明思想宣讲平台和生态文明建设成就展示平台，开展常态化宣传教育科普志愿活动。同时，各试点地区充分发挥新时代文明实践理论宣讲志愿讲师团的作用，在强化理论政策社会宣传的同时，紧紧抓住六五环境日、"4·15"国家安全日、COP15等重要时间节点，利用各级各类生态环境志愿服务活动，持续深入宣传党中央关于生态文明建设的重大决策部署，深入推动习近平生态文明思想进家庭、进社区、进学校、进企业、进机关、进农村。此外，各试点地区还借助新时代文明实践志愿队伍，开展各类新时代文明实践生态环保志愿服务活动，包括生活垃圾分类、卫生整治、河道排污治理、秸秆禁烧、森林防火排查等，将生态文明建设、新时代文明实践和志愿服务活动有机融合、协同推进，新时代文明实践中心建设工作成效显著。

作为乌审旗新时代文明实践中心建设包联单位，内蒙古自治区生态环境厅高标准谋划、高质量推进，乌审旗在全自治区率先成立实践中心、实行"四级设置"、开展试点工作，助力打造新时代文明实践的"乌审样板"，以培育和践行社会主义核心价值观为根本，以志愿服务为基本形式，以学习实践科学理论，宣传宣讲党的政策，培育践行主流价值，丰富活跃文化生活，打造标准化、规范化阵地为主旨，深化文明创建活动。乌审旗已建成新时代文明实践中心1个、实践所6个、实践站76个，建立"8+N"志愿服务体系，成立"绿色乌审"志愿服务总队，组建22支专业志愿服务队；苏木镇和嘎查村（社区）已成立若干特色志愿服务队，立足实践，扎根基层，服务群众，形成了"校门口·微学堂""广场夜校·板凳课堂""文化独贵龙""老村长故事会""绿色乌审·家风森林""马兰花开·互助带困"等一批志愿服务品牌。其中，"校门口·微学堂""绿色乌审·家风森林"践行传承"两山"理念工作案例获得"内蒙古自治区优秀志愿服务项目"荣誉称号，实现了群众在哪里、文明实践就延伸到哪里。

3. 形成"总队+分队+特色服务队"多级组织体系

在生态环境部的部署下，各地生态环境部门会同文明办依托新时代文明实践中心建设，推动省、市、县三级生态环境志愿服务队伍建设，有条件的地方可将志愿服务队伍建设延伸至乡镇（街道）、村（社区）等基层地区。各地引导和培育生态环境志愿服务队伍，在项目开展、活动合作及活动场地、资金等方面有针对性地给予政策支持。全国各地依照部署指示，纷纷组建多级志愿服务队伍。例如，重庆市全面建立"市级总队+区县分队+若干志愿服务组织"队伍体系，发展分队1000余支，累计招募注册志愿者21万余名，开展活动3.2万余场次，志愿服务时长近50万小时；内蒙古自治区生态环境厅面向全区组建"总队—支队—大队—分队"四级组织架构的志愿服务队伍，并组建转向负责守护森林草原、防治环境污染、监督禁食野味、垃圾分类和节约粮食等方面的特色志愿服务队，共计开展志愿服务活动450余次。

四川省成都市建立了全国首个环保志愿服务联合性社会组织。一方面，该社会组织面向成都市生态环境局及各派出机构志愿者，"纵向整合"构建了"总队—分队—小队"模式。联合会负责具有行政属性的"成都环保志愿服务总队"上下联动协调工作，成都市生态环境局各派出机构负责"成都环保志愿服务分队"及各镇街"成都环保志愿服务小队"建立运营保障工作。另一方面，该社会组织面向其他社会组织、企业、学校、公众等社会环保志愿服务力量，"横向联合"构建了"总会+分会"模式。联合会发挥了非营利性社会团体"成都环保志愿服务总会"的公益属性，各社会组织、企业、学校自愿加入建立联合会某某分会；同时针对"两种模式"如何上下联动、横向互动，有效架构起多层级、宽领域的服务矩阵，构建了"属地管理"工作机制，将各"分队、小队、分会"统一纳入联合会区（市）县分会体系，联合会则协助各区（市）县分会做好本辖区的志愿服务拓展及保障工作。

4. 构建"基地+志愿者+活动"志愿服务全链条

为贯彻习近平生态文明思想，落实党中央、国务院关于加快推进生态文明建设的决策部署，充分发挥试点示范的平台载体和典型引领作用，生态环境部组织开展了第五批国家生态文明建设示范区和"绿水青山就是金山银山"实践创新基地的评选工作。2021年10月14日，在《生物多样性公约》缔约方大会第十五次会议生态文明论坛上，生态环境部对评选出的100个国家生态文明建设示范区和49个"绿水青山就是金山银山"实践创新基地进行命名授牌。自2021年11月起，生态环境部将原有的"绿色发展示范案

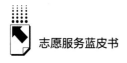

例"宣传栏目更名为"生态文明示范建设"栏目，对授牌的示范创建地区贯彻落实习近平生态文明思想、践行"绿水青山就是金山银山"理念、协同推进高质量发展与高水平保护的鲜活案例和典型经验予以展示推广。全国各示范区、创新基地充分发挥试点示范作用，将环保志愿服务做实做深，全方位、多角色地面向大众传递低碳、绿色、可持续的生活理念，构建了"基地+志愿者+活动"志愿服务全链条。

山东省威海市生态环境局坚持党建引领、党员骨干带头，结合"无废城市"建设，联合教育、住建等部门，大力开展"无废社区"、"无废学校"、绿色学校、绿色社区等创建行动，倡导厉行节约、反对浪费，以提升全社会生态文明素养，使之广泛形成节约适度、绿色低碳的生活方式。2022年以来，共评选"齐鲁生态环保小卫士"59 名、首批"无废社区"60 个、"无废机关"50 个。2022 年，全市共有市级以上"绿色社区"165 个、"绿色学校"153 所、环境教育基地 16 个，推荐评选"齐鲁生态环保小卫士"180 名，中小学生环境教育普及率保持 100%。威海市深入开展生态文明建设示范区、"绿水青山就是金山银山"实践创新基地创建，荣获了中华环境奖、全国"无废城市"建设试点城市、国家生态文明建设示范市等奖项和称号。华夏城被命名为国家级"绿水青山就是金山银山"实践创新基地，荣成市好运角旅游度假区获评第一批省级"绿水青山就是金山银山"实践创新基地。2023 年以来，威海市积极对上沟通衔接，补短板、强优势，全力指导乳山争创国家生态文明建设示范市，指导区市争创生态文明十强县，指导荣成市依托好运角旅游度假区探索"两山"转化路径。此外，威海市还积极探索机关和社区、学校创建共联共建模式，跨行业搭建志愿活动、学习培训、绿色创建等平台，重点培养了普陀路小学、花园社区和环翠楼街道商圈党群服务中心等先进典型。普陀路小学成为省级环境教育基地、省级绿色学校及首批省级环保科普基地，普陀路小学原校长刘晓波入选中央文明办、生态环境部"2020 年百名最美生态环保志愿者"和"山东省十佳最美生态环保志愿者"。由威海市生态环境局推荐的"打造无废校园 扮靓精致城市"项目获评 2021 年山东省生态环境宣传教育优秀案例，一名环保志愿者被评为"2021年全国百名最美生态环保志愿者"。"精致花园无废社区"入选2020年山东省十佳公众参与案例，并作为2021年全国十佳公众参与100个候选案例进入专家审议和网友投票环节。

5. 推动互联网与生态文明建设深度融合

技术创新是生态文明志愿服务实现可持续发展的关键支撑。随着互联网日益成为助力环境治理、公共服务的新空间，充分发挥互联网社会组织、重点网站、网络知名人士和广大网民的主体作用，广泛开展网络环保主题活动，探索"互联网+生态文明"新模式，成为助力生态环境志愿服务发展的必然选择。生态环境部规划部署如下。一是开展网络主题宣传：紧密结合生态文明建设重点工作，加强议题设置，做好重要政策、重点信息的二次开发解读。各级生态环境政务新媒体账号每年至少开展1次重大网络主题宣传，围绕主题发布系列原创稿件不少于10篇，原创宣传品不少于1件。二是定期发布政务新媒体榜单：根据生态环境政务新媒体账号内容质量提升和矩阵运行改善情况，及时调整账号及矩阵评价指数计分标准，改进生态环境政务新媒体榜单发布工作。三是拓展网络宣教阵地：各地生态环境部门在运营好"两微"的基础上，陆续开通常用新闻客户端、社交媒体账号，不断拓展网络宣传阵地。四是搭建信息化工作平台：各地生态环境部门会同文明办利用互联网信息化平台，对志愿服务队伍和志愿者登记注册、活动和项目发布、志愿者招募、志愿服务记录、效果评价等进行线上管理。

近年来，生态文明志愿服务搭乘高科技快车，产出不少技术创新和实践成果。例如，上海市环境监测中心作为全国"2021年十佳环保设施开放单位"，采用线上720度全景拍摄，借助数字媒体技术，制作全景VR，通过指尖漫游、"云"参观、步入式体验环境监测设施，增强了人们的生态环保体验感，也更好地调动了人们参与志愿服务的积极性。又如，"蔚蓝地图""低碳冬奥"等项目利用数字化技术手段和科学计算方法，增强了志愿服务的趣味性，吸引了更多志愿者和志愿服务组织踊跃参与低碳行动，推动了绿色生产生活方式的形成，提高了全民生态环境科学素养，用科技创新助力美丽中国建设。

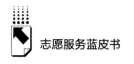
（二）2022年中国生态环境志愿服务工作经验

1. 选树先进典型，培育生态环境志愿服务骨干力量

生态环境部通过开展生态文明志愿者选树活动，大力表彰先进典型，广泛推广先进经验。自2018年以来，生态环境部和中央文明办共同评选"十佳百优"，即征集十佳公众参与案例、推选十佳环保设施开放单位和百名最美生态环保志愿者，通过"十佳百优"树典型的评优推选工作，树立全国生态环境志愿服务的模范标杆，发挥其模范带头作用，鼓励人人践行生态文明理念，让参与生态文明志愿服务成为自觉行动。同时，生态环境部提出通过服务评价、星级认定、典型宣传、荣誉表彰、优先享受相关服务等方式激励志愿者和志愿服务组织。除精神激励以外，各地还通过成立基金会、行业协会等方式争取企业资助，向社会募集志愿服务资金，有条件的地方可以探索更加丰富多样的志愿服务激励机制。例如，重庆市建立了志愿者保险保障制度、志愿服务嘉许激励制度，每年推选"最美生态环保志愿者""最美守护青山志愿者"等先进典型，给予适当奖励。此外，在广泛动员整合社会各方力量加入生态环境志愿服务行列的基础上，各地还鼓励和支持具备专业知识、技能的优秀人才和公众人物以及企事业单位的管理者和职工等重点人群发挥优势和特长，形成和培育生态环境志愿服务的专业力量和骨干力量。

2. 强化项目支撑，孵化生态环境志愿服务特色品牌

生态环境部围绕当前生态文明建设和生态环境保护的重点任务，立足群众对生态环境志愿服务的需求，大力挖掘、策划、培育、指导和扶持了一批特色鲜明、贴近群众、社会影响力大的生态环境志愿服务品牌项目。依托生态环境保护专业，一批彰显专业优势的优质志愿服务项目不断涌现。比如，围绕塑料污染治理、应对气候变化、保护城市生物多样性等主题，打造"净塑校园""减塑日百万志愿者行动""守护美丽海滩"等一系列大型生态环境志愿服务活动，并广泛动员全国生态环境宣教系统统一开展志愿服务活动，通过品牌项目、先锋组织和优秀个人的示范带动，推动生态环境志愿服务内容和形式创新，增强社会影响力和感召力，在传播绿色理念、化解环境矛盾、促进社会共治等方面充分发挥生态文明志愿服务的积极作用。在生态环境部宣传教育司的指导下，生态环境部宣传教育中心联合中华环境保护基金会设立了"环保设施向公众开放 NGO 基金"，累计支持 20 多个省市的40 多家环保社会组织开展志愿服务活动，积极培育地方生态环境部门行政力量或民间环保志愿力量，因地制宜开展生态文明志愿服务项目，培育出"绿色内蒙古·生态北疆行"、青春助力"一湖两海"、"种树植心"、"国际儿童海洋节"、"深圳海岸线徒步"等一系列知名志愿服务品牌，促进了生态环境志愿服务项目的高质量发展。

3. 加强部门联动，保障志愿服务工作有序有效开展

围绕《"美丽中国，我是行动者"提升公民生态文明意识行动计划（2021—2025 年）》《关于推动生态环境志愿服务发展的指导意见》，坚持统筹推进，由生态环境、宣传、教育、文明办等相关部门和共青团、妇联等社会团体加强交流、协作与联合，明确工作责任，发挥各自优势，完善工作机制，形成工作合力。比如，积极成立实施工作领导小组，对全国生态文明宣传教育工作进行指导；积极构建党委政府主导、部门协调推动、社会各界参与的生态文明建设"大宣教"工作格局。尤其是在各地基层工作推进过程中，各地贯彻习近平生态文明思想，逐步建立起由生态环境部门与地方联合相关单位共同参与的协同工作机制，汇聚政策合力、精神合力、行动合力，因地制宜，根据当地的生态环境工作实际和志愿服务需求开展各类生态环境志愿服务，如联合各省（自治区、直辖市）团委以"保护母亲河"、"三减一节"（减霾、减塑、减排和资源节约）、垃圾分类为主要内容，每年开展生态文明宣传教育实践项目 3 次以上；联合各省（自治区、直辖市）妇联每年组织开展"绿色生活·最美家庭"、"美丽家园"建设等主题活动 3 次以上，引导家庭成员提升生态文明素养、营造清洁生活环境、节约家庭资源、践行绿色消费、倡导绿色出行、开展垃圾分类等。多部门联合制定生态环境志愿服务工作实施方案，明确合作内容和方式，重点围绕项目培育、队伍建设、平台管理、激励机制等方面开展合作，共同推动生态环境志愿服务工作规范有序、落实落细，实现生态环境志愿服务全民化、社会化、组织化、规范化，着眼

推动形成"生态文明志愿服务大格局",保障志愿服务工作有序有效开展,形成多方协同、策划科学、执行有力、良性互动的生态环境志愿服务体系。

四　中国生态环境志愿服务未来发展

（一）中国生态环境志愿服务现存不足

1. 公众参与志愿服务的渠道不畅通、不专业

公众参与生态环境志愿服务的渠道一般分为两类:一类是广泛性的公众志愿参与,一般依托学校、单位、社区等;另一类是通过专业化的生态环境志愿服务组织。调查发现,前者仍然是公众参与的主要选择。在参加过环保志愿服务活动的受访者中,大多数都表示自己是通过社区、学校等渠道参与环保类志愿服务活动的。通过社会组织尤其是专业化的环保类社会组织这一渠道参与志愿服务活动的受访者仍是少数。然而,生态环境志愿服务普遍具有较强的专业性,如开展自然保育活动、开展环境污染监督、开展生态环境领域的国际交流等,往往需要参与主体具备相应的专业知识和技能。由此可见,公众参与渠道的专业性、专门化有待进一步提高。

此外,《报告（2022）》数据显示,仍然有56.7%的受访者没有参加过生态环境志愿服务,27.4%的受访者仅参加过1~2次活动;参与志愿活动面临的最大阻碍是不知道如何参与（46.1%）,其次是缺乏必要的培训保障（19.1%）、活动没有吸引力（18.8%）和周围人都不参加（15.6%）等。这说明公众参与生态环境志愿服务的渠道仍然不够畅通,宣传普及的范围没有覆盖大多数群体。

2. 志愿者的培训、激励、保障等机制尚需完善

生态环境志愿服务制度机制的建设主要包括三个方面,分别是注册招募、激励保障和交流培训。任何一方面的机制建设不完善都将导致志愿服务活动难以有效长效开展,影响志愿者队伍的可持续发展。《报告（2022）》数据显示,分别有19.1%和15.3%的受访者表示,缺乏必要的培训保障和缺乏有效

的奖励反馈是阻碍其参与生态环境志愿活动的重要因素之一。此外，还有15.2%的受访者对活动的组织规范性等存在质疑和担忧。这在一定程度上也会影响公众参与的持续性、活跃性。大多数（27.4%）生态环境志愿者的参与频率是每年1~2次，难以培养公众周期性的志愿活动参与习惯，这显然不足以满足生态环境志愿服务长效性、可持续的未来发展趋势。

3. 生态环境志愿服务信息化管理能力有待提高

当前，在生态环境部的推动下，全国各地生态环境部门会同文明办逐步开始搭建生态环境志愿服务的互联网信息化平台，对志愿服务队伍和志愿者登记注册、活动和项目发布、志愿者招募、志愿服务记录、效果评价等进行线上管理。但是，由于不同地区的资源整合和信息化能力基础不同，区域间的互联网管理发展非常不平衡。不少基层地区在建设这一类网络平台时，容易出现信息不一致、登录不上、检索麻烦、系统崩溃等一系列技术问题，尤其是当志愿服务的线上活动发布、活动审核、活动签到及签退等全流程全部置于信息化管理平台时，一旦技术问题多次出现，就很容易使志愿者失去对信息管理平台的信任和耐心，进而打击志愿者广泛参与志愿服务活动的积极性。

同时，一些没有经费、技术支持搭建信息化管理平台的基层地区，可能仍然沿用线下自行招募人员、自行组织活动的形式。这一方面容易造成信息流通不畅、管理混乱，另一方面也难以兑现志愿者参与的激励、福利、保障等。

此外，目前生态环境志愿服务缺乏专门性的、全国性的信息化管理平台或板块，生态环境志愿者、志愿组织、志愿项目等信息无法及时、公开地披露、管理和评估。这也不利于生态环境志愿服务的长效健康发展。而当前生态环境志愿服务仅依靠各个地区标准各异、"一亩三分地"的区域信息化管理制度，长此以往，可能会对后续接轨全国性的信息统筹管理机制造成一定困扰和阻碍。

4. 农村生态环境志愿服务工作任重道远

虽然《报告（2022）》显示，当前我国公众普遍具备较强的环境责任意识和行为意愿，但该报告涉及的受访群体大多数为城镇居民，农民受访者较少。因此，农村生态环境志愿服务工作仍是重点。受个体生态环境意识、综合素质水平、乡风文明建设程度等多方面的影响，农民群体中仍有不少存在重视经济效益而忽视生态效益、重视个人生活环境而忽视公共环境等问题。生态环境保护意识薄弱、生态环境科学素养不足、缺乏生态环境志愿服务积极性等，使这一群体往往容易在面对农村生态环境问题时采取"事不关己、高高挂起"的旁观态度。这更不利于农村生态环境志愿服务工作的开展。

（二）中国生态环境志愿服务未来工作重点

1. 以习近平生态文明思想为价值指引，激发全民参与的内生动力

志愿服务的核心是利他主义价值观，往往需要参与者有崇高的、不求私利的精神品质，这使志愿服务在实际工作推进中存在较大局限性。相较于其他类型的志愿服务，生态环境志愿服务在全民推广这一目标上具备天然优势，即生态环境事关每个人的切身利益，事关千秋万代的永续发展——在达成这一社会共识的基础上，生态环境志愿服务不仅仅是"利他"行为，更具备了"利己"的重大意义——实现全面覆盖、真正落实全民参与的突破口即在于此。

至此，如何让广大民众更加深刻、切实、准确地意识到生态环境于个人、于家庭、于社区、于国家、于社会的重大意义，就需要生态环境志愿服务工作拥有开拓新局面的强大思想武器——习近平生态文明思想。因此，未来工作要以持续推进、落实、强化习近平生态文明思想宣讲工作为行动重点和价值引领，结合区域经济社会基础、民族文化特色、基层治理实际、民众素质水平和理解能力等多元要素，开展形式丰富多样、内容深入浅出、群众喜闻乐见的宣讲活动，以期真正增强民众的生态环保意识、提高民众的生态环境科学素养。

进一步地，未来工作在激发民众参与的兴趣和热情后，更要让民众意识到，他们即将践行的生态环境志愿服务是实实在在能够改变自身生活环境的有益举措。这就要求生态环境志愿服务的实践内容具备强烈的范围性，要充分契合民众的实际生活需要。例如，城市社区居民开展垃圾分类、短途绿色

出行、道路绿化养护，而农村居民则开展村居环境整治、灌溉系统优化等；水边居民开展海/河滩监督、防汛排查，山区居民则开展森林防火、地质灾害勘查、野生动植物保护，沙地居民则开展防风林种植、水源保护等。这类生态环境志愿服务与民生息息相关，其开展效果能在一定周期内反馈到民众的日常生活中，志愿服务的善果将进一步激励民众持续投入生态环境志愿服务，最终形成良好、有力的内生循环效应。

2. 持续完善生态环境志愿者管理制度

创新生态环境志愿者激励机制、强化志愿者的内外部培训机制、健全志愿者保障机制，为生态环境志愿者管理的制度化、常态化、规范化发展提供了有力保障。

（1）建立多样化、有特色、有针对性的志愿者激励机制

近年来，有关志愿服务激励机制的创新尝试层出不穷，物质激励的重要性也越来越受到重视。除了目前试点颇多的"志愿服务时长储蓄制度""志愿时数兑换制度"等，生态环境志愿服务或许可以尝试将物质激励内容与志愿服务成果密切结合，进一步扩大志愿服务活动的影响力。例如，以社区/村为单位，鼓励以居民为主体的基层志愿服务力量开展改善人居环境等领域的志愿服务活动。经审核评估后，开展生态环境志愿服务活动场次达标、累计志愿服务时长充足、志愿服务活动效果显著的社区/村，可以申报一笔资金以供进一步改善社区、村居的软硬件文化、环境设施等。同理，对其他专业领域的生态环境志愿项目（如水文保护、野生动植物保护等），社区/村达标后也可以获得资金、技术、资源、平台等方面的支持，这有利于继续深入开展该项目。

此外，精神激励一直是学生教育管理中的重要手段，同理，志愿服务的精神激励效果在学生志愿者群体中的成效也会更加显著。因此，各地可以重点考虑如何充分发挥精神激励对青年学生及其所在家庭志愿力量的引导作用。一方面，在社会环境中，各地可以参考"小记者"的推广模式，设置专授予学生的星级"环保小卫士"称号，并给予这类优秀的"环保小卫士"投稿环保文章、志愿心得乃至接受环保栏目采访、协助组织志愿服

务活动、参评环保类实践比赛等机会，提高和扩大其作为"环保小卫士"的社会参与度和社会影响力，使之成为深受学生、家长欢迎和认可的社会实践新身份，其精神激励效果自然不言而喻。另一方面，在校园内，当前全国各地已有不少地区学校开设"垃圾分类""环境保护"的相关课程，生态环境部门可以联合地方团委、教育系统等，从校园教育入手，将生态环境志愿服务纳入学生通识教育和社会实践参与的素质培养方案中，并给予一定荣誉奖励。

总之，以自由意志和兴趣为基础的志愿者精神才是志愿服务的根本驱动力，过度依赖物质激励势必会使志愿服务难以为继。因此，在树立民众生态环境志愿服务价值理念的基础上，如何进一步探索多元化的精神激励，使之充分契合更广泛的社会群体，发挥更具特色的精神激励的主导作用，仍需未来的长期摸索。

（2）强化志愿者的内外部培训机制

目前，生态环境部已有的工作规划中明确规定，要"各省（自治区、直辖市）生态环境部门每年至少组织1次面向志愿服务工作者、志愿服务组织负责人、志愿者的培训"。但关于各地区应如何加强志愿者培训工作，生态环境部并未给出具体的指导意见或行为规范。

一方面，提高内部培训的规范性和标准化。各地应借助现有工作规划，联动文明创城、垃圾分类等主管部门，设计、制定生态环境通识培训课程，培训各志愿服务组织负责人和骨干志愿者后，将课程资源共享，让区域内的志愿组织可以利用这份课程资源对全体志愿者进行通识培训，以保证内部培训的质量，这也有利于培训的全面覆盖。有条件的地区可以进一步组织区域内的志愿者进行更具标准化、规范性的统一培训。在此基础上，各地可制定更具专业性、方向性的培训课程。另一方面，提升外部培训的广度和深度。各地应联动生态环境科研院所、生态环保研发企业等单位共同作为培训主体，推动建立针对生态环境系统人员、生态环境志愿骨干人才的"联培"机制。这既有利于加强"环保铁军"们的专业性，也有利于满足其自我提升的精神追求。

（3）建立健全生态环境志愿者保障机制

不少生态环境志愿服务活动需要一定的专业知识，往往伴随着安全风险。因此，各地要注意一些专业化的生态环境志愿服务，制定意外事件紧急处理机制并定期进行演习，对活动组织、管理人员进行充分的专业化培训，定期开展身体素质检查和业务考核。活动前需要告知报名者活动中的一切流程及可能存在的风险，审核评估报名者的身体健康状况，并对审核通过的志愿者开展注意事项培训和自救培训，为其购置相应保险；活动中要按照一定人数比例，安排专业的、有经验的人员从旁指导、协助和保护，购置必需的生存、救援和医疗物资；活动后要关注志愿者的身体状况等。只有全方位保障志愿者的人身安全与健康，才能消除志愿者的后顾之忧。

3. 优化生态环境志愿服务运行机制

（1）充分发挥党建引领作用

生活化的生态环境志愿服务是基层环境保护的前沿先锋力量，这与在基层工作中发挥党建引领、党员带头的作用异曲同工。因此，将基层党建工作与基层生态环境志愿服务结合起来，充分发挥党在生态环境志愿服务中的领导作用，尤其是发挥共产党员、共青团员在生态环境志愿服务中的先锋模范带头作用，以党组织为主心骨进行正确引导，把党的精神感召力融入实际工作和生活中，吸引越来越多的人向党员看齐，积极主动加入事关日常生产生活的生态环境志愿服务队伍之中，不仅有利于生态环境志愿服务的生活化发展，也有利于通过政治引领、思想引领、价值引领和行为引领，积极推动基层生态环境志愿服务的创新发展。

（2）加强生态环境志愿组织的专业化、专门化

专业化的生态环境志愿服务普遍具有较高的门槛，因此现阶段全国各地的生态环境志愿服务大多呈现一种生活化、大众化的特点，如"光盘行动""乡村墙绘""植树认领""捡拾垃圾"等。这在一定程度上符合全民参与的要求。但这类活动占比过高的现象也应引起生态系统人员的警惕和思考。生态环境志愿服务本质上仍是具备专业性、科学性的行为，专业化也是志愿

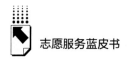

服务活动品质和效率的有力保障。

一方面，各地要重视、培育、扶持那些专业化、专门化的志愿服务活动，如开展环境污染监督、自然物种保育活动、生态环境领域的国际交流等，这些应成为生态环境志愿服务的鲜明标识和显著特点。生态环境志愿服务不仅应强调与个人利益息息相关，还应"上价值"，要与"自然环境""人类生存""地球生态"等宏观、永恒的人类文明共识联系起来。短期目标与长远发展相结合，更有利于把握民众看待生态环境志愿服务的正确思维方式。依照组织管理的基本原理，将不同类型的志愿组织/项目实行科学的分类管理，有利于增强志愿服务的专业性。另一方面，即使是"垃圾分类""水循环"等与日常生活密不可分的环保行动，其背后也需要大量丰富、专业的生态环境科学知识。如何将这类知识真正传递给参与活动的志愿者，需要基层实践过程中的细致把握。否则，志愿者长期参与几类生态环境志愿服务后，均会留下"没什么技术含量""学不到什么""太琐碎""谁都能做，不必非来参加活动"的印象。这很可能会打击志愿者参与活动的积极性，也无法回应那些长期活跃的志愿者的价值追求。

（3）充分整合和调动生态环境志愿服务队伍的社会力量和资源

志愿服务一直强调资源的充分整合和利用，而生态环境志愿服务因天然具备绿色、循环、可持续等内涵而要求其充分优化资源配置，协调一切可用的社会资源，实现资源共享、优势互补。强调跨部门、跨层级、跨系统、跨区域的合作，是生态环境系统人员需要统筹的重点方向，如畅通上下层级交流合作渠道；联动妇联、团委、教育、城管住建、文明办等部门开展工作；有针对性地吸纳具备生态环境专业知识的企业、科研院所、教育单位等企事业人才加入生态环境志愿服务队伍中；依据自然资源禀赋和实际需求，开展跨区域合作等。

此外，生态环境志愿服务的国际性优势凸显，作为统筹全国生态环境资源的系统部门，更应具备多层次的视野，着眼于社区/村等基层单位，也要关注更大范围内的合作分配，既着眼国内，也要放眼国际，建立起多维度的服务和资源调动网络。

4.加强统筹全国生态环境志愿服务信息化管理

比起其他如虚拟现实（VR）、增强现实（AR）、混合现实（MR）、区块链等在普及应用领域仍有些遥远的高新技术，信息化建设更可能成为下一步工作的重点。

当前，全国各地正在逐步建立地区范围的生态环境志愿服务信息化管理平台。但从长远来看，当前这些地区性的信息在未来势必会被整合，以进行全国性的统一管理。因此，不论是未雨绸缪还是顺势而为，加强统筹全国生态环境志愿服务信息化管理都是题中应有之义。数据时代，大数据就是珍贵资源，及早开展如全国性的生态环境（志愿服务）APP、志愿服务管理平台等信息化建设，有利于及时了解、掌握全国范围内的志愿服务开展进度、类别、偏好、成效等，进一步部署全国生态环境志愿服务的下一步工作。同时，各地借助此类信息化平台可以实现覆盖全国的志愿服务活动的数据化调查评估，结合人脸识别、GPS、AI算法等技术，建立适用于远程监管的科学调查评估机制。此外，准确、及时的信息公开也有利于提高志愿者的信任感、成就感和积极性。

5.加强农村地区的生态环境志愿服务工作

在城乡一体化的背景下，农村地区的生态环境志愿服务工作自然不容落后。自古以来，我国作为农耕大国，乡村社会的自循环体系一直态势良好，村史乡志中不乏共修村路灌渠、共建祠堂学堂的记载，在党的百年奋斗历程中农民更是发挥了巨大作用。事实上，农民在集体合作、家家出力的事情上有着城市居民难以比拟的优良传统和村风村俗，因此，我们要充分相信农村居民是具备集体合作的大局意识的。我们只要在生态环境志愿服务工作中，切实将农民的思维和价值判断引导到"事关村集体和全村村民的共同利益"这一意识层面上，就有条件推进农村地区的生态环境志愿服务工作。让农民理解这一意识，可以参考当前的乡风文明建设、新时代理论宣讲等工作，用农民听得懂、听得进、听不够的方式开展宣教工作。同时，宣教不光是口头表达，还要身体力行地带动农民参与，边学边做，使其走出关键的第一步。

光有教育培养还不够，更要让农民看见效果。因此，生态环境志愿活动

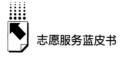

在内容设定上必须贴近农民生产、生活的切实需要，要为整个村、全村村民带来看得见、想得到的实际利益。例如，组织巡山巡坝志愿活动可以切实规避山体滑坡、山林火灾、堤坝防汛等自然灾害风险，防免农民财产损失；组织农药污染防治志愿服务等，并配合开展农业生产的科学指导培训，能让农民真切认识到，在专家的科学指导下，收成的经济效益比过度使用农药化肥、浪费水源的情况更好；开展村居整治志愿活动后，在一定的精神物质激励下，村里的软硬件设施日益完善，人居环境得到巨大改善；等等。

此外，在促进农村地区工作的过程中，各地还要加强乡镇、街道和村集体的紧密联系，因地制宜、因俗化导，必要时可以考虑"一村一模式"。

参考文献

谭日辉，2021，《书写奉献爱心、服务社会的新篇章》，《光明日报》1 月 27 日。

B.7
国家文物局志愿服务发展报告

杨丹 李潇洁 袁瑷*

摘　要：　21世纪以来，博物馆以及博物馆事业日益成为中国社会发展的重要方面，越来越受到社会的高度关注。人们不仅更多地关注博物馆、参观博物馆，还以志愿者的方式参与博物馆事业。中国博物馆的志愿者队伍日益成为中国博物馆事业发展中一支不可忽视的重要力量，近10年来更是呈现持续增加趋势，且志愿服务范围涉及博物馆的各个方面。中国博物馆志愿服务工作遵守招募社会化、岗位多元化、管理制度科学化、管理系统数字化、服务范围国际化的"五化"准则，逐步建立了完善的博物馆志愿工作体系。

关键词：　博物馆　志愿服务　"五化"准则

自20世纪中国博物馆招募志愿者以来，随着博物馆事业的不断发展，中国博物馆志愿者事业也取得了长足进步，志愿者队伍不断壮大，志愿者素质不断提高，志愿服务内容不断丰富。志愿者正日益成为中国博物馆发展不可或缺的重要力量。他们服务于公众，向博物馆反馈公众的需求，为博物馆的社会文化服务指引方向。同时，他们服务于博物馆，为博物馆提供广泛的社会资源。他们以志愿精神讲述中国故事。

---

* 杨丹，宁波博物院副书记、副院长，研究方向为博物馆志愿服务工作管理、博物馆管理和信息化、安全管理等。李潇洁，中国社会科学院历史学硕士，宁波博物院文博馆员，研究方向为博物馆志愿者管理、历史文化课程策划。袁瑷，吉林大学考古学硕士，宁波博物院文博馆员，研究方向为博物馆教育、公众考古教育。

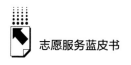

一 中国博物馆志愿服务工作发展概况

中国博物馆志愿者团队注册志愿者人数近 10 年来呈现持续增加趋势，从 2010 年的馆均 40 人增加到 2019 年的 174 人（见图 1）。注册志愿者是以个人身份申请加入博物馆志愿者团队，接受博物馆专业化培训并通过考核的志愿者。他们拥有文化志愿者特有的专业化特性，在他们的帮助下，公众可以更直观地理解博物馆的各项展览和中国历史文化。中国博物馆注册志愿者人数的增加，表明公众对博物馆志愿服务认知度的提高，说明博物馆志愿者事业近 10 年来蓬勃发展。

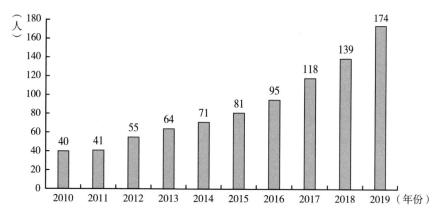

图 1　2010~2019 年中国博物馆志愿者团队平均人数

资料来源：中国博物馆协会志愿者工作委员会、宁波博物馆，2020。

中国博物馆志愿者的服务范围涉及博物馆的各个方面，从讲解、引导、接待到研究、活动策划、展览策划等。图 2 为各博物馆志愿服务岗位设置比例。讲解岗位是现在各个博物馆设置最多的志愿服务岗位，在已经确定的岗位中，研究岗位是博物馆设置最少的志愿者服务岗位。

什么是博物馆志愿者？对于这个问题，博物馆工作人员和博物馆志愿者都给出了各自的理解。在正式成为志愿者之前必须接受博物馆的审核、志愿

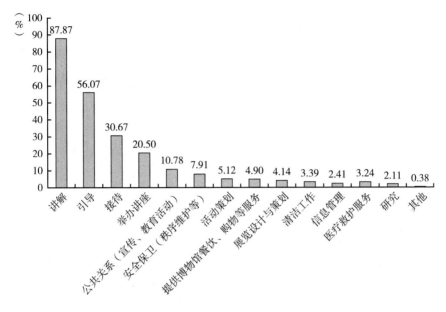

图2　各博物馆志愿服务岗位设置比例

资料来源：中国博物馆协会志愿者工作委员会、宁波博物馆，2020。

者拉近了公众与博物馆之间的距离、明确了志愿者与博物馆各自的责任与义务、博物馆专业人员为志愿者的组织者和管理者、博物馆投入大量人力物力财力来培养志愿者方面，博物馆工作人员和博物馆志愿者有着基本相同的认知；在志愿者工作提升了博物馆服务社会的价值、志愿工作以讲解展览为主、从事志愿者工作的主要是成年人、志愿者能够享受博物馆提供的优惠政策方面，博物馆工作人员和博物馆志愿者有着略为不同的理解（见图3）。

　　现阶段，博物馆工作人员、博物馆志愿者和社会公众对博物馆志愿服务工作的满意度呈现满意状态。"非常满意"以博物馆工作人员和社会公众为主，可见博物馆志愿者对自己的要求很高；"比较满意"的比例在50%左右，可见博物馆工作人员、博物馆志愿者和社会公众对博物馆志愿服务工作的状态大多数处于满意状态；"一般""比较不满意""非常不满意"的比例在20%以下，其中以博物馆志愿者为主，这显示出志愿者严格的自我要求（见图4）。

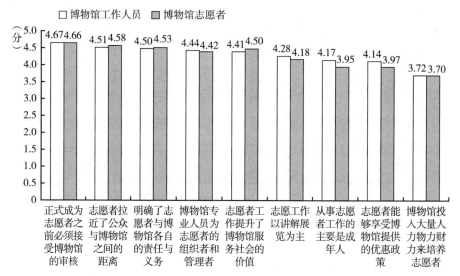

图3　博物馆工作人员和志愿者对志愿者工作的理解

资料来源：中国博物馆协会志愿者工作委员会、宁波博物馆，2020。

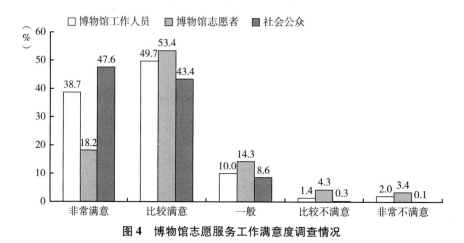

图4　博物馆志愿服务工作满意度调查情况

资料来源：中国博物馆协会志愿者工作委员会、宁波博物馆，2020。

从各方面数据来看，中国博物馆志愿服务事业正处于蓬勃发展时期。无论是志愿者数量、志愿者岗位设置还是志愿服务工作理念认知都处于一个高速度发展和强化认知的阶段。博物馆工作人员、博物馆志愿者和社会公众对中国博物馆志愿服务工作的满意度较高。可见，中国博物馆志愿服务工作处于令社会各界都相对满意的可持续发展状态。

二　中国博物馆志愿服务发展工作经验和做法

为促进和传播博物馆志愿者理念，组建全国性的博物馆志愿者网络，搭建博物馆与志愿者之间的桥梁，加强同国内外博物馆志愿者团体之间的联系与合作，科学规范管理我国博物馆志愿者队伍，2009 年，宁波博物院发起成立了中国博物馆协会志愿者工作委员会。志愿者工作委员会自成立以来，充分发挥信息共享平台作用，注重加强对博物馆志愿者和志愿者工作管理人员的系统培训，注重加强博物馆志愿服务工作的创新理论研究，并提出了博物馆志愿者工作"五化"准则，即招募社会化、岗位多元化、管理制度科学化、管理系统数字化、服务范围国际化。多年来，中国博物馆志愿服务坚持"五化"准则，逐步建立了完善的博物馆志愿工作体系。

（一）社会化的志愿者招募体系

志愿者招募体系是志愿者团队建设中的重要组成部分。社会化的招募体系让博物馆志愿者招募面向社会的各个阶层。博物馆在招募志愿者过程中应充分考虑吸收各行各业的志愿者。对于博物馆来说，招募多种专业的志愿者有利于志愿服务深入博物馆工作的各个层面。招募志愿者之前，博物馆应通过大量数据来确定实际需要的各专业志愿者人数和专业种类，对志愿者资源进行合理管理利用，避免资源浪费或挫伤志愿者的积极性。

现阶段中国博物馆志愿者已面向社会全方位招募。招募人员主要来源于三个方面：一是高校，二是中小学，三是社会。这三个来源基本覆盖全社会的方方面面，可以让所有有志于参与博物馆志愿服务的人员都有机会加入博物馆志愿者队伍中。

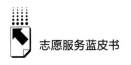

社会化招募体系有利于博物馆将各个行业专业的人才纳入志愿者团队，同时为多元化的志愿服务岗位设置提供前提条件。

（二）多元化的志愿服务岗位设置

多元化的志愿服务岗位设置可以让博物馆获得更大的开放服务工作助力，也可以让更多的志愿者参与自己喜欢的志愿服务工作。

对于志愿者来说，报名参加博物馆志愿者团队是为了为社会做一些公益性工作。只有充分发挥每个志愿者的作用，将其放在最合适的岗位上，才能最大限度地挖掘志愿者的潜力。通常而言，博物馆所需志愿者包括基础服务性志愿者、基础专业性志愿者、专业性志愿者、专家级志愿者四大类。基础服务性志愿者需要具备一定的学习能力和体力，可参与博物馆各项基础服务性工作。此类志愿者需要培训学习的内容较少，适合的人员数量较多。基础专业性志愿者需要具备较强的学习能力，可参与讲解等博物馆各项基础专业工作。此类志愿者培训学习的内容较多，要有较强的学习能力和现场处理能力。专业性志愿者需要具有一定的专业能力，可参与课程策划、活动策划等博物馆各项专业性工作。此类志愿者本身需要具有不弱于博物馆专业工作人员的业务能力，无须进行再培训，可直接与工作人员共同开展工作。而文物保护研究等特殊岗位的志愿服务则需要专家级志愿者的帮助。博物馆拥有各种类型各种专业的志愿者后，就应该建立起一个多元化的岗位体系，合理、有效地利用好这些人力资源。

现阶段中国博物馆志愿服务岗位设置主要涉及以下几个方面：讲解岗位，几乎所有有志愿者团队的博物馆都拥有讲解志愿者；服务岗位，近80%的博物馆设置了引导、租聘等开放服务基础岗位；文字创作和整理性岗位，部分博物馆会让志愿者参与自媒体运营等相关工作；公益活动策划岗位，打造以志愿者为主体的公益课程，有利于增加公益课程的数量、种类以及提高质量；专业性岗位，如摄影、摄像、视频剪辑、设计等专业性很强的岗位。这些志愿服务岗位的设立可以提高博物馆各项活动的精细化程度。首都博物馆的"读城小小文化使者"项目是馆校双发展双融合合作模式的公益课程，不仅有固定、专业的馆内课程，还有实地体验、拓展深化的培训活动。"读城护航计划"面向即将出国留学的北京学生，因为他们是天然的文明交流小使者。项目已举办五期，共培养了百余名"小小文化使者"。"读城"系列先后在全国20多个城市进行巡展，开发具有当地特色的展教活动。

（三）科学化的志愿服务管理制度

任何一个团队的运行都离不开合理的管理制度，用制度管理人才能事半功倍。建立科学化的志愿服务管理制度有利于博物馆提高志愿者的工作效率，增加志愿者团队的凝聚力，提高志愿者参与志愿服务的长久性。

目前中国志愿者工作的现状是可参与非专业性岗位的志愿者较多，专业性岗位的志愿者较少；短期参与的志愿者较多，长期参与的志愿者较少。博物馆要建立起一套可持续发展的科学化管理体系，以指导志愿者工作的开展。

一个稳定可行的管理体系对博物馆志愿者团队的科学化发展有着极大的促进作用。志愿者本是一个松散的组织，要增强其凝聚力就应该明确了解志愿者要什么，核心志愿者要什么，专业志愿者要什么，以及博物馆要从志愿者那里得到什么，而要了解这些信息就需要建立科学化的志愿者管理体系。该管理体系有助于博物馆第一时间真实了解各个层面志愿者的要求。博物馆与志愿者双方的要求都能够明确、可理解地进行表达，最终获得一个双方都认可的、稳定可行的科学化管理体系和管理方式。

科学化的志愿服务管理制度主要由以下四个方面构成：志愿者章程，一个符合需求的志愿者章程可以让博物馆和博物馆志愿者明确各自的权利和义务，使志愿者能够快速进入博物馆志愿服务工作范畴内；志愿者岗位细则，各个岗位需要确立不同的岗位细则，岗位细则有利于志愿者了解各自岗位需要承担的各项工作内容、具体细节等，有利于志愿者更好地服务公众；志愿者奖惩制度，对于很多志愿者来说，到博物馆参与志愿服务其实并不计较回报，但对于博物馆而言，其必须建立起合理的激励体制，搭建起更好的平台，为志愿者做好后勤保障、团队激励等服务，让志愿者感受到肯定和尊重，得到认可，实现自身价值；志愿者团队管理委员会，建立志愿者自治化管理体系，建立志愿者管委会有利于提高志愿者团队的管理效率。例如，西安博物院志愿者团队有专门的管理机构——志愿者管理委员会，设会长 1 名、副会长 3 名，组长 5 名，分管综合事务、讲解培训、新媒体宣传、大学生管理四方面内容，组员若干名。志愿者管理委员会定期召开会议，共同商定志愿者管理制度、志愿者章程、志愿者管理细则、志愿者工作计划等。

（四）数字化的志愿者管理系统

中国博物馆志愿者管理需要一套统一的数字化管理系统。统一的数字化管理系统有利于全国博物馆志愿服务信息透明化、服务数据统一化、评优体系标准化。

在这个数字化的网络时代，博物馆只有建立数字化信息传播体系和档案管理体系，才能更加有效地实现志愿者工作的社会化、多元化、科学化和国际化。为了充分发挥信息时代的媒体作用，及时传递信息、共享资源、共谋发展，博物馆可通过网站、微博、微信等数字化网络传播工具，打造传播体系，创建数字化刊物，将志愿者工作的各项内容传播到世界的各个角落。同时，博物馆应对志愿者的工作建立档案管理系统，将每位志愿者进行编号，建立个人数字化档案。这样既可以快速查找志愿者相关服务信息，也体现了对志愿者的尊重，满足了志愿者为博物馆提供服务后希望得到社会承认和证明的需求。

志愿者工作委员会从 2017 年开始建立了全国博物馆志愿者服务管理系统。全国博物馆志愿者管理系统采用全新的 Html5+DIV+CSS3 设计框架，集成了 Js 调用及 Jquery 程序嵌入，可以生成标准的 html5 网页，并通过 javascript 替代原有 WEB 的 flash 调用，网站源码更加简洁实用，同时使系统发布的前台页面能够在各种移动终端浏览器正常显示。后台管理系统包括志愿者管理、活动管理、资讯管理、数据中心、系统设置等功能。

（五）国际化的志愿服务

博物馆每天都会接待来自各个国家的游客，国际化的志愿服务有利于向全世界宣传中国优秀传统文化。

博物馆志愿者工作的国际化可以分为两个方面：一是志愿者可以提供国际化的服务，二是合理安排外籍志愿者的工作。

如今，每年都有大量国际游客来博物馆参观。他们缺乏中国历史文化知识在很大程度上影响了其观展效果。加之博物馆工作人员资源有限，无法为每位国际游客提供相应的语言解说服务，这就需要博物馆建立志愿者国际化服务体系，成立一支会多种语言的志愿者讲解团队，以满足国际游客的需求。鉴于对团队的要求非常高，博物馆可先建立国际上比较通用的英语团队，再进一步建立小语种团队。

对外籍志愿者工作的安排是一项全新的具有挑战性的项目。现在我国有越来越多的外籍人士定居，其中有许多希望从事志愿服务。将外籍志愿者安排到一个合理的岗位上，我们首先要对外籍志愿者有深入的了解，然后选择适合他们的岗位，这样可以让他们能够真正地参与博物馆的公众服务，把他们吸引到我们的志愿者团队中。例如，宁波博物馆的德国籍志愿者 Aynur 是一名设计师，会讲一些简单的中文，非常希望能在宁波博物馆参与志愿服务工作，但是由于语言问题，她无法参与讲解或服务类工作。2013 年，宁波博物馆要出版《宁波博物馆志愿者五周年年刊》，Aynur 以志愿者身份为年刊进行设计，成为年刊的总设计师，实现了她的"宁博志愿梦"。

三　中国博物馆志愿服务品牌项目

（一）"牵手历史——中国博物馆十佳志愿者之星"推介活动

1. 项目背景

2009 年，为了让公众更多地认识、了解志愿者，让更多的市民参与博

物馆事业，在中国博物馆协会的指导下，志愿者工作委员会开展了"牵手历史——中国博物馆十佳志愿者之星"推介活动，对中国博物馆的志愿者、志愿服务项目、志愿服务团队、志愿服务组织工作者进行了全面的宣传和展示。

推介活动自 2009 年启动以来，已经举办了 11 届，产生了 88 名"十佳志愿者之星（个人）"、48 个"十佳志愿者之星（团队）"、9 个"十佳志愿者之星（项目）"、15 名"十佳志愿者之星（组织工作者）"。

2. 推介活动实施过程

在"牵手历史——中国博物馆十佳志愿者之星"推介活动开展过程中，主办方从推介标准、项目设置、推介办法、评委设置等方面不断进行改进完善，进而引领志愿服务工作的发展方向。活动采用参评者自荐或者参评者服务的博物馆推荐等方式接受报名，推介标准是在各大博物馆正式注册的志愿者，在博物馆志愿服务期间成绩优秀、贡献突出。主办方设立专家库，并随机抽取专家组成评委会。通过社会报名、资格审查、网络媒体投票、公众投票、现场展示与专家评审等方式进行评选。

3. 推介活动开展意义

推介活动自实施以来，受到各博物馆、社会机构和广大志愿者的高度重视。借助推介活动，博物馆志愿者的风采得到了更好的呈现，博物馆志愿者的事迹得到了更好的宣传，博物馆志愿者的志愿精神得到了更好的展示。推介活动让社会、让公众更多地认识博物馆志愿者、了解博物馆志愿者，影响更多的人加入博物馆志愿者队伍。推介活动以其独特的方式扩大了中国博物馆志愿者队伍、提升了志愿者素质、拓展了志愿者服务领域，更引领了博物馆志愿者的发展方向，向全社会展示了中国博物馆志愿者的风采。这有助于弘扬志愿者精神，更好地引导志愿者行为。推介活动也因此成为中国博物馆及博物馆志愿者集中展示和宣传的窗口，成为全国博物馆志愿者交流和学习的平台，成为全国博物馆志愿者工作评估的标准，成为引领和壮大博物馆志愿者队伍的重要舞台。

（二）"喜迎二十大　强国复兴有我——青少年中华文物我来讲"博物馆志愿服务项目推介活动

1. 项目背景

为了让广大青少年在参与志愿服务的过程中更加深入认识、了解中华优秀传统文化，知史爱党、讲史爱国，提高社会实践能力和增强责任感，以优异的成绩迎接党的二十大胜利召开，2022 年，中宣部志愿服务促进中心、国家文物局博物馆与社会文物司共同主办了"喜迎二十大　强国复兴有我——青少年中华文物我来讲"博物馆志愿服务项目推介活动。

2. 项目组织实施过程

推介活动将目光聚焦在博物馆青少年志愿服务项目上，由中国博物馆协会和中国博物馆协会志愿者工作委员会组织实施，通过层层申报、反复筛选、专家评审，最终确定了 50 个优秀项目，并在郑州第九届"博博会"期间进行集中展示。部分获推介单位在活动现场分享了青少年志愿服务项目组织实施过程中的经验，博物馆小志愿者代表还以讲述文物故事的形式进一步展示了项目成果。

3. 项目实施的意义

博物馆青少年志愿服务既给博物馆带来了源源不断的工作力量，也为广大青少年提供了触摸历史的窗口、施展才华的舞台，特别是在加强青少年思想教育、价值引领、建好用好"大思政课"实践教学基地方面具有特殊重要作用。"'喜迎二十大　强国复兴有我'——青少年中华文物我来讲"博物馆志愿服务项目是探索、展示博物馆青少年志愿者服务的一次重要尝试，它通过开展线上的宣传推广和线下的组织活动，在全国范围内掀起了博物馆青少年"志愿服务热"。

（三）宁波博物院"童韵寻史——宁波博物馆小小文博人"志愿服务项目

1. 项目背景

2017 年，宁波博物馆志愿者团队建成十周年之际，志愿者工作已全方位

覆盖博物馆宣教服务的各个项目,完成志愿岗位多元化建设的目标。调研发现,青少年逐渐成为博物馆观众的重要组成部分,越来越多的青少年走进博物馆,参观博物馆,他们需要不同于成年人的博物馆服务;而志愿服务、奉献精神也在青少年群体中逐步成长,越来越多的青少年渴望在博物馆提供志愿者服务。针对这一情况,宁波博物院开启了"童韵寻史——宁波博物馆小小文博人"志愿服务项目。自2017年推出志愿服务项目以来,累计有10000余名青少年在宁波博物馆参与志愿服务,培养了300余名小小文博人。

2. "童韵寻史——宁波博物馆小小文博人"志愿服务工作内容

"童韵寻史——宁波博物馆小小文博人"志愿服务项目以培养青少年志愿服务精神、拓展博物馆教育功能为主旨,开展青少年传播宁波历史文化的志愿服务活动。该项目由青少年讲述宁波博物馆馆藏文物的故事,通过讲解、演出、流动博物馆等形式,最终形成一个可以在馆内、馆外、线上、线下全方位开展的无边界博物馆青少年志愿项目,包括小小文博人公益讲解、小小戏剧营、小小文博人进校园、小小讲解员公益课程培训班四大公益服务项目。在实施过程中,"童韵寻史——宁波博物馆小小文博人"志愿服务项目分为学史——小小讲解员公益课程培训班、讲史——小小文博人公益讲解与小小文博人进校园、演史——小小戏剧营三大板块,每年有50余名小小文博人活跃在宁波博物馆、学校,参与讲解、公益演出、流动博物馆、线上文物解说等各类志愿工作。

3. 典型案例

"童韵寻史——宁波博物馆小小文博人"志愿服务项目包含前期准备、多样式招募、学史——分段式培训体系、讲史——公益讲解和校园宣讲、演史——小小戏剧营五个环节。在前期运行中,志愿者编写适合三到六年级学生的宁波博物馆少儿版讲解词,并进行准备和授课,建立"宁波建城史""越窑青瓷""河姆渡文化""宁波民俗""海上丝绸之路""讲解技巧和礼仪"等八个方面的宁波历史文化课程体系。小小文博人采用多样化招募方式,分为社会招募和学校合作招募两类,建立分段式培训体系,针对小小讲解员公益培训班开展讲座式培训、考察式培训、演习式培训;针对小小戏剧营开展排练式培训；针对学校合作招募的小小文博人进校园进行综合式培训。培训结束后，小小文博人走进宁波博物馆展厅开展公益讲解，并在宁波博物馆微信公众号开辟专栏，推出"青少年中华文物我来讲"和"竹洲轻语——听宁博志愿者讲文物"线上讲解。小小文博人校园宣讲以流动博物馆的形式，带着宁波博物馆的展览走进学校。小小戏剧营将宁波历史、民俗融入舞台剧中，以演出的形式将文物表现出来，自2018年以来，先后成功编排演绎宁波婚嫁民俗的《十里红妆女儿情》、宁波史前文化的《梦回河姆渡》、宁波青瓷文化的《古越青韵》、宁波非遗金银彩绣的《落花间》等剧目。

（四）福建博物院"我是小小策展人"文化志愿服务项目

1. 项目背景

2020年，教育部、国家文物局印发《关于利用博物馆资源开展中小学教育教学的意见》，推动馆校合作的有效开展。中华优秀传统文化是中华民族的精神命脉，生肖文化是我国优秀的传统文化。福建博物院依托生肖联展，结合馆藏文物，将学校资源与博物馆资源有机整合，把博物馆的特殊空间转化为学校学习和教研的延伸，策划实施了引导青少年参与志愿服务的"小小策展人"教育课程，为学生提供了一个除了逛逛场馆、看看展览之外，更加有效地利用博物馆资源来进行深度学习、服务社会的机会。2020年，福建博物院和福建师范大学附属小学合作开展"我是小小策展人"文化志愿服务项目，获得中国文物报社授予的"优秀社教活动一等奖"。

2. "我是小小策展人"文化志愿服务项目工作内容

从2020年"牛"年展览开始筹备之际，福建博物院和福建师大附小就尝试开启馆校合作模式，引入PBL（Project-Based Learning）项目化学习的方法，联合打造"我是小小策展人"文化志愿服务项目，为青少年学生提供参与志愿服务的平台。项目依托每年举办一次的生肖主题展览，组织"本命年"属相的学生们，以问题探究和小组合作的方式，化身为博物馆里

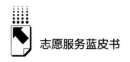

的"小小策展人"，通过创作属于自己的"生肖展"，向社会大众宣传推广中国传统的生肖文化。完成一整套展览项目的筹划、设计、制作、布置、讲解、宣传推广等工作，使学生们对博物馆的工作有了全方位的深入学习，提高和增强了其社会实践能力和责任感，有效培养了青少年的核心素养和志愿服务精神。每年项目结束后，教育人员和学校教师都会进行项目复盘，在下一年的生肖展览中进行项目迭代升级，使其具有可持续性。

3. 典型案例

在"牛"年生肖联展、"虎"年生肖联展的基础上，2022 年的"兔"年生肖展览升级为 3.0 版本。来自博物馆社教部的教育专员，自然科学部、陈列设计部等部门的专家和青年学者、志愿者与师大附小的领导及各科老师组成了完善的项目团队。

2022 年 7~8 月，开展前期调研。师大附小教师开展座谈会，进行展览资源的沟通和筹备：组织学生在暑期参观不同类型的展览，观察分析展览的结构、文字及形式设计等，引导学生调动不同感官进行观察记录、比较分析。

2022 年 9 月，构建背景知识体系。教育人员开展相关主题课程，将博物馆里和生肖文化、"兔"文化相关的馆藏文物、标本、文献等内容从不同角度进行解读。教育人员开展策展系列课程，包括展览内容的策划设计、展览及其展品展项的形式设计等内容。

2022 年 10 月，策展开始实施。教育人员引导学生组建策展团队，每组 5 人左右，结成学习共同体共同探索和学习。每组都有组长、资料收集人员、策划组织人员、美工制作人员、文本编辑人员等。组织团队成员通过头脑风暴进行展览初步构思和选题研究，用思维导图建立展览的基本构架。教育人员会根据他们的主题提出一些改进意见，帮助各组提炼展览主题，确定需要探究的具体问题和展览的结构层次。

2022 年 11 月，确定内容文本、完成形式设计。教育人员引导学生开动脑筋，共同为展览设计题目。文本编辑人员撰写、修改并最终确定展览的陈列大纲。以负责美工制作的学生为主，团队成员共同商讨，完成形式设计方案，包括平面布局、参观动线、效果图和设计说明、配套设计等方面，优化展览呈现效果。

2022 年 12 月，布展筹备，展览预展示。全体人员共同开展线下展览的布展工作，进行展览预展示，并随时调整改进。教育人员组建讲解团队，开展讲解培训课程，组织学生撰写讲解词。专业讲解员对负责讲解的学生进行培训及考核，组织他们向公众进行预讲解，并持续改进。教育人员组织其余学生进行观众调查问卷、观众留言板、展览海报的设计，进行文创产品、辅助展品制作，进行线上展览内容及图片、视频资料的编辑和上传、开幕式的策划筹备、邀请函的准备等。

2023 年 1~4 月，线上线下同步呈现。全体人员将各策展团队的作品进行线上（包括福建博物院和师大附小官方渠道、公共新闻媒体等）、线下（包括福建博物院展厅、师大附小校内、省内兄弟学校等）的公开展示。教育人员组织学生轮流进行讲解展示，让青少年在参与志愿讲解服务的过程中更加深入认识、了解优秀传统文化。线上对各组不同主题的内容进行推文、视频资料的宣传推广。

2023 年 5 月，展示评估。全体人员通过专家评估、观众评分、教育人员评估、教师评估、家长评估、学生自我评估、同伴相互评估等多种形式，对各组展览进行评选，最终以小组为单位，评选出最佳内容设计奖、最佳展示效果奖、最佳推广奖、最受欢迎奖等；以个人为单位，评选出"超级队友""时间魔神""脑洞达人"等，在 5 月 18 日"国际博物馆日"期间进行颁奖。

（五）湖北省博物馆"荆楚故事我来讲"少儿志愿服务项目

1．项目背景

为更好地发挥博物馆的教育作用，引领广大少年儿童弘扬志愿精神，提高思想觉悟，增强社会责任感，湖北省博物馆依托丰富的馆藏文物，结合文博社教工作实际，以不断创新的方式，开展了形式多样、富有特色的少年儿童志愿服务活动，发挥了示范性、典型性和成长性的联合功效，让博物馆教

育在少年儿童群体中落地生根。针对少年儿童的身心特征，湖北省博物馆开展了"荆楚故事我来讲"教育项目。该项目自2014年启动以来，共培养带动了500余名少年儿童"荆楚瑰宝讲述人"，开展志愿服务2.6万余场次，线上线下服务公众百万人次。

2."荆楚故事我来讲"少儿志愿服务项目工作内容

"荆楚故事我来讲"少年儿童志愿服务项目依托湖北省博物馆丰富的藏品，讲述100万年延续至今的荆楚文化，通过常态化的招募、培训、考核、实践形式，让孩子们在博物馆体验式学习历史文化知识，提高语言表达能力，培养创新能力，同时通过服务他人、展示自我，树立自信心和责任感，强化团队协同意识和自我学习的能力。培训结束后，少年儿童志愿者除了在博物馆展区以讲解、情景剧、乐器表演服务观众以外，还走进学校、社区等更广阔区域，成为文明和志愿的使者。项目不断创新，通过"互联网+"方式将少年儿童志愿者开展的情景剧表演视频、讲解导览直播、志愿服务活动在官方网站、官方微博微信等新媒体平台云端推送，线上将"荆楚故事我来讲"活动送进寻常百姓家，实现志愿服务广覆盖。此外，湖北省博物馆还举办了全省少年儿童志愿者讲解大赛，以省馆带动市、县级博物馆，积极拓展更广阔的志愿服务空间。

3.典型案例

凭借潜移默化、润物无声的传播方式和独特的资源优势，湖北省博物馆创新服务模式，将"历史"搬上舞台，把文物故事改编成情景剧，用孩子的视角演绎历史故事、红色经典，将文物演"活"，让文博知识入脑入心。在2016年、2017年、2018年春节期间，为了直观地向公众科普生肖文化，项目团队策划推出《猴子捞月》《快递员小狗旺旺》《小鸡拜年》等生肖文化情景剧，如在《小鸡拜年》情景剧中，孩子们兴致高昂，纷纷化身活灵活现的小鸡宝宝、"狡猾的"黄鼠狼、"仗义的"小白狗，带领大家在展厅寻找与生肖"鸡"相关的文物并讲述其背后的故事。大家表演投入、配合默契，向现场观众传递着勇气和智慧的力量。为配合《郧县人》《万里茶道》等展览，志愿者团队推出《郧县人的一天》《我爱茶文化小剧场》等情景剧表演。以 2018 年《我爱茶文化小剧场》为例，孩子们绘声绘色地表演了《神农氏尝百草》和《羊楼洞川字茶》相关故事，让公众在互动中深入了解"万里茶道"曾经的繁荣，进一步推动"万里茶道"文化遗产保护工作。2022 年暑假，依托《梁庄王珍藏——郑和时代的瑰宝》展览，以出土文物金锭为切入点，少年志愿者推出《金锭带你下西洋》情景剧，孩子们化身郑和船队与各国使者，手拿各种贸易物品，带领观众沉浸式体验郑和远航途中的所见所闻。丰富多元的情景剧实现了展教的深度结合，拓展了志愿服务项目的呈现方式，让少年儿童在深切感悟、自觉传承中华优秀传统文化的过程中汲取前行的力量。

（六）中国国家博物馆"奋斗正青春"青少年志愿者文化宣讲项目

1. 项目背景

中国国家博物馆从 2002 年开展志愿服务工作以来，一直注重青少年志愿团体的培育和作用发挥，贯彻落实习近平总书记关于志愿服务的重要指示精神，弘扬志愿精神，汇聚热爱文博事业的青少年志愿服务力量，实施"奋斗正青春"青少年志愿者文化宣讲项目。2022 年是国博创建 110 周年，又适逢中共二十大的召开，国博志愿服务协会以"习近平给国博老专家的回信"为遵循，持续开展青少年志愿者文化宣讲项目。项目依托丰富的馆藏资源，引领青少年志愿群体通过丰富多彩的文化宣讲等志愿活动向观众讲好"百万年的人类史、一万年的文化史、五千多年的文明史"，讲好中国共产党史、新中国史、改革开放史、社会主义发展史，在志愿服务中增强历史使命感和责任感，坚定文化自信。

2. "奋斗正青春"青少年志愿者文化宣讲项目工作内容

"奋斗正青春"青少年志愿者文化宣讲项目是一支个人与团体、核心加外围的青少年志愿服务团队。为提升项目的服务质量，国博志愿服务协会组织专业人员开展讲解技能、讲解内容、展厅实践等专业素养的系统培训，不定期地组织文物深化、专家讲座等不同形式的深度培训，力求打造一支本领过硬的青少年志愿服务队伍。考核上岗后，青少年志愿者通过常

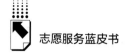

态化展厅公益宣讲、主题宣讲、走进社区学校宣讲、重大节点宣讲、线上直播、语音导览等，多层次、多角度地向馆内外观众提供了多样化的文化志愿服务，提高了志愿服务的覆盖范围和实施效能。中国国家博物馆通过开展一系列能持续、见实效、有特色的志愿服务活动，打造国博青少年志愿服务优质品牌，助力公共文化服务提质增效。同时，该项目有效宣传了中华文化知识，传递了正能量，引导公众在文化的海洋中坚定文化自信，增强历史自觉，自觉践行社会主义核心价值观，营造了向上向善的良好社会氛围。青少年志愿者通过活动实践不断增加知识储备，强化讲解技能，形成了志愿服务队伍文化建设的良性循环，夯实了项目开展的可持续性、受众的广泛性、宣讲的深入性等方面的业务基础，展现出独特的影响力和生命力。

3. 典型案例

为创新项目形式、丰富项目内容、形成品牌效应，国博志愿服务协会组织青少年志愿者策划实施了以"中国共产党建党100周年""学雷锋日""世界读书日""国际博物馆日""文化和自然遗产日"等重大节点、重要节日为主题的一系列志愿服务活动。其中，"国博-武警执勤第一支队志愿服务队"的青年官兵志愿者实施的主题音乐党课，以"历史文物+经典歌曲"的形式展现了党的历史，讴歌了对党和国家的热爱。"国博-北语志愿服务队"的大学生志愿者在国际博物馆日，依托"复兴之路""复兴之路·新时代部分"两个基本陈列，开展了面向亚非拉国家留学生讲述中国近现代史、中国共产党史的主题宣讲，依托线上平台开展了中国共产党人红色精神的主题宣讲活动。"国博-中国儿童少年基金会志愿服务队"打造的"护航计划-华熠千秋"中华文化研学志愿服务项目，招募了21名海外学子志愿者，策划制作以"中国古代服饰文化与时尚"为主题的小型专题展览，在北京市陈经纶中学、北京市人大附中进行校内展出，并将展览逐步推向海外，荣获北京市文物局"2021年度北京地区博物馆优秀教育活动""优秀教育项目"奖。此外，协会还组织青少年志愿者参与教育活动的策划及实施，参与完成了红色课程的开发、"小小讲解员"夏令营等。多元化、有特色的主题宣讲推动中国国家博物馆志愿服务工作向年轻态、创新化、品牌化发展，开启了国博志愿服务工作新模式。

（七）陕西历史博物馆"志愿行走　爱心起航"志愿服务项目

1.项目背景

"志愿行走　爱心起航"志愿服务项目是2016年陕西历史博物馆（以下简称"陕历博"）为保护弱势群体的生存和发展权益，关心关爱缺少家庭温暖的服刑人员子女，将传播优秀历史文化和志愿奉献爱心相结合，专门为陕西回归儿童救助中心（又名太阳村）的孩子们精心打造的长期系列性青少年志愿服务项目。该救助中心成立于1996年，是非营利性的民办非企业单位，先后帮助了600余名身处困境的服刑人员子女，现有70多个孩子，年龄从2岁至21岁不等，均在附近的中小学和西安市区内的大学、职高接受教育。陕历博"志愿行走　爱心起航"志愿服务项目自2016年启动以来，累计有310多名青少年志愿者参与其中，共开展了近30期形式多样的志愿服务活动。

2."志愿行走　爱心起航"志愿服务项目工作内容

陕历博"志愿行走　爱心起航"志愿服务项目由陕历博志愿者服务中心工作人员与陕历博青少年志愿者共同策划、设计、开发、完善、执行完成。从2018年开始，"志愿行走　爱心起航"志愿服务项目主要由陕历博志愿者服务中心工作人员及陕历博西北大学历史学院青年志愿者共同策划完成。该项目打破了传统的博物馆志愿服务范畴和教育模式，走进陕西回归儿童救助中心开展青少年志愿服务活动，运用青少年志愿者的知识才能和创造性思维方式，设计系列历史文化课程，以画风可爱的电子课件，抓住孩子们的好奇心，迎合他们的兴趣点，激发他们的求知欲，并以幽默风趣的授课模式、精彩的课后提问小环节、丰富新颖的动手体验活动、外出参观研学等多种形式，让这些迷茫无助、缺少安全感的孩子能够敞开心扉，深切体验到博物馆提供的青少年志愿服务，增强他们对中华优秀传统文化的了解。项目启动7年来，贯穿以"丝路长安"、"丝路漫漫　爱心远行"、"丝路花

香"、"周文化探索"、"大一统的秦王朝"、"文韬武略——秦国名人传"、细数汉代"黑科技"等为主题,共开展近30场形式多样的青少年志愿服务活动。

3.典型案例

陕历博"志愿行走　爱心起航"志愿服务项目持续、专业地为陕西回归儿童救助中心的孩子量身打造系列历史文化课程,增强了孩子们的传统文化储备,传递了社会正能量,帮助他们收获心灵的成长,同时让青少年志愿者在一次次活动中锻炼自我、提升能力。

2019年,活动主题为"周文化探索",开展了"周代服饰""舌尖上的周朝""周朝住""周朝行"等6期活动,志愿者简明扼要地为孩子们讲述了周代人的衣食住行、礼仪制度等知识点,并以"你画我猜""华彩服章""食器连连看"等简单有趣的小游戏,加深了孩子们对周文化的了解与认识。2021年,活动主题为"文韬武略——秦国名人传"活动4期,志愿者以游戏的形式带领孩子们画出自己了解的秦代文物,并以此引申出秦国的商鞅、白起、李斯等重要历史人物及秦朝书同文、车同轨等大一统制度。2022年,因疫情防控原因,该项目积极调整思路,以"细数汉代'黑科技'"为主题,开展线上活动3期,志愿者采用线上视频对话的形式向大家讲述了四神规矩镜、灞桥纸、彩绘雁鱼铜灯等文物,让孩子们了解到汉代科技发展成果在日常工作生活中的应用以及汉代强大繁盛的帝国形象。

四　中国博物馆志愿者工作的未来和展望

(一)完善中国博物馆志愿者工作的各项制度

我国应建立"中国博物馆志愿者工作服务规范",明确博物馆志愿服务规则、标准、要求,更好地引领和规范中国博物馆志愿者工作的开展。

志愿者工作委员会应获取社会力量为博物馆在人才资源等各个方面的发展提供支持与援助。以志愿者活动的形式,促进博物馆与社会的联系与互动，推动博物馆的社会化进程。重点培育和弘扬志愿精神，传播博物馆文化，促进文明和谐社会建设。

志愿者工作委员会应研究探讨博物馆志愿者服务于博物馆事业发展的理论、理念、方针、政策、路径、模式，科学规范管理我国博物馆志愿者队伍；加强同国内外博物馆志愿者团体之间的联系与合作，积极组织参与国内外博物馆志愿者活动，以增进了解，相互交流经验和信息。

（二）完善中国博物馆志愿者激励评价体系

志愿者工作委员会应扎实规范开展"牵手历史——中国博物馆十佳志愿者之星"推介活动，优化推介活动环节，扩大推介活动的社会影响力，对博物馆的志愿者、志愿服务项目、志愿服务团队、志愿服务组织进行全面的宣传和展示，强化榜样的力量（中国博物馆协会，2022）。推介活动有利于宣传、展示博物馆志愿者，让公众更好地认识、了解博物馆志愿者；有利于激励志愿者，让志愿者持续参与博物馆公益活动。

（三）完善中国博物馆志愿者工作的数字化管理系统

志愿者工作委员会应建立完善"全国博物馆志愿者管理系统"，加强中国博物馆志愿者数据收集工作，建立中国博物馆志愿者服务时间统一标准，对各博物馆志愿者数据进行收集、整理、统计、分析，并将最终结论发给各个博物馆，这有利于各个博物馆对自己的志愿者工作进行合理地调整，开发新的志愿服务项目。

（四）加强博物馆之间以及博物馆与社会机构的志愿者项目合作

志愿者工作委员会应建立国内志愿服务项目合作体系，以省级馆为点，市级馆为线，其他馆为面，建立全国博物馆志愿互通项目，提高博物馆志愿者项目使用率，加强馆际志愿服务项目交流；加强与社会公益机构的合作，共同开发培育优质志愿服务项目，不断扩大博物馆志愿服务项目的影响力、辐射力。

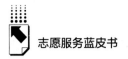

参考文献

中国博物馆协会编，2022，《同心协契 笃行致远：中国博物馆协会四十年》，江苏凤凰
文艺出版社。
中国博物馆协会志愿者工作委员会、宁波博物馆，2020，《全国博物馆志愿者调查项目》。

地 区 报 告 ▷

B.8

2022年河南省志愿服务发展报告

魏雷东　王竞霆　杨威威*

摘　要： 本文根据中国志愿服务研究中心河南（新乡）分中心于2023年
开展的河南省新时代文明实践志愿服务调研结果，对河南省新时代文明实践
志愿服务的发展现状、面临困境以及发展方向进行了梳理，为有关部门决策
提供参考依据。河南省志愿服务事业在河南省经济社会现代化的背景下得以
起步、发展和创新，历经20世纪90年代、21世纪初期、2018年之后三个
阶段。新阶段在新时代文明实践阵地的支持下，河南省志愿服务事业进入快
速增长和发展期，志愿服务队伍力量走向聚合与团结，志愿服务项目朝着精
准化、便利化、品牌化方向发展，志愿服务供给更加体现制度化、社会化和
专业化，在发展过程中呈现确山县、济源市、睢县等一系列县域志愿服务事
业发展模式。河南省新时代文明实践中心建设和发展虽然在短时间内取得了

---

* 魏雷东，教授、博士生导师，河南师范大学中国志愿服务研究中心河南（新乡）分中心执行
主任，研究方向为志愿服务和道德治理。王竞霆，讲师，河南师范大学中国志愿服务研究中
心河南（新乡）分中心研究员，研究方向为志愿服务和文明实践。杨威威，讲师、硕士生导
师，河南师范大学中国志愿服务研究中心河南（新乡）分中心研究员，研究方向为社会工作
和社会治理。

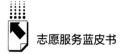

显著成效，但还存在不少问题，主要表现在：河南省慈善公益事业发展基础较为薄弱，限制了志愿组织的筹资渠道；新时代文明实践所、实践站建设受地区发展影响，难以发挥实质作用；社会力量参与文明实践志愿服务的力度不足、范围狭窄；文明实践志愿服务项目化供给组织意愿不强、志愿者能力不足。针对上述问题，面对新形势新任务，结合在调研中获得的各方面信息，本文提出以下建议：完善体制机制、壮大组织队伍、精准实施项目、强化业务培训、提供有力保障、加大研究阐释力度。

关键词： 新时代　文明实践　志愿服务　河南实践

　　新时代文明实践阵地全覆盖建设是党中央立足于创新党的思想政治教育宣传工作、赋能基层治理体系和治理能力现代化以及构建共建共治共享社会治理共同体的综合性战略考量。为进一步推动新时代文明实践工作落到实处，河南省文明办在中共河南省委的指导下，贯彻落实习近平总书记关于文明实践、精神文明建设和志愿服务的系列重要讲话精神，担当扛稳现代化河南建设的历史使命，结合河南实际，推进全省17个地市、济源产城融合试验区及航空港区共157个县（市、区）、2457个乡镇（街道）、51122个村（社区）的新时代文明实践阵地建设工作，在2022年实现新时代文明实践阵地建设的全覆盖工作目标，着力将阵地建设成学习传播科学理论的重要平台、加强基层思想政治工作的坚强阵地、培养时代新人弘扬时代新风的精神家园、开展具有中国特色文明实践志愿服务的广阔平台。

　　河南地处中原，是中华文明之源，是社会主义核心价值观、公民道德的积极践行者，更是中国时代精神的主要孕育者，其中愚公移山精神、焦裕禄精神、红旗渠精神、大别山精神构成了河南精神的本质内涵，那就是人民对美好生活无限向往和执着追求的精神，干部对实现人民幸福美好生活需要不懈奋斗和自觉奉献的精神，党领导人民为实现幸福美好生活需要勇于进行伟大社会革命和自我革命的精神。产生于传统、革命和建设时期的河南精神，构成了河南社会主义精神文明建设、文明实践的精神源头，成为河南省现代化与新时代文明实践事业的重要精神指引。河南省重视全面发挥新时代文明实践志愿服务事业的核心作用，努力拓展边际效用，在过程中推进县域和基层治理体制机制革新、志愿服务组织的规范化发展、志愿服务项目的创新性发展，将文明实践志愿服务嵌入文化传承、文物和文化遗产保护、县域治理、乡村振兴、关爱特殊群体等工作中，有效激活志愿服务的综合性效应，促进新时代文明实践工作服务于河南省现代化这一伟大事业。与此同时，河南省新时代文明实践志愿服务在发展过程中面临一些问题。本文根据中国志愿服务研究中心河南（新乡）分中心于2023年开展的河南省新时代文明实践志愿服务调研结果，对河南省新时代文明实践志愿服务的发展现状、面临困境以及发展方向进行了梳理，为有关部门决策提供参考依据。

一 河南省新时代文明实践志愿服务总体情况

河南省的志愿服务事业在河南省经济社会现代化的背景下得以起步、发展和创新。在新时代文明实践阵地的支持下，河南省志愿服务事业逐渐迈入崭新阶段，志愿服务队伍力量走向聚合与团结，志愿服务项目朝着精准化、便利化、品牌化方向发展，志愿服务供给更加体现制度化、社会化和专业化。

（一）河南省志愿服务的历史沿革

20世纪90年代，党的十四届六中全会要求加强社会主义精神文明建设、加强思想道德建设，培育有理想、有道德、有文化、有纪律的社会主义公民，提高全民族的思想道德素质和科学文化素质。在此背景下，河南省团委扛起"河南青年志愿者"大旗，组织实施"大学生志愿服务西部计划"、"服务贫困县计划"、"绿风尚"专项环保行动、"关爱农民工子女专项志愿服务行动"、"暖冬行动"等志愿服务专项计划和项目，明晰志愿服务的重点人群和关注问题，组织动员广大青少年、在校大中专学生参与志愿服务工

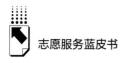
作，展现共青团实践育人新境界，为彼时河南省统筹城乡发展、解决社会转型引发的系列问题带来新的思路。

2006年，党的十六届六中全会提出"建设社会主义核心价值体系"的重大命题和战略任务。党的十八大正式提出"富强、民主、文明、和谐，倡导自由、平等、公正、法治，倡导爱国、敬业、诚信、友善"社会主义核心价值观，并要求各地积极培育和践行。在此背景下，河南省大力组织开展志愿服务活动，加强志愿服务阵地和队伍建设，丰富志愿服务内容，打造志愿服务品牌。创建于2013年的"文明使者"志愿服务站，以"六有一落实"（有统一标识、有办公场所、有志愿服务队伍、有管理制度、有工作台账、有服务项目、落实志愿服务活动）为站点建设和运转的目标。志愿服务站的启用，为宣传志愿精神、助力各地基层志愿服务开展、筹划志愿服务项目和打造品牌提供了有利渠道。例如，中原油田宋丽萍依托志愿服务站，带领油田姐妹成立了"油嫂互助爱心服务队"，与空巢老人结对子并常年坚持接送老人看病；平顶山市卫东区为社区居民印发"帮帮卡"，成立了"360帮帮团"，营造邻里互助的浓厚氛围。驻马店市残联志愿服务站职工志愿者有30人，成立的助残志愿服务队涵盖90%以上的村委（社区）联络点，助残志愿者在册人员达3万多人。这一系列的工作成绩得益于社会主义核心价值观的阐明，借助志愿服务的组织形式推动广大人民群众积极践行社会主义核心价值观。

党的十八届三中全会以来，河南省文明实践志愿服务事业深入贯彻落实习近平总书记重要讲话精神，推进全省城乡走向融合发展，深度开展市域社会治理和基层社会治理创新，厚植城乡社区公共服务和公共治理根基，全覆盖建设新时代文明实践县、乡、村三级阵地体系，解决了广大郊区、农村居民缺乏公共活动设施及公共生活空间的"老大难"问题，为中小学生提供研学基地，为市民娱乐休闲及理论学习提供平台支撑，为基层社会治理创新建设提供充足资源。2022年底，河南省实现中心、站、所的100%全覆盖，累计开展两次文明实践志愿服务项目展示交流活动。活动中，一批志愿服务团队竞相涌现，展现出河南志愿服务发展新境界。广大志愿者和志愿组织

（团队）的志愿服务供给不断走向常态化、专业化、持续性，成为基层政府提供公共服务的有力助手，也为基层社会治理创新提供了可能性，有助于推进社会主义精神文明建设。

（二）河南省新时代文明实践志愿服务发展现状

2018年7月6日，习近平总书记主持召开中央全面深化改革委员会第三次会议，会议审议通过了《关于建设新时代文明实践中心试点工作的指导意见》，首次提出建设新时代文明实践中心。第一批新时代文明实践中心建设试点仅有50个且集中在农村地区。新时代文明实践中心致力于探索基层思想政治教育工作的新形势和新渠道，帮助统筹地方公益慈善资源和整合志愿服务队伍力量，服务于脱贫攻坚战的全面胜利及构建共建共治共享社会治理共同体。志愿服务管理由早期志愿服务组织散状化开展工作转向县（市、区）统筹化开展工作，河南省的志愿服务活动步入了新时代。

2019年10月，中央文明办印发《关于深化拓展新时代文明实践中心建设试点工作的实施方案》，将试点县（市、区）的数量增加到500个，覆盖全国31个省（区、市）和新疆生产建设兵团，新时代文明实践建设工作进入深化拓展、提质增效的新阶段。2021年中共中央办公厅印发《关于拓展新时代文明实践中心建设的意见》，进一步要求在2022年底按照有场所、有队伍、有活动、有项目、有机制的标准，建设新时代文明实践中心、所、站三级体系，按照资源整合到位、体制机制健全、服务群众精准的要求，让新时代文明实践中心焕发活力，使之成为学习传播科学理论的大众平台、加强基层思想政治工作的坚强阵地、培养时代新人弘扬时代新风的精神家园、开展中国特色志愿服务的广阔平台。

为实现建设目标，河南省先后出台《关于深化拓展新时代文明实践中心建设试点工作的实施方案》《关于开展联系指导新时代文明实践中心建设的工作方案》《河南省新时代文明实践中心建设考核办法（暂行）》《关于开展新时代文明实践基金建设试点工作的实施方案》《2021年新时代文明实践中心建设重点工作安排》《2022年新时代文明实践中心建设重点工作安

排》等政策方案，采取政府主导的形式推进县区和乡镇街道收敛行政注意力、整合工作资源，保障新时代文明实践中心的建设发展。

在政策支持下，河南省积极实施文明实践阵地优化，文明实践志愿服务项目、服务组织、服务技能提升提质大行动，释放政策活力，推进各地积极开展政策创新，挖掘出一批优质有效、富于创新性和有效性的志愿力量。同时，为解决县区及街镇志愿服务理念不清晰、志愿服务管理机制不健全、志愿服务开展方法缺失等问题，河南省通过分包、结对、培训、竞赛等方式，消除由资源不足、理念缺乏、能力缺失等因素导致的新时代文明阵地建设发展的结构性障碍。

通过行政动员与资源整合，河南省新时代文明实践与志愿服务事业取得了快速发展，截至2021年底，全省157个县（市、区）全部建成新时代文明实践中心；截至2022年6月底，全省2547个乡镇（街道）全部建成新时代文明实践所，51122个村（社区）建成新时代文明实践站，中心、所、站三级阵地取得100%全覆盖的好成绩。与此同时，河南省重视拓展新时代文明实践阵地，推进新时代文明实践氛围全面营造，动员各地整合县级融媒体中心、文化活动中心、党群服务中心、文化馆、博物馆、百姓大舞台、文体广场、爱国主义教育基地等资源，建设新时代文明实践点，阵地的拓展给予志愿服务发展更多平台载体、活动资源，吸纳更多潜在志愿者开展文明实践志愿服务。

新时代文明实践阵地的广泛建设激活了文明实践志愿服务发展壮大的潜在力量，全省共组建"10+N"志愿服务队伍21866支，注册社会志愿服务组织1063家，备案的社会志愿服务队伍17367支。志愿服务力量的壮大推进了志愿服务项目的迭代发展，河南省重视推进志愿服务的项目化发展，提升志愿服务队伍的项目管理能力，引导志愿服务打造"需求调研—问题分析—服务设计—项目实施—成效评价—社会影响力管理"全链条项目管理机制，分别在2022年、2023年于洛阳师范学院、河南师范大学开展文明实践志愿服务项目展示交流活动，累计评选出获奖项目200余项。这得益于新时代文明实践阵地为地方文明实践志愿服务事业的发展提供了组织基础和动员通道，赋予传统志愿服务丰富的意涵。在政社合作的组织框架下，河南省志愿服务逐渐成为全省现代化征程及社会治理创新的重要主体力量。

二　2022年河南省新时代文明实践志愿服务发展情况

河南省地处中原区域，属于文化大省、农业大省、经济大省，但由于其社会治理创新长期以来受到开展时间较短、人均 GDP 水平不高、社会组织及专业人才数量缺乏等结构性束缚，志愿服务及其相关的社会治理人才、资金、理念、方法、资源较少。在新时代背景下，河南省新时代文明实践志愿服务工作秉持"建设现代化河南"的重要理念，结合河南省各县区特色和资源优势，强调发挥各地精神文明的重要作用，重视优化各项体制机制，加大政府层级协调沟通力度，推进志愿服务深度嵌入文明实践事业，让志愿服务成为河南省社会治理现代化和党的社会工作的重要支撑点和驱动器。

（一）加强文明实践志愿服务阵地建设

文明实践志愿服务发展的前提是建立县（市、区）的"资源统筹器"，解决长期以来志愿服务资源投放碎片化、志愿服务组织横向缺乏交流互动、志愿服务供给重复低水平的实践困局。这些实践问题的根源在于早期志愿服务发展制度化水平不高且缺乏有效牵引力，更多地受到志愿者、志愿服务团队"利他动机"的简单驱使，虽然这是志愿服务的核心本质，但这种传统志愿服务事业难以满足资源统筹、部门协调、迭代发展的现代化需要。在这一背景下，新时代文明实践中心应运而生并得以发展，其优化了早期民政、共青团主导志愿服务发展的组织逻辑，采取"一把手"负责制、重视空间建设与效用发挥、以行政动员催化社会动员等多重方式，引导文明实践志愿服务事业的发展。

河南省主要采取如下工作方式建设发展新时代文明实践中心。

其一，强化组织领导，将新时代文明实践阵地建设纳入"一把手"工程。在组织分工方面，河南省规定"省级负总责、市级抓推进、县级抓落实"的领导体制，将拓展新时代文明实践中心建设纳入省委常委会工作要点、省文明委年度工作安排，实施文明实践的"七大行动""七大深化"工作。在监督考核方面，河南省重视加强工作考核，印发《河南省新时代文明实践中心建设考核办法（暂行）》，将考评成绩纳入党政领导班子实绩考核、意识形态工作责任制落实情况监督检查、"五大创建"测评体系，不少县区将此工作模式进一步细化到对所、站的考核工作。在工作清单方面，县级党委强调履行主体责任，制定中心、所、站三级"一把手"书籍清单，推进三级阵地密切联动、高效运转。将新时代文明实践中心建设作为"一把手"工程，极大地调动了地方文明办协调争取财政资金、盘活整合工作资源的积极性。

其二，加大资金投入力度，夯实新时代文明实践阵地的空间基础。新时代文明实践离不开基本空间保障，实践阵地为志愿服务团队提供了日常办公的场地、开展活动的平台，同时有效地完成了党的创新理念、政策宣讲任务。县级财政将新时代文明实践中心建设基本经费纳入本级财政预算，累计投入资金 6.1 亿元，用于场地设置、设施维护、活动开展；省财政 4 年来共计投入 8000 万元，用于调动地方财政投入的积极性。

其三，盘活地方资源，提升文明实践志愿服务阵地的可及性。河南省重视盘活可用资源，支持新时代文明实践中心的建设运营。部分县区采取新建场馆的工作方式，在市民公园内修建场馆，重视贴近群众日常休闲生活区域，添置舒适物和学习场所，寓教于乐，吸引民众前往。部分县区则腾退电视广播总局、计生局等工作单位，将原先的工作场地改建为新时代文明实践中心。河南省重视将公共文化、公共活动场所改建为新时代文明实践阵地，在博物馆、文化馆、少年宫、红色研学基地等场所加挂新时代文明实践阵地，嵌入理论宣讲空间阵地，重视发展此类部门的志愿服务事业。

其四，线上线下联合，数字赋能推进新时代文明实践空间阵地流动化。为方便群众就近参与理论宣讲、文化文艺、志愿服务等活动，河南省促进新时代文明实践中心和融媒体中心双中心融合式发展，依托地方电视、广播、流媒体等媒介优势，宣扬文明实践成绩，营造志愿服务氛围。济源、商丘睢县、安阳滑县等地开发专项 APP，或是将新时代文明实践嵌入地方政务 APP，便于群众及时通过数字媒介了解地方新时代文明实践开展状况，并选择参与特定活动。这种数字赋能的形式有助于实现数据信息互通、活动内容对接、线上线下同频共振，扩大了文明实践志愿服务的传播力、影响力、吸引力。

其五，强化行政动员，保障文明实践志愿服务的持续性开展。文明实践志愿服务是中国特色志愿服务，重视通过中国政治社会体制的独特优势保障志愿服务持续性开展。21 世纪商业社会的利益取向、消费成本的增加、社区共同体势能的减弱，导致诸多国家地区的志愿服务事业面临不可持续开展的压力，影响公共服务的持续性供给，造成社会公民道德的式微。为保障文明实践志愿服务持续性开展，河南省强调推进新时代文明实践阵地有编制化开展，全省共有 145 个县（市、区）成立了有编制的新时代文明实践指导中心，获批编制数量 1017 个，配备专职人员 842 人，并将其作为地方文明实践志愿服务的管理者，用来策划和动员实施文明实践志愿服务项目，管理和培训志愿服务队伍，统筹和分配志愿服务资源。街镇文明实践所大多采取推进基层文化站同实践所合署办公的方式，由文化站工作人员协助志愿服务团队推介项目、展示成果、激励表彰志愿者、协助募集资源等事项，构建地域性志愿服务共同体。

通过以上举措，河南省快速实现了新时代文明实践阵地的全覆盖建设，为文明实践志愿服务工作的开展打造了基本阵地，提供了服务活动的空间资源、志愿服务的组织保障，协调了政府各部门资源和政策执行，统合了基层社会治理的战略指向，有利于后续志愿服务项目孵化培育、志愿服务团队管理赋能。

（二）强化志愿服务项目化供给的实践导向

新时代的志愿服务呼唤专业化、常态化、精准化、品牌化，这就需要扭转对志愿服务的传统认识。从实施主体来看，传统的志愿服务主体往往是个人，即个人出于睦邻友善、因果福报、不忍之心等心理动机，自发地开展力

所能及的志愿服务事项。从实施客体来看，志愿服务的受众往往是社会中的困境群体，他们生活艰苦、缺少社会支持，志愿者对此产生共情并向其伸出援手。从实施内容来看，这些志愿服务形式往往较为简单，但频率、精准化程度比较高，志愿者为受助者提供剪指甲、打扫卫生、做饭、募集爱心公益资源等服务内容。新时代的志愿服务强调将志愿者组织起来，依托志愿服务团队的组织化开展工作，突破地域局限性、拓展议题覆盖的地域范围，强调更好地协助家庭、政府、市场、社会等诸多主体，协同供给公共服务、回应公共治理议题、营造公共生活。

在专业化、常态化、精准化、品牌化的志愿服务要求下，推进志愿服务项目化供给和提升志愿组织的项目管理能力成为当下实践的重点。为此，河南省开展了如下工作。

其一，发挥省级项目示范带头作用，彰显文明单位、文明校园的专业优势。志愿服务项目专业化意味着志愿服务瞄向的需求问题是清晰聚焦的，志愿服务活动设计是依据专业理论或服务方法的，志愿服务成效评估是有明确基准的，但是专业化也意味着志愿服务供给的时间较多、精力较大、交易成本较高，且不少民间志愿服务团队对专业化的实践能力或意愿不强。为此，河南省重视发挥文明单位的专业优势，根据业务内容扩展策划专项志愿服务项目，依托单位职工开展文明实践志愿服务，为民间或社区志愿服务团队起到模范带头作用，如省文明办牵头开展的"新时代宣讲师""志愿服务乡村行""快乐成长——乡村学校少年宫文艺志愿服务""文明探源我来说"等项目，民政厅开展的"五社联动、情暖基层"项目，省卫健委牵头开展的"健康中原行、大医献爱心""名家名医走基层"等项目。这些项目大多以省直文明单位主管单位（如学校、医院、博物馆、文化馆等）工作人员为核心志愿者骨干，省直单位负责组织策划志愿服务项目，推进志愿者、志愿服务资源、志愿服务对象在项目搭建的"轨道"中实现多方对接。

其二，实现县区新时代文明实践中心的组织和管理功能。县区新时代文明实践中心的功能是学习传播科学理论、加强基层思想政治工作、培养时代新人和弘扬时代新风、开展中国特色的志愿服务。其中，文明实践志愿服务是新时代文明实践中心有效实现综合性功能的主要形式。河南省深化拓展志愿服务中心建设，在新时代文明实践中心挂牌成立志愿服务中心，负责实施县域文明实践志愿服务工作。河南省组织平台的丰富发展，旨在让志愿服务深度嵌入文明实践工作，依托"双中心"策划、组织、实施、评价志愿服务项目，让"10+N"志愿服务队在理论政策宣讲、文化文艺服务、生态环保、孝善敬老、移风易俗、扶贫帮困、助学支教、科技科普、法律服务等领域拥有项目抓手，并基于实践经验反思与延展，推动各项项目朝向理想状态发展。在此背景下，河南省各县市围绕区域文化资源、地方传统资源，用心阐释地方特色，并以此为依据策划主题聚焦、特色鲜明、方法创新的志愿服务项目，如南阳宛城区的"百姓宣讲团"、新乡辉县的"小板凳课堂"、濮阳清丰县的"孝善社区矫正"、许昌魏都区的"童游三国"项目。这些志愿服务项目在政策对新时代文明实践活动领域的限定下，在遵循服务方法及志愿理念的基础上，推动志愿服务效能的显著提高，多边际效应溢出。

其三，依托新时代文明实践所（站）发展在地化志愿服务项目。现代化志愿服务制度是条块结合的志愿服务体系，既强调走专业化路线，切实增强志愿服务的目标瞄准性、方法的有效性，又强调走综合化发展路线，让志愿服务团队成为基层社会治理的重要主体力量，让志愿服务项目成为基层公共服务的重要输送载体。新时代文明实践所、站分别立足乡镇（街道）和城乡社区，深度嵌入群众的日常生活和基层社会治理体系。让志愿服务具有敏捷性、回应性是文明实践所（站）重要的努力方向。为此，一方面，河南省各县区重视将志愿服务纳入网格化管理体系。网格员作为街镇志愿服务团队的重要负责人，在日常工作中联系热心群众，吸纳并管理团队志愿者，策划开展力所能及的志愿服务项目和活动。当在探访中遇到困难群众时，网格员会将志愿者、志愿服务作为回应问题的重要实施手段。另一方面，文明实践所（站）被纳入基层社会治理创新体系，成为探索治理新型手段、主体协同关系的重要增长极。例如，部分街镇将社会工作服务站设在新时代文明实践所中，探索"社工+义工"的组织方式，尝试服务于辖区困难群众；基层文化站同新时代文明实践所合署办公，致力于在文明实践志愿服务过程

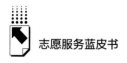

中复兴和保护豫剧、剪纸等河南民间文化。河南各地结合自身特点，聚焦打造互帮互助、邻里守望的互惠类项目，如郑州市金水区花园社区的"九在楼组"、新乡市诚城社区的"老街坊邻里一家亲"、周口市符草楼镇的"务工在他乡、家事我来帮"等项目，在构建社区生活共同体、促进基层有效善治方面发挥了重要作用。普惠类、特惠类、互惠类三种不同类型的志愿服务项目，围绕居民日常生活中的广泛性、特殊性、交往性需求，动员党政事业单位、企业、社区、社会组织多重组织内的行动主体，依托项目统筹资源、策划实施方案、协同共治，奠定了河南省志愿服务事业发展的项目基础。项目化的开展给志愿服务团队、志愿者以反思经验和筹谋行动的虚拟空间，即志愿服务团队、志愿者立足"需求调研—服务策划—组织实施—实务评估—社会影响力传播—资源链接"多个志愿服务环节，进一步反思实务经验中的不足及缺陷，这将为后期项目迭代发展奠定良好的基础。

（三）培育增能并举提升志愿组织能力

志愿服务事业的起步需要发挥行政动员作用，营造良好的文明实践志愿服务开局氛围，推进县域纵向三级阵地体系协同发力、策划一批经典项目、形成全民开展文明实践的区域文化。但志愿服务高质量发展必须深入社会、开展社会动员，新时期的文明实践是社会主义精神文明建设的重要组成部分，是彰显地方文明培育的实践成果，文明实践就是实践文明，实做、做实是开展文明实践志愿服务工作的重要准则。基于此，河南省必须提升志愿组织（团队）特别是社会志愿服务组织（团队）的能力，如志愿者管理能力、资源链接能力、项目管理能力、利益相关者关系协调能力、组织间协同能力、战略管理能力等。唯有如此，中国特色文明实践志愿服务事业供给才有源源不断的内在动力。

为此，河南省主要从如下方面强化政策和组织体制的结构赋能。

其一，统一组织培训，提升志愿者的专业水平。河南省文明办在全省依托高校建立了8个省级志愿服务培训基地，邀请省内外专家，面向省辖市开展集中培训，采用线上线下相结合的方式，对各地市文明办负责人及其所辖县（市、区）文明办主任，新时代文明实践中心、所和站负责人，志愿者骨干开展全员培训。每年开展 2 场培训、开设 4 次精品课程，累计培训 5 万人次。

其二，强化研究导向，建设文明实践志愿服务智库。河南省文明办依托河南师范大学、郑州师范学院、洛阳师范学院，整合省内外专家队伍建设中国志愿服务研究中心河南分中心、河南省新时代文明实践研究中心、河南省志愿服务研究中心等平台，旨在发挥理论政策研究、实践实务指导、骨干队伍培训、项目成果宣传、工作评估督导等作用。高校智库利用其枢纽型角色和专业研究功能，在河南省政策优化和实务完善方面发挥了重要作用。

其三，成立实践基金，为文明实践志愿服务提供保障。志愿服务的开展离不开公益慈善资源，在开展助残扶弱、孝善敬老、应急救援等主题的志愿服务时，需要购买援助物资或耗材。但志愿服务往往是无偿性的，且当前的志愿服务吸引了广泛社会阶层的民众参与，他们并不一定是社会中的高薪阶层。另外，现代化志愿服务通常需要志愿者跨地域、长时段开展，甚至志愿者会遭遇特定人身安全风险。为此，给志愿者购买人身意外保险成为各国的普遍做法。河南省重视推进各地成立新时代文明实践基金，筹集地方公益慈善资源用于资助志愿服务项目、给志愿者购买保险、为志愿服务提供督导培训。例如，睢县成立的"孝善基金"依托政府财政投资、个人购买、企业捐赠，为辖区内老年人发放孝善基金，同时为志愿者购买人身意外保险。

其四，开展结对合作，推进文明实践阵地高水平发展。为提升新时代文明实践阵地资源储量，在策划志愿服务项目时更有资源、在招募志愿者时更有动员力、在跨部门协调资源时更有支撑，河南省文明办印发《关于开展文明单位与新时代文明实践中心（所、站）结对共建的工作方案》，积极推动各级文明单位与新时代文明实践中心（所、站）结对共建，组织 121 所高校分包实践中心，动员 191 个省直单位、中央驻豫企业、国有企业联系指导 157 个县级文明实践中心，各级文明单位以一对多、多对一的方式结对2457 个实践所。此举将文明实践阵地打造为文明单位、文明校园的重要展示平台，建设成学生开展社会实践、学校开展思政课实践教学活动的大舞

台。比如，河南师范大学结对共建辉县市，依托专业师生力量在辉县市开设美学教育、指导发展乡村产业，有效促进辉县市乡村振兴人才资源的吸纳和利用。

其五，强化组织培育，将优秀志愿者转化为志愿组织。河南省强调将新时代文明实践中心建设成志愿组织的孵化培育基地，动员道德模范、中国好人、公众人物、专业人士、企业家牵头成立志愿服务组织，吸纳更多社会力量参与文明实践志愿服务活动。河南省强调发展专业化志愿服务组织，重点扶持一批公信度高、带动力强的志愿组织。

河南省加大对志愿组织扶持培育的力度，是由于河南省前期社会治理公益慈善事业存在较大不足。新时代文明实践作为"一把手"工作，得到了各级政府的高度重视，强化结构赋能是河南省发展文明实践志愿服务事业的重要举措，目的在于提升志愿服务团队的资源汲取能力和部门协调能力，更好地在实践中贯彻落实学雷锋专项精神。

三 河南省文明实践志愿服务案例介绍

（一）确山县文明实践志愿服务案例

确山县位于河南省南部、淮河北岸，自古就有"中原之腹地，豫鄂之咽喉"之称。全县辖 10 个镇、3 个办事处、201 个行政村（居委会），总人口 56 万人，总面积 1650 平方公里，平原、丘陵、山地各占 1/3。确山是革命老区，是抗日民族英雄杨靖宇将军、"人民英雄"国家荣誉称号获得者张定宇的故乡。境内的竹沟镇被誉为"小延安"，抗战时期是中共中央中原局、河南省委所在地，刘少奇、李先念、彭雪枫、张震等一大批革命家在这里战斗过、工作过，从这里走出了 2 位国家主席、10 位党和国家领导人、100 多位将军、80 多位省部级干部。

确山县重点发挥辖区内的"红色文化"资源，将讲好确山故事、传播革命文化、培养时代新人、弘扬时代新风作为开展志愿服务的重要目标，聚焦思考如何围绕新时代文明实践阵地建设发展，构建县域志愿服务体制机制。

确山县为推进志愿服务高质量发展，探索出"5+3+N"的志愿服务实践模式。

1.建立"五位一体"志愿服务阵地

不断拓展志愿服务阵地建设，形成了中心、所、站、基地、点"五位一体"服务矩阵。在新时代文明实践县、乡镇、村三级阵地体系外，围绕确山临时治安管理委员会旧址、刘店秋收起义旧址、竹沟革命纪念馆、竹沟烈士陵园、孤山冲红色遗址等建设红色教育文明实践基地；围绕青少年校外活动中心、校外研学中心、道德讲堂等建设青少年文明实践基地；围绕乐山景区、薄山湖景区、盘龙山公园、高铁带状公园、稻田画文化园、千年板栗园等建设生态文明实践基地；在文明实践中心、所、站，以及在党政机关企事业单位服务窗口、乡村学校少年宫、农家书屋、爱国主义教育基地、革命烈士故居遗址、景区民宿、公共图书馆、公园等公共场所建立文明实践志愿服务点（学雷锋志愿服务点）。这有助于盘活地方公共服务资源，在新时代文明实践的旗帜下，为志愿服务团队开展活动提供更多空间资源和潜在行动力量。

2.培育三类志愿服务组织

一是党员志愿服务组织。各级党员参与志愿服务组织，深入农村、农户开展"传播新思想、传递新关爱"服务活动，发挥党员作用，树立良好形象，带头将党的宗旨理念、方针政策和温暖关怀传播到千家万户。二是社会志愿服务组织。各类公益组织、民间团队动员社会力量，按照文明实践中心工作要求，开展文化文艺、关心关爱等文明实践志愿服务活动，进一步扩大和提升全县新时代文明实践志愿服务工作的覆盖面和参与度。三是群众志愿服务组织。各村（居）自发组建多样化、灵活性的志愿服务组织，就近就便开展邻里守望、互助服务、纠纷调解等志愿服务活动，以更接地气的方式了解和宣传新思想、新政策，以更实际的措施解决群众的生产生活难题。

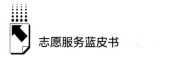

3. 孵化 N 个志愿服务项目

确山县围绕党的二十大精神和党的创新理论宣讲、乡村振兴、文化文艺、助学支教、科技科普、孝善敬老、关爱未成年人、移风易俗、心理健康，以及县委、县政府中心工作等策划志愿服务项目；鼓励志愿者参加各类项目大赛进行学习提升，鼓励项目落地；推动志愿者锻炼成长，不断提升志愿服务组织管理能力和服务水平；促进志愿服务体系建立与融合。确山县持续下沉志愿服务活动，在文明实践站、点、基地开展"文明实践六大行动""红色""关爱""宣讲"等系列新时代文明实践项目，建立"群众点单—中心派单—队伍接单—群众评单""四单"服务模式，切实回应群众文明实践志愿服务需求，丰富群众精神生活，提升群众精神风貌，全面增强群众的幸福感、获得感。

为了将文明实践志愿服务贯穿于红色文化资源传承保护和开发利用的各环节、全流程，确山县以寻访红色印迹、讲演英烈故事、保护遗址遗存、弘扬英烈精神为目标，将文明实践志愿服务与传播党的创新理论，开展革命传统教育、爱国主义教育和社会主义教育有机结合起来，着力打造"红色创编、红色传播、红色培育、红色祭祀、红色保护、红色旅游、红色关爱"7类红色系列志愿服务项目。

具体而言，7 类红色系列志愿服务项目做法如下。①"红色创编"是指在"寻访红色印记"的基础上，深挖红色资源，编写红色传记、编演文艺作品等，讲好确山红色故事、英雄故事。②"红色传播"是指开展红色故事"六进"活动，开展"讲演将军故事 做好薪火传人"活动，策划组织英烈故事演讲、讲解员比赛、英烈主题展览、推进红歌进校园等活动，开展红色电影放映活动，实施文明实践中心红色影院、乡镇"行走乡间的红影厅"志愿服务项目，向各级党组织免费播放红色电影。③"红色培育"是指推进红色教育工作深度嵌入学校德育工作体系，抓好竹沟革命纪念馆"红色讲解员"培训与实践、县靖宇小学"小小宣讲员""小小讲解员"培育和队伍建设，把英烈精神教育作为学校共青团、少先队校外实践主要内容，依托红色文艺演出、读书会活动，鼓励青少年开展诵读烈士家书、讲述红色故事、致敬关爱和慰问帮扶烈属等活动。④"红色祭祀"是指围绕重要节日广泛开展网上祭扫、代为祭扫等纪念活动，定期组织青少年参观瞻仰烈士纪念设施，依托竹沟革命纪念馆、烈士陵园开展"向身边的英烈献束花""清明祭英烈"等活动。⑤"红色保护"是指开展革命遗址、纪念设施、遗址遗物保护等活动，鼓励引导中小学生积极加入红色宣讲员队伍，对各类纪念设施进行讲解宣传、清洁清理和保护等。⑥"红色旅游"是指在重要节日到红色景区组织开展文明引导、义务讲解、秩序维护等工作，传播文明新风，提升整体文明形象，利用新媒体对红色旅游景区进行在线宣传、直播，组织网上读红色经典、唱红色主题歌曲等活动，打造沉浸式"网上云旅游"新模式。⑦"红色关爱"是指组织各类志愿服务组织、志愿者深入镇、村，针对群众需求开展心理辅导、传授技能等活动，利用快递小哥走街串巷优势，开展"多对一"结对守护、代买代卖、需求收集、智能设备使用等关爱服务。

确山县重视深度挖掘、阐释辖区内革命时期的红色故事及红色文化，并在此基础上探索将红色文化资源作为志愿服务开展的价值导向，围绕红色文化保护与传承等主题策划多项志愿服务专项活动，为县域志愿服务事业发展提供了强大的精神动力和清晰的目标规划。

（二）济源市文明实践志愿服务案例

济源市位于河南省西北部，为河南省直辖县级市。济源市下辖5个街道、11个镇，总面积1931平方公里，常住人口为72.9万人。济源市因济水发源地而得名，是愚公移山故事的发生地。

在新时代文明实践阵地建设上，济源市建设了1个实践中心、16个实践所、549个实践站、90余个实践站示范点，融合阵地、队伍、活动三大资源，实现了文明实践中心（所、站）的全域覆盖，吸引了"洪森诵读"、"悍马应急救援"、"爱心助学之家"、"家道新风"微电影摄制、"镜映"公益摄影等13支社会志愿服务团体在文明实践中心备案入驻，成为新时代文明实践志愿服务、惠及群众的一股重要力量。截至2023年6月，全区在济

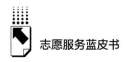

源文明实践APP注册的有1000多支志愿队伍，发展志愿者130259名，基层群众注册率为17.9%；志愿团队905个，发布志愿服务项目11330个，志愿服务时长1583332.6小时，在职已注册党员文明实践志愿服务活动的参与率达到100%，人均每年参加志愿服务时长达到20小时。

济源市文明办重视发挥行政主导作用，策划了一批志愿服务活动、培育了一批志愿服务项目，确保在全市范围内营造良好的志愿服务氛围。具体做法如下。

第一，巧思项目主题及活动设计，实施一批专业化、品牌化、精品化的志愿服务项目。其中，"爱在指尖　沟通无碍"获得河南省2022年文明实践志愿服务优秀项目二等奖，"红色蒲公英""老班长调解室"两个志愿服务项目获得三等奖。"拟不起诉"志愿服务项目在《光明日报》《河南日报》宣传报道。在济源，文明举止随处可见，文明新风日益浓厚。

第二，营造地方志愿服务氛围，宣传具有示范性、普惠性、特惠性的志愿服务内容。新时代文明实践中心和济源新闻传媒中心融合发展，共同推进，组织新闻媒体对志愿服务先进典型进行宣传报道，2022年累计报道885篇，省级以上媒体发稿228篇，在各平台累计推出文明实践短视频160余条。济源市通过"内宣+外宣""活动+项目"方式，进一步丰富精神文明内涵，擦亮文明创建品牌，厚植新时代的幸福底色，凝聚精神文明建设的磅礴力量。

第三，增能与引领并举，选树一批具有典型性、代表性、先进性的志愿服务组织。2022年，4人获得河南省疫情防控优秀志愿者，4个支队获得河南省疫情防控优秀志愿服务组织，3个实践所获得河南省疫情防控优秀新时代文明实践站所，3人获得河南省疫情防控优秀志愿服务工作者，1人获得第八届河南省道德模范提名奖，1人获得河南省"新时代好少年"，1人获得2022年上半年"河南好人榜"。济源市用身边典型引导更多的人参与文明实践、加入志愿服务，让文明之花竞相绽放，志愿服务蔚然成风。

第四，设置专题活动，扎实开展新时代文明实践推动周活动。依托新时代文明实践中心、所、站，采取全区同步、每天一个主题的形式开展了以

"让文明之光照亮新征程"为主题的第二届新时代文明实践推动周系列活动，包括"学文明条例"志愿活动、"做红色传人"志愿活动、"倡节俭风尚"志愿活动、"守社会秩序"志愿活动、"学雷锋我行动"志愿活动，以及"与文明共成长"等丰富多彩的文明实践活动。济源市累计举办活动815场，参与志愿者3万余人，受益群众超过25万人，在主流媒体刊发报道76篇。

第五，以党的思想理论传播为重点，开展志愿服务专题活动。济源市广泛开展"赶考路上有我"主题系列活动，举办"笔赞出彩济源"征文比赛、"描绘出彩济源"书画摄影展、"唱响出彩济源"歌咏比赛和"情诉出彩济源"演讲比赛，共收到优秀作品1100多件，拟于近期开展优秀节目展播展演；开展"喜迎二十大　欢乐进万家"群众文化活动、"童心向党"、"学雷锋　我行动"、"强国复兴有我"等活动350场。

第六，从大讲堂到家门口，常态化开展志愿活动，促进文明实践走深走实。济源市开展学习实践科学理论、宣传宣讲党的政策、培育践行主流价值、丰富活跃文化生活、持续深入移风易俗五项工作。济源市紧紧围绕"乡村振兴　文明同行"主题，对"婚嫁新风进万家"文明实践活动、"整治农村陈规陋习"行动和深化拓展"星级文明户"创建活动进行安排部署，利用"我们的节日"主题活动、"四送一助力"活动、"志愿服务乡村行"活动等载体，在2022年共开展志愿服务活动4354场。

第七，打造重点服务项目。围绕"一老一小一青壮"，组织新时代文明实践中心志愿服务总队所辖20支志愿服务支队，精心策划并发布了30个志愿服务项目；在全区组织开展"新时代文明实践志愿服务项目集中认领"仪式，推动全市志愿服务实现三个转变，即服务形式由活动向项目转变、服务内容由浅层次向深层次转变、服务方式由供给侧向需求侧转变。

（三）睢县文明实践志愿服务案例

睢县下辖8镇10乡2街道、1个省级高新区、1个乡村振兴示范区、545个行政村，总面积926平方公里，人口94万人。睢县坚持突出全面抓建设，坚持全面铺开、全行业参与、全域建设，做到全体动员、全员上阵，

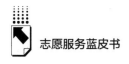

以制度化实践为主要思路，重视探索文明实践志愿服务建设发展所需的体制机制。

第一，完善组织设置，高标准建设阵地体系。睢县落实县乡村"三级书记负责制"，建立中心、所、站三级组织，将文明实践中心办事机构批准为正科级全供事业单位，编制17人；将文明实践所设为乡镇常设机构，配备1名专职实践员；在村实践站明确1名实践员，推动三级机构有人干事。阵地建设重视规范化导向，明确"十个一"标准，建成1个县级新时代文明实践中心、20个乡镇实践所、547个村（社区）实践站。睢县有效整合县域公共服务场所，建成各类新时代文明实践点106个，全面构建了点多面广、功能完善的"15分钟服务圈"。睢县将"云上睢县"嵌入"文明实践"板块，做到项目同策划、活动同展开、信息同推送、平台同展示，从"融、聚、合"三方面统筹推进"两中心"建设，畅通了文明实践活动新渠道。

第二，发挥行政事业单位优势，营造志愿服务氛围。睢县组建了1支县级志愿服务总队，建强了10支县级常备队伍和90支文明单位志愿服务队，培育了1795支村镇文明实践服务队；孵化了"斑马救援""唯州公益"等21支社会志愿服务组织，推动志愿服务"触角"延伸到不同领域、各行各业。10支县级常备队伍具有鲜明特长，由县委宣传部、县文明办、县文广局、县科协、县卫健委、县教体局、县民政局、县司法局、县环保局等部门牵头，由理论政策宣讲、文化文艺、医疗健身、助学支教、扶贫帮困、法律服务、卫生环保、孝善敬老、移风易俗等志愿服务队组建而成，每支队伍由牵头部门主要领导任队长，负责组建队伍、制订活动计划，扎实开展新时代文明实践活动。

第三，支持民间志愿服务发展，拓展志愿服务范围。按照市关于组建特色志愿服务队伍的建设要求，团县委牵头组建青年志愿服务队，总工会牵头组建职工志愿服务队，妇联牵头组建巾帼志愿服务队，文联牵头组建文艺志愿服务队，农业农村局牵头组建乡村振兴志愿服务队，住建局牵头组建住建志愿服务队，扶贫办牵头组建扶贫帮困志愿服务队，残联牵头组建助残志愿服务队，红十字会牵头组建红十字志愿服务队等，共组建10支志愿服务队伍；其他县直单位组建志愿服务队伍 90 支。睢县支持壮大 10 个社会团体志愿服务队伍，包括睢县义工联、唯州公益、爱心家园、红十字服务队、青少年心理辅导、水上义务救援、馨爱坊、斑马义务救援等志愿服务队伍。

第四，引导基层构建志愿服务组织体系，动员社会参与。20 个乡镇新时代文明实践所组建志愿服务队，这些特色文明实践志愿服务队由乡镇党委书记任队长，参照县志愿服务队组建模式，依托本土文化人才、乡贤、科技能人、典型模范、"五老"人员、返乡创业人员等组建而成。全县 545 个行政村新时代文明实践站组建志愿服务队。其中，村党支部书记任队长，由孝善理事会、红白理事会、乡土能人、"五老"人员、乡贤、孝贤等组建孝善敬老、移风易俗、邻里互助、卫生保洁志愿服务队。截至 2023 年 6 月，共组建 160 支乡级、1635 支村级新时代文明实践志愿服务队。

第五，打造精品项目，推进文明实践与志愿服务的深度融合。为推动习近平新时代中国特色社会主义思想深入人心，打通宣传群众、教育群众、关心群众、服务群众的"最后一公里"，睢县组建了以党校讲师、道德模范、身边好人、第一书记、乡贤等为代表的"新时代宣讲师"志愿服务队。睢县依托新时代文明实践中心、所、站，通过集中辅导、座谈交流、现场教学等形式开展面对面宣传宣讲，深入宣传阐释习近平新时代中国特色社会主义思想，开展卫生健康、生态环保、法律知识、科普知识、公民道德、家风家教、文明礼仪、文艺文化、移风易俗等宣传宣讲活动 300 多场，帮助干部群众解决实际问题，提升乡村社会的文明程度。为贯彻落实《关于加强困境儿童保障工作的意见》，维护困境儿童合法权益，保障其健康成长，睢县结合自身实际，制定了《睢县"大爱无孤"孤困儿童、困难学生救助志愿服务项目实施方案》，对全县孤困儿童、困难学生实施结对帮扶。睢县以培育和践行社会主义核心价值观为主线，以志愿服务为主要方式，整合资源力量，建立健全"干部职工参与、社会团队帮扶、爱心商家捐赠、政会保障兜底"的孤困儿童、困难学生保障工作机制。睢县通过发挥广大志愿者、志愿服务组织在服务百姓民生中的重要作用，开展关爱困境儿童、困难学生结对帮扶志愿服务活动，打造"大爱无孤"志愿服务品牌。通过志愿者入

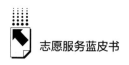
户走访、电话询问，睢县确定出需要学业辅导的 116 人，需要心理辅导的 60 人，需要医疗服务的 18 人，需要亲情陪伴的 98 人。截至 2023 年 6 月，已有 120 多名志愿者与 180 多名孤困儿童进行了结对帮扶，21 家商会对 55 名困难学生进行了结对资助，睢县下一步将继续发动全县广大干部职工、社会爱心人士积极开展孤困儿童、困难学生结对帮扶资助活动，建立"大爱无孤"志愿服务项目基金池。

四 河南省新时代文明实践志愿服务的发展约束

河南省新时代文明实践中心建设和发展在短时间内取得了显著成效，但还存在不少问题，主要表现在如下方面。

第一，河南省慈善公益事业发展基础较为薄弱，限制了志愿组织的筹资渠道。当前河南省在郑州以外各个地市均面临社会治理和公益慈善事业发展薄弱的问题，表现为社会组织特别是基金会、民办非企业单位（社会服务机构）数量不足，居民从事公益慈善事业的动机和行为不足，缺乏系统的社会治理政策体系，这导致志愿服务事业大部分依赖行政资源和财政资源的投资和支撑，从社会汲取资源的程度不足。民间志愿服务团队面临慈善资金较少、日常损耗成本难以承担的问题，因此其专业化、常规化供给志愿服务面临较大阻碍。

第二，新时代文明实践所、实践站建设受地区发展影响，难以发挥实质作用。新时代文明实践所（站）是纳入街镇、城乡社区的"一把手"工程，需要基层财政予以投资建设，但当前基层财政面临财政较为紧张、基层编制数量较少的问题，这导致空间资源和人力资源稀缺。县区大多注资建设中心镇、城区街道的实践所，但无法有效顾及农村、偏远地带实践所（站）的建设，这导致新时代文明实践服务供给面临有效性不足、可及性不足的实践困境。人力资源的紧张一方面导致基层文明实践工作开展难以有效吸引广大群众参加，另一方面导致文明实践志愿服务策划、实施的专业化、在地化水平不高。这导致新时代文明实践所（站）硬件和软件建设完善仍旧存在较大空间。

第三，社会力量参与文明实践志愿服务的力度不足、范围狭窄。当前河南省地方文明实践志愿服务面临"行政化"的发展桎梏，志愿服务团队以"10+N"团队活动为主，其主体是党政事业单位、城乡社区网格员，而民间志愿服务团队（如"五老"人员、企业家、社会名人、新乡贤、先进典型）参与文明实践志愿服务不够深入细致，普通社区居民参与文明实践志愿服务的积极性尚未被有效调动起来。

第四，文明实践志愿服务项目化供给组织意愿不强、志愿者能力不足。虽然河南省将项目化作为文明实践志愿服务的供给形式并大力倡导，但实际上诸多志愿服务仍旧达不到项目化水平，而更多呈现为活动化形式，这主要是因为志愿组织（团队）缺乏相应的意愿和能力，更愿意临时性、碎片化策划和开展活动，后期将其"包装"为"项目"，其需求调研、问题界定和分析、方案策划及实施、成效评估等缺乏连贯性和逻辑性。这也反映出河南省面临项目管理能力不足的问题。

五　新时代文明实践志愿服务的发展方向和工作建议

针对上述存在问题，面对新形势新任务，结合在调研中获得的各方面信息，本文提出以下建议。

（一）完善体制机制

结合文明办机构改革，尽快理顺精神文明建设工作机制，完善高质量推进新时代文明实践中心（所、站）建设工作的各项保障措施。修订完善《新时代文明实践中心建设考核办法》，优化评估考核方式。完善文明实践工作日常调度、考核、奖补和服务指导机制，完善文明单位结对共建文明实践中心（所、站）机制，推动优质资源下沉。

（二）壮大组织队伍

加强对志愿服务队伍和组织的培育，指导各地优化志愿服务组织登记、

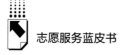

注册、记录流程，以及志愿服务队伍备案流程，鼓励各地政府通过购买服务等形式加大对文明实践志愿服务团队的扶持力度，激发志愿服务团队活力，鼓励更多具有专业知识、专业技能的社会团体利用自身优势和特长为群众提供专业、优质服务，积极投身文明实践活动。组织动员更多的"五老"人员、自由职业者、典型人物、民营企业、新乡贤等社会力量参与文明实践志愿服务，鼓励他们牵头成立志愿服务组织，入驻所在地的新时代文明实践中心（所、站），积极参与文明实践志愿服务。组织专业志愿服务队，打造特色志愿服务品牌，解决"谁来实践"的问题。

（三）精准实施项目

精准对接群众需求，收集、整理群众的"急难愁盼"问题，打造符合群众需求的文明实践志愿服务项目，解决"为谁实践"的问题。组建专业志愿服务队伍和组织，打造富有地方特色的志愿服务品牌。继续推进"群众点单—中心派单—志愿者接单—群众评单"的工作模式，畅通渠道，通过大走访、微信平台、来信来访等方式收集群众的需求，聚焦群众所思所想所盼，加强文明实践志愿服务项目策划设计、组织实施，坚持服务项目化、项目清单化、清单责任化，提前征集群众意见、及早制定服务清单、及时开展志愿服务，通过形式多样的文明实践活动，发挥新时代文明实践中心（所、站）的平台作用，推动人居环境不断改善、社会治理不断向好、群众文化生活不断丰富、文明乡风社风更加浓厚，持续助力乡村振兴。

（四）强化业务培训

加大对工作人员的培训力度，提高其组织活动、策划项目、服务群众、宣传写作展演、创新基层社会治理等各项业务能力。加大对文明实践志愿者的培训力度，提高其项目管理、项目需求分析、项目运行实施等各项能力。提质升级河南省志愿服务基地培训模式，采取"请进来、走出去""线上+线下"等灵活多样的培训方式，加大对志愿者、志愿服务工作者、志愿服务组织负责人的培训力度，培养出一支高素质、专业化的志愿服务队伍。

（五）提供有力保障

要解决没人干事和没钱干事的问题，各地党委宣传部门和财政部门应对新时代文明实践中心（所、站）建设给予大力支持，在人员编制和经费预算等方面给予倾斜。进一步明确县级党委承担新时代文明实践中心发展的主体责任，将文明实践中心建设发展纳入重要议事日程，与基层党建、乡村振兴、社会治理等统筹谋划、一体推进。合理分配每年省级新时代文明实践中心建设资金，对工作突出的新时代文明实践中心（所、站）给予补助资金。探索文明实践志愿服务公益创投机制，调动地方财政、公益慈善资源，设立县（市、区）新时代文明实践基金，鼓励引导社会资金投入新时代文明实践中心建设，拓宽资金保障渠道，为各地开展志愿服务活动提供必需的经费保障。

（六）加大研究阐释力度

河南省拥有特殊的地域文化、体制机制、社会民情，因此需要依据本土化研究成果开展对新时代文明实践阵地的指导工作。要充分发挥河南省新时代文明实践研究中心、中国志愿服务研究中心河南（新乡、郑州）分中心的作用，加大两中心对新时代文明实践中心建设课题的研究和阐释力度，产出一批具有影响力的理论成果。

B.9

2022年天津市志愿服务发展报告

王光荣*

摘　要： 天津市志愿服务经过30多年的持续发展，取得了显著成效，正在向高质量发展目标迈进。2022年，天津市志愿服务全面推进，文明实践中心志愿服务阵地健全，统筹协调志愿服务能力提高，志愿服务队伍稳步发展壮大，志愿服务平台和载体不断增加，志愿服务项目和品牌日益丰富，志愿服务社会氛围日益浓厚。在平安志愿服务领域，天津市致力于健全四级队伍，拓展服务领域，完善管理机制，培育特色品牌，"南开红哨""河西大姐""北辰百姓"等模式更加完善并持续发挥作用。在科技志愿服务领域，天津市着力壮大队伍，持续开展活动，打造典型经验和品牌项目。在青年志愿服务领域，天津市积极完善组织网络和服务项目，持续扩大志愿服务队伍规模，扎根社区开展青年志愿服务，推进志愿服务品牌项目多样化发展。天津市志愿服务已经形成良好的基础和态势，进一步发展需要着力优化和提升：继续发展壮大志愿服务队伍，健全志愿服务管理制度，完善志愿服务平台和载体，打造多样化项目和品牌，加强志愿服务能力建设，营造浓厚志愿服务氛围。

关键词： 志愿服务　志愿精神　平安志愿服务　科技志愿服务　青年志愿服务

一　天津市志愿服务总体情况

天津市志愿服务起步较早，其发展历程大致可划分为四个阶段。经过

---

* 王光荣，博士，天津社会科学院社会学研究所研究员，研究方向为城市社会学。

30 多年的发展，天津市志愿服务从起初的服务小组发展到现在的全社会广泛开展志愿服务，目前正在向高质量志愿服务发展迈进，在推进社会治理现代化、提升公共服务能力、推动社会文明进步方面发挥着越来越重要的作用。

（一）天津市志愿服务发展历程

1. 开创兴起阶段（1988~1999年）

1988 年 10 月，和平区新兴街朝阳里社区自发成立 13 人服务小组，在全国率先开展社区志愿服务活动，活动的主要内容是促进邻里互助、解决困难群众柴米油盐生活琐事、帮助照顾老人孩子等。这个服务小组是我国最早的社区志愿服务团队的雏形。不久，新兴街道办事处总结推广朝阳里服务小组的经验，其他居委会积极响应，相继建立服务小组，开展邻里互助活动。1989 年 3 月，新兴街成立了全国第一个社区服务志愿者协会。随后和平区其他街道陆续成立社区服务志愿者协会，各居委会也成立社区服务志愿者协会分会。志愿服务内容从起初的送煤、送菜、送炉具扩展到扶危济困、社区卫生保洁、社区文艺演出、帮外来务工人员照顾子女等多种满足群众需要的服务。1999 年 3 月，当时的民政部和中国社会工作协会（现中国社会工作联合会）在天津召开了社区志愿服务者活动 10 周年论证会，系统总结了新兴街社区志愿服务的经验和做法。

2. 探索成长阶段（2000~2009年）

2000 年以来，志愿服务载体建设有序推进，志愿服务向更多领域和更广范围延伸。2008 年，天津市按高起点建设、高标准要求、高水平服务、有标识、有场所、有队伍、有项目、有制度、有台账等要求创设 8 个"天津 V 站"服务岗，作为全市志愿服务站的统一形象。2009 年 3 月，和平区新兴街被国家民政部认定为全国社区志愿者组织发祥地。随着载体的丰富和队伍的扩大，天津市志愿服务的发展基础更加牢固。

3. 拓展丰富阶段（2010~2018年）

2010 年，天津市开展"机关党员志愿者注册日"活动，各职能部门结

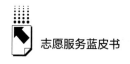

合业务职责分别建立专业志愿者队伍，同时有针对性地招募专业志愿者，推广"1+1+1"社区志愿服务模式，开展多种形式的精神慰藉、权益维护、文化娱乐等志愿服务活动。2014年，《天津市社会服务志愿者队伍建设指导意见》出台，为队伍建设提供了指导和依据。同年，天津市民政局印发了《关于开展志愿服务记录工作的通知》，开展志愿服务记录制度试点工作。2015年，天津市制定《关于推进志愿服务制度化的实施意见》，对志愿服务的各项制度建设提出了明确要求，加快了志愿服务规范化步伐。中心城区打造了一批社区学雷锋志愿服务示范站，农村乡镇实现了学雷锋志愿服务站全覆盖。2017年12月1日，《天津市志愿服务条例》正式施行，系国务院颁布《志愿服务条例》后全国出台的第一个志愿服务地方性法规，加强了天津市志愿服务工作的制度保障。

4. 创新提升阶段（2019年至今）

2019年1月17日，习近平总书记来到和平区朝阳里社区，走进社区志愿服务展馆，与社区志愿者进行亲切交谈，称赞他们是为社会做出贡献的前行者和引领者。2019年5月18日，和平区被确定为"民政部贯彻落实习近平总书记关于志愿服务重要指示精神工作联系点"。天津市深刻领会习近平总书记的教导，深入推进志愿服务精准化、常态化、便利化、品牌化，全方位提升志愿服务质量。"有困难找志愿者，有时间做志愿者"蔚然成风，志愿服务高质量发展态势已然形成。

（二）天津市志愿服务事业发展现状

天津市大力弘扬奉献、友爱、互助、进步的志愿精神，积极推进服务阵地、组织体系、制度规范、人才队伍、项目品牌等建设，全市志愿服务呈现蒸蒸日上的态势和持续发展的良好局面。

1. 文明实践中心志愿服务阵地健全

天津市推动新时代文明实践中心建设从农村地区向城市社区延伸，从试点区向全市行政区全面铺开。2022年初，天津市实现新时代文明实践中心（所、站）三级全覆盖，具体包括建立新时代文明实践中心结对共建制度，发挥志愿服务工作协调小组成员单位职能优势，推动分管领域的资源、力量及志愿服务项目下沉基层；融入共建区域新时代文明实践中心（所、站）建设；探索建立新时代文明实践志愿服务专项基金，用于志愿服务项目培育、队伍培训、嘉许激励、救助帮扶、物资保障等，为志愿服务常态化开展提供了有力支撑；各级文明实践平台已成为天津发展志愿服务事业的基本阵地。截至2022年5月，天津市已统筹173家市级单位资源，丰富宣讲、教育、文艺、科技、民政、农科、法律、卫生、体育九大资源平台，组建580支市级志愿服务队伍，紧贴群众需求设立749个服务项目，实现点单派单精准服务，累计送服务到基层528场次，服务群众20余万人次。[①]

2.统筹协调志愿服务能力提高

为进一步完善由市文明委统一领导、市文明办牵头、相关部门共同参与的志愿服务工作协调小组机制，加强对全市志愿服务的统筹规划、协调指导、督促检查和经验推广，天津市制定《天津市志愿服务工作协调小组及其办事机构工作规则》，明确24家成员单位的职责任务，进一步完善志愿服务工作格局。在市级层面，天津市完成志愿服务联合会转隶换届工作，业务主管部门由市民政局变更为市委宣传部。在区级层面，各区志愿服务联合会（协会）全部完成转隶换届工作，由区委宣传部主管，在区文明办的具体指导下开展日常工作。天津市调整市文明办"三定方案"，由市文明办联系指导市志愿服务联合会，设立志愿服务处，统筹推进新时代文明实践中心建设和志愿服务工作。天津市志愿服务联合会充分发挥引领、联合、服务、促进作用，大力推进志愿服务组织基层党建工作，广泛汇聚志愿服务力量，激发新时代志愿服务活力和创造力。天津市建立文明实践志愿服务联席会议制度，定期召开部门、镇街、志愿服务组织座谈会，掌握服务需求，确定志愿服务项目，提高志愿服务满足社会需求的精准度，增强志愿服务的社会效益。

---

① 本文中的数据均由天津市精神文明建设办公室、天津市科学技术协会、天津市政法委、共青团天津市委员会、天津市青年志愿者协会提供。

3. 志愿服务队伍稳步发展壮大

天津市以新时代文明实践中心为依托，建立市、区、街道（乡镇）、社区（村）四级志愿服务队伍，形成以党员干部为核心、以行业志愿者为主体、以基层群众为补充、各方面人员广泛参与的志愿服务队伍。随着志愿服务宣传活动的开展，志愿服务队伍持续发展壮大。截至 2022 年 9 月，全市注册志愿者 288 万余人，超过常住人口 20%，较 2019 年初增长 29%；志愿服务团队 1.8 万余支，较 2019 年初增长 64%。各区新时代文明实践中心广泛动员党员、机关干部、模范人物、退役军人等，组建区级志愿服务队 4000 余支。各街道（乡镇）、社区（村）建立学习宣传、文化健身、互帮互助、文明风尚等"4+N"志愿服务队 2 万余支、志愿者 60 余万人。在禁毒宣传方面，由退休人员组成的"红烛"禁毒志愿者宣传队十分活跃。在文化方面，文旅志愿服务队、经典诵读志愿服务队、天津图书馆之友志愿服务队先后成立。在医疗卫生方面，"健康城市"天津医大青年志愿者服务队持续为群众提供优质服务。在垃圾分类方面，"津彩纷呈　晨夕行动"垃圾分类志愿服务队宣传垃圾分类知识，引导居民养成分类习惯。另外，妇联巾帼志愿服务总队和"16+N"分队、市级机关党员先锋队、新时代劳动模范志愿宣讲团等，广泛开展了主题活动。

4. 志愿服务平台和载体不断增加

天津市逐步建立天津志愿服务网、天津青年志愿服务网、津云－志愿天津等网络载体，提供志愿服务信息公开、志愿者注册和管理等服务，基本实现了志愿者注册、志愿服务项目发布、志愿服务时长记录等的信息化。全市 16 个区中，11 个区建立了区级信息服务平台，其他区通过征集心愿单、发布志愿服务项目等方式，接受基层点单近 2 万单，服务群众 68 万余人次。各区积极整合线上线下资源，探索将文明实践中心同区融媒体中心、"学习强国"平台等联通融通的有效机制，提高平台的服务效率。天津市依托天津志愿服务网统筹市、区两级新时代文明实践信息服务平台，将全市各类文明实践志愿服务信息集中发布，定期更新服务项目。各区、各部门积极用好市级新时代文明实践信息服务平台，形成"基层点单—中心派单—志愿组织接单—群众评单"供需服务链，为群众提供精准、专业、优质的服务。

5.志愿服务项目和品牌日益丰富

天津市十分重视志愿服务项目品牌建设，注重发挥项目化、品牌化运作对志愿服务的引领作用。

在全市层面，天津市做响"志愿服务青春行动""巾帼志愿者""阳光行动""关爱山川河流""垃圾分类""邻里守望""博爱家园""救在身边""文化助盲"等志愿服务项目；依托新时代文明实践中心（所、站），引领广大志愿者和志愿服务组织积极征集、认领解决群众"微心愿"，开展志愿服务关爱行动，提供关心关爱、邻里互助等志愿服务；广泛开展"青年志愿者助残阳光行动""牵着蜗牛去散步""百万志愿者服务群众大行动"等惠民利民志愿服务项目，开展"寸草心手足情"志愿助老行动，以及"彩虹计划""冬日献血、奉献有我""天津市人民满意好医生走基层送健康"等专题性志愿服务项目，广受基层群众好评。该市组织"永远跟党走"志愿服务宣传活动，党员干部、专家学者、先进典型、"百姓名嘴"、文化志愿者深入基层、面向群众，开展分众化、对象化、互动化宣讲；依托基层宣讲队、红色文艺轻骑兵等资源，组建志愿宣讲队伍3000余支，形成专题宣讲项目214个，走进社区、农村、校园和企业开展宣讲，2022年以来，累计开展宣讲活动1.8万余场次；开创"田间课堂""线上课堂""儿童课堂""银发课堂""墙根课堂"等基层宣讲模式。

在区级层面，和平区打造出"心目影院""爱洒回家路""爱心助空巢""关爱农民工""关爱'老雷锋'""关爱'流动花朵'""生命屋子""最美的风景"等一系列志愿服务品牌项目，满足空巢老人、流动儿童（留守儿童）、困难职工、残疾人等弱势群体和困难群众的实际需求。南开区打造了"学雷锋月""文明交通，你我同行""万名干部进社区""南开创文 有你有我"等全区性志愿服务品牌。武清区推出"河流守望者""环保体验营""美丽乡村""拯救斑马线""文明小当家""文明餐桌""五彩雍阳"等40项品牌项目。宝坻区培育出"阳光福乐多"助残基地项目、"朝霞小锣鼓"移风易

俗项目、"十块钱的力量"扶贫助困项目等品牌，并在网络信息平台上发布品牌菜单。滨海新区每个月的第二个周六在全区范围内统一开展"学雷锋志愿服务日"活动，该活动已经成为有影响力的志愿服务项目；持续开展文明劝导志愿服务项目，常年固定在岗300名志愿者，全天候在全区60多个重点点位开展志愿服务；"黎明出发·点亮万家"模范党员志愿服务项目主要为辖区内老旧小区、无物业小区解决电力问题；"幸福归巢"关爱空巢老人项目包括从日常陪伴到健康查体等志愿服务。宝坻区的"理响宝地"、武清区的"百村百站宣讲接力"、津南区的"金牌宣讲团"等成为各具特色的宣讲品牌。

6.志愿服务社会氛围日益浓厚

天津市设立"1·17志愿服务主题日"，倡导志愿服务活动；在"3·5学雷锋纪念日""12·5国际志愿者日"常态化开展志愿服务活动，弘扬志愿精神。该市积极组织全国学雷锋志愿服务"四个100"、天津市学雷锋志愿服务"六个一批"等先进典型的宣传推选活动，通过各级各类媒体广泛宣传报道志愿者先进事迹，制作刊播志愿服务公益广告和宣传片，营造人人崇尚志愿精神、人人关心支持志愿服务的良好氛围。天津市赋予优秀志愿者嘉许礼遇，激发社会参与志愿服务的热情；开展新时代文明实践志愿服务展示交流活动，对志愿服务项目、文化产品、志愿宣讲等进行集中宣传推介；征集志愿服务创意短视频，开展志愿服务网上宣传展示交流活动。截至2022年7月，津抖云短视频平台收到参与"志愿天津"话题的短视频1110余个，累计播放量超过269.9万次。天津市定期发布各区志愿服务活跃指数，营造积极开展志愿服务的浓厚氛围。

二 2022年天津市志愿服务主要领域进展

（一）平安志愿服务

1.天津市平安志愿服务总体态势
首先，加强队伍建设。各区、各单位分管平安建设的部门具体负责平安志愿服务的统筹协调、组织指导、服务保障和监督考核；在全市群防群治"四级体系"的基础上，进一步调整优化，规范建立平安志愿者区级总队、街乡镇支队、社区村大队及网格先锋队，整合社会资源，实现群防群治组织和力量建制管理；综合考虑辖区实有人口和区域面积，按照不低于实有人口数量6%的比例拓展队伍，如各区实有人口发生变化，按年度调整补充，逐步从"以离退休人员为主"向"各年龄段广泛参与"转化；推动快递小哥、出租司机、房屋中介、物业保安、停车管理员、环卫工人、餐饮服务员、加油站工作人员、煤水电收费员等人员加入平安志愿者队伍，同时在新兴行业和特殊群体中建立平安志愿者队伍。

其次，拓展平安服务。"街片长"组织片区开展平安志愿服务，"小巷管家"作为平安志愿者骨干力量，履行"每日巡、经常访、及时记、随手做、实时报"等职责，开展常态化志愿服务。全市拓展行业型、专业型、知识型人才参与平安建设，特别是社区民警、基层法官、检察官、律师、心理咨询师、精防医生等专业力量，为平安志愿服务提供业务培训和咨询指导；强化区域共同体意识，鼓励党员、公务员、企事业干部职工积极参与活动，带头服务群众；拓展系统行业，特别是在交通、商业、宣传、建设、旅游等系统行业建立平安志愿服务机制。

再次，提升业务能力。各系统和部门加强培训，指导平安志愿者做到"四熟悉八报告"。"四熟悉"为职责任务要熟悉、区域时段要熟悉、风险隐患要熟悉、上报方式要熟悉。"八报告"为紧急情况要报告、安全隐患要报告、反宣物品要报告、违法犯罪要报告、可疑人事要报告、危险物品要报告、非法聚集要报告、负面舆情要报告。平安志愿者在执行巡逻值守工作中配备统一标识和装备，遇特殊情况按要求执行。

最后，强化保障激励。各区依托社会治理信息化平台，建立平安志愿服务管理模块，实现人员数据实名管理，巡逻点位实时调度，指令任务及时下达，信息情况快速上报，考核评价客观科学；利用微信群、公众号拓宽群众参与社会治理渠道，为群众参与平安建设提供高效便捷服务，提高群众参与社会治理的积极性、主动性；采取政府搭台、市场运作、社会参与等方式，

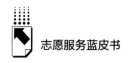

建立健全平安志愿者奖励常态化机制；设立平安志愿服务专项经费，简化奖励程序，提高奖励额度，扩大奖励范围；通过提供公益性岗位、人身保险、举报奖励等方式，鼓励群众参与平安志愿服务；支持有条件的平安志愿社会组织采取免费体检、发放慰问金等方式对优秀志愿者进行慰问奖励；各区把平安志愿服务纳入平安建设整体规划，列入相应财政预算予以保障；同时，通过政府购买服务等方式，支持平安志愿服务运营管理，并依规向社会公开购买服务项目的目录、标准、预算等情况；充分运用基层公共服务资源，为平安志愿者提供"公益反哺"机制。

2.天津市平安志愿服务发展的多元模式

天津市鼓励各区结合本地实际发展特色平安志愿服务项目，经过多年的探索，已经形成一些特色鲜明且有影响力的平安志愿服务模式，本文将介绍"南开红哨""河西大姐""北辰百姓"三个主要模式。

（1）"南开红哨"模式

"南开红哨"是南开区平安志愿服务模式和品牌，起源于万兴街社会治理创新试点工作实践。"红哨"志愿巡逻队由万兴街党工委领导，万兴派出所提供业务培训及技术支持，各社区"红哨"志愿巡逻分队在社区民警的带领下，承担社区巡逻防范、协助维护治安秩序、参与社区共建、见义勇为、助人为乐、宣传法律知识等日常工作，按照"每日巡、经常访、及时记、随手做、实时报"的要求，开展常态化志愿服务。街道与派出所联动，指导"红哨"志愿巡逻队做到"四熟悉八报告"，做实做强平安志愿服务。

"南开红哨"志愿巡逻队由热心公益、乐于奉献的社区居民组成，具有各年龄段广泛参与和行业型、专业型人才多样性的新特点。在万兴街党工委的领导下，"红哨"志愿巡逻队在参与基层社会治理和平安社区建设中发挥了积极作用。"南开红哨"维护党的权威，宣传党的政策，教育引导群众听党话跟党走；配合公安机关强化商场超市、校园周边、背街里巷常态化巡逻，做好关键点位治安协防和秩序疏导；及时向公安机关反映各类社会稳定和治安安全隐患线索，收集反馈社情民意和有关单位治安安全防范的意见建议；参与社会矛盾纠纷排查化解机制，排查化解家庭、邻里等各类矛盾纠纷。"南开红哨"的队员就像"种子"一样，通过自己的一言一行，带动身边更多的社区群众参与志愿服务，营造群防群治、共创平安的社区治理格局。

（2）"河西大姐"模式

"河西大姐"是河西区的平安志愿服务模式和品牌，起源于由河西区平安志愿者组成的群防群治队伍。成立之初，因成员年龄大多在50岁以上且女性约占60%，被称为"河西大姐"。多年来，"河西大姐"一直积极活跃在应急处突、邻里守望、民意收集、隐患排查、秩序劝导、特殊人群帮扶和环境服务等志愿岗位上。

近年来，河西区吸纳各行各业人员加入"河西大姐"平安志愿者队伍，队伍不断壮大，服务领域不断拓展，内涵也日益丰富和充实。"河西大姐"积极履行职责，当好安全秩序的守望者、维护社会稳定的信息员、化解纠纷的调解员、维护社会治安的巡逻员、安全防范的示范员、政策法规的宣传员、文明生活的引领员、基层党建的拓展员，为河西区社会的和谐与稳定贡献自己的力量。

河西区积极宣传"河西大姐"志愿服务品牌，充分发挥"河西大姐"的感召引领作用。全区通过宣传、招募、培训、服务等多种形式，最大限度地凝聚人人参与平安建设的社会共识，汇聚人人都做平安志愿者的社会力量，扩大社会影响力和提升群众的参与度。

（3）"北辰百姓"模式

"北辰百姓"是北辰区的平安志愿服务模式和品牌。北辰区平安志愿者协会和平安志愿者工作领导小组负责平安志愿者服务管理工作。各镇街、各单位积极完善平安志愿者队伍基础档案，并以分会形式加入区平安志愿者协会。"北辰百姓"以国家志愿服务信息系统为依托，在镇街、社区（村）综治中心、社区警务室建立全面覆盖、功能齐全、方便使用、便于管理的平安志愿者指挥服务信息平台，实现互联网条件下注册网上申请、活动网上发布、服务网上记录、情况网上报告、信息网上流转、业绩网上评定、监督网上进行的工作格局。

"北辰百姓"的主要职责是配合公安机关加强社会治安防范工作；参加

治安巡逻、隐患排查、矛盾化解、帮扶救助、平安宣传、法律服务、交通劝导、邻里守望等活动；及时向公安机关或居（村）委会、单位反映各类违法犯罪行为和影响社会安全稳定的线索、情报、信息，以及社情民意和对社区（村）、单位治安防范工作的意见建议；按照全区统一部署，完成重大节日、重大活动期间重点路段、重点目标、重点场所、重点部位守护等任务。

各镇街、各单位每年通过集中培训、教材培训、网络培训、实战培训等方式，对平安志愿者进行相关知识和技能培训，结合服务内容对平安志愿者进行针对性教育培训。对全区统一组织参加的平安志愿服务活动，各镇街给予专项资金支持。平安志愿者服装、用品主基调为红色，并佩戴全区统一的"北辰百姓"臂章、胸章。各镇街每年开展一次平安志愿者星级评定，对做出突出贡献的平安志愿者给予表彰和嘉奖。对举报违法犯罪线索和提供影响社会安全稳定隐患信息的群众，各镇街依据相关政策及时兑现奖励。

北辰区在运用传统媒体开展宣传的基础上，通过微信、微博等新媒体，大力宣传"北辰百姓"品牌和平安志愿者先进事迹，发挥典型示范引领作用，提高平安志愿服务工作的影响力和感召力，提高广大群众对平安志愿工作的知晓率、支持率、参与率。

（二）科技志愿服务

1.科技志愿服务队伍不断壮大

天津市不断健全科技志愿服务组织体系和组织网络，包括吸纳科普信息员、科技专家、基层"N长"等工作者参加科技志愿服务，积极动员市级学会、各区科协、高校科协、企业科协等开展志愿服务，形成了多方力量参与、规模大、结构精的科技志愿服务队伍；加强科技志愿者的日常管理，指导各区、高校、企业等各级各类科协做好志愿者招募注册、项目发布、服务记录评价等工作。截至2022年4月30日，天津市有科技志愿服务组织3689个、科技志愿者13.5万人，位列全国第二。2021年，天津市1名科技志愿者、1支科技志愿服务队被中国科学技术协会选树为先进典型。

2.科技志愿服务活动持续开展

天津市依托新时代文明实践中心（所、站），并统筹各类科普场馆、科普教育基地、科普大篷车等阵地开展科技志愿服务。一是通过调查走访摸清群众需求，发动学会、高校科研院所、科技型企业等人才资源，围绕百姓关心的"衣食住行、业教保医"等开展"嵌入式"志愿服务工作。将"订单式服务"与"需求式邀课"有机结合，"理论教学"与"实践活动"合理搭配，开拓科技志愿服务项目，增强服务效果。近年来，天津市累计常态化组织政策宣讲、科普报告、科技培训、技术咨询、农技服务、医疗服务等各类科技志愿服务活动 6500 余场次。二是组织农业科技志愿服务队深入乡村，在农业产业规划、科普基地建设、名优品种选育推广、卫生设施标准化建设等方面提供多方位的指导和支持，开展专题技术帮扶，帮助解决农业和农村遇到的规划和技术难题。初步统计，天津市共开展助力乡村振兴科技志愿服务行动 5200 余场次。三是组织市级学会、高校、科研院所等单位，成立114 支科技志愿服务队，深入企业调研，促进企业需求与技术供给精准对接，促进科技成果转化落地；大批科技志愿者活跃在科技与经济融合发展一线，有针对性地提供规划论证、研发合作、技术咨询等服务，指导企业管理创新，切实提升企业高质量发展水平。四是组织科技志愿服务队走进中小学，将自主开发的科学实验与中小学课后拓展、科学实验课堂联动，促进校内外科技教育资源的有效衔接与融合，充分发挥科普资源在提升青少年科学素质中的重要作用。和平区青少年科普教师志愿服务队以全国科普教育基地和全国中小学环境教育社会实践基地的青少年宫为依托，每年面向全区青少年开展机器人体验互动、拼装、比赛与展示，以及青少年创客体验、3D 打印技术等科普教育活动 60 余项，参与学生 3 万余人。天津科技大学中科蓝海科技志愿服务队依托天津科技大学、天津滨海中关村研发服务平台，面向3~15 岁的孩子，在天津滨海中关村设立"科学实验星期六"活动，每周开设 2 场科学实验课，发起"百场青少年科学实验面对面系列活动"，项目式、探索式为孩子打造专属科学实验课，提升其科学素养和科学动手能力，举办活动 70 多场，科普近万人。截至 2022 年 4 月 30 日，天津市开展青少

年科技教育行动2200余场次，为培养中小学生的科学创新精神和实践能力发挥了积极作用。

3. 科技志愿服务氛围越来越好

天津市开展优秀科技志愿者、优秀科技志愿服务队选树宣传活动，选树优秀科技志愿者和优秀科技志愿服务队，充分利用市科协"两微一端"、科协官网、微信公众号、抖音等媒体，广泛宣传科技志愿者先进典型事迹，展现科技志愿服务工作成果，增强科技工作者参加科技志愿服务活动的荣誉感和自豪感；搭建经验交流平台，举办天津市街道（乡镇）科协秘书长培训班，邀请北辰区科协党组书记、宁夏回族自治区银川市兴庆区科协秘书长开展科技志愿服务经验交流活动，重点解决新形势下科技志愿服务"干什么、怎么干"等问题；在全国科技工作日和全国科普日主场活动上安排优秀科技志愿者分享科技志愿经验，交流感想体会；建立绩效考核制度，注重工作成效，将科技志愿服务纳入各区全域科普工作绩效考评指标，将其作为衡量全域科普工作开展的重要参考依据，推动科技志愿服务行动深入落实。

4. 科技志愿服务品牌影响广泛

其一，北辰区科学技术协会"科普星期六"科技志愿服务活动在2020年5月正式启动。北辰区在实践中推进"科普星期六"科技志愿服务制度化、规范化、常态化，形成区级"示范"、街镇"亮点"、村居"组织"、人人"参与共享"的工作格局，每周六集中组织以医院院长、学校校长、农技站站长等"三长"为重点的各行业科技志愿者，市、区科协委员及代表等1000余名科技志愿者走进全区各村居、学校，通过群众"点单"，科协"派单"，征集群众的微心愿和民生需求，多方整合资源，务实创新，以精准化的"点单式"志愿服务为载体，让科技志愿服务更加贴民心、达民意，真正做到"周周有活动、月月有亮点"。截至2021年12月31日，队伍已发展到7000余人，开展活动3500余场，受益群众达10万人次。2021年，"科普星期六"被中国科学技术协会选树为先进典型。

其二，天津市科学技术协会指导天津大学青年科技志愿队打造"智慧空间站"科技志愿服务品牌。该品牌开创"互联网+教育帮扶"模式，开展线上线下相结合的科技志愿服务活动。线上邀请天津大学杰出校友、青年教师、优秀学子等180余人，根据服务学校需求和学生特点，从化学、环境、人工智能、软件工程等13个不同学科专业入手，打造了"智能机器人的开发与应用""5G时代无人机的应用"等"云课堂"精品课程，远程视频授课覆盖了新疆维吾尔自治区布尔津县和甘肃省宕昌县各中小学。线下活动由天津大学就读学生在天津市各个社区和中小学中开展，内容涵盖脑控无人机、机器人、智能车等高科技设备组建，引导学生开展创新性、启发式、多元化学习，旨在培养学生的综合素质和创新能力。自2018年以来，累计服务群众2.2万人，志愿服务时长达到4.6万小时。2021年，"智慧空间站"项目被中国科学技术协会选树为先进典型。

其三，中科蓝海（天津）科技有限公司"青少年科学实验课堂"项目设立。该项目由生物医药、人工智能、海洋环境、食品化工领域的博士、硕士、大学生团队创办，宗旨是在少年儿童心里播下一颗科学的种子，培养少年儿童的科学探索精神。该项目依托天津科技大学、天津滨海中关村研发服务平台，致力于打造科普、科创及学术项目指导平台，项目式、探索式为少年儿童打造专属科学实验课，提升其科学素养和科学动手能力，让少年儿童用科学思维认识客观世界。该项目采取进社区、进校园的方式，通过夏令营、校园科普开放日、专家报告、互动实验、动手实操、面对面等形式灵活开展科学实验课堂。

（三）青年志愿服务

1.组织网络和服务项目日益完善

一是青年志愿服务组织体系不断健全。各级青年志愿者协会广泛联系、吸纳、引导、培育青年志愿者组织和公益组织，形成了一个以各级团组织为核心的社会化组织体系，发挥了枢纽型组织作用。天津市各高校普遍建立了青年志愿者协会和青年志愿者队伍。二是青年志愿服务网络平台持续完善。天津市积极探索形成以网络为媒介动员、宣传、组织、开展青年志愿服务的互联网发展格局；依托团市委微信公众号——"津彩青春"、天津市青年志

愿者协会官方微信公众号——"天津青年志愿者""志愿汇"信息系统移动客户端等新媒体，建立更贴合青年阅读习惯和上网实际的手机端志愿服务平台；初步形成了以线上注册登记、服务供需对接为主要特点的青年志愿服务管理运行模式。三是青年志愿服务项目丰富多样。天津市广泛组织青年志愿服务团队和志愿者参与志愿服务项目大赛，深入发掘可推广的基层项目，培育有实效、可持续、能复制的优秀志愿服务项目。在2020年第五届中国青年志愿服务项目大赛上，天津青年志愿队伍参赛项目数量多、类型多样，涵盖脱贫攻坚、环境保护、文明实践、关爱少年儿童、为老服务、阳光助残、卫生健康、应急救援与抗击疫情、社区治理与邻里守望、节水护水志愿服务与水利公益宣传教育、文化传播与旅游服务、法律服务与普法等12大类206个项目。经过各赛区初赛和市级复赛，选出32个项目代表天津参加全国项目大赛，最终有15个项目获奖。

2. 志愿服务队伍规模持续扩大

天津市多年来持续加强青年志愿服务队伍建设，在机关、企事业单位、学校、街道、社区等普遍成立青年志愿服务队。企事业单位中比较典型的青年志愿服务队伍有国网天津滨海供电公司"黎明"青年志愿服务队、天津轨道交通"红铆钉"志愿服务队、中建六局绿建公司的"青芯"青年志愿服务队等。高校的青年志愿服务队伍有天津师范大学心理学部"风雨同心"学雷锋服务队、天津外国语大学蓝天志愿服务队、南开大学公益家教志愿者团队等。街道和社区的青年志愿服务队伍有天津市宝坻区一家亲青年志愿服务社、河北区"爱益启"社区矫正志愿服务队、河东区神州花园社区志愿服务队等。2021年，全市新增注册青年志愿者105478人，新增青年志愿服务组织2889家，新增志愿服务累计时长69万小时。2020年底，天津团市委建立了市区两级青年应急志愿服务队。通过参加应急知识、技能等培训和演练，应急志愿服务队能够发挥就近、快速、灵活的优势，参与突发事件应急处置辅助性工作和日常防灾减灾救灾宣传教育、应急演练中的志愿服务活动和应对应急突发事件中的辅助性志愿工作。市级青年应急志愿服务队由专业翻译团队、心理援助团队、灾害救援团队、医疗服务团队、便民服务团队五支分队组成，队员近百人。

3. 青年志愿服务在社区扎实开展

2019 年，天津市启动青年志愿服务进社区试点工作，在全市 16 个试点社区，有计划地组织志愿团队为社区提供各类志愿服务。在试点社区调研基础上开展"加强青年志愿服务进社区的探索和实践"专题调研，对典型经验进行宣传推广。2021 年，团中央开展"社区青春行动"，通过调研摸底并经团中央审核，最终 21 个社区纳入全国首批社区青春行动实施范围，以常态化开展的"四点半课堂""七彩假期"等市级品牌活动为切入点，结合社区需求和工作实际，探索实施"神兽自习室""博士妈妈团"等优秀志愿服务项目，帮助社区强化过程管理和实效管理，把准方向、持续用力，提升项目服务水平，努力打造党政有支持、社会有影响、青年有获得感的社区领域共青团工作品牌。

4. 品牌项目日趋多样化发展

在多年实践过程中，天津市青年志愿服务涌现出许多品牌服务项目，形成了类型多样、组织完备的项目体系，包括服务春运的"暖冬行动"项目，关爱和帮扶留守儿童、残疾青少年、农民工未成年子女、困难青少年等群体的"青心护航同成长"项目、"七彩假期"项目，助老方面的"寸草心""手足情"志愿服务项目，聚焦生态文明教育、绿色生活实践、生态环境保护、农村全域清洁等领域的"生态文明 青年先行"项目，以群众需求和社会发展为导向、推动乡村文化振兴、促进文明城市创建、推动天津精神文明建设的"文明实践青助力"项目等。每年的"学雷锋日"和春运期间，青年志愿服务都常态化开展多项活动。大型赛会青年志愿服务通过多年发展，服务流程日益精细，服务水平不断提升，运行机制日趋专业化，成为青年志愿服务的金字招牌。

三 天津市志愿服务进一步发展面临的问题

（一）志愿服务供给有待进一步加强

在已经发展志愿服务的领域，天津市存在志愿服务的数量少、频率不高等短板，群众的有些志愿服务需求未能得到完全满足。在一些领域，志

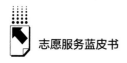

愿服务发展相对滞后和欠缺。作为志愿服务供给主体的志愿者队伍，还需要进一步扩大。志愿服务内容对接人民日益增长的美好生活需要的精准度还有进一步提高的空间。各级各类志愿服务组织准确把握群众个性化、类型化、差别化需要的能力尚待提升，"群众有需求找不到志愿者"或"有服务项目找不到服务对象"的情况时有发生，志愿服务供给相对不充分。

（二）志愿服务管理机制有待进一步健全

从实践来看，志愿服务管理的法规制度有待进一步完善，存在一定程度的管理自由度大而效能低的现象。激励机制不完善，现有机制施行的范围不广，对志愿者的激励作用未充分发挥出来，有的激励措施缺乏效力，在一定程度上存在激励失灵问题，构建有利于激发志愿服务活力、增强志愿服务持续性的管理机制势在必行。

（三）志愿服务平台载体有待进一步完善

目前，志愿服务组织数量较少，志愿服务活动主要由党政机关主导、居（村）委会组织。市志愿服务联合会的人力、物力、财力还不够充足，影响了其志愿服务平台作用的发挥。志愿服务平台不够丰富，致使组织动员群众参与志愿服务的机制相对单一，一些有当志愿者积极性的居民找不到参与途径。志愿服务平台载体的组织能力较弱，一些志愿者因组织不善而消极淡出。

（四）志愿服务培训有待进一步强化

在一些领域，志愿者的专业技能培训相对不足，致使志愿服务的服务效果不够理想。志愿者培训的针对性不够强，造成志愿者的服务能力与实际需求不匹配，也会导致一些接受服务者对志愿服务不满意。志愿服务培训的质量不高，大多数培训属于针对具体服务活动开展的工作培训，缺少前瞻性、储备性的多层次培训。

（五）志愿服务社会氛围有待进一步营造

仍有一些志愿者没有真正理解志愿文化精髓，未能深刻了解志愿精神，小部分志愿者抱着获取报酬的心态参与志愿服务活动，也有一些志愿者只是为了完成布置的任务而敷衍了事。在特定区域和领域，新生力量发展缓慢，志愿者群体在某种程度上呈现固化趋势。社会对志愿服务的共识有待达成，不少居民误以为志愿者是有待遇的，有时还提出苛刻的要求，甚至阻碍志愿者开展正常服务活动。志愿服务的宣传有待扩大和深化，特别是媒体宣传和公共场所宣传。

四 天津市志愿服务发展的着力方向与建议

（一）继续发展壮大志愿服务队伍

志愿服务队伍是志愿服务的基本支撑。加强志愿服务队伍建设需要多措并举。发挥志愿者特别是优秀志愿者的示范引领作用，带动更多居民参与志愿服务。继续推动党政机关、企事业单位和人民团体建立志愿服务队伍，充实教育、文化、文艺、体育、科技、医疗、法律等志愿服务力量。根据居民参与志愿服务的时间偏好，合理设计志愿服务项目和活动，不断增强志愿服务需求信息发布效果，为居民参与志愿服务创造便利条件。

（二）健全志愿服务管理制度

分门别类制定志愿服务管理的实施细则，形成完善的管理制度。丰富并落实志愿服务激励举措，全面增强激励效果。进一步规范志愿者招募注册、资格审核、培训管理、服务记录、证明出具等工作，强化志愿服务工作各环节的科学性和可操作性。加强薄弱领域的志愿服务制度建设，推进各类志愿服务规范化。进一步加强志愿服务保障制度建设，落实多层次全方位的保障政策，增强居民参与志愿服务的安全感。

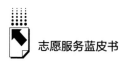

（三）完善志愿服务平台和载体

加强平台整合升级，形成统一的志愿服务平台，提高志愿者和群众使用平台的便捷度。健全信息化供需对接平台，增强平台功能，进一步提高志愿服务的精准度和及时性。优化互联网平台、专业网站功能，完善志愿者APP、微信公众号等载体，提高信息发布的及时性和广泛性，加大信息传播力度，以线上促线下，实现志愿服务生活化、网络化、常态化。加快推进志愿服务站点建设，不断丰富志愿服务载体。

（四）打造多样化项目和品牌

立足民生需要，不断开发新项目，扩展志愿服务范围。健全项目征集和发布平台，建立自主申报、各方推荐、群众评议、综合评审的项目推选机制，增强项目的丰富性和实用性。开展项目总结和评估，选出优质项目进行培育，促使其发展成品牌。加强学雷锋志愿服务先进典型宣传推选，开展文明实践志愿服务工作交流，组织实地考察、成果展示、项目大赛等活动，推广成功经验和做法，推进志愿服务精准化、常态化、便利化、品牌化。全方位宣传和推广，不断扩大品牌社会效应，发挥品牌对志愿服务的示范引领作用。

（五）加强志愿服务能力建设

依托志愿服务组织，开展线上线下相结合的志愿者培训活动，推出线上课程，组织实操业务演练，提高志愿服务技能和质量。拓展培训内容，根据实际需要设置基础知识、专业技能、素质拓展、管理方法培训项目和课程，加强效果监测。创新志愿者培训机制，由各行各业的志愿者承担培训，形成良性循环。建立志愿服务工作成效评估体系，客观评价志愿服务工作的规范化、标准化、专业化水平，及时改进和完善，让志愿服务工作更加精准、高效。

（六）营造浓厚志愿服务氛围

拓宽宣传渠道，完善网站、微信公众号、短视频平台等志愿服务媒体阵地，探索志愿服务组织媒体发布联动机制，广泛开展志愿精神宣传活动，提高和增强志愿服务宣传能力和效果，增进群众对志愿服务的了解和对志愿者的理解。持续选树志愿服务典型，加大宣传力度、扩大宣传范围，发挥示范带动作用。开展志愿服务书画、摄影、公益广告等创作活动，广泛弘扬志愿精神。通过对优秀志愿者的激励进一步营造群众参与志愿服务的浓厚氛围。

B.10
2022年山东省志愿服务发展报告

王玉香　齐从鹏*

摘　要：　2022年，山东省逐步健全党领共治体制机制、建立立体多元志愿服务队伍体系、加强志愿服务阵地平台赋能、打造志愿服务项目品牌矩阵，扎实推进志愿服务制度化、项目化、常态化、长效化，着力打造"五为"文明实践志愿服务品牌项目、黄河流域生态保护与高质量发展青年志愿服务品牌项目，积极探索"社会工作+志愿服务"融合发展模式。同时，山东省在志愿者参与活跃度、志愿服务专业化与项目化、志愿服务资源整合与平台建设、志愿服务运行机制等方面还存在一些薄弱环节。面对志愿服务管理机构职能体系重塑带来的发展机遇，山东省需进一步强化整体治理、加强精细治理、增强队伍赋能，不断推进志愿服务融合性、创新性、专业化发展。

关键词：　山东省　志愿服务　新时代文明实践

近年来，山东省认真贯彻习近平总书记关于志愿服务的重要指示精神，以新时代文明实践中心建设为牵引，扎实推进志愿服务制度化、项目化、常态化、长效化，打造了"五为"文明实践志愿服务品牌、黄河流域生态保护与高质量发展志愿服务品牌，全省志愿服务工作呈现良好的发展态势。据

* 王玉香，山东青年政治学院政治与公共管理学院院长、教授、博士生导师，研究方向为青少年社会工作、社区治理。齐从鹏，山东青年政治学院政治与公共管理学院讲师，山东省习近平新时代中国特色社会主义思想研究中心志愿服务研究基地研究员，研究方向为志愿服务、社会治理。

山东省新时代文明实践志愿服务网统计，截至 2023 年 6 月底，全省注册志愿者达到 2332 万人，志愿者队伍总数达到 25 万支，开展志愿服务活动/项目 371 万个，志愿服务时间总数达到 5.9 亿小时，位居全国前列。当然，山东在推动本省志愿服务事业走深走实、由大转强方面，尚存在一些薄弱环节，需要进一步强化整体治理、加强精细治理、增强队伍赋能，不断推进志愿服务融合性、创新性、专业化发展。

一　山东省志愿服务基本情况

2022 年，山东省认真贯彻落实《山东省志愿服务条例》等有关政策要求，着力从理顺机制、完善政策、建强队伍、赋能平台、打造品牌等方面下功夫，不断加强志愿服务工作力度，推动志愿服务提质增效、提速扩量、提档升级。

（一）逐步健全党领共治体制机制

1.领导体制与工作机制逐步健全

目前，山东省已建立省、市、县三级文明部门统筹协调、职能部门各司其职、全社会共同参与的志愿服务领导体制与工作机制，并将志愿服务指标纳入精神文明创建工作测评体系，形成覆盖全省城乡的志愿服务推进格局。在省级层面，山东省专门设立志愿服务指导中心，成立新时代文明实践"五为"志愿服务专门领导小组，指导 16 市、136 个县（市、区）组建新时代文明实践志愿服务指导（服务）中心，统筹推进辖区志愿服务工作。在市级层面，各市成立志愿服务工作协调小组，切实发挥志愿服务联合会平台枢纽作用。山东省联合 25 家省直部门单位签订《2023 年省直有关部门单位志愿服务工作任务清单》，明确 165 项任务，推进优质资源下沉基层。

2.加快推进志愿服务制度体系建设

2022 年 1 月，《山东省志愿服务条例》正式施行，为全省志愿服务事业的发展提供了坚实的法制保障。山东省正逐步制定出台"五为"文明实践志愿服务项目指南，细化文明实践志愿服务项目内容和实施机制。为推动志愿服务与社工融合发展，山东省制定了《关于推行"社会工作+志愿服务"工作模式的实施方案》。为保障和规范约束志愿者与志愿服务组织双方的权益与行为，山东省出台了《山东省志愿服务协议示范文本》。为健全志愿服务监管机制，更好地维护志愿服务活动参与主体的合法权益，全省部署开展了志愿服务记录与证明抽查工作。

表1　2022年山东省制定实施的主要志愿服务政策文件

序号	文件名称	发布部门
1	《山东省志愿服务条例》	山东省人民代表大会常务委员会
2	《关于深化"五为"文明实践志愿服务的实施方案》	山东省精神文明建设委员会
3	《山东省"为老"志愿服务项目指南(试行)》	山东省文明办
4	《山东省"为小"志愿服务项目指南(试行)》	山东省文明办
5	《关于推行"社会工作+志愿服务"工作模式的实施方案》	中共山东省委宣传部、山东省民政厅、山东省教育厅、山东省财政厅
6	《山东省志愿服务协议示范文本》	山东省民政厅

（二）建立立体多元志愿服务队伍体系

1. 强化文明实践志愿服务队伍建设

2022年，山东省以推动新时代文明实践中心建设全覆盖为契机，省、市、县三级全部成立文明实践志愿服务总队，各级总队下面相应组建了便民服务、理论宣讲、医疗健身、科学普及、应急救援、扶难解困等17支专业队，打造省、市、县三级"1+17"志愿服务队伍体系，并要求在文明实践所层面组建5支以上文明实践志愿服务队，在文明实践站层面建立3支以上志愿服务队。全省现已成立超19万支文明实践志愿服务队伍，构建起纵横贯通、供需有效对接的文明实践志愿服务体系。

2. 优化志愿服务组织体系建设

在做大做强各级新时代文明实践志愿服务队伍的同时，山东省积极推动多层次、多类型志愿服务组织的发展。①积极发挥省文明实践志愿服务总队龙头作用。总队 17 支专业队制定工作规划，对接走进新时代文明实践中心，全覆盖帮助基层组织统筹协调和策划实施文明实践志愿服务活动，带动指导市、县两级志愿服务专业分队开展活动。②积极发挥教育、卫计、应急、工会、共青团、妇联、残联等政府与群团部门，以及各级、各类志愿服务联合会（协会）的牵头作用，推动健全青年、妇联、残联、文化、文艺、科技、医疗等领域志愿服务组织体系。以青年志愿服务为例，在省青年志愿者协会的引领下，全省所有地级市、县级行政区和 153 所高校均已成立青年志愿者协会。截至 2023 年 2 月，全省县级以上青年志愿服务组织共有 2.7 万个，全省建立青年志愿服务站 1727 个，引导机关事业单位、国企、高校等不同领域青年群体就近就便、灵活多样、常态长效开展志愿服务。③切实发挥基层群众的主体作用。各级文明实践阵地健全群众参与机制，优化有效供给机制，积极调动社会志愿服务组织以及乡土专家、科技能人、民间艺人、"五老"人员、新乡贤等有文化、懂技术、有专长热心群众的主体作用，开展形式多样、便于参与、丰富多彩的志愿服务活动，山东省涌现了泉城义工、威海长城大本营、临沂孤困儿童心理辅导志愿者服务团、蓝天救援队等一大批在全国有较大影响力的志愿服务团队和组织；打造了"明理胡同""大槐树下""庄户学院""幸福食堂""孝老爱亲饺子宴"等一大批文明实践志愿服务品牌。

（三）加强志愿服务阵地平台赋能

1. 秉持"五有""五聚"标准打造志愿服务综合体

山东省依托新时代文明实践中心（所、站）"五有""五聚"的建设模式，推进"五为"文明实践志愿服务发展。依托"五有"（有场所、有活动、有项目、有队伍、有机制）建设标准建成文明实践 15 分钟服务圈，让群众就近就便参与志愿服务成为现实；根据"五聚"（聚观影、聚读书、聚演出、聚宣讲、聚人气）建设要求，把电影、表演、宣讲、人气等向文明实践中心（所、站）聚集，打造当地群众最爱去的宣传文化阵地和志愿服务综合体。

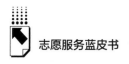

2.推进全省文明实践志愿服务综合信息平台建设

山东省新时代文明实践志愿服务信息平台对接中国志愿服务网，打通省融媒体中心平台、地方文明实践平台等数据通道，推动平台接入"爱山东"政务平台，实现了宣传教育、志愿服务、智慧管理、指挥调度一体化运行，为推动志愿服务精准、高效、优质发展提供了数字化支撑。山东省加强了文明实践志愿服务信息统计分析，畅通志愿者招募渠道，实现网上登记注册，分级分类动态发布供需信息，准确分析群众需求变化、志愿服务队伍差异、项目实施状况。

3.构建志愿服务综合性支持平台

山东省依托山东青年政治学院建立山东省社科理论重点研究基地——山东省志愿服务研究基地、山东省新时代文明实践志愿服务研究培训中心，开展志愿服务基本理论、政策制度、组织建设、项目运行、队伍管理、法治保障等研究；承接全国性志愿服务项目孵化基地，打造了集培育孵化、业务指导、研究培训、宣传推广、综合评估于一体的服务平台；积极推动各地采取政府购买服务、设立孵化基地等形式，加大对志愿服务组织的扶持力度，济南、青岛、潍坊、淄博、烟台、临沂等地市建成志愿服务（培训）学院（基地）等综合性培训机构。

（四）打造志愿服务项目品牌矩阵

1.融入重大国家战略，聚合化提升大局贡献度

围绕服务重大战略、服务高质量发展、融入基层社会治理，山东省汇聚志愿服务力量，整合资源，积极提升服务大局贡献度。①服务重大战略。山东省围绕推进精神文明建设、黄河流域生态保护与高质量发展、共同富裕、乡村振兴等重大战略，广泛开展文明实践、生态环保、科技科普、技能培训等志愿服务，不断拓展志愿服务领域。②服务高质量发展。山东省充分实现西部计划、研支团、鲁喀支教等品牌项目的涵养功能，常态化开展"社区报到""三下乡""返家乡"等一系列活动，着力推进志愿服务与地方社会经济发展深度融合，助推志愿服务项目提档升级。以"西部计划"为例，

2022 年山东省招募派遣"西部计划"志愿者千余人，累计选派志愿者达到 12000 人，人数连年稳居全国首位，有力促进了大学生就业，为助力西部经济社会发展注入了青春活力。③融入基层社会治理。2022 年，山东省结合疫情防控实际，围绕日常生活用品代送、医药用品配送、危重病人送医就医、孤残困苦及老年人照料、学生网课学习、核酸检测秩序维护、心理帮扶慰藉、水电暖维修开展了八个"一对一"精准志愿服务。

2. 围绕群众"急难愁盼"，分众化开展"五为"文明实践志愿服务

坚持以群众需求为导向，山东省文明办出台了《关于深化"五为"文明实践志愿服务的实施方案》，全省 16 市同步启动了为老、为小、为困难群体、为需要心理疏导和情感慰藉群体、为社会公共需要的"五为"文明实践志愿服务活动，发布文明实践志愿服务重点项目 1 万多个。省文明办聚焦"一老一小一困"，细化制定项目指南，聚力打造"十助常陪四解"为老暖心服务、"五育三保"为小爱心服务和"五帮四送"为困舒心服务品牌。山东省民政厅围绕为老、为小、为困难群体等民政服务对象，累计开展志愿服务项目 42.96 万个。团省委聚焦"一老一小"困难群体实际需求，持续深化"金晖助老""牵手关爱"行动，在全省范围内招募 8 万余名青年志愿者，结对帮扶未集中供养留守、失独贫困老人 1 万多名、农村困境儿童 3 万多名。

二　山东省志愿服务品牌项目

围绕党政中心，着眼服务发展大局、服务战略需要、服务民生福祉，精准对接群众需要，助力推动新时代美德山东建设，山东省打造了"五为"文明实践志愿服务品牌项目、黄河流域生态保护与高质量发展青年志愿服务品牌项目，积极探索了"社会工作+志愿服务"融合发展模式。

（一）"五为"文明实践志愿服务品牌项目

为推动志愿服务精准化、常态化、便利化、品牌化，山东省文明办打造

了"五为"文明实践志愿服务品牌，并重点针对"一老一小"细化制定了《山东省"为老"志愿服务项目指南（试行）》《山东省"为小"志愿服务项目指南（试行）》。新华社"国内动态清样"刊发山东建设"五为"志愿服务矩阵助力基层和谐稳定的典型经验。《半月谈》以《温暖五群体，志愿服务"精准滴灌"》为题，报道山东省"五为"志愿服务工作推进情况。

1. 为老志愿服务

为老志愿服务以"关爱老年人、情暖夕阳红"为主题，以助餐、助医、助洁、助浴、助行、助乐、助学、助急、助怡养、助防诈和常态陪伴为重点，以解忧、解烦、解闷、解难为目标，在全省打造了"十助、常陪、四解"为老暖心服务品牌，开展 11 类 48 项为老志愿服务，帮助高龄、失能、失独、独居、空巢等老年人解决实际问题。《山东省"为老"志愿服务项目指南（试行）》出台后，各地围绕贯彻落实该指南要求，制定具体落实举措，组织引导广大志愿服务组织、志愿者积极认领项目，创新实施项目，取得了明显成效。泰安市、日照市印发关于广泛开展为老志愿服务的相关通知，组织引导各级各部门以及广大志愿服务组织、志愿者主动认领项目。东营市、烟台市召开专门座谈会，对落实"十助常陪四解"进行安排部署。济宁市、威海市对为老志愿服务项目品牌打造、规范化运行进行了专门培训。淄博市打造 350 余处"沂源红"为老幸福家园民生综合体，常态化开展"银龄互助"等为老志愿服务活动。济南市、德州市充分利用数字化平台推动工作，潍坊、滨州、聊城等市也结合各自实际推出了相关措施。

2. 为小志愿服务

为小志愿服务着眼于服务未成年人学习生活成长的环境，聚焦家庭教育、学校教育、社会教育、网络教育、心理教育和保护健康、保护权益、保护安全等重点，在全省打造了"五育三保"为小爱心服务项目品牌，推出 8 类 55 个志愿服务项目，涌现出"手牵手圆梦行动""希望小屋""千愿成真""小荷学堂"等一大批品牌项目活动。

3. 为困难群体志愿服务

为困难群体志愿服务主要以残疾人、低收入人员、生活困难家庭、低保对象等困难群体为重点服务对象，通过充分发挥志愿服务在帮扶困难群体、传递社会关爱等方面的独特优势，以舒民心、强信心为目标，以"生活帮、医疗帮、就业帮、应急帮"和"送政策、送技能、送文化、送健康"为重点，围绕日常关爱、应急救助、能力提升、服务保障，在全省广泛开展了"五帮四送"为困舒心服务，确保困难群体急有所纾、困有所扶、难有所帮，并涌现出"阳光行动""智惠行动""四季关爱""百千岗助困"等一大批品牌项目活动。

4. 为需要心理疏导和情感慰藉群体志愿服务

充分发挥志愿服务自身所蕴含的精神道德力量，以"舒缓精神压力、关爱心理健康"为主题，以进社区（乡村）、进学校、进家庭、进机关、进企业（事业单位）为重点，以建服务热线、建线上平台、建线下空间、建专家资料库为补充，全省广泛开展了"心理开心"志愿服务，关注疏导广大群众的心理健康问题，促进社会和谐稳定，并涌现出"百名心理专家进校园""百名优秀家长进社区（农村）""开心志愿服务"等一大批品牌项目活动。[1]

5. 为社会公共需要志愿服务

山东省围绕加强基层思想政治工作、推动社会治理现代化、倡导美德健康生活，以推进理论宣讲、文化传承、文明风尚、科学普及、社会治理等为重点，以融入生态保护、卫生健康、安全生产、应急救援、乡村振兴和日常帮扶为主线，组织进场馆、进校园、进村居社区、进景区、进商圈、进网络、进大型活动，广泛开展社会公共需要的服务，并涌现出"习语润心""文化串门""'潍坊'心服务""泰安小美"等一大批品牌项目活动。[2]

---

① 《山东启动"百名心理专家进校园""百名优秀家长进社区"志愿服务活动》，http://www.shandong.gov.cn/art/2021/11/3/art_97564_510754.html，最后访问日期：2024年3月20日。

② 《山东深化"五为"志愿服务 助力群众幸福生活》，https://baijiahao.baidu.com/s?id=1753823380861990879&wfr=spider&for=pc，最后访问日期：2024年3月20日。

（二）黄河流域生态保护与高质量发展青年志愿服务品牌项目

山东省深入贯彻落实习近平总书记视察山东时的重要指示要求，自觉将青年志愿服务工作融入黄河国家战略，探索打造了黄河流域生态保护与高质量发展青年志愿服务品牌项目。该项目以《黄河流域生态保护和高质量发展规划纲要》为指导，以绿色发展、创新发展、高质量发展为理念，以弘扬志愿精神与促进青年志愿者成长为宗旨，结合山东实际，聚焦生态保护、文化传承、社会治理三大领域，实施九个品牌项目。其中，生态保护类包括水质保护、生态提升、防洪减灾三个品牌项目，文化传承类包括文化寻访、红色文化、文艺创作三个品牌项目，社会治理类包括滩区群众安居、社区治理、城市文明素养提升三个品牌项目。行动实施以来，全省广泛开展巡河护河、湿地保护、黄河文化宣讲、助力滩区群众生活水平提升等一大批富有特色、成效显著的志愿服务项目，累计吸引20.6万名青年志愿者参与，取得了良好的社会成效。该项目具有如下主要特点。

1. 注重品牌化与系列化

该项目的最大亮点是注重顶层设计，具有鲜明的方向性与引领性，这使山东省志愿服务不再是简单的自下而上的分散性行动和自上而下的粗放式指导，而是由上而下的统领性与整合性行动。这样既可以有效汇聚志愿服务力量，又可以上下同欲、同向同行，最大限度地发挥青年志愿者的力量，形成体系化、品牌化的现实效应。

2. 具有针对性与扩展性

该项目具有明显的针对性。首先，三大领域范围明确。在生态保护类方面，重点围绕黄河下游水质改善、黄河流域生态走廊建设和黄河三角洲湿地生态系统保护修复、黄河防洪减灾体系建设设计志愿服务项目；在文化传承类方面，重点围绕弘扬传承与创新黄河流域历史文化、红色文化设计志愿服务项目；在社会治理类方面，重点围绕黄河滩区迁建农村社区、基层社区治理与文明城市建设设计志愿服务项目。其次，九个品牌项目的指定范围是具体的、有针对性的，同时又具有扩展性，如生态保护类志愿服务项目不只是要求组织青年志愿者开展巡河护水、水质监测等志愿服务，还包括倡导护水、节水、用水等方面的志愿服务，注重专业性与非专业性志愿服务的结合；文化传承类志愿服务项目不只是文化传承的教育类志愿服务，还包括服务、创新、创作等生产类志愿服务；社会治理类志愿服务项目既聚焦多元主体参与的共建共治性服务，又包括城市文明素养的提升、共建共享伙伴关系的建构。各地在实施九个品牌项目中并非"一刀切"，而是不断突出特色优势，丰富地方品牌内涵，打造了"小海贝""爱心海""仙境海""萤火虫"等一批具有地域特色、文化内涵和时代价值的青年志愿者品牌。

3. 具有指导性与可操作性

该项目中不同品牌项目都有相关的内容、形式与原则的规定。例如，"青春安澜"防洪减灾志愿服务项目讲究科学性和专业性，首要遵循原则是依法有序参与、帮忙不添乱，出现灾情时，应急救援青年志愿服务队伍要发挥专业性作用，其他社会性青年志愿服务团队要服从总体调度，提供保障性服务；而日常志愿服务则要注重提高志愿者与青少年的紧急应对处置能力，定期组织应急救援演练、开展青少年自护教育，等等。红色文化赓续志愿服务项目，要求利用好红色教育阵地，组织青年志愿者深入挖掘山东省丰富的红色文化资源，开展红色文化宣讲、红色文化展演、红色文化体验等志愿服务，这一个品牌项目既要求青年志愿者体验式、沉浸式地接受红色文化教育，又要求他们以切身行动来积极传播红色文化，做到接受、传播、承继的有机统一。滩区群众安居志愿服务项目要求围绕黄河滩区迁建农村社区居民生活实际，针对青少年、老年人、其他困难群体等常态化、持续性开展服务。

（三）"社会工作+志愿服务"融合发展模式

近年来，山东省积极探索乡镇（街道）社工站与文明实践所"双站融合"、社工与义工"双工融合"的模式。山东省委宣传部等部门联合印发了《关于推行"社会工作+志愿服务"工作模式的实施方案》，着力打造"社会工作+志愿服务"山东新模式，推动实现资源共享、联动互促、文明共建。

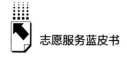

1. 推动阵地融合，拓展公益服务平台

积极整合社会工作站与文明实践所设施资源，打造"社会工作+志愿服务"综合体。山东省民政厅印发《关于进一步加强和规范城乡社区志愿服务站点建设的通知》，要求严格按照"有队伍、有场地、有设施、有制度、有服务、有记录"的六有标准，建立覆盖县、乡、村居三级的社区综合服务设施志愿服务站点。截至 2023 年 3 月，在全省 65850 个社区综合服务设施中，设立的志愿服务站点比例超过 98%，已基本实现全覆盖。[①]

2. 推动队伍融合，提升志愿服务效能

立足已建成的 1803 个社工站，全面推行社工与义工"双工融合"队伍协作机制，形成"社工与志愿者协同服务"的互动局面。将志愿者培训纳入社会工作培训计划，驻站社工定期开展面向志愿者的专业培训。在每个"社会工作+志愿服务"综合体建立 1 支不少于 10 人的综合素质高、服务领域全的示范性综合社工志愿服务队，每个社工志愿服务点结合各自特点建立 1 支不少于 5 人的志愿服务小分队，标准化、常态化开展志愿服务。推动建立优秀社工志愿者评选表彰机制，将其纳入志愿服务人才库管理。

3. 推动服务融合，增强基层治理能力

围绕需求再造流程，驻站社工与志愿者、文明实践所专管员依托文明实践志愿服务平台，建立群体需求清单、社会资源清单、工作责任清单、服务内容清单"四项清单"，构建群众点单、系统派单、社工与志愿者接单的菜单式服务流程。山东省民政部门围绕为老、为小、为困难群体等服务对象，累计开展志愿服务项目约 43 万个。比如，日照市"摆渡"爱心食堂项目已累计为高龄孤寡、残障等农村老年人提供免费午餐 90 余万份，破解了吃饭难题；临沂市手牵手孤困儿童心理辅导志愿服务项目探索出"扶困、扶心、扶智、扶技"的孤困儿童帮扶模式，帮扶孤困儿童 5300 余名。以"社会工作+志愿服务"综合体为平台，发挥"五社联动"的优势作用，目前已联动

---

① 《山东社区综合服务设施志愿服务站点覆盖率超 98%》，https：//baijiahao.baidu.com/s？id=1759409723734996735&wfr=spider&for=pc，最后访问日期：2024 年 3 月 20 日。

社区社会组织超 1 万家，志愿服务超 30 万人次，探索设立社区基金 1697 支，提供专业服务 98.49 万人次。①

4. 推动保障融合，凝聚有效工作合力

将推行"社会工作+志愿服务"工作模式纳入山东省各级精神文明建设重点测评内容，推动有关部门加强协同配合，形成工作合力。宣传部门发挥统筹协调、规划指导作用，民政部门履行志愿服务行政管理职能。各级各部门立足本地实际，拓宽资金来源渠道，加大志愿服务和社会工作经费投入力度，积极引进慈善资源和社会力量，鼓励各地设立志愿服务基金，通过推动联合承接政府购买服务项目的方式，推进社会工作与志愿服务一体化发展。

三　山东省志愿服务案例介绍

聚焦群众"急难愁盼"问题，围绕"五为"文明实践志愿服务要求，山东省各地、各部门广泛深入开展志愿服务活动，设计打造了一批受欢迎、可持续、叫得响的志愿服务项目。

（一）"'爱晚'城市锦囊"济漂老年人城市融入服务项目

1. 项目概述

该项目以济漂老人的生活适应为核心需求，开展系统化服务，形成了集生活适应、朋辈支持、情绪缓解、观念转变、城市融入于一体的服务模式，协助其通过生活调适完成心理调适，从而适应和融入城市生活。该项目聚焦济漂老人进行特色服务探索和服务成果设计，促进济漂老人参与社区活动，帮助济漂老人增强对城市生活的归属感。该项目实现了济漂老人由"边缘人"向"新市民"的身份转换，为其他同类城市融入专业服务提供了良好示范。

---

① 《山东社区综合服务设施志愿服务站点覆盖率超98%》，https://baijiahao.baidu.com/s? id=1759409723734996735&wfr=spider&for=pc，最后访问日期：2024 年 3 月 20 日。

2. 项目亮点

（1）服务对象的独特性

该项目聚焦济漂老人，是省内首次对老人异地城市融入服务的专业化探索，对人口流动背景下为老年人提供针对性服务具有重要借鉴价值。该项目以济漂老人的生活适应为核心需求，开展系统化服务，协助其通过生活调适完成心理调适，从而适应和融入济南的社会生活。

（2）项目发展潜力较大

该项目以老人生活适应为突破口，促进其心理适应和文化适应，注重服务对象的自我效能感与价值感的实现，实现"助人自助"，最终形成"'爱晚'城市锦囊"的公益服务产品。将服务过程中的有益探索进行成果转化，能够进一步实现服务的社会效益，服务更多具有社区适应需求的老年人。

（3）项目服务的可持续性

该项目以政府购买社工服务与高校志愿服务充分对接为工作机制，保证了服务的可持续性，最终形成"'爱晚'城市锦囊"的社会服务产品，通过有形化产品输出增加了服务的推广价值。同时，该项目聚焦济漂老人进行特色服务探索和服务成果设计，能够为其他同类城市融入专业服务提供良好示范。

3. 项目成效

自实施以来，该项目有效地为济南市 15 个城市新型社区的上千位济漂老人在城市生活、医疗健康、业余生活、孙辈照顾等方面提供服务，帮助老人更好地融入社区、融入城市。该项目共发放服务手册 2000 余本，形成了60 余个济漂老人的自服务组织，让济漂老人与本地老人相互影响，让老人意识到社区参与的重要意义。志愿者与济漂老人建立了良好关系，丰富了老人的精神生活，提高了老人的生活技能；通过开展健康义诊、健康知识讲座，帮助老人了解自身身体健康状况；通过进行普法宣讲，让老人增强安全防范意识；通过制作并发放济漂老人社区服务手册、城市生活手册，方便济漂老人了解所在社区可提供的社区服务、所在城市可提供的生活服务，从而融入城市生活；通过兴趣组织引导济漂老人参与集体活动，发挥自身特长，促进人际关系的发展，最终推动老人的社区参与，增强其对城市的归属感。项目先后荣获中国、山东省青年志愿服务项目大赛银奖与金奖等奖项，被《齐鲁晚报》、齐鲁壹点、网易新闻、搜狐网、大众网等媒体宣传报道。

（二）"希望小屋"困境儿童成长陪伴计划

1. 项目概述

"希望小屋"困境儿童成长陪伴计划依托山东省高校社会工作专业，凝聚校、地、社、企多方力量，通过学业辅导、心理咨询、日常陪伴、习惯养成、人文关爱等多种方式对"希望小屋"困境儿童进行长期性的帮扶和成长陪伴，探索"社工+志愿服务"服务创新模式，助力困境儿童身心健康成长。

2. 项目亮点

（1）视角创新

该项目在社会工作视角下聚焦困境儿童群体，希望工程资助贫困地区失学儿童重返校园，改善了农村地区的办学条件，但是该工程依然存在所覆盖的困境儿童群体缺乏关爱、缺乏监管、缺乏引导等问题。项目发动高校大学生公益志愿群体积极参与社会服务，从而为困境儿童的健康成长保驾护航。

（2）模式创新

高校大学生公益志愿群体联合地方基层政府、社会组织和社会企业，四方主体优势互补，形成校、地、社、企共建模式，融合多方资源，通过"希望小屋"困境儿童成长陪伴计划帮助更多儿童从"小屋焕新"到"精神焕彩"。

（3）方法创新

该项目紧密结合社会工作专业内容和学生志愿服务实践，有明确完善的督导体系保证项目服务的专业性和系统性。团队通过需求评估，根据困境儿童的成长发展规律，提供"一人一档"跟踪支持服务，强化持续性、针对性与专业性，助力"希望小屋"困境儿童成长陪伴计划落实落细。

3. 项目成效

过去两年，该项目累计参与志愿者达 680 余人次，志愿服务总时长超过 8000 小时，服务对象达到 650 人。团队积极履行社会责任，创新青年教育引导方式的样板。项目易复制推广，社会影响力大，得到了学生家长以及学校和社会的充分认可，项目相关情况被大众网、山东教育新闻网、中国山东网等媒体报道。

四 山东省志愿服务面临的困境与挑战

虽然山东省的志愿服务事业得到了较快发展，多项指标位居全国前列，但是山东省在由志愿服务大省向志愿服务强省跨越的过程中依然存在一些问题和不足，主要表现在以下几个方面。

（一）志愿者队伍庞大，参与活跃度却有待提升

志愿山东网统计数据显示，截至 2023 年 6 月，全省注册志愿者有 2332 万人，超过全省常住人口的 1/5。然而，从志愿服务时长来看，在注册志愿者中，有记录时间的仅为 766 万人，约占 1/3，还有 2/3 的志愿者并没有记录志愿服务时长。这说明志愿服务信息平台记录功能有待激活，同时从侧面说明大量志愿者只是在信息平台进行了登记注册，但并未真正参加志愿服务。

（二）志愿服务专业化、项目化水平有待提高

基层志愿者队伍层次不一，不少地方在开展志愿服务时依然主要是动员机关干部、村"两委"成员，缺少专业志愿服务人才队伍，也缺乏专业机构对志愿者及团队、组织进行必要的服务技能、管理技能培训。这造成基层志愿服务一般性服务多、优质高效服务少，志愿服务活动多、项目化运作少，同质性服务多、创新性服务少。

（三）志愿服务资源整合、平台建设尚有待加强

在资源整合方面，精神建设指导机构作为志愿服务的统筹协调部门，在资源整合利用方面开始破题，但是各地在突破体制机制、整合各方面资源一体使用、协同运行方面面临力度不够、融合交流不足、效率没有充分发挥等困境。

在平台建设方面，全省新时代文明实践志愿服务信息平台于2022年10月才正式启动，尚处于试运行阶段。平台虽然重视数据增长，但对数字背后的真实性、合法性和有效性要求不严、关注不够。社区志愿服务站点的作用需进一步发挥，部分社区志愿服务站点在制度化、规范化建设方面存在短板，在完善站点功能、发挥站点作用等方面力度不够。

（四）志愿服务运行机制有待进一步健全

各地文明实践中心组织体系已基本建立，阵地、平台、队伍也在不断完善，但各级实践中心（站、所）多数未设立志愿服务专门机构（专管员）具体负责志愿服务工作规划、项目设计和对接实施志愿服务活动。此外，山东省在志愿服务运行经费、保险补助、教育培训等方面亟须财政资金保障，亟须教育、人社、民政等部门协同探索更加多元化的激励保障政策。

五　山东省志愿服务发展方向和建议

当前和今后一个时期，是我国全面深化改革的关键时期，同时志愿服务管理机构也正处于职能体系重塑时期，这既为志愿服务的发展提供了难得的发展机遇，也提出了新的更高要求。接下来，山东省志愿服务事业的发展须以满足人民群众需求、激发社会参与活力为根本出发点和落脚点，以服务国家战略、服务高质量发展、服务社会治理为着眼点，秉持整体治理理念，不断提升治理精细化、专业化水平，以期实现新跨越、取得新发展。

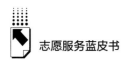
（一）强化整体治理，推进志愿服务融合性发展

推进志愿服务高质量发展不能"单打独斗"，需要山东省整合资源、统筹推进，把分布在条块中的各类资源利用起来，集聚好各方面资源和力量，增强综合效应、整体效应。

1.加强资源整合

统筹教育、科技、文体、卫生、平安、健康、养老等各部门各系统资源，促进条上的专业资源下沉，与块上的区域特色资源有效对接，条块联动、条抓块保，在新时代文明实践站、社区服务站打造不同特色模块（齐从鹏、王玉香，2022）。

2.加强阵地融合

各系统在基层基本都有各自体系的阵地，一些已延伸到基层，如组织系统建立了党员活动中心（室），文明系统建立了新时代文明实践站，民政系统建立了社会工作站，团委建立了青年志愿服务站，司法部门建立了普法工作室，等等。这些阵地平台都直接面向基层、服务群众，各有优势、互为补充。山东省要发挥党建引领的重构和整合作用，形成资源统筹、联通共享、一体联动。

3.加强力量聚合

充分发挥外部社会组织、工青妇等群众支持性网络，以及行政机关党员干部、党校、高校、社科研究机构、企业事业单位等下沉力量的陪伴、培力和协力作用（齐从鹏、王玉香，2022），通过"基层网格+下沉力量"的上下结合、"外部社会组织+本土志愿力量"的内外结合、"服务力量+支持资源"的有机结合，汇聚各类力量，提高基层志愿服务的执行力。

（二）加强精细治理，推进志愿服务创新性发展

1.进一步加强制度化建设

健全建强山东省志愿服务动员、供给、队伍组织、阵地、文化、支持保障"六大体系"。加快推进《山东省志愿服务条例》相关配套政策出台

工作，制定完善志愿服务记录认定标准和办法。完善山东省志愿服务激励嘉许制度，落细落实评优评先、积分管理、信用档案、礼遇关爱等有效措施。

2. 进一步加强项目化建设

深化"五为"文明实践志愿服务品牌发展。持续深化"五为"文明实践志愿服务活动，深化落实"为老""为小"志愿服务项目指南，研究出台其他"三为"志愿服务项目指南，持续打造品牌项目。围绕国家和省重大发展战略，结合部门工作重点和社会关注热点，策划实施主题鲜明、富有特色的志愿服务项目。遴选一批志愿服务工作典型代表和品牌项目，向全省宣传推广，发挥先进典型的示范带动作用。

3. 进一步加强信息化建设

进一步优化志愿山东信息系统，实现各类志愿者资源共享互通，提高志愿服务与社会需求的匹配度。借助微信、APP 等新媒体工具，系统掌握需求热点，及时发现供需对接缺口，构建精准的居民需求信息库。针对信息系统场景性应用不足问题，积极探索数字化治理和服务新模式。将志愿服务纳入智慧城市建设，加强精神文明建设，提高志愿服务智慧治理水平，构建集成、共享、互动、便捷、高效的线上志愿服务体系。

（三）增强队伍赋能，推进志愿服务专业化发展

1. 持续增强基层志愿力量

在县域内加强常备志愿服务队伍建设，结合地域特色打造志愿服务队伍，组织引导具有专业知识技能的人员组建志愿服务队伍。充分发挥居委力量的引导作用、网格力量的基础作用、骨干力量的动员作用，发挥自治力量的主体作用，组建常驻群众身边的志愿服务队伍，激发社区参与活力。

2. 持续深化"两工"融合机制

把志愿者培训纳入社会工作培训计划，定期开展面向志愿者的社会工作专业知识培训，鼓励、引导广大志愿者积极参加全国社会工作者职业水平考试。深入总结"社会工作+志愿服务"融合、联动实践经验，因地制宜探索

"社会工作+志愿服务"发展模式，持续推动"两工"融合在全省范围内落地、落细、落实。

3.持续推动志愿服务研究培训

全力推动全国志愿服务项目孵化基地（山东）运行，发挥山东省新时代文明实践志愿服务研究培训中心和山东省社科理论研究基地——山东省志愿服务研究基地的作用，做好政策咨询与研究、实务督导与评估、项目设计与策划以及教育培训等服务支持。结合全省"志愿服务培训年"活动，做好师资力量、课程设置、培训计划等谋划工作，对全省志愿服务行政管理人员、志愿服务组织带头人、志愿服务骨干人才进行培训轮训，提升志愿服务专业化水平。

参考文献

齐从鹏、王玉香，2022，《"为老"文明实践志愿服务的发展逻辑、困境与对策研究》，《山东青年政治学院学报》第 6 期，第 69~73 页。

B.11
2022年海南省志愿服务发展报告

郭冉 王露瑶*

摘　要： 新冠疫情是对应急志愿服务体系的一次大的考验，也是完善常态化志愿服务制度和工作体系的重要契机。新冠疫情发生以来，海南省坚持"平战结合"的指挥协调机制，形成了全面迅速的疫情防控志愿服务动员机制、科学有效的疫情防控志愿服务队伍建设机制、精准对接的疫情防控志愿服务供给格局、覆盖广泛的疫情防控志愿服务阵地网络、覆盖广泛的疫情防控志愿服务阵地网络、坚实有力的疫情防控志愿服务支持保障机制，科学高效地提供了疫情防控志愿服务，推动了海南省各地抗疫志愿服务有序进行。海南省完善了本省的志愿服务制度，强化了志愿服务工作体系，为今后常态化志愿服务工作的开展打下了坚实的基础。据此，本文系统总结了海南省疫情防控志愿服务的开展情况、工作思路、实践经验，全面地呈现了海南省已有的志愿服务工作基础，并构建出海南省常态化志愿服务制度和工作体系的整体框架。

关键词： 新冠疫情　志愿服务　志愿服务工作体系

引　言

志愿服务是衡量社会主义精神文明建设水平的重要标尺，是助力社会治理、促进经济社会高质量发展的重要维度，是建设社会主义现代化强国的重

---

* 郭冉，中国社会科学院社会发展战略研究院助理研究员，研究方向为人口经济学、志愿服务。王露瑶，中共中央党校（国家行政学院）社会与生态文明教研部博士研究生，研究方向为志愿服务、社会保障与社会治理。

要依仗。党的二十大报告提出了完善志愿服务制度和工作体系，提高全社会文明程度的战略任务，为我国志愿服务工作的组织开展提出了新的要求。长期以来，志愿服务在社区治理、扶贫济困、养老助残、应急救援、生态环保等领域发挥了积极作用。在北京冬奥会等大型赛会期间，我国也通过高质量的服务展现了志愿者的青春风采。尤其是在抗击新冠疫情期间，志愿者在应急、医疗、社区治理等多领域发挥了重要作用，做出了突出贡献。

新冠疫情是对应急志愿服务体系的一次大的考验，也是完善常态化志愿服务制度和工作体系的重要契机。2022 年 8 月发生新冠疫情后，在海南省委、省疫情防控指挥部的统一部署下，海南省委宣传部、省文明办坚持"平战结合"的指挥协调机制，形成了全面迅速的疫情防控志愿服务动员机制、科学有效的疫情防控志愿服务队伍建设机制、精准对接的疫情防控志愿服务供给格局、覆盖广泛的疫情防控志愿服务阵地网络、坚实有力的疫情防控志愿服务支持保障机制，科学高效地提供了疫情防控志愿服务，推动了海南省各地抗疫志愿服务有序进行。海南省完善了本省的志愿服务制度，强化了志愿服务工作体系，为今后常态化志愿服务工作的开展打下了坚实的基础；进一步形成了从"平战结合"的疫情防控志愿服务到常态化志愿服务过渡的"海南路径"，树立了实践典范。

为系统总结梳理海南省疫情防控志愿服务的开展情况、工作思路、实践经验，搭建海南省开展志愿服务的常态化工作体系，课题组于 2022 年 8 月下旬赴海南省实地调研，通过实地走访、线上/线下座谈、问卷调查等方式对海南此次疫情防控志愿服务工作进行全面调查。在调研基础上，课题组系统地总结和提炼了海南省疫情防控志愿服务的宝贵经验，全面地呈现了海南省已有的志愿服务工作基础，并结合党中央的工作要求，构建出海南省常态化志愿服务工作体系的整体框架。

一 海南省疫情防控志愿服务工作体系

为应对突发的新冠疫情，在海南省委、省疫情防控指挥部的统一部署下，海南省坚持"平战结合"的指挥协调机制，通过动员党员干部、立足文明实践阵地、发动群众力量、广泛宣传和分类施策，迅速响应，精准高效地提供了各类疫情防控志愿服务，推动了海南省各地疫情防控志愿服务有序进行。

（一）组织动员主导，党员干部引领

自本轮疫情开始，海南省坚持全省疫情防控一盘棋，迅速做出反应。省委、省政府调整完善海南疫情防控指挥体系，省级领导干部分工坐镇重点市县，牵头成立工作专班，直插一线、靠前指挥，发挥示范带头作用。

第一，党建引领"志愿红"，共筑疫情"防控网"。省文明办、省志愿服务联合会第一时间传达中央、省委以及省委宣传部有关海南省疫情防控会议精神，研究部署工作任务，落实疫情防控政治责任，向海南省发出了志愿服务防控疫情的倡议，号召海南省广大党员干部就地转化为志愿者参与疫情防控工作。调查数据显示，在疫情防控志愿服务中，党员志愿者占比达到36.3%，充分发挥了党员的先锋模范作用，为广大志愿者做出了良好的表率。第二，临时党支部成立，延伸疫情"防护网"。在上级党组织的指导下，发生疫情社区立即成立临时党支部，充分发挥党组织战斗堡垒作用。组建党员志愿者突击队，健全了组织架构，明确了责任分工，为疫情防控强化了组织力量。第三，优化服务机制聚合力，助力疫情防控大局。为促进和规范党员志愿者突击队的各项工作，助力疫情防控大局，全省、各县市出台政策文件，建立健全党员志愿者工作机制，明确工作责任，厘清工作范围。

（二）立足平台阵地，强化资源保障

新时代文明实践中心（所、站）是开展志愿服务的重要平台阵地，是服务群众的重要载体，也是打通服务群众的"最后一公里"、夯实群防群控的基层根系。基于文明实践阵地，海南省主要有以下几项代表性工作。

第一，开启志愿者招募，吹响一线防疫集结号。基于新时代文明实践中心（所、站），招募储备志愿者、组建志愿服务先锋队，以"新时代文明实践站+网格"的模式，打造疫情防控体系，全力筑牢疫情防控安全网。第二，保障民生需求，积极服务社区百姓。依托新时代文明实践中心（所、站），统筹防疫力量，号召广大返乡大学生、党员、退役军人等开展志愿服务活动，活动旨在满足群众的生活物资配送、购买药品等需求，为老人、少儿、孕妇等特殊人群提供就医绿色通道，及时回应群众需求，为群众提供暖心服务。第三，新时代文明实践志愿服务队下沉，打造防疫宣传坚实阵地。新时代文明实践志愿服务队下沉到各村（社区），协助做好疫情防控、个人防护知识等宣传教育工作，筑牢疫情防控安全防线，通过微信公众号、视频号等多种形式加强疫情防控宣传教育。

（三）发动群众力量，创建无疫村（社区）、无疫小区

海南省严格落实各项防控工作部署和要求，充分发挥人民群众抗疫积极性，坚决阻断疫情传播扩散途径，统筹推进无疫村（社区）、无疫小区创建工作，最大限度地降低疫情输入、外溢及内部传播风险，筑起一道道人民群众生命安全防护线。

第一，建立上下联动组织体系。各市县广泛组织的党员志愿者、青年志愿者积极投身助力全省无疫村（社区）、无疫小区创建工作。充分发挥"基层治理+志愿服务"联动体系的战斗堡垒作用，动员志愿者联防联控，助力无疫村（社区）、无疫小区建设。第二，志愿服务与"无疫"紧密结合。海南省将无疫村（社区）、无疫小区创建工作与志愿服务工作紧密结合，同步推进落实，筑起群防群治抵御疫情的严密防线，全力保障人民群众身体健康和生命安全。号召党员志愿者积极发挥榜样作用，以点带面、充分发挥先进典型的示范带动作用。第三，织密防疫宣传"四张网"。充分做好阵地宣传、线上对话、线下交流、群众监督工作，保障疫情防控工作有序开展。此外，海南省还坚持把创建活动与文明城市、文明村镇、文明家庭等群众性精神文明创建活动结合起来，推动疫情防控和文明创建、文明实践、志愿服务相互促进、融合提升。

（四）突出宣传功效，传递权威声音

习近平总书记强调在新冠疫情防控中要"做好宣传教育和舆论引导工作"（杨云成，2020）。本轮海南疫情来势凶猛，海南省创建"海南疫情防控"公众号，精准引领，及时发声，突出了政务媒介的担当意识。

第一，打通网络平台的"最后一公里"，与群众紧密相连。省委宣传部利用"海南疫情防控①"及时发布最新、权威的疫情防控消息，实现了覆盖全省、服务全省的目标。第二，疫情防控典型事迹广泛宣传，及时传递"抗疫"志愿服务正能量，鼓舞"抗疫"人心，提升"抗疫"信心，弘扬志愿精神。第三，扮演"发声人"角色，提升群众及志愿者的疫情防控认知能力，保障信息科学有效传播。第四，发挥微信公众号平台的快捷、高效等优势，助力海南省疫情防控网络舆情引导。政务媒介发布的信息具有权威性、可靠性和影响大的特点，海南省通过创建"海南疫情防控"微信公众号掌握网络舆情引导主动权；设置"疫情信息辟谣"专栏，精准对疫情相关谣言和负面舆情进行紧急辟谣，引导舆情走向，及时净化疫情网络空间，强化网络文明建设，稳定网络社会秩序，在全省形成浓厚的科学防控氛围。

（五）针对人群特点，确保服务效果

第一，志愿者包点服务火车站滞留旅客。志愿者对接广铁集团做好旅客返程票务预留预订等工作，对滞留旅客提供一对一精准服务，做好滞留旅客妥善安置、健康管理、基础保障、情绪安抚等工作，畅通滞留旅客从火车站离岛返程渠道。第二，志愿者协同做好健康驿站管理工作。第三，志愿者提供心理疏导志愿服务。海南省文明办专门组织志愿者开展线上服务，提供心理疏导服务，打好人民群众的"心理防疫战"。第四，开展结对志愿服务，帮助服务对象接送孩子、照顾老人、申报跑腿、物资代购等，以实际行动为其排忧解难。

---

① 微信公众号现已更名为海南发布。

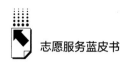

二 海南省疫情防控志愿服务的经验路径

通过疫情防控志愿服务工作，海南省形成了疫情防控志愿服务制度和工作体系，包括全面迅速的疫情防控志愿服务动员机制、科学有效的疫情防控志愿服务队伍建设机制、精准对接的疫情防控志愿服务供给格局、覆盖广泛的疫情防控志愿服务阵地网络、坚实有力的疫情防控志愿服务支持保障机制，为构建高质高效的常态化志愿服务工作体系奠定了基础。

（一）全面迅速的疫情防控志愿服务动员机制

疫情发生后，海南省充分发挥组织动员优势，拓展社会动员渠道，依托专业力量动员，强化应急动员，创新宣传动员方式，建立了全面迅速的疫情防控志愿服务动员机制。

1.组织动员迅速推动

一是党员干部就地转化为志愿者参与疫情防控。各级党组织迅速下沉至社区，落实双报到制度；党员干部就地转为志愿者，充实志愿服务队伍。党员志愿者自觉接受网格党组织的安排，成立突击队、设立先锋岗，投身抗疫一线。在党员志愿者的带动下，社会各界民众踊跃参与。其中，有42.1%的志愿者响应党组织号召，就地转化，组织力量在其中发挥了积极作用。

二是群团组织合力发动志愿者参与。本轮疫情防控工作中，海南省汇聚青年志愿服务队（青年突击队）、巾帼志愿服务队、总工会干部职工等力量，用责任与担当筑起抗击疫情的强大合力。在此次海南疫情防控志愿服务中，青年人主动承担起疫情防控志愿服务的工作重任。数据显示，"90后"志愿者所占比例最高，达到28.9%；"80后"紧随其后，占比为27.8%；"00后"的参与热情高涨，占比为21.5%。这三个年龄段的志愿者比例达到78.2%，志愿者整体上呈现年轻化的态势，青年人成为中坚力量。

2.社会动员全面铺开

一是发动社区广泛参与疫情防控志愿服务。社区党组织主动作为、不等不靠，设身处地为群众考虑，深入细致地做好排查监测、物资供应、心理疏导等各项工作。社区组织号召社会各界积极参与疫情防控志愿服务，强化志愿者自身安全防护和培训管理，就近就便参与志愿服务，特别是发挥居民"网红效应"，利用居民网红力量，带动粉丝、熟人加入线上线下疫情防控志愿服务。此外，海南省还发挥吸引候鸟人群的优势，广泛动员候鸟人群参与社区志愿服务，与广大志愿者一道为民众排忧解难，提供志愿服务。

二是发动社会组织、行业协会等社会力量参与疫情防控志愿服务。疫情防控志愿服务离不开社会组织的顺畅对接和积极参与。疫情期间，海南省各类社会组织响应号召，积极主动参与疫情防控志愿服务。另外，还有草根类志愿服务组织自发组织志愿者参与社区疫情防控工作，入户"扫楼"、核酸检测现场处处都有志愿者的身影。

三是动员各类企业志愿服务力量投身防疫一线。疫情防控志愿服务要充分发挥企业的作用，积极动员各式各类企业志愿服务力量。企业在资源调配、人员协调方面具有效率优势，能够迅速实现对疫情防控有关人、资源、信息的优化配置。

3. 专业动员高效开展

海南省及时组建疫情防控心理援助志愿服务队，招募了具备一定专业资质的心理咨询师、心理健康师等。及时为被隔离人员提供心理疏导服务，打好人民群众的"心理防疫战"。在本次疫情防控志愿服务中，有5.4%的志愿服务属于心理疏导服务，5.2%的志愿服务是线上客服，为志愿者和民众提供相应的帮助。

4. 应急动员精准推行

应急动员以"可靠精准"为第一原则，不片面强调规模，各级各类志愿服务组织要重视畅通志愿服务的各节点、岗位与所在地防疫指挥部的联系渠道，做到上情下达、下情上传无缝衔接。在本次疫情防控中，在所在地疫情防控指挥部的安排下，志愿服务组织为疫情发生地提供志愿力量协调、服务资源调配、网络舆情引导等方面的指导和服务，按照当地党委、政府统一部署要求，组织发动广大志愿者安全有序、就近就便参与疫情防控志愿服务

工作。与应急有关行业一线的志愿者立足本职岗位，发挥自身优势，带头投身防疫一线，主动参与政策宣传、科学普及、疫情监测、排查预警等基础性工作和网格化管理。

5. 宣传动员广泛发力

第一，在线下组织志愿者创新运用本地方言录制"大喇叭"广播，宣传防疫政策，进行志愿者招募。调查数据显示，76.7%的志愿者借助各区、各镇街、各村/社区、各网格分别建立的志愿者微信群了解志愿服务，69.6%的志愿者通过村/社区事务公开栏、张贴横幅、公共场所张贴标语海报来获取志愿服务信息。第二，充分利用微信公众号、微信群、QQ群、抖音、小红书等多种社交媒体，广泛向群众发送志愿者招募信息。调查数据显示，67.8%的志愿服务活动借助志愿者的单位、公司及社会组织所属媒体发布（如微信公众号、朋友圈、抖音等）。此外，还有51.0%的志愿服务信息由志愿服务信息化平台进行推广，较好地利用了信息化渠道。

（二）科学有效的疫情防控志愿服务队伍建设机制

为应对疫情，海南省委宣传部、省文明办牵头与多部门沟通协调，紧密配合，形成工作合力，指导各志愿服务组织加强防疫管理，完善组织内部防疫管理，规范志愿服务组织战时管理，高效开展疫情防控志愿服务；引导各志愿服务组织建立防疫志愿服务战时工作机制，保障志愿服务精准开展；督促各志愿服务队伍多渠道多形式组织岗前防疫通识培训和专业培训，提升志愿服务队伍的疫情防控能力。

1. 领导力：建立疫情防控志愿服务队伍管理机制

一是制订防疫志愿者管理方案，完善疫情防控志愿者管理机制。海南省文明办牵头制定志愿者岗前操作手册与防控指南，发布核酸信息采集员操作手册，加强疫情防控志愿服务工作流程培训。各市县发布《关于加强疫情防控志愿者管理的通知》，对志愿者的招募条件和管理使用及用人单位的注意事项等进行说明，确保广大志愿者有组织性、纪律性和原则性，依法科学有序开展疫情防控志愿服务。

二是社交媒体充分发挥了分类管理、统筹安排、组织协调的作用。调查数据显示，志愿者加入所在单位、所在社区的志愿服务微信群的比例高达87.3%，志愿服务组织通过微信群发布活动的比例为86.7%，通过微信群临时组建队伍的比例为63.8%。志愿服务组织在充分使用社交媒体的同时，严格规范管理志愿者微信群。管理员会针对以志愿服务名义进行的营利性活动进行及时清理，包括在志愿服务相关的微信群内发布广告、未经官方证实的不实消息或与志愿服务无关的内容等影响志愿服务秩序的行为，群管理员会及时发出警告并优化清退，同时鼓励群成员对群内异常账号进行投诉处理，保障志愿者微信群管理秩序。

2. 执行力：建立疫情防控志愿服务战时工作机制

海南省各疫情防控志愿服务队伍按照属地政府的统一安排部署，一键"吹哨"，快速激活指挥调度系统和常备力量。志愿服务队伍通过微信公众号、微信群、QQ群、朋友圈等平台广泛发布志愿者招募令，志愿服务微信群每日实时更新疫情防控工作需求，确保次日志愿服务工作有序开展；以就近、自愿、按需分配为原则，将志愿者均衡合理调配至防疫一线，实现防疫应急志愿者供需精准匹配，形成"调度有力度、响应有速度"的高效动员工作模式。

在战时工作机制的部署下，志愿者招募工作迅速完成。志愿服务队伍通过区、镇"塔式"微信群招募社会志愿者，通过"直通式"招募迅速将招募信息发送至志愿者本人，参与人员可直接线上报名，迅速了解报名情况并进行安排。战时工作机制也可以保障志愿者安排的精准性。通过每日根据疫情防控指挥部核酸检测点位安排，报名参加疫情防控志愿服务的志愿者可被就近安排至核酸检测点位，与点长精准对接，从而避免了岗位安排不明确、工作任务不清晰的问题。

3. 适应力：加强疫情防控志愿服务队伍培训工作

疫情防控志愿服务不仅是公共卫生类应急志愿服务，也是一系列专业志愿服务的总和。海南省出台了《新冠肺炎疫情防控志愿者个人防护指导》《海口防疫青年志愿者岗位实务手册》，制定了不同档位志愿者的注意事项，

建立了志愿服务通识培训与疫情防控专业培训相结合的岗前培训机制。数据显示，83.9%的社区在志愿者上岗前都提供相应的培训，以便其更好地适应岗位，提供高质量的服务。

（三）精准对接的疫情防控志愿服务供给格局

在疫情防控志愿服务中，海南省各志愿服务组织根据不同风险区域，细分小区居民、阳性人员楼栋居民、孤寡低保人员群体、不会操作手机下单的特殊群体、滞留旅租游客五类人群，针对不同人群的需求，明确保供渠道与形式，分级分类、做精做细提供志愿服务，以助力疫情防控。

1. 服务需求岗位精准设置

疫情防控中海南省主要设置了五大志愿服务岗位，包括核酸检测辅助岗位、物资配送供给岗位、社区"扫楼"岗位、后勤保障岗位、心理疏导岗位。调查数据显示，这五类志愿服务岗位的参与比例分别为81.9%、26.0%、30.3%、27.9%和5.4%。核酸检测辅助岗位是主战场，扫楼、后勤和物资配送需要较多人手。疫情防控工作需要进行大规模的核酸筛查和常态化核酸检验，因此与之相关的志愿服务岗位也需要较多人手。心理疏导、应急救援等专业性志愿服务活动在疫情防控中也有体现。从统计结果来看，本轮疫情防控志愿服务的形式多样、内容丰富、范围广泛，发挥了重要作用。

2. 服务需求供给精准对接

从统计结果来看，参与人数最多的岗位，对志愿者的需求也最大。首先，辅助核酸检测的志愿服务需求最大，占比高达84.9%；其次是社区"扫楼"的需求，比例为36.4%；最后是物资配送、后勤保障需求，占比分别为32.4%和28.7%。从专业志愿服务角度来看，应急救援、心理疏导专业性服务的需求占比分别为11.3%和10.4%。而从民生保障角度来看，帮扶社区特殊困难群体的需求也达到23.0%。因此，志愿服务需做到精准发力，有的放矢。从数据结果来看，本轮疫情防控的志愿服务需求聚焦疫情防控，紧密围绕民生，且服务需求与服务内容精准对接，实现了志愿服务的供需双向互动。

（四）覆盖广泛的疫情防控志愿服务阵地网络

海南省根据疫情防控需要，完善疫情防控志愿服务网络，以党员先锋队为中心，激活社区群防群控机制；以青年突击队为辅助，构建"塔式"防控网络；以新时代文明实践中心（所、站）为依托，构建联防联控体系，形成了覆盖广泛的疫情防控志愿服务阵地网络。

1. 以党员先锋队为中心，激活群防群控机制

为应对新冠疫情，海南省迅速激活社区群防群控机制，动员党员干部投身疫情防控志愿服务，积极发挥各级党组织的战斗堡垒作用和共产党员的先锋模范作用，冲锋在前。大部分机关干部就地转化为志愿者，自觉接受网格党组织安排，成立突击队、设立先锋岗。各级党员干部把"紧紧依靠人民群众打赢疫情防控阻击战"落到实处，与社区（村）加强协调配合，深入基层一线，广泛参与卡口值守、核查记录、防疫宣传、秩序维护、帮扶困难群众等工作，形成全省上下一盘棋的格局，构筑起党建引领、群防群控的严密"防火墙"。

快速成立疫情防控临时党支部。在疫情防控的紧要关头，海南省各市县快速成立疫情防控临时党支部。一是在集中隔离点成立临时党支部。在多个集中隔离点成立了由党员干部、医疗人员、志愿者等党员组成的临时党支部，下分工作小组，由党员担任组长，各工作组形成合力，主动靠前、迎难而上。另外，在封闭管理下，临时党支部通过建立微信群、设置热线电话的方式了解需求，涉及转码、外出就医、生活物资配送、查询核酸结果等求助信息，由党支部协调信息员、医务人员、志愿者第一时间线下解决，实现"线上线下"同频共振，推动隔离点有序运转。二是在社区成立抗疫临时党支部。社区抗疫临时党支部下设综合协调、社区服务、社区封控、核酸采样、人员转运、物资保供、医疗救助、环境卫生、防护物资等工作小组；同时，把辖区的大网格分成个小网格，安排网格员，每人分管一小片区域，制定工作清单。党员干部和社区志愿者联动作战，构筑防疫"战斗堡垒"，不断完善保供流程图，细分小区居民、阳性人员楼栋居民、孤寡低保人员群

体、不会操作手机下单的特殊群体、滞留旅租游客五类人群，针对不同人群明确保供渠道与形式，做精做细保供服务，实现辖区群众保供全覆盖。临时党支部党员志愿者亮明身份，在疫情防控第一线践初心、担使命，带动社会面志愿者形成强大合力，奋战于一线。如三亚市在中高风险社区（村、居）成立 103 个疫情防控工作专班临时党支部。

2. 以青年突击队为辅助，构建"塔式"防控网络

共青团海南省团委充分发挥"党有号召，团有行动"的优良传统，立足党政疫情防控总体部署，积极动员广大团员青年和青年社会组织通过志愿服务方式参与疫情防控工作，按照省级不低于 2000 人、地级市不低于 1000 人、市县（区）级不低于 500 人的人员规模组建本级共青团疫情防控应急志愿者队伍，作为第一梯队用于应对疫情突发紧急情况，或按照当地疫情防控指挥部下达的疫情防控专项指令投入工作。在此基础上，海南省积极延伸团的工作手臂，依托各级青年志愿者协会等青年社会组织组建适度规模的志愿者队伍，由各级团组织统一调度，依法、有序开展服务。

3. 以新时代文明实践为依托，构建联防联控体系

面对突如其来的疫情，海南省依托各新时代文明实践中心（所、站），充分发挥志愿者的服务作用，推动形成新时代文明实践"中心、所、站"三级联防联控体系，共同筑起"基层防疫墙"，成为疫情防控的有生力量。如三亚市崖州区统筹整合新时代文明实践中心、所、站等 94 支志愿服务队伍、3884 人防疫力量，积极参与崖州区社会面疫情管控。该区号召广大返乡大学生、党员、退役军人等人员，开展志愿服务活动，对行动不便居民、居家隔离人员等特殊群体采取"足不出村，就地服务"的服务形式。具体而言，通过楼栋长、小组长、网格员收集群众需求信息，组织党员队伍及志愿者统一做好物资采购、上门配送、清理生活垃圾等辅助服务，上门为封控区、管控区隔离人员派送"爱心蔬菜包"。在保障核酸检测"应检尽检、不漏一户、不少一人"的同时，全力做好民生服务，保障全区居民日常生活和医疗需求，形成"家家有人管、户户有人查、栋栋有人看"的防控局面。

（五）坚实有力的疫情防控志愿服务支持保障机制

为保障和鼓励疫情防控志愿服务的顺利有序进行，海南省注重为志愿者提供权益保障，提供疫情防控志愿服务正向鼓励，及时宣传疫情防控志愿服务典型事迹，建立了坚实有力的疫情防控志愿服务支持保障机制。

1. 权益保障，推进疫情防控志愿服务有序进行

海南省各志愿服务组织及相关用人单位为志愿服务行为提供必要保障与正向激励。一是按就近就便原则组织招募各村（社区）疫情防控志愿者，以保障志愿者安全和志愿服务便捷开展。与此同时，提前制作"党员先锋队""青年突击队"队旗、志愿者蓝马甲、志愿服务工作证，分发给每位志愿者，通过统一穿着提升注意公益形象，给居民群众安全感，保障志愿服务顺利进行。二是志愿服务组织主动对接乡镇、街道相关负责人，统一协调、妥善解决志愿者必要的交通、就餐、防疫物资等保障问题。面对不断变化的服务需求，合理安排志愿者的服务岗位和服务时间，避免志愿者长时间高负荷工作。三是凝聚社会公益力量做好后勤保障。积极携手爱心企业、爱心人士等社会资源，为参与一线工作的医护人员、村（社区）工作人员及青年志愿者提供清补凉、矿泉水、N95口罩、八宝粥、菊的物资保障，联合企业为疫情防控志愿者购买保险，为困难志愿者提供优先帮扶服务。

2. 激励褒奖，提供疫情防控志愿服务正向激励

为志愿者提供志愿服务记录和证明管理服务，定制并颁发写有志愿者姓名的荣誉证书，鼓励志愿者分享志愿服务成果。一是加强关爱广大志愿者，疫情防控志愿者上岗前在志愿服务信息化平台注册登记，同时督促志愿者在平台进行签到、签退领取志愿服务时长。二是根据疫情防控志愿者表现情况颁发志愿服务感谢信及小礼品、文创周边产品、奖励证书，为志愿者提供精神鼓励。三是积极推进疫情防控先进典型评选活动，及时为志愿者提供精神嘉奖，不断提高疫情防控志愿者的社会影响力和全民参与率。疫情是对各级党组织和全党同志尤其是各级领导干部素质和能力的一次重大考验，也为各级党委及其组织部门了解考察干部、发现优秀干部提供了重要契机。

3. 加强宣传，宣扬疫情防控志愿服务典型事迹

舆论阵地也是志愿服务的主战场。本次疫情防控志愿服务采取了线上线下相结合、传统媒体和新媒体相结合的思路，极大地拓展了宣传口径，增强了宣传效果。从宣传方式来看，社交媒体（如微信群）是线上宣传的主要途径，发挥了重要作用。数据显示，有94.1%的社区通过志愿者微信群发布志愿服务活动。社交媒体的使用，对信息交流、队伍动员和服务开展产生了积极的影响。另外，社区传播则是线下宣传的主要途径，有92.4%的社区通过线下渠道同步宣传志愿服务活动信息，包括社区公开栏、张贴横幅、公共场所张贴标语海报等传播途径。从媒体形式来看，借助各级媒体和官方平台进行宣传、发布信息的社区占81.5%。新媒体的诞生极大地方便了宣传工作的开展。而借助本社区志愿者、住户所在单位新媒体发布信息的社区比例也达到80.7%。

三 海南省构建常态化志愿服务工作体系的基础

2022年4月，习近平总书记在海南考察时强调，越是深化改革、扩大开放，越要加强精神文明建设，并提出"要持之以恒抓好理想信念教育，培育和弘扬社会主义核心价值观，广泛开展群众性精神文明创建活动，不断提升人民素养和社会文明程度"。① 自习近平总书记发表重要指示以来，海南省把加强精神文明建设摆在尤为突出的位置。在海南自贸港建设背景下，海南省坚决贯彻落实党的十八大以来党中央对志愿服务工作的决策部署，广泛开展群众性精神文明创建活动，深化拓展新时代文明实践中心建设，推进志愿服务制度化、常态化、规范化发展，推动实现了接地气、有活力、可持续的新时代志愿服务工作局面，有效促进了志愿服务事业的高质量发展。

---

① 《习近平在海南考察：解放思想开拓创新团结奋斗坚克难 加快建设具有世界影响力的中国特色自由贸易港》，https://www.gov.cn/xinwen/2022-04/13/content_ 5685109.htm?，最后访问日期：2024年3月26日。

（一）制度化的志愿服务组织体系

根据中共中央办公厅印发的《关于拓展新时代文明实践中心建设的意见》，海南省文明委印发《关于拓展海南省新时代文明实践中心建设工作的实施方案》，各市县新时代文明实践中心（所、站）按照年度重点工作安排，稳步推进新时代文明实践志愿服务工作。

一是党委统筹领导，建立三级贯通的运转机制。海南省明确"省负总责、市级抓推进、县级抓落实"的领导机制。各市县新时代文明实践中心主任一般由县级党委书记担任，中心办公室主任由宣传部部长担任，实践所所长由乡镇（街道）党委主要负责同志担任，实践站站长由行政村（社区）党组织主要负责同志担任，建立中心、所、站三级贯通、协调运转机制，建立文明实践志愿服务工作协调机制，增强新时代文明实践中心的组织力、发动力。儋州市、三沙市管理体制分别为市直管乡镇、市直管工委，两个地级市的市委书记担任新时代文明实践中心主任。

二是明确工作职责，建立系统的统筹推进机制。推进海南省志愿服务联合会换届工作，海南省19个市县完成党委宣传部门主管的志愿服务联合会转隶、注册工作，确保决策落实、政令畅通。调整海南省拓展新时代文明实践中心建设工作指导组组成人员，省委宣传部、省文明办共7位部领导分别挂点联系19个市县文明实践工作，进行点对点精准指导，研究解决突出问题。

（二）平台化的志愿服务阵地建设

海南省以参与全国试点为引领，大力拓展和深化新时代文明实践志愿服务阵地建设，边探索、边实践，边总结、边提升，取得了重要成效，促进了城乡文明建设。

一是积极整合利用各类资源。海南省各新时代文明实践中心（所、站）能够充分利用党群服务中心、文化馆、图书馆、文化广场、农家书屋、青少年活动中心、爱国主义教育基地等现有公共场所资源开展活动。有的新时代文明实践中心则有效利用闲置土地、闲置学校、闲置厂房等资源，打造以生态保护、典型教育和实践等为主题的文明实践阵地。比如，昌江黎族自治县新时代文明实践中心与当地"植树娘子军"开放性展陈有机结合，重点突出典型教育与实践。海口市琼山区新时代文明实践中心以生态保护为主题，打造凤翔湿地公园生态文明实践所和响水河、三十六曲溪、铁炉溪、新旧沟湿地公园生态文明实践站，宣传展示习近平生态文明思想，生动讲述琼山生态文明故事。

二是认真规范文明实践阵地管理。海南省各新时代文明实践中心（所、站）重点突出党的创新理论宣讲、培育和弘扬社会主义核心价值观等首要政治任务，并组织开展各类富有海南特色的文化体育活动，推出特色便民服务等，做到场所常态化开放。为方便群众就近使用阵地、参与活动，海南省26个新时代文明实践中心均建在市（县）中心城区，并配备了专职管理员；海南省大多数新时代文明实践所建在乡镇（街道）办公场所或附近，由乡镇（街道）干部或志愿者轮流值班；海南省大多数新时代文明实践站建在村委会（社区）办公场所，由村（社区）干部或志愿者轮流值班。

三是加强特色阵地建设。各新时代文明实践中心（所、站）能够结合本地实际，对原有阵地进行合理设计、改造，建成了一批功能作用凸显、深受群众欢迎的文明实践阵地。比如，琼海市围绕服务保障博鳌亚洲论坛年会，打造服务外交展示文艺风采的特色阵地"博鳌分中心"，定期开展"美丽乡村中英文讲解"及艺术展等活动；围绕红色资源打造"白水磉礼堂"，作为全市开展爱国主义教育、党史学习教育等文明实践活动阵地。

四是延伸设立文明实践站点。在县一级建设实践中心、乡镇（街道）建设实践所、村（社区）建设实践站的基础上，海南省各地结合实际、自我加压，在经济开发区及园区、农场及农垦居延伸设立文明实践所（站），在窗口单位、车站码头、爱国主义教育基地、旅游景区（景点）等场所建设新时代文明实践点。比如，临高县在金牌港开发区建立新时代文明实践站，采取"党建+文明实践"模式，开展"线上点单+线下配送"文明实践志愿服务，为企业提供优质服务。

（三）专业化的志愿服务运行机制

自 2022 年以来，海南省各新时代文明实践中心围绕中心、服务大局，结合群众需求，分级分类组建志愿服务队伍，扎实开展了新时代文明实践志愿服务，顺利将志愿服务融入精神文明建设工作，进一步贴近民生、常态化开展各类志愿服务活动，打造了一批具有海南特色的志愿服务品牌，扩大了志愿服务的影响力。

一是分级分类组建志愿服务队伍。志愿服务总队建设加强。海南省共组建了 26 支志愿服务总队，均由县级党委书记任总队长，负责志愿服务队伍的政治引领、指挥调度、业务指导，统筹指挥各部门、各行业、各乡镇（街道）志愿服务队。这 26 支志愿服务总队均组建了理论宣讲、文化文艺、助学支教、医疗健身、科学普及、法律服务、卫生环保、扶危帮困 8 支常备队伍，还培育发展了一批特色志愿服务和应急志愿服务队伍。截至 2022 年 6 月底，海南省共有志愿服务队伍 5311 支，登记注册志愿者 115 万人。

二是常态化开展各式各类志愿服务。组织理论宣讲活动，宣传贯彻习近平总书记考察海南时的重要讲话精神，开展"听党话、感党恩、跟党走"理论宣讲，让党的创新理论更加深入人心。开展"文明交通劝导"志愿服务，协助交警引导市民自觉遵守交通秩序；开展"邻里守望"志愿服务，组织策划"关爱他人关爱社会"等系列志愿主题活动；开展"公益假期"系列志愿服务，在节假日期间利用各类志愿服务站开展旅游咨询、政策宣传等便民利民的志愿服务；开展禁毒宣传志愿服务活动，组织志愿者广泛开展禁毒宣传活动；开展志愿集市系列活动，为市民提供便民利民惠民的志愿服务活动；等等。

三是志愿服务供给具有明确的对象性、主题性。首先，志愿服务供给具有明确的对象性，且服务对象较为弱势的志愿服务的供给相对更为充分。如老年关怀（89.7%）、儿童关爱（86.7%）、扶助残障（86.1%）和妇女维权/权益保护（83.9%）等志愿服务有明确的受众，相对容易推动。其次，具有明确主题的志愿服务供给较为充分。比如，环境保护、理论宣讲志愿服

务的供给比例均超过了 80%。最后，心理咨询等专业志愿服务供给所占比例较低。

四是志愿服务需求与供给结构基本相符，且需求比例略高于供给比例。第一，具有明确对象性的服务类别需求量更高。如老年关怀（92.7%）、扶助残障（89.4%）、妇女维权/权益保护（88.1%）和儿童关爱（87.6%）等，除部分类别的顺序与志愿服务供给排序不同，总量和需求相差较小。第二，由于新冠疫情影响以及国际交往的受阻，国际援助志愿服务需求最低（51.1%），其次是大型社会活动（64.4%）。

五是志愿服务融入精神文明建设。围绕精神文明建设工作，将志愿服务活动作为文明城市、文明单位、文明村镇、文明家庭、文明校园五大群众性精神文明创建活动的重要内容，与公民道德建设、社会诚信建设、文明交通、文明旅游、文明餐桌等工作结合起来，使文明实践与文明培育、文明创建相互呼应、相互嵌入、融会贯通。各类志愿服务项目切实做到了群众在哪里，文明实践就延伸到哪里；切实做到了宣传思想政策，传递文明风尚，打通宣传群众、教育群众、关心群众、服务群众的"最后一公里"。

（四）品牌化的志愿服务项目开发

打造志愿服务品牌，扩大志愿服务影响力。海南省立足群众需求、服务百姓生活，积极培育文明实践志愿服务项目，打造了一批文明实践品牌项目。

一是注重群众生产生活实际，打造文明实践项目，如法律知识进乡村、种养技术下乡、金融知识进万家等；突出重点服务人群，打造针对老年人午餐问题的"长者饭堂"、学生放学后管理问题的"四点半课堂"、农村困难群众理发问题的"关爱从头开始"等文明实践项目；着眼互帮互助，打造捐资助学、爱心送考等文明实践项目。还有"田教授"扶贫互助志愿服务项目，"足球小将成长计""红纽扣计划""守护一米之内""金点子"大赛等暖心惠民志愿服务项目。

二是迅速响应、主动服务，做好各类大型赛事活动服务保障工作。在

2018年"抗雾保运"大行动中,海南省发动各级机关单位、企事业单位、学校、社团组织、爱心企业等志愿者,在港口周边设点为待渡旅客提供志愿服务,灵活做到"车辆滞留在哪儿,服务点就设在哪儿",打通了政府、市民群众与滞留旅客在空间距离和心灵沟通上的"最后一公里"。积极做好高考期间志愿服务活动,组织爱心企业、支持单位在考点设立志愿服务点,面向广大考生及家长广泛开展"爱心助考·清凉益站"志愿服务活动。此外,海口市还积极开展"平安春运"、博鳌亚洲论坛、"跨海·跨年——久久不见海口见见"跨年狂欢季等大型活动期间的服务保障工作,为市民游客及外宾提供专人专岗语言翻译、应急医疗、文明引导、后勤保障等综合性志愿服务。

三是推广全民阅读,以志愿服务共建书香海南。如万宁市为推广全民阅读,共建书香海南,创建了"丝路书香工程"。在此背景下,华润秉持"责任央企"的初心使命,启动"最美守望者"计划。2017年初,万宁华润将石梅湾凤凰九里书屋作为海南"丝路书香工程"首家书店,在全国招募"最美守望者",广泛开展文化交流和阅读志愿服务活动。活动从最初为改变全民阅读习惯和改善儿童美育教育缺失现状,发展到如今致力于推进书香海南文化发展。自"最美守望者"计划实施以来,"责任"成为华润企业文化中不可或缺的基因,志愿服务成为华润履行社会责任的重要途径,华润致力于为人民群众创造美好生活。"丝路书香工程"与"最美守望者"志愿服务活动,成为海南阅读推广的品牌亮点,有效助力了海南全民阅读,提升了海南文化塑造力,也为海南自贸港建设营造了良好的氛围,提供了强大的精神动力。

(五)持续化的志愿服务保障机制

海南省文明办作为志愿服务工作的统筹协调机构,制定了志愿服务组织和志愿者参与志愿服务工作的具体政策措施,建立了与海南省经济社会发展相适应的经费保障机制,完善了以精神激励为主的激励褒奖机制。

一是加大政策支持力度,推动优质资源下沉基层。海南省文明办联合省卫健委制定印发《关于开展海南省"2+3"健康服务包志愿服务活动的通

知》，海南省团委制定印发《关于开展海南热带雨林国家公园青年志愿服务行动的通知》《关于开展 2022 年海南省大中专学生志愿者暑假文化科技卫生"三下乡"社会实践活动的通知》，让更多的省级优质资源下沉到基层，带动更多的群众参与志愿服务活动。

二是加强经费保障，形成持续稳定的投入机制。志愿服务虽然是无偿的，但是有成本的，形成持续稳定的投入机制，是志愿服务工作得以常态长效开展的重要保障。海南省级财政自 2020 年起每年固定投入 1150 万元用于补助新时代文明实践中心建设，市县财政配套资金逐年增加，2022 年共计投入 4620 万元。逐步建立考核机制，制定印发《海南省新时代文明实践中心建设评估指标体系》，将新时代文明实践中心建设评估情况纳入市县精神文明建设年度考核指标。

三是推行荣誉嘉许，完善激励褒奖机制。志愿者贡献自己的时间、技能和劳动，无偿为他人提供帮助，是志愿服务的主要特征。在提供志愿服务的过程中，志愿者一方面可以为他人提供必要的帮助，另一方面可以获得精神的满足和个人能力的提升。因此，对志愿者进行激励嘉许，对弘扬社会主义核心价值观、促进志愿精神传播具有重要的意义。如志愿时长记录和证明（66.3%）是社区采取的主要激励嘉许措施，其次是社区对志愿者提供的志愿服务荣誉嘉许（57.8%），最后是提供文创产品（37.6%）等。最薄弱的保障机制仍然是为志愿者提供保险（18.5%）。

四　海南省强化常态化志愿服务工作体系的路径

志愿服务已成为文明海南的重要标志，成为海南省对外展示的重要名片和重要窗口。为推进海南省志愿服务工作常态化、制度化，促进海南特色志愿服务事业的高质量发展，结合疫情防控阶段完善的志愿服务工作体系以及积累的实践经验，本文提出以下强化常态化志愿服务工作体系的路径与建议。

（一）构建志愿服务工作体系，系统推进志愿服务

新时代文明实践志愿服务是一项系统性工程，健全的组织领导体系是志愿服务工作保持正确方向和不断发展壮大的根本保证。这就要求以全面的工作体系设计为总抓手，在海南省委统筹领导下，推进相关部门各负其责，发挥新时代文明实践中心的服务指导作用，动员社会广泛积极参与志愿服务，构建协同式组织领导体系，健全完善新时代文明实践中心、分中心、所、站、点（岗）全域化运行体系，进一步形成工作合力，系统整体推进海南省志愿服务高质量发展。持续将新时代文明实践中心建设、志愿服务站点建设纳入重要议事日程，与基层党建、乡村振兴、社会治理等统筹谋划、一体推进。

（二）完善志愿服务阵地建设，激活阵地服务功能

新时代文明实践中心是志愿服务阵地网络的指挥中心、服务中心和信仰中心。坚持把新时代文明实践中心建设、志愿服务站点作为海南省精神文明建设、文明城市创建的重要内容。在有条件的学校、公园、工地、志愿服务站、自然村落等积极培育一批新时代文明实践点。依托新时代文明实践中心（所、站）打造城乡基层志愿服务站点，形成服务基层群众的重要枢纽，进一步推进志愿服务站点与融媒体中心建设相适应，与农村党群服务中心运行相融合，与网格化管理相衔接，与基层公共服务相配套，与公共文化基础设施相结合，形成互相合作、优势互补、便捷畅通的志愿服务阵地网络。充分发挥新时代文明实践中心阵地支撑、团队孵化、信息集散、项目发布、宣传展示等功能，形成文明实践共享化，常态化开展一系列基础和专业性志愿服务，帮助群众解决思想认识、政策法规、生产生活、卫生健康、情感心理等方面的困难和问题。

（三）统筹志愿服务平台建设，提升社会治理效能

各条线、层级党政部门出于不同动因，各自重复建设信息系统，不仅造

成了社会资源的浪费，而且志愿服务行为难以按照统一的标准被记录、认证和褒奖。以"整体智治"思维，促进志愿服务数据在不同平台中的互联互通互认。从统一志愿服务行为的认定规则和数据格式开始，最大限度地挖掘数据潜能，形成高度整合的志愿服务信息库。以志愿服务信息化平台为媒介，畅通志愿服务融入社会治理的渠道，融合基层党建、物业管理、群众自治、公益志愿、社区商业等多样化数字治理场景，以更完善的线下应用与线上交流互动，增强志愿者的用户黏性和活跃度，进一步引导志愿者成为数字生态治理的重要主体。

（四）壮大基层志愿服务队伍，加强骨干能力建设

完善志愿者固化管理、动态管理机制，加强志愿服务队伍指导和规范。着力打造志愿服务培训基地，建立志愿服务专家库，加强志愿服务理论研究，培育志愿服务专业人才。多层次、立体化、常态化开展志愿服务培训，加强能力素养培训高赋能，提高志愿者思想政治水平和业务知识技能，提升基层向心力和实务能力，各区镇（街道）、各部门每年组织文明实践骨干、优秀志愿服务团队和志愿者进行培训轮训，各行业（系统）主管部门要定期对本领域专业志愿服务组织进行专业培训轮训，多方面多层次多渠道提升志愿服务队伍能力。

（五）建立服务供需对接机制，确保服务精准高效

为民服务始终是志愿服务工作的出发点和落脚点。坚持推进志愿服务社会化，广泛发动各方力量参与家庭教育、文明交通、文明旅游、科技科普、生态文明、老年服务、国际交流、网络文明传播等志愿服务项目，开展移风易俗、村规民约、礼仪规范等主题的宣传宣讲，丰富志愿服务供给，让广大群众在志愿服务中感受美好生活、提升文明程度。坚持推进志愿服务精准化，建立群众需求反馈机制，广泛收集社情民意，采用自下而上、以需定供的互动式、菜单式、订单式志愿服务模式，建立以广泛性、便利性和实效性为原则的供需对接机制和以"需求—资源—项目"为路径的供需对接基本方法，实现

志愿服务精准对接基层群众需求。坚持推进志愿服务专业化，开发政策解读、法律维权、技能培训、卫生健康、安全生产、食品安全、防范诈骗等专业服务项目，有效满足群众最关心的脱贫致富、创业就业、民生保障、生态环保等方面的需求，更好地指导基层群众生产生活实践。

（六）建立健全激励保障机制，确保服务常态长效

加强志愿服务政策保障，研究制定海南省志愿服务工作规划和方案，对志愿服务培训教材、人员队伍、服务内容、政策保障等做出具体安排和组织实施。前期做好志愿者的组织引导、登记注册工作，继而设立志愿服务专项经费，加大政府购买服务力度，给予志愿服务组织一定的运营管理经费保障，鼓励志愿服务组织和队伍加入公益创投，提高志愿服务的自我造血能力。注重志愿者的权益保障，为志愿者提供必要的交通食补和物资设备，加大对志愿者人身意外险、防疫险投入力度，探索困难志愿者帮扶机制。创新志愿者表扬嘉许工作，广泛开展优秀志愿者基层典型选树工作，定期发布善行义举榜，持续推进星级志愿者认定。充分实施志愿者礼遇措施，对优秀志愿者在就业就医、公共服务方面给予适当礼遇优待。倡导将志愿服务信息纳入社会信用体系，助力海南诚信建设，进一步将参加志愿服务情况纳入党员评议内容，作为职务晋升、绩效考核考评的重要参考，以激发各部门参与志愿服务工作的积极性和主动性。

五 海南省依托自贸港建设，拓展区域与国际交流合作

（一）打造海南省培训交流基地，推动志愿服务产学研高度融合

依托海南承办大型会展服务经验，广泛开展全国志愿服务文化交流、学习、培训与会议，打造具有地区乃至全国影响力的培训交流基地。整合省内政府资源、高校资源、社会力量，形成并强化海南本土志愿服务事业发展的强大合力。大力引进省外高校、科研院所志愿服务研究资源，以及志愿服务

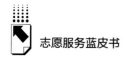

组织的管理经验和资源，助力海南志愿服务事业高质量发展。推动志愿服务产学研高度融合，重点开展志愿服务项目策划、实践指导、人员培训、学术交流等工作，逐步建立海南省课程库、教材库、师资库。进一步总结提炼海南本地志愿服务实践经验，力争把海南省建设成全国志愿服务理论研究的高地、学术交流的平台、人才培养的摇篮、实践推广的基地。

（二）激活候鸟志愿服务资源，开发文旅志愿服务新模式

依托海南吸引候鸟人口的独特优势，建立候鸟人口志愿服务工作制度，充分挖掘候鸟志愿服务人才资源。摸清候鸟志愿者情况，创建候鸟志愿服务人才数据，准确把握候鸟志愿者的层次与类别，根据专业、特长、工作经验进行细化分类，为其量身打造候鸟志愿服务项目。加大宣传力度，支持候鸟骨干志愿者建立候鸟志愿服务组织、志愿服务队伍，带动更多候鸟人口加入志愿者行列。发挥特长优势，鼓励候鸟志愿者投身文明旅游、文明创建、文化艺术类志愿服务，使其在发展兴趣爱好的同时融入海南社会，共同为海南自贸港建设提供精神动力，不断提升海南社会文明程度。固化候鸟人口志愿服务工作机制，持续推进"最美守望者"计划，为候鸟人口提供更丰富、更适宜的志愿服务参与平台。

（三）搭建"三区"志愿服务交流平台，合力打造特色区域志愿服务品牌

借助海南自贸港建设的政策东风，以志愿服务为抓手，广泛开展与粤港澳大湾区、北部湾经济区的区域合作，深入推进志愿服务的区域交流。海南自贸港与粤港澳大湾区、北部湾经济圈经济互补性强、内在合作动力强劲。海南应加快构建"海南自贸港-粤港澳大湾区-北部湾经济圈"的政府间志愿服务合作机制，积极搭建"三区"志愿服务交流平台，合力打造特色区域志愿服务品牌。积极分享海南志愿服务的优势项目与经验做法，加强学习粤港澳大湾区与北部湾经济圈的志愿服务生动范例和前沿路径，形成优势互补。鼓励粤港澳大湾区和北部湾经济圈居民参与海南志愿服务活动，探索建

立服务记录互认、激励回馈一体等制度安排。探索建立三方合作机制，广泛开展志愿服务，打造志愿服务项目和品牌，传承与发扬志愿精神，增强区域间的文化认同感，强化区域合作共生，推动形成务实有效的全方位、多层次、宽领域的志愿服务联动发展体系。

（四）建立渔民志愿服务参与体系，助力南海区域生态环境保护

海南在维护南海安全稳定、维护我国海洋权益等方面起着至关重要的作用。要整合海南民间海洋保护力量，加快孵化海洋保护类志愿服务组织，构建政府主导、公众参与、全社会协同的海洋环保志愿服务合作模式。积极寻求海洋生态保护和渔民生产生活之间的平衡点，建立渔民志愿服务参与体系。配合渔业发展，推动渔民志愿者支持和参与南海区域的海洋生态环境保护行动，为海洋生态文明建设贡献力量，促进沿海生态环境朝着可持续方向发展。加大对南海生态保护、南海净滩、海洋垃圾打捞及处理、南海生物多样性保育宣传、南海污染监测与治理等志愿服务项目的政策与资金扶持力度，鼓励海洋环保志愿者积极参加南海环境治理、海上救援等国际海洋保护工作，展示中国在海洋保护领域的良好国际形象，提升我国在南海地区的话语权，促进南海地区的和谐稳定，助力实现"海洋强国"愿景。

（五）发挥"一带一路"桥头堡的作用，打造志愿服务交流的关键节点

"一带一路"倡议为中国志愿服务"走出去"打开了新的"机会窗口"。海南作为我国面向太平洋和印度洋的重要门户，要充分发挥其"一带一路"桥头堡的作用，加强与"一带一路"沿线国家志愿服务组织的交流和互动，依托志愿服务交流推进与"一带一路"沿线国家的民间外交。加大对国际志愿服务的支持与保障力度，以政府支持基金为主整合各类资源，调动社会力量和资源，扩大志愿服务"走出去"所需的资金和物资供给来源。注重国际志愿者的能力建设，加强志愿者的语言培训、国际组织规则培训、跨文化沟通培训、项目管理能力培训和技术培训，使志愿者具备基本的海外志愿服务能力，为"一带一路"建设补充源源不断的志愿服务力量。

（六）依托海南自贸港建设的国际化资源，打造对外交流志愿服务的新高地

海南省作为全面深化改革开放试验区、国际旅游消费中心，正如火如荼地推进中国特色自由贸易港建设。海南省具有得天独厚的国际交流资源，是具有中国特色、亚洲特色和全球影响的国际交流平台。博鳌亚洲论坛定期在海南举行，陵水黎安国际教育创新试验区开园办学，各项大型展会活动落户海南，赋予海南更多的资源禀赋。面对新环境、新形式和新需求，海南省要聚焦国际志愿服务需求，持续将志愿服务放入自贸港建设这一中心大局，创新开展各类国际大型赛会、国际教育志愿服务活动，深化国际交流与合作，进而完善国际传播体系，扩大自由贸易港国际"朋友圈"，讲好海南故事、传播海南声音、展示新时代中国特色海南形象。

参考文献

杨云成，2020，《多场域做好疫情防控期间舆论引导和宣传教育工作》，《光明日报》2月26日。

B.12
2022年张家港市志愿服务发展报告

田 丰 张书琬 王露瑶*

摘 要： 党的二十大报告提出，要完善志愿服务制度和工作体系，提高全社会文明程度，对我国志愿服务事业的发展提出了新的要求。在持续探索和实践中，张家港市坚持"以人民为中心"，把新时代文明实践志愿服务作为一项满足人民对美好生活的新期待的民心工程，以"实体化运作、规范化建设、社会化动员"推动新时代文明实践中心建设系统展开，以"资源协同整合、制度设计完善、群众广泛参与"构建了立体式的新时代文明实践志愿服务制度和工作体系，形成了科学化的新时代文明实践志愿服务运行机制，推动了新时代文明实践志愿服务事业纵深发展，形成了具有张家港特色的文明实践志愿服务新体系。

关键词： 张家港 志愿服务制度 志愿服务工作体系

引 言

志愿服务是衡量社会主义精神文明建设水平的重要标尺，是助力社会治理、促进经济社会高质量发展的重要路径。党的二十大报告提出，要完善志愿服务制度和工作体系，提高全社会文明程度，对我国志愿服务事业的发展

---

* 田丰，中国社会科学院社会发展战略研究院研究员，志愿服务研究室主任，博士生导师，中国志愿服务研究中心常务副秘书长，研究方向为志愿服务与基层治理。张书琬，中国社会科学院社会发展战略研究院助理研究员，研究方向为社会治理、社会发展和志愿服务。王露瑶，中央党校（国家行政学院）社会与生态文明教研部博士生研究生，研究方向为志愿服务、社会保障和社会治理。

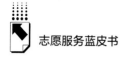

提出了新的要求。完善志愿服务制度和工作体系是以习近平同志为核心的党中央从战略和全局高度做出的重大决策，在新发展阶段，党对基层思想宣传工作和精神文明建设提出了新要求、新期望。新时代文明实践志愿服务事业是一项长期系统的民生工程，需要以健全的制度和工作体系为根本保障，以高效有序的运行体系为重要抓手，推动新时代文明实践中心建设朝着正确方向不断发展壮大，实现为民惠民。

作为全国新时代文明实践中心建设的第一批试点城市之一，张家港市紧抓机遇、乘势而上，深入学习贯彻习近平新时代中国特色社会主义思想，坚持"凝聚群众、引导群众、以文化人、成风化俗"的总体目标，把新时代文明实践志愿服务作为满足人民对美好生活的新期待的一项民心工程。全城发力、全域联动、全民参与，一以贯之践行新时代党的群众路线，凝聚各方力量、发挥各自优势。在持续探索和实践中，张家港市坚持"以人民为中心"，将构建全面的工作体系作为总抓手，聚焦中心建设实效，提高广大人民群众的获得感、幸福感，不断加强统筹整合、指挥调度，推动形成"党委统筹领导、文明办牵头协调、部门各负其责、中心服务指导、社会共同参与"的工作格局，构建了符合实际、系统完备、科学规范、高效有序的运行体系，建设了全域覆盖、群众身边的功能阵地，架构了一体联动、多维矩阵的服务平台，培育了一批一呼百应、富有活力的志愿服务队伍，打造了特色鲜明、全民受惠的活动项目，健全了高效运转、多元参与的保障机制。

总的来看，张家港市以"实体化运作、规范化建设、社会化动员"推动新时代文明实践志愿服务工作系统展开，以"资源协同整合、制度设计完善、群众广泛参与"推动了新时代文明实践志愿服务事业纵深发展，形成了基层宣传思想工作和精神文明建设工作蓬勃发展的良好局面，走出了一条城乡一体文明建设之路，走出了一条具有张家港市特色的文明实践志愿服务之路，更广泛、更有效地动员和激励广大干部群众共同参与，为"强富美高"新江苏现代化建设的张家港实践提供了强劲的价值引导力、文化凝聚力和精神推动力。

258

一 张家港市新时代文明实践志愿服务的工作体系

新时代文明实践中心建设既是一项政治任务，也是一项长期的民心工程，需要以健全的制度和工作体系为根本保障，以高效有序的运行体系为重要抓手，推动新时代文明实践中心建设朝着正确方向不断发展壮大，实现为民惠民。在持续探索和实践中，张家港市坚持"以人民为中心"，将构建全面的工作体系作为总抓手，聚焦中心建设实效，提高广大人民群众的获得感、幸福感，不断加强统筹整合、指挥调度，推动形成"党委统筹领导、文明办牵头协调、部门各负其责、中心服务指导、社会共同参与"的工作格局。

（一）完善顶层设计，强化制度建设

《关于建设新时代文明实践中心试点工作的指导意见》、《关于深化拓展新时代文明实践中心建设试点工作的实施方案》和《关于拓展新时代文明实践中心建设的意见》均指出，新时代文明实践中心建设要"让党的创新理论飞入寻常百姓家""坚持以人民为中心的发展思想""以中国特色志愿服务为组织方式"。张家港市在市委、市政府的带领下，根据2017年国务院颁布的《志愿服务条例》及《江苏省志愿服务条例》，印发《关于推进新时代文明实践中心建设工作的实施意见》，并联合相关行业部门出台了具体的指导性文件，包括《关于推进张家港市卫生健康行业开展新时代文明实践工作的实施方案》《张家港市公共法律服务行业新时代文明实践工作的实施方案》等，为各行业部门的新时代文明实践志愿服务工作提供了明确的依据与标准，进一步推进了张家港市新时代文明实践志愿服务工作的制度化、规范化。

（二）加强责任落实，强化组织领导

张家港市委、市政府切实将新时代文明实践中心建设作为民心工程，

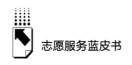

并将其摆在重要位置，写入经济和社会发展规划，作为高水平文明城市创建工作的重要内容，高站位统筹谋划部署。挂牌成立张家港市新时代文明实践中心，负责全市文明实践工作的统筹协调、组织实施、服务指导、宣传推广等工作。市委书记担任中心主任，明确"一把手"为"第一责任人"，既"发号施令"又"身先士卒"，确保中心建设抓得紧、落得实。中心办公室设在市委宣传部，办公室主任由市委宣传部部长担任，将新时代文明实践中心建设和基层宣传思想工作一体谋划、一体推进。整合原张家港市文化中心管理委员会办公室和张家港市志愿服务指导中心，成立市委直属正科级建制事业单位——张家港市新时代文明实践工作指导中心，设"四科四馆"（综合协调科、志愿服务科、物业管理科、信息服务科、科技馆、城市展示馆、综合展示馆、文化艺术展示馆），紧扣新时代文明实践工作"14536"总要求，负责全市新时代文明实践和志愿服务工作的综合协调、规划指导、检查评估和经验推广工作。

（三）加强纵向贯通，织密阵地网络

建设新时代文明实践中心的重要指向之一是打通服务群众的"最后一公里"。张家港市聚焦协同运行理论宣讲、教育服务、文化服务、科技科普、健身体育五大平台，推动市委党校、市教育局、市文体广旅局、市卫健委、市科协等9个部门建立文明实践分中心，并将工作触角延伸至交运、民政、金融等与群众生活密切相关的重点领域，深化部门（行业）文明实践。在各区镇（街道）成立新时代文明实践所，所长由区镇（街道）党（工）委主要负责同志担任，发挥承上启下作用，做好上级活动项目对接、区镇（街道）志愿者组织引导、日常管理等工作，指导督促辖区村（社区）。在村（社区）设立新时代文明实践站，站长由村（社区）党支部书记担任，结合基层群众的生产劳动和实际需要，常态化开展群众便于参与、乐于参与的文明实践活动。同时，在有条件的工业集中区、学校、公园、工地、志愿服务站、自然村落等地积极培育一批新时代文明实践点。健全完善"中心、分中心、所、站、点"五级组织链条，让文明实践工作体系实现了一贯到

底，直通基层末梢，为全域化推进新时代文明实践中心建设，打通宣传、教育、关心、服务群众的"最后一公里"打下了坚实基础。

（四）加强横向联动，形成整体合力

破除部门壁垒、加强协调配合、实现联通共享，是推动各类资源最大限度地整合、盘活、下沉的重要路径。张家港市建立健全联席会议、挂钩联系等制度，加强横向统筹协调，广泛凝聚新时代文明实践中心建设的磅礴力量。由新时代文明实践工作指导中心牵头，每季度组织成员单位召开联席会议，专题研究中心工作、攻坚推动重点任务。综合协调组织、文化、科技、教育、民政、卫生、体育、司法、环保、科普等部门系统力量开展挂钩联系指导，市委宣传部（市文明办）、市新时代文明实践工作指导中心班子及职能科室挂钩联系分中心、各区镇（街道）文明实践所；文明实践分中心、市级机关（单位）绩效考核单位、省级以上文明单位挂钩联系文明实践站，通过核心单位、关键部门的联通，将全市文明实践工作体系横向布局到边，力求在"市新时代文明实践中心"一个总平台下实现各类资源互通共享，在"新时代文明实践"一个总主题下延伸到乡村（社区），使新时代文明实践中心建设工作组织得更加有力，形成倍增效应。

（五）加强综合保障，筑牢工作基础

坚持以人民群众满意为根本标尺，张家港市将文明实践工作纳入区镇（街道）、机关年度绩效考核，纳入意识形态工作责任制落实情况监督检查，纳入文明机关、文明村镇、文明单位创建体系，推动落实《县（市、区）、乡镇（街道）、村（社区）三级党组织书记推进新时代文明实践中心（所、站）建设重点任务清单》。加强综合指导，制定"新时代文明实践所（站）实地相关工作要求20条"，组织开展"站长PK赛"风采展示、站长能力提升培训班，汇编《文明实践看港城》工作案例，印发文明实践工作简报，定期通报宣传建设情况及进展成效。建立多元推选机制，选树本地最美志愿者、最美防疫志愿者、最佳志愿服务项目、最佳志愿团队、最美志愿服务村

（社区），并完善文明实践志愿服务礼遇机制，在礼遇兑换、活动参与、建言献策、表彰宣传等方面向先进典型倾斜。

二 张家港市新时代文明实践志愿服务的运行机制

构建符合实际、系统完备、科学规范、高效有序的运行体系，是新时代文明实践志愿服务的必然要求。张家港市按照文明实践中心建设"一个理念、一套制度、一体标准"的原则，秉持"强化导向性、以人民为中心、质效促发展、精细化管理"四大理念，从供需对接、组织动员、文化培育、重点工作、重点任务、挂钩联系、阵地建设、品牌建设等多个方面出台相应的制度规范和标准，为张家港市新时代文明实践志愿服务工作的总体规划、通盘布局、统筹协调、整体推进和督促落实提供了有力支撑，推动基层宣传思想和精神文明建设工作事业再上新台阶。

（一）建设全域覆盖、群众身边的功能阵地

张家港市试点建设志愿服务基地、标准化志愿服务站，探索推广集中服务、站点服务、结对服务、点单配送服务等服务模式，着力打造"一站一特色""一地一风景"，开拓志愿服务新思路，群众在哪里，新时代文明实践就延伸到哪里。

1. 突出全域布局，健全阵地体系

张家港结合市域实际，优化布局，按照"七有"标准，即有固定活动场所、有配套服务设施、有专兼职工作人员、有长效志愿服务队伍、有完善工作机制、有特色项目品牌、有完整服务记录，推动新时代文明实践中心、分中心、所、站、点五级阵地的规范化建设和管理，筑牢港城文明实践全域化运行体系。坚持效果导向，在各类阵地建立"12680"评估标准，即有一支队伍、有两个项目、每个项目至少开展六场活动、群众满意度达到80%以上，努力提升群众的满意度。突出教育和服务功能，积极向城乡社区、"两新"组织和红色基地拓展，明确组织设置、工作规范、运行流程，配备

专兼结合的文明实践工作人员，建设群众心有所系、情有所寄的精神家园。

2. 突出整合融合，做优五大平台

张家港全市各机关企事业单位对本系统本单位的实体阵地和虚拟阵地进行系统的梳理盘点，建立文明实践阵地资源库，将各类阵地作为新时代文明实践点，主动接入市新时代文明实践中心服务平台，完善基层基本公共服务阵地，强化资源整合和功能融合，打造理论宣讲平台、教育服务平台、文化服务平台、科技与科普服务平台、健康促进与体育服务平台。推动卫健委、教育局、文体广旅局、司法局、生态环境局、科协、党校等9个部门建立分中心，推动新时代文明实践工作在各条线领域落细落实落地。统筹整合宣传、组织、文化、教育、体育、科技等部门现有基层公共服务阵地资源，分别由市委党校建设理论宣讲服务平台，市教育局建设教育服务平台，文体广旅局建设文化服务平台，由科技局、科协、科技馆建设科技科普服务平台，由卫健委、文体广旅局建设健康促进与体育健身服务平台，常态开展文明实践活动。

3. 突出延伸拓展，丰富阵地载体

以整合资源、扩大覆盖面、提升知晓率、提高参与度为工作导向，进一步挖掘阵地内涵、遴选示范，打造一批"文明地标"。加强理论宣讲志愿服务阵地建设，通过"追梦学堂""理论氧吧""求是读书会"等空间，以"供单+点单""入学+送学""党课+文艺"等模式推动新思想入学堂、进单位、下基层，打造全新理论学习生态。系统盘点整合全市先锋驿站、青年之家、道德讲堂、农家书屋、巾帼之家、妇女儿童之家等资源，指导部门、单位合理摸排园区、商区、厂区、校区、景区、滨江岸线、公园绿地等特色资源，融合文明交通、生态保护、全域旅游、全民阅读、心理服务等内容，建设"文明实践·益空间"，新建"港城书香驿站""沙洲湖源书房"等40余个新时代文明实践益空间，让文明实践点成为"有益身心、互益共赢、进益智慧、增益文明"的有效载体。选取有条件的自然村落、居民家庭等，将阵地设在群众家里，倡导守望相助。比如，在自然村落设立民情岗、科普岗等"和美乡风志愿岗"，让志愿服务延伸到群众家门口。

（二）架构一体联动、多维矩阵的传播平台

1. 推进数智化应用建设

张家港市积极推进友爱港城新时代文明实践智慧云平台建设，创作丰富多彩的文明实践融媒体产品，推进公共服务资源的数字化、网络化，完善平台统计分析、一屏展示、数据抓取等功能，提升资源配置效能，完善"供给单、需求单、完成单"三单式资源供需对接流程和"供单、点单、派单、接单、评单"五单式精准服务群众流程。推动新时代文明实践中心和融媒体中心"两中心"深度融合，推动友爱港城新时代文明实践智慧云平台与"今日张家港"APP的互融互通，并实现党政通政务系统、网格化现代化治理中心、"张家港先锋"党员教育平台的终端联通、渠道贯通，推动市级优质资源机制化下沉，各类资源跨界流动和高效整合，形成了"线上线下同步、资源互通互融"的云上阵地矩阵。

2. 搭建多元化宣传载体

通过网站、微信公众号、短视频平台、政务APP等媒介，常态化普及志愿服务理念和基础知识，创作展示志愿文化文艺精品，宣传志愿服务进展、经验和志愿故事，策划志愿服务推广、体验活动，培育志愿服务文化，凝聚向上向善力量。利用户外大屏、公交车身、围墙护栏、灯杆道旗等各类载体高密度刊播文明实践志愿服务公益广告，创作张家港志愿者之歌《义路有你》，拍摄《为城市注入生命的意义》《你是春天》《人人都是张闻明》等志愿服务微电影，设计制作志愿者旗帜、服装、帽子、背包等40余种文宣产品，大力宣传"我志愿、我快乐"的理念，增强志愿服务感染力。建设文明实践志愿服务主题公园、公益广告示范路，全面宣传志愿服务理念，展示志愿活动风采，传播志愿服务文化。围绕"3·5"学雷锋纪念日、"12·5"国际志愿者日等重要节点，举办"学习雷锋楷模　弘扬志愿精神"张家港市纪念雷锋60周年主题活动、"家在长江边　共护长江美"长江大保护文明实践志愿服务联合行动等，大力弘扬"奉献、友爱、互助、进步"的志愿精神，不断激发群众参与志愿服务的热情。

3.扩大品牌化传播影响

打造"张闻明"文明实践品牌，在各类文明实践阵地显著位置合理设置辨识度高、指向性强的形象标识或标牌，广泛进行"人人都是张闻明"主题系列海报张贴及公益宣传片刊播。建设"张闻明"志愿服务展示交流中心和网络文明素养实践教育基地，打造"张闻明1号"文明实践流动服务车、"张闻明"爱心出租车队、"张闻明"爱心献血巴士，开设"张闻明"影厅，注册"张闻明"商标，启动"我是张闻明"融媒新闻行动，推出"文明实践在港城""文明实践志愿同行"等融媒体产品，让文明实践处处可见、时时可感，使之内化为价值认同、外化为自觉行动。

（三）构建覆盖全面、特色突出的五大平台

1.理论宣讲平台

让习近平新时代中国特色社会主义思想走近群众、让党的理论和路线方针政策走进基层，是建设新时代文明实践中心的出发点和着眼点。聚焦新时代文明实践首要任务，张家港市坚持不懈地用科学理论武装全党、教育人民，采用丰富多样的形式进行宣传宣讲，积极打造理论政策宣讲志愿服务体系，构建理论政策宣讲志愿服务格局。一是坚持选育管用，让宣讲队伍强基固本。立足专业化，打造张家港市新时代基层理论宣讲名师工作站联盟；立足大众化，做强"理响张家港"基层理论宣讲志愿服务队，组建专兼结合、相对稳定、层次分明的理论宣讲师资库；立足分众化，组建"老少青"三支特色宣讲队伍，宣传形势政策、红色故事、家风家训、民俗乡风、身边好人等，让百姓告诉百姓，用小故事反映大时代。二是线上线下联动，让理论宣讲随时随地。张家港市着力拓展线上阵地，上线张家港市理论学习宣讲云平台——"理响张家港·掌上学堂"微信小程序，围绕党的二十大精神、党史学习教育、党的建设、民生政策等开展党的创新理论在线宣讲，让党的重大方针政策触手可学。三是突出特色品牌，让理论宣讲有声有色。张家港市不断做强"张晓理"IP品牌。制作发布原创融媒理论宣教产品《张晓理说理》，探索运用动画、漫画等形式，策划"动画说""漫画说""海报说"

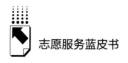
等一系列丰富基层理论宣传的形式载体。

2.教育服务平台

为深入学习宣传贯彻习近平新时代中国特色社会主义思想和党的二十大精神，落实教育部等13部门联合印发的《关于健全学校家庭社会协同育人机制的意见》，张家港市不断完善学校教育体系，稳步推进学历继续教育改革发展，大力发展非学历继续教育，推进学习型城市和各类学习型组织建设，持续健全继续教育、终身学习制度，致力于完善人人皆学、时时可学、处处能学的终身学习体系。一是学校教育突出阅读赋能文明。张家港通过实施"校园引领文明工程""'打开一本书'阅读行动"，着力推进诚信培育、书香校园、志愿服务、幸福家长驿站四大行动，推动全社会形成"爱读书、读好书、善读书"的新风尚。二是社区教育聚焦"五惠"丰富供给。张家港市深入实施惠老、惠少、惠企、惠农、惠民"五惠"工作，拓展面向家庭和社区开展家庭教育知识巡讲和咨询，拓展面向青少年素质提升开展游学活动，拓展面向企业员工、失地农民及转业军人开展职业能力培训，拓展面向成人开展函授、远程等学历教育，拓展面向老年人开展运用智能技术教育培训。三是家庭教育关注身心精准实施。各校（园）立足学校实际，以优质平台建设促进家庭教育高质量发展，通过家庭教育微课、家风故事分享、主题教育沙龙等活动，促进家风家教的落地。

3.文化服务平台

为深入贯彻落实中共中央办公厅、国务院办公厅印发的《关于加快构建现代公共文化服务体系的意见》，张家港市文化服务平台从文化惠民、阅读推广、艺术导赏、体育活动、文明旅游、重点关爱、节日主题、孵化培育出发，不断完善平台服务制度、提升平台服务水准。一是优化网格化公共文化服务，着力打造文化志愿主阵地。张家港市按照"普惠均等、覆盖城乡、便捷高效、保基本、促公平"的原则，统筹整合城乡资源，加强文化志愿服务阵地建设，将公共文化服务送到群众身边，有效推进城乡文化一体化。二是精准提供基层文化服务，积极唱响文化志愿主旋律。张家港市坚持以人民为中心，准确把握新时代群众需求，加强供需对接，丰富文化产品，打造特色项目，创新数字服务，更好地发挥传播党的声音、传承优秀传统文化、培育文明风尚、提供惠民服务的重要作用。三是创新深化文化志愿服务，不断壮大文化志愿主力军。张家港市组建文体旅志愿服务支队，扩充文化志愿者协会，成立新时代文明实践文化文艺志愿服务支队，涵盖文体广旅系统、文联系统、各镇（区）及各类社会团队，推动精准开发服务项目；坚持目标导向、问题导向和效果导向相结合，围绕文化惠民、阅读推广、艺术导赏、体育活动、文明旅游、重点关爱、节日主题、孵化培育等八大类别贯彻落实工作。

4.科技与科普服务平台

科技与科普在提升公众科学文化素质方面发挥着重要的作用，大力普及科学知识、弘扬科学精神也是新时代精神文明建设和人民追求美好生活的需求所在。

一是联盟式组网，科普阵地精布局、广覆盖，积极探索科普资源联动载体，组建成立"张家港市科普场馆联盟"，以市级科技馆、青少年社会实践基地为龙头，各镇、各行业专业科技场馆、主题特色场馆为中坚，村（社区、企业、学校）科普场馆（工作室、创客空间）为基础，广泛建设企业科普场馆及青年创客空间，实现了场馆的城乡"全覆盖"，打通了服务群众的"最后一公里"。

二是菜单式运作，品牌活动解民需、重实效。张家港市精准对接基层群众科普"需求侧"，解决科普"痛点""盲点"，针对基层村（社区）存在科普资源不足、不均等问题，进村入户做好调研，编印出版图书《科普零距离》，充分利用科普宣传周、全国科普日、全国科技工作者日、文化科技卫生"三下乡"、学雷锋纪念日、国际志愿者日等重要活动和关键时间节点，依托新时代文明实践中心（所、站、点）、各类科普场馆、志愿服务队等，采用"点单"方式推进下基层科普志愿服务系列活动。

三是共享式发展，科普资源广联动、更聚合。张家港市积极建立科普资源库、搭建社会资源共享互通的桥梁，让科普资源走进基层。张家港市依托市级科普资源开展"百场科普讲座进五区""流动科技馆巡展""科普体验行"等活动,让科普志愿服务活动更加丰富,逐步形成了"科普信息员+科普志愿者+科普专家"三方联动的科普团队管理机制,通过三方之间的互联、互动、互补共同推进科普志愿服务项目的开展。

5. 健康促进与体育服务平台

"没有全民健康,就没有全面小康;要把人民健康放在优先发展的战略地位。"张家港市卫健委、文体广旅游局牵头搭建健康促进与体育服务平台,通过开展丰富多彩的健康与体育类文明实践活动,全角度、多样化地满足人民的需求。

一是"党建+实践",增强聚合力。卫健委成立了张家港市卫生健康志愿服务联盟,吸纳了全市卫生健康行业优秀志愿服务组织,搭建了卫健系统志愿服务的组织架构,依托"医先锋·卫健康"党建品牌,深化"党建+实践"内涵,重点打造了第一人民医院健康"YI"空间、中医医院中医药文化启蒙基地等多个新时代文明实践阵地。

二是"需求+定制",对接出实效。张家港市以卫生健康志愿服务支队为龙头,坚持采用"群众需求+定制健康"模式,围绕群众关心的健康政策、健康常识定期组织卫生健康志愿者走进社区、学校、企业、机关等开展"健康大讲坛"宣讲活动,深入基层开展"健康'益'起来"大型党员志愿服务集市活动,提供健康义诊、知识科普、专家咨询等卫生健康套餐定制服务,为群众健康送去便捷。同时,结合特殊人群的健康需求,张家港市提供精准化健康服务,针对"户外劳动者",开展"医路护'新'"健康体检、急救培训活动,针对"一老一小"特殊对象,定期上门开展常规检查、疾病诊治、技能培训和用药指导等"健康关爱行动"。

三是"健身+健心",全面提素养。张家港市以"引领文明新风尚,运动健身进万家"为主线,不断优化志愿服务网络,搭建志愿服务阵地,开展全民健心工程,打造全国首个心理科普馆,成立社会心理协会和心理关爱志愿服务队,发展社会心理服务志愿者500余名,开展居民社会心态调查,推进社会心理服务"六进"行动,推动市民形成理性平和、积极向上的社会心态。

（四）壮大一呼百应、富有活力的志愿服务队伍

张家港市注重组建体系化、组织化的志愿服务队伍，形成"主导力量+专业力量+骨干力量+社会力量"的多元化队伍模式，组建理论宣讲、文化艺术、法律普及等83支行业文明实践志愿服务支队，依托志愿者学院、志愿者云课堂、所站长能力提升培训班等载体，多层次、立体化、常态化开展志愿服务培训，编印本土化志愿服务教材4册（基础知识、团队管理、项目案例、专业领域），提高志愿者的思想政治水平和业务知识技能，增强基层向心力。张家港市始终坚持面向社会，广泛动员引导广大人民群众加入文明实践队伍，建立"一呼百应"常态化、应急化动员体系，形成人人参与、人人共享文明实践的良好氛围。

1. 发挥党员示范优势，建好志愿服务队伍

发挥组织动员优势，印发《张家港市区镇新时代文明实践所所长、村（社区）新时代文明实践站站长、新时代文明实践网格员重点任务清单（试行）》，推动新时代文明实践所长、站长落实文明实践志愿服务支队长、队长职责，同时将文明实践纳入网格事务责任清单，发动全市1500余名网格员融入参与。出台《关于全市入党对象参与社会志愿服务活动的实施意见》，把参与志愿服务作为入党的重要考察内容并将其纳入全过程管理体系，推动党员形成密切联系群众"新常态"。成立志愿服务综合党委，进一步强化党建引领志愿服务，推动党员带头争当志愿者，经常性参与志愿服务，营造党组织引领党员、党员带动全社会的志愿服务氛围。

2. 动员社会力量，壮大志愿服务队伍

发动农村（社区）党员、老干部、教师、退伍军人、党员中心户、村民小组长、楼道长等参与新时代文明实践站的建设、运行、管理工作，实现群众教育群众、群众服务群众。南丰镇民联村充分激活助推地方和谐发展的"红色细胞"，聚焦退役军人群体，于2021年3月成立民联兵锋退役军人志愿服务队。该团队结合民联村日常网格工作，发挥自身又红又专的先锋优势，带动其他村民积极参与志愿服务，为困难群众特别是困难老兵提供结对

帮扶服务，定期组织志愿服务团队开展上门探访、义诊保健等服务；积极参与村委垃圾分类、人居环境整治、矛盾纠纷调解等活动，共筑文明和谐的村居环境；主动参与疫情防控，彰显了退伍老兵"若有战，召必回"的庄严承诺。

3. 发动群众自治组织，扩大志愿服务队伍

发挥村民议事会、道德评议会、红白理事会、禁赌禁毒等群众自治组织的作用，定期在新时代文明实践站开展活动，引导群众自我教育、自我管理、自我提升。后塍街道塍德社区打造"解忧格子铺"文明实践微站，社区发动热心党员、楼道长、志愿者成立"解忧管家团"，每天定时轮岗，方便居民群众有问题能在第一时间将其反映到格子铺。在管家团的基础上，拓展组建"红色宣讲""蓝色便民""洁美塍德"等志愿服务队伍，建立民情需求单、资源目录单、项目活动单"三张单"，不定期开展解忧夜市、爱心义卖、公益集市、小小管家体验日、楼道生日会等活动，激发群众参与社区治理新活力。

4. 鼓励组织单位参与，加强志愿服务人才储备

鼓励党群部门、涉农部门、政法部门以及党校、高校、中小学校、"两新"组织、高新技术企业等单位，立足工作岗位，主动与辖区内的村、社区党组织互联互动，向社会开放学习资源、阵地资源，共同优化区域发展环境，选拔各单位在职人员，发挥理论宣讲、文化文艺、科普宣传、教育服务、法律援助等技能特长，建立新时代文明实践工作人才库，引导各类人才加入新时代文明实践志愿服务队，结合本职工作，分批定期到基层开展文明实践活动，为开展新时代文明实践工作提供人才支持和智力支持。如司法局精心策划组织开展"民法典宣传月"暨民法典宣传"十百千万工程"活动，运用"新媒体+传统媒体"的方式，放大新媒体普法效应。生态环境局以"合作共享"为原则，充分发挥各伙伴志愿服务团队和志愿者的优势，策划落实"环保云课堂项目"，定期面向市民开展环保知识竞赛活动，多渠道向市民进行生态文明理论宣传，积极探索"志愿者+"的服务模式，制订项目推广计划，及时收集和改进服务内容，提高服务的针对性。

5.下沉基层村（社区），打通志愿服务的"最后一公里"

区镇（街道）和村（社区）在原有志愿服务队的基础上，组建新时代文明实践志愿服务队，组织新乡贤、网格文化员、致富能手、"五老"人员、文艺爱好者等人员加入志愿服务队伍，按照人员特长和服务区域设立先锋岗、民情岗、治安岗、科普岗、文艺岗、阅读岗等志愿服务岗位，经常性开展邻里互助、爱心帮扶、文体指导等志愿服务，如南丰镇"双倪"。倪永祥扎根基层一线，40多年内调解各类矛盾纠纷12800余件，调解成功率达98%以上；倪平华充分利用自身对张家港市及周边城市发展极为熟悉的优势，在自家空闲场地设立具有浓浓乡土味儿的"庭院课堂"，当起政策理论示范宣讲员，为身边群众讲述党史、城市乡村发展变化、建农村村史等，年近八旬的他在志愿者的帮助下开通了直播账号。操作起自拍杆这些新潮的工具，借助新媒体新技术动态讲述党史国情。

（五）打造特色鲜明、全民受惠的活动项目

张家港市以服务项目为枢纽载体，鼓励区镇（街道）、城乡社区、小区物业服务单位为新时代文明实践志愿服务组织提供服务场所，开放更多公共资源，支持利用闲置空间就近引入新时代文明实践志愿服务组织和新时代文明实践志愿服务项目，形成"新时代文明实践10分钟服务圈"。鼓励整合现有基层空间，创新拓展文明实践场景，充分发挥新时代文明实践中心阵地支撑、团队孵化、信息集散、项目发布、宣传展示等作用，形成文明实践共享化，常态化开展一系列基础和专业性志愿服务，帮助群众解决思想认识、政策法规、生产生活、卫生健康、情感心理等方面的困难和问题。

1.实施普惠性志愿服务项目

着眼群众共性需求，坚持面上普送，组织开展政策解读、法律维权、技能培训、卫生健康、安全生产、食品安全、防范诈骗等服务项目，有效满足群众在最关心的脱贫致富、创业就业、民生保障、生态环保等方面的需求，使广大群众都能享受服务、从中受益。市场监管局打造"港城食博士"志愿服务品牌，架起监管部门、企业和群众间的沟通桥梁，并依托"港城食

博士"，遴选建立了一支稳定的食品安全志愿服务队伍，通过规范化管理和常态化活动，使食品安全志愿服务队伍成为发现食品安全隐患的前沿哨兵；依托万达广场新时代文明实践站，按照"实施食品安全战略，让人民吃得放心"的要求，规范化、常态化开展政策宣讲、科普宣传、文明倡导等各类志愿服务活动，确保广大人民群众食品消费安全。

2. 做实特惠性志愿服务项目

聚焦群众的个性化、差异化需求，关注空巢老人、留守儿童、新市民、残疾人等特定对象和弱势群体，定制内容各异、专门配送的志愿服务，在关心服务群众的同时，教育引导群众。从2013年起，由住建局主办，志愿者协会、建筑业管理处和同城伙伴志愿服务团共同组织开展的"虹筑之家·工友驿站"关爱建筑工友志愿服务项目深入建筑工地一线，依托装配式可移动阵地，开展"文化关怀""城市融入""志愿集市""场馆运营"四大类服务活动，每周制订服务计划方便工友点单，每两周开展一次志愿服务街市活动，重大节日组织文艺志愿者慰问演出，每年两次带领工友参观港城，不定期开展节日工友座谈会，让建筑工友在多彩多姿的生活之中快乐工作，更好地融入张家港这座城市。项目获评2019年第四届江苏省志交会金奖、2020年全国学雷锋志愿服务"四个100"最佳志愿服务项目、第六届"江苏慈善奖"最具影响力慈善项目。

3. 推广互惠性志愿服务项目

着眼互帮互助、邻里守望，广泛开展生活照料、亲情陪伴、家政服务、生活救助、康复医疗、权益维护、纠纷调解、权益维护等志愿服务活动，传承尊老爱幼、邻里守望、家风家训等中华优秀传统。南丰镇瑞丰社区因地制宜，特别推出"逢肆说事"项目，在每个月的4日、14日和24日邀请党员、廉勤监督员、居民来社区先锋驿站畅谈、说事。在"民生客堂间"谈日常烦心事、邻里闹心事、便民服务事和社区监督事，让党建来引领、居民来商议、共同来治理，使党建引领成为居民自治的向心力、主心骨，做到社区和居民群众的互动性增加，居民群众的认同感增强。同时，在纵向层次方面下沉，缩小自治单元、激发自治活力，努力推进楼栋、单元等居民小组类群众性组织建设，聚焦公共事务管理、陈规陋习治理等设计志愿服务项目，让广大群众在参与社会治理志愿服务中感受美好生活、建设文明乡风。

（六）健全高效运转、多元参与的保障机制

张家港市坚持以政府为主导，动员多方力量、整合各类资源、深化常态管理，切实提升志愿服务效能，回答好文明实践志愿服务"怎么做得更好"的问题，持续引导广大市民将参与新时代文明实践志愿服务作为一种生活新常态、时代新风尚，推动志愿活动蓬勃开展、志愿精神蔚然成风。截至2023年9月，张家港市共有注册志愿服务团队1338支，总服务时长1198万小时，平均每天有300多个活动发布实施。

1. 规范志愿服务流程管理

实行团队招募、自主注册，所有注册志愿者信息都可以在友爱港城新时代文明实践智慧云平台即时查询。实施注册志愿者退出机制，规定清退从注册之日起一年内没有参与志愿服务活动的（生病、怀孕、调外地工作、上大学等特殊情况除外）志愿者。截至2023年9月，共有2.4万名注册志愿者被清退，保证了志愿者的质量和有效参与率。各志愿服务团队开展志愿服务活动必须提前3~5天通过网站发布，活动信息和志愿者服务时间必须在网站进行公示，确保了活动规范有序。所有参与友爱港城新时代文明实践智慧云平台发布的志愿服务活动的注册志愿者，均可免费享有10万元意外事故保险、10万元意外残疾保险和5000元意外伤害医疗保险，为志愿者增添安心保障。

2. 完善志愿服务嘉许激励制度

2014年4月，张家港市在全国县级市中率先出台《张家港志愿者礼遇办法（试行）》，遵循"适度回馈"原则，颁布礼遇十条，并在五个星级基础上，增设志愿服务铜星、银星、金星、终身成就奖评定，2020年对原试行办法进行优化升级，志愿者积分可兑换相应礼遇物资，同时通过困难资助、免费保险、优惠公共服务活动，发放重大活动纪念证书、寄送表扬信等礼遇，增强志愿者的自豪感和荣誉感。2022年，张家港市推出疫情防控志

愿服务专属"礼遇六条",发放专属勋章及电子防疫证书4.6万人次。在春节等重大传统节日期间,由市领导带队专程走访慰问优秀志愿者代表。每年邀请先进典型参与政府工作报告意见征求会议并列席两会。

3.拓展志愿服务社会支持

自2012年起创新实施"学雷锋·志愿服务伙伴计划",以项目为纽带,搭建政府、企业和志愿者组织平等合作平台,累计发布实施志愿服务伙伴项目500多个,爱心企业资助金额1200余万元,受益群众近200万人次。2021年成立江苏省首个县区级新时代文明实践基金,制定《张家港市文明实践基金管理办法》,累计注入资金240余万元,用于文明实践志愿服务项目实施补助,道德模范、身边好人和志愿者帮扶礼遇,文明实践志愿服务先进典型奖励。26家爱心商户加入志愿者礼遇商户联盟,为志愿者提供生活服务、文化体育、医疗健康等礼遇产品。链接社会资源,常态化开设"志愿者能量屋"空间及系列课程,面向志愿者及团队开展心理疏导、文艺培训、健康运动、手工制作等课程,营造全社会尊重和关爱志愿者的浓厚氛围。

三 张家港市新时代文明实践志愿服务制度与工作体系建设的发展目标

志愿服务是一项系统性的工程,从志愿者招募到培训上岗开展服务,再到后续的管理和日常维系,都与激励环环相扣,需要进一步完善志愿者"招募—培训—服务—保障—奖惩—退出"的工作链条,优化新时代文明实践志愿服务制度和工作体系。

(一)加强志愿者骨干能力建设,持续壮大志愿服务队伍

着力完善志愿者固化管理、动态管理机制,加强志愿服务队伍建设的规范化指导。着力打造张家港市志愿服务培训基地,建立志愿服务专家库,加强志愿服务理论研究,培育志愿服务专业人才。立足张家港志愿者培训学院,多层次、立体化、常态化开展志愿服务培训,加强能力

素养培训高赋能，提高志愿者的思想政治水平和业务知识技能，增强基层向心力和提升实务能力。健全学院"市、镇（行业）、基层单位"分级培训机制，引导各区镇（街道）组织基层志愿者骨干、优秀志愿服务团队和志愿者，各行业（系统）主管部门定期对本领域专业志愿服务组织进行培训轮训，多方面多层次多渠道提升志愿服务队伍能力，推进全市志愿服务专业化进程。

（二）建立群众供需对接机制，确保服务供给精准高效

为民服务始终是志愿服务工作的出发点和落脚点。坚持推进志愿服务社会化，广泛发动各方力量参与家庭教育、文明交通、文明旅游、科技科普、生态文明、老年服务、国际交流、网络文明传播等志愿服务项目，开展移风易俗、村规民约、礼仪规范等主题的宣传宣讲活动，丰富志愿服务供给，让广大群众在志愿服务中感受美好生活、提升文明程度。坚持推进志愿服务精准化，建立群众需求反馈机制，广泛收集社情民意，采用自下而上、以需定供的互动式、菜单式、订单式志愿服务模式，建立以"广泛性、便利性和实效性"为原则的供需对接机制和以"需求—资源—项目"为路径的供需对接基本方法，实现志愿服务精准到达基层群众。坚持推进志愿服务专业化，开拓政策解读、法律维权、技能培训、卫生健康、安全生产、食品安全、防范诈骗等专业服务项目，有效满足群众最关心的创业就业、民生保障、生态环保等方面的需求，更好地指导基层群众生产生活实践。

（三）完善志愿者激励保障机制，推动志愿服务长效发展

加强志愿服务政策保障，研究更新张家港市志愿服务工作规划和方案，对志愿服务培训教材、人员队伍、服务内容、政策保障等做出具体安排和组织实施，做好志愿者的组织引导、登记注册工作。用好志愿服务专项经费，优化政府购买服务的方式，予以志愿服务组织运营管理一定的经费保障，鼓励志愿服务组织和队伍加入公益创投，提高志愿服务的自我造血能力。注重志愿者的权益保障，为志愿者提供必要的交通食补和物资设备，加强志愿者

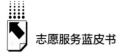

人身意外伤害保险保障，探索困难志愿者帮扶机制。持续做好志愿者激励嘉许工作，广泛开展优秀志愿典型选树工作，拓展对优秀志愿者在就业就学、公共服务等方面的礼遇优待，进一步激发志愿者参与志愿服务工作的积极性和主动性。

企业报告

B.13

中国工商银行志愿服务发展报告[*]

张书琬　马琳　曾超　王璐^{**}

摘　要：　中国工商银行志愿服务在共青团中央和总行党委的领导下，在工商银行团委的推动下，以"青年志愿者协会"为统一品牌，联络、团结、引导和凝聚全行青年志愿者共同开展志愿服务工作，紧跟国家战略部署及新时代志愿服务重点任务，创设立体化志愿服务体系、打造专业化年轻化志愿服务队伍、依托工行驿站打造志愿服务主阵地。中国工商银行以"爱，向光而行"为理念，以重点公益项目为依托，创建"金融+志愿"服务新模式，不断加强志愿服务品牌及文化建设，有力地履行了社会责任，展现了企业担当，提升了公众的获得感与幸福感。

*　本文由中国志愿服务研究中心课题组和中国工商银行志愿服务课题组合作完成，中国工商银行志愿服务课题组由马琳等负责。

**　张书琬，中国社会科学院社会发展战略研究院助理研究员，研究方向为社会治理、社会发展和志愿服务。马琳，中国科学院大学经济与管理学院工商管理硕士，中国工商银行总行运行管理部网点处经理，负责网点"工行驿站+"场景建设与运营工作。曾超，四川大学商学院工商管理硕士，中国工商银行四川分行团委书记，负责青年发展、青年志愿服务工作。王璐，中国社会科学院大学社会学专业在读博士生，研究方向为志愿服务和社会治理。

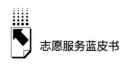

关键词: 中国工商银行 志愿服务 工行驿站 金融+志愿

引 言

　　企业是满足社会发展需要的基本经济单位,是扩大就业、改善民生、实现共同富裕的重要力量。企业志愿服务作为一种新型的志愿服务形式,为社会成员提供了交流合作的新型社会联系和参与方式,帮助企业所在地提升区域文化的内在凝聚力和区域软实力。企业志愿服务通过提供经济、技术、人力、文化等支持,不仅帮助社区实现了目标,还推动了与政府部门、社会组织、研究机构等多元组织的深入协作。中央文明委于2014年印发的《关于推进志愿服务制度化的意见》、国务院于2017年发布的《志愿服务条例》,都明确了企业参与志愿服务的重要性和必要性。工业和信息化部、民政部于2020年专题发布《关于开展志愿服务促进中小企业发展的指导意见》,要求加强中小企业志愿服务的统筹指导和规范管理,建立健全企业志愿服务工作机制。我国国有企业应该认真贯彻落实党中央以及习近平总书记关于要求志愿服务立足新时代、展现新作为的重要指示精神,主动承担社会责任,扎实推进志愿服务,弘扬志愿精神,培育志愿文化,倡导社会文明新风尚,打造"有温度的国企"。

　　近年来国有企业大力开展志愿服务工作,形成了领导高度重视、员工广泛参与、品牌特色鲜明、制度建设不断加强的良好态势。中国工商银行作为中管金融企业,以习近平新时代中国特色社会主义思想为指导,全面学习宣传贯彻党的二十大精神,将企业社会责任理念作为企业发展长期战略时刻融入日常运营和活动,其战略呈现纵向深耕基层和横向多领域跨界合作的创新特点,通过金融知识普及、精准扶贫、跨界合作、公共医疗培训、文化交流、社会捐赠、财商教育等多种形式,有效推动普惠金融服务在中国的发展,逐步构建了内容精、品类多、覆盖广、影响大的具有工行特色的多领域志愿服务体系,有力履行了社会责任,展现了企业担当,向社会持续传递了正能量,切实提升了公众的获得感与幸福感。

一 工商银行志愿服务发展概况

（一）工商银行志愿服务发展模式及历程

1. 志愿服务发展模式

企业志愿服务是指企业为了履行公民责任，主动成立志愿者协会或提供机会鼓励员工参与志愿服务的活动形式。有学者以不同的推动力为划分依据，总结出企业志愿服务的几种发展模式（潘春玲、张晓红，2015）。

一是志愿者协会模式，指企业通过成立专门的志愿者协会来组织和开展志愿服务活动的形式。协会的负责人由协会成员选举产生，协会拥有完善的组织架构和规章制度，负责志愿者的招募、培训、活动策划等。协会活动的经费由企业提供，并由企业建立相应的保障机制和激励机制。

二是基金会模式，指基金会支持企业成立志愿服务组织，并拨付资金支持志愿服务活动开展的志愿服务发展形式。与志愿者协会模式依托企业不同，基金会模式主要依托基金会，在基金会的支持下组织、策划、开展志愿服务活动。该模式下的志愿服务组织没有明确的章程和组织架构，其活动由基金会进行管理，在活动过程中所需要的人员、资金、制度等保障都是通过基金会来实现的。

三是部门管理模式，指由企业的相关部门（如可持续发展部、企业社会责任部或法律及企业事务部等）在部门内部成立志愿服务组织来组织和开展企业志愿服务活动的形式。与专门成立独立的志愿者协会不同，这种模式下的志愿服务组织没有独立的组织体系，主要由相关部门在志愿服务组织内部设立专员负责志愿服务活动的组织和开展，而负责专员参与志愿服务活动的情况可以作为个人工作考核的业绩。可以说，部门管理模式下的志愿服务组织依托相关部门，作为相关部门的工作内容而存在。

四是制度创新模式，指企业通过制度创新保障和鼓励员工积极参与志愿服务活动，从而推动志愿服务活动开展的形式。企业通过调查了解志愿服务

在发展过程中存在的问题，并分析问题产生的原因，从而制定具有针对性的措施来解决问题，扫除阻碍志愿服务发展的障碍。制度创新能够为企业志愿者创造良好的志愿服务条件，消除后顾之忧。

五是项目推动模式。企业通过开发相应的志愿服务项目或与其他组织合作开展相应的志愿服务项目，带动更多的员工参与志愿服务活动，从而推动企业志愿服务发展的形式。在这种模式下，企业主要根据员工自身的实际情况，如员工的专业优势、专业技能等，并结合社会对企业志愿者的特定专业需求，开发或与其他公益机构合作开展志愿服务项目，使员工能够在参与志愿服务活动的过程中充分发挥自身的专业优势，体现自身的专业价值，同时为服务对象提供专业的帮助，解决其难题。

工商银行的志愿服务模式是部门管理模式。2016年工商银行在团委的领导下成立了青年志愿者协会，由银行团委在青年志愿者协会内部设立专员负责志愿服务活动的组织和开展，没有独立的组织体系。近五年来，工商银行共开展服务2000余次，参与志愿者4.3万余人次，服务对象4万余人，志愿服务总时长2.6万小时，覆盖全国300余座城市，筹集善款超40万元。其中，2022年9400余名青年志愿者参与活动，筹集善款34万余元。

2. 志愿服务发展历程

中国工商银行志愿服务在共青团中央和总行党委的领导下，在工商银行团委的推动下，以青年志愿者协会为统一品牌，联络、团结、引导和凝聚全行青年志愿者共同开展志愿服务工作，全力推动工商银行志愿服务高质量发展。

纵观中国工商银行志愿服务发展历程，可将其分为三个阶段：初期萌芽阶段、发展壮大阶段和成熟创新阶段。具体来看，在初期萌芽阶段，志愿服务活动主要在各省分行独立开展，服务以捐赠和帮扶本地的弱势群体为主，形式简单，尚未形成统一的志愿服务体系。该阶段包括工商银行志愿服务活动的初步启动和初期探索工作。在发展壮大阶段，工商银行开始注重系统性建设志愿服务项目、队伍和品牌，以总行牵头建设的若干工行志愿公益项目为首，引领广泛地区的参与。这个阶段下志愿服务活动从零星的、独立的行动发展成有组织、有规模的系列活动。在成熟创新阶段，工商银行总行团委组织成立青年志愿者协会，各层级、各部门全面建成了志愿服务队伍，与政府部门、公益组织、医疗机构、教育机构等多方联动，以注重实效、力图创新的态度履行社会责任，进一步推动志愿服务在工商银行事业中的发展。在这一阶段，志愿服务得以在更广泛的领域中创新发展，展现出工商银行在深化活动内容、丰富活动形式以及扩大社会影响力方面的不懈努力。

（二）工商银行志愿服务发展内容

1. 创设立体化志愿服务体系

中国工商银行紧跟国家战略部署及新时代志愿服务重点任务，着眼服务国家战略、增进民生福祉，健全精准高效的志愿服务供给体系，打造以"两平台两项目"为依托的立体化志愿服务体系，积极开展乡村振兴、兴边富民、美丽中国、科技中国建设等志愿服务。"两平台"是"融e购"电商平台（曾有）和脱贫攻坚基金区块链管理平台，其中"融e购"电商平台实现了"电商+企业+贫困户""扶贫+公益""电政合作扶贫新生态"等多个精准扶贫场景建设，上线国家级贫困县商户500余家，覆盖21个省区市281个国家级贫困县，上线7600多个特色农产品和乡村旅游产品。脱贫攻坚基金区块链管理平台实现了扶贫资金的透明使用、精准投放和高效管理。该平台首期筹集子基金"贵州省极贫乡镇脱贫投资基金"规模约173亿元，惠及贵州省20个极贫乡镇、495万贫困人口，助力贵州脱贫攻坚目标的实现。"两项目"是"美丽中国·青春工行在行动"志愿公益项目和"科学盒子"志愿公益项目。其中，"美丽中国·青春工行在行动"志愿公益项目通过拾荒慢跑、公益宣传、环保骑行、环保绘画、垃圾分类、募捐环保金等方式，增强青年的绿色文明意识、生态环境意识和可持续发展意识，2022年开展服务2000余次，参与志愿者4.3万余人次，服务对象4万余人，覆盖全国300余座城市。"科学盒子"志愿公益项目围绕国家乡村振兴战略，联合中国青少年发展基金会，在四川通江、南江、金阳、万源启动持续性公益活动"科学盒子"项目，2022年落地捐赠5100套科学盒子，为孩子们提供

科学实验教具，带领学生们体验科学的乐趣与魅力。

2. 打造专业化年轻化志愿服务队伍

工商银行根据团中央志愿公益工作要求组织成立青年志愿者协会，联络、团结、引导和凝聚全行青年组成志愿者队伍，积极开展志愿服务。工商银行一方面注重队伍结构年轻化建设，培育了上千支青年志愿团队，青年志愿者人数达57000余人，不断扩大志愿服务力量；另一方面着力提升志愿服务队伍的专业化水平。工商银行始终秉承"源于社会，服务社会"的宗旨，积极主动学习志愿服务精神、共青团中央及团委文件，自觉对标国家重要战略部署，按照习近平总书记"志愿者事业要同'两个一百年'奋斗目标、同建设社会主义现代化国家同行"[①] 的工作要求以及对深入开展学雷锋活动做出的重要指示，打造了一批凝聚全行党员、青年、劳模、工匠等的专业化志愿服务队伍，如工商银行青年志愿者每年3月开展的"青年学雷锋"主题活动，结合金融特点，送金融知识下乡村、进社区，10多来年，累计走访群众150多万人，服务时间超过25万小时；为奥运会、世博会、青奥会提供货币兑换、跨境金融业务办理、金融专业翻译等全方位的金融服务，举办优质金融服务活动1万多场次。此外，工商银行志愿服务队伍的建设也十分注重服务范围的广泛性。志愿服务团队进一步延伸志愿服务的范围和半径，从中心城市到偏远乡村、从服务国家战略到关注"一老一幼"[②]，从爱心公益到践行绿色环保，从助力乡村振兴到捐资助学等。服务内容不断融入日常、化作经常，如打造"青春驿站"，协助社区制订"文明家庭"评选方案，加强基础服务设施建设；组织志愿者定期到社会公益餐厅开展义务劳动；开展"替烈士尽一日孝"学雷锋公益活动，并获得央视报道；在中高考季组织开展"'工'成名就纵'行'千里"阳光助考公益活动；开展"深化爱国卫生运动、助力文明城市创建"主题活动，走向街头做好文明实践志愿服务活动。

---

① 2019年1月17日习近平总书记在天津考察时的讲话。
② 2022年8月17日，习近平总书记在辽宁省沈阳市皇姑区三台子街道牡丹社区志愿者之家考察时强调，"要加强社区服务，提升服务功能"，关注"一老一幼"。

3. 依托工行驿站打造志愿服务主阵地

工商银行以"身边的银行，身边的服务"为主旨，打造网点"工行驿站"服务阵地。首先，服务阵地以惠民服务供给为主要内容，充分发挥网点规模与直面群众的天然优势，通过开放共享营业网点资源，主要向环卫工人、快递员、交警及其他户外作业人员等社会公众提供"歇歇脚""喝口水""充充电""上上网"等多项公益惠民暖心服务，提供空调、休息座椅、饮水机、手机充电、wifi 无线上网、老花镜甚至轮椅、儿童推车等基础惠民设施。"工行驿站"惠民网点以人文关爱解决广大社会公众特别是户外劳动者喝水难、休息难、如厕难问题，有序推进金融行业服务资源向社会开放共享，推动形成全社会共同关爱和服务户外劳动者群体的良好氛围。其次，在惠民服务基础上，服务阵地重视惠民志愿服务场景，通过加强和志愿者服务组织的联动合作，面向社会提供志愿者服务、爱心援助等公益服务，构筑志愿、关爱、救助的"温暖家园"；通过组织开展志愿服务活动、建立健全运营体系、发行志愿者证联名卡等举措，建成"驿站+公益"服务生态网点。比如，以文明创城为契机，工商银行与北京市西城区签署《关于建设更高水平的全国文明城区共同开展志愿服务合作的框架协议》，积极促进"志愿西城+工行驿站"志愿服务合作落地；与河北团省委合作打造"工行·小青星驿站"阵地品牌，为志愿服务项目提供"工行驿站"设施、空间等服务载体，形成了"驿站+青年社会组织+志愿者"的志愿服务模式。最后，服务阵地以主题关爱活动为主要形式，主题关爱服务活动是指在"工行驿站"服务区域内开展各式各样的关爱服务活动。如连续三年开展"学雷锋志愿服务宣传月"、"严冬暖心"户外劳动者温暖关爱、"助力高考季"、"重阳反诈"等系列活动，面向新市民、志愿者、"一老一小"等重点人群，输出金融知识、防寒关爱、候考歇脚、反诈防诈、投资者教育等专业内容。截至 6 月底，依托 1.55 万家"工行驿站"，工商银行举办 20 万次主题突出、跨界融合的"工行驿站"惠民志愿服务活动，吸引 6500 万人次社会公众踊跃参与，有效提升了服务触达能力，强化了志愿服务保障和支持。

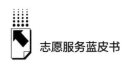
二 工商银行志愿服务品牌及文化建设情况

（一）工商银行志愿服务品牌建设

1. 聚焦民之关切，打造惠民利民志愿服务品牌项目

志愿服务品牌塑造是一个长期过程，旨在让志愿服务主体围绕服务定位与利益相关者持续互动，使彼此之间的关系与情感不断积累和深化。工商银行坚定不移地遵循志愿服务品牌建设路线，精确企业服务定位，把与百姓密切相关的、百姓最在意或最紧急的实际诉求和需要作为志愿服务的出发点和落脚点，增加志愿服务的区别性和应变性，提高服务对象的满意度，实现志愿服务的公益价值诉求。志愿服务品牌项目能够有效地满足服务对象的多样性、多层次、多元化的服务需求，增强百姓的归属感，使其感受到来自他人的关爱与温暖，能够强化居民热爱生活的信念，提高居民对企业志愿服务队伍的认可度和满意度，使企业品牌志愿服务得到充分肯定和高度评价。工商银行志愿服务品牌建设以"爱，向光而行"为理念，以重点公益项目为依托，组织推动全行开展力所能及的服务，帮助解决老、弱、病、孤、难等人群的"急难愁盼"问题，让受助者获得更实在、更长远的帮助。

案例一："工银光明行·童心港湾"

自 2020 年起，工商银行联合共青团中央及其下属基金会在定点帮扶的四川省四县市下辖村镇建设 150 个站点，为当地留守儿童提供开展福利和保护服务的固定场所。为倡导更多机构关注和支持该品牌项目，工商银行广泛征集各机构对"童心港湾"站点的认领和建设意向，并得到积极响应，2023 年促成 20 余家机构与"童心港湾"互结对子。例如，工银理财捐资 20 万元支持万源市白沙镇荆桥铺小学"童心港湾"的改造，为儿童统一添置冬衣；工银私人银行为万源市多所"童心港湾"购置热水器；工银贵金属携手爱心企业在南江县中学捐建"工行青年科技馆"；工银投资实施"授渔计划"，为南江县三所小学援建了 10 间"三个课堂"数字教室，联合北京高校名师开展直播授课。2023 年上半年，工银金租、工银瑞信、工银安盛等也相继认领项目点，并且结合机构特点和业务优势，依托"童心港湾"开展丰富多彩的公益服务和联建活动。截至 2023 年，"童心港湾"已累计开展党建、探访、联建活动千余次，使得万余名留守儿童得到了关爱，有效纾解了四县市在乡村振兴进程中的痛点难点问题。

案例二："爱心助学'工'益有你"

为担负起助力乡村振兴、教育扶贫的大行责任，工商银行联合中国青少年发展基金会，自 2017 年"99 公益日"起，连续六年开展"爱心助学'工'益有你"品牌活动。通过在腾讯公益平台上开展爱心捐赠活动，为义务教育阶段的贫困家庭学生提供每人每年 1000 元的助学资金，开展一对一帮扶，伴贫困学子上好学、共成长，并以此提高社会对贫困地区教育的关注程度。六年来，共发动 8.6 万余人募集善款 326.8 万元（含工商银行配捐 140 万元），资助帮扶了河南、广西、四川等地的 3300 多名贫困中小学生。其中，2022 年工商银行积极克服疫情困难，创新线上募集方式，动员 4.1 万余人次参与捐款，筹集善款 84.4 万余元，用于资助四川金阳、万源、通江、南江等地 800 余名学生。该项目荣获第五届中国青年志愿服务项目大赛金奖、中国青年志愿者优秀项目奖。

2. 坚持因地制宜，培育特色志愿服务品牌项目

工商银行各地分行根据当地特色，培育专属志愿服务品牌，这是实现企业志愿服务长效化、提升志愿服务品牌知名度的重要手段。工商银行辖内分支机构着眼于服务国家战略、增进民生福祉等，不断健全精准高效的志愿服务供给体系，推动新时期志愿服务任务落地，依据当地特色资源优势，打造了一批经验丰富、推广性较强的优秀志愿服务项目。地方银行可将特色常态化服务项目发展为精品服务，开发活动领域，增加参与主体的多样性，提升服务主题的专业程度，创新服务形式，开展动态化的志愿服务实践，通过常

态化与动态化的项目及其运作带动志愿服务规范化，以规范化助力品牌建设，打造一批可复制、可推广的国有企业志愿服务品牌项目。

案例一："工行·小青星驿站"

2021 年 4 月 28 日，工行系统内首家工行驿站与政府官方合作的服务项目启动。"工行·小青星驿站"是河北分行联合共青团河北省委，依托双方优势资源，以开放共享网点服务资源为载体，创新打造的驿站品牌，从制度、机制、队伍、硬件等方面建立健全运营体系。4 月 28 日，共青团河北省委与工商银行河北省分行举行了小青星驿站与工行驿站合作共建启动仪式，双方进行了战略合作协议现场签约，共同发布了"河北青年志愿者联名卡"。在此基础上，河北分行与共青团河北省委深化合作内容，持续提升志愿服务的广度和深度。2021 年 5 月，双方合作发行"河北青年志愿者证"联名卡。联名卡融合了志愿服务信息查询和身份识别等特享功能，成为河北青年志愿者的专属身份凭证和守信荣誉证书。联名卡在全面支持传统金融服务的基础上，进一步探索整合交通出行、娱乐、旅游、文化等多项社会服务优惠权益，为广大青年和志愿者提供看得见、想得到、摸得着的贴心服务。例如，依托小青星驿站，河北团组织将向青年志愿者、快递小哥、环卫工人等社会群体提供爱心药箱、手机充电、取暖纳凉、免费矿泉水等 20 种服务。2022 年冬奥会期间，双方共同开展"志愿青春，冬奥有我"金融系统青年志愿者助力冬奥活动。冬奥会举办地张家口分行小青星驿站积极为广大群众和国际友人提供有温度的优质服务，实施 21 项便民举措，为冬奥会顺利举办注入工行力量。同时，以冬奥会为契机，"工行·小青星驿站"为社会组织和广大志愿者提供了更加完善的志愿服务平台，使更多人认识、热爱、参与志愿服务，进一步壮大了青年志愿服务力量。

案例二："一元钱一滴水爱我三江源"

党的十八大以来，习近平总书记多次强调"绿水青山就是金山银山"，青海分行积极践行国有大行社会责任，将志愿服务融入生态保护，保护好三江源，保护好"中华水塔"，确保"一江清水向东流"，并将其作为践行习近平总书记生态文明思想的重要行动，推动形成绿色发展方式和生活方式，从而走向绿色发展之路。在2021年和2022年"六五环境日"前后，青海分行在全行范围内开展"一元钱一滴水爱我三江源"特色环保主题活动以及"我为三江添份绿·青春工行在行动"线上公益募捐活动。青海分行通过发出环保倡议、开展公益募捐、组织环保实践、进行创意宣传等形式，引导和带动更多人关心和参与三江源生态保护的环保活动，共同营造保护三江源的良好氛围。其中，公益募捐活动共有近8000人次参与，累计为三江源生态保护基金会捐款13万余元。

3. 深耕专业所长，创建"金融+志愿"服务新模式

工商银行将坚持以习近平新时代中国特色社会主义思想为指导，全面贯彻落实党中央、国务院决策部署，聚焦"国家所需、金融所能、客户所盼、工行所长"，坚定不移地走好中国特色金融发展之路。工商银行根据金融行业特点，充分发挥金融领域的服务优势，加大帮扶力度，全年常态化开展金融知识下乡、金融知识进校园活动，积极开展金融类志愿服务活动。

案例一："未来金融家"

为贯彻落实党中央在开展大中小学金融知识普及教育、推动金融消费者教育、完善学生素质教育等方面提出的工作要求，工商银行连续三年开展"未来金融家"财商教育志愿服务专业化品牌项目，打造了一支少儿财商青年讲师团队，开发了一套少儿财商教育视频课程，开展了一次澳门培正中学财商夏令营。三年来，工商银行在全行范围内广泛开展"金融知识进校园""小小银行家体验"等活动，服务学生4.7万人，受到媒体宣传报道近300次。其中，2022年工商银行以营业网点到店授课和上门送教相结合的方式，开展活动531场次，参与志愿者4000余人，为2.7万中小学生有效普及金融知识，帮助青少年增强风险意识，培养契约精神，树立正确的消费观、信用观、理财观。

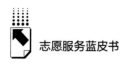

案例二："向锋而行"

一直以来，工商银行辽宁省分行持续加强学雷锋志愿服务活动的规范化、品牌化，在全行范围内打造了 18 家省行级、82 家市行级"学雷锋示范网点"，同时，以"郭明义爱心服务队辽宁工行分队"、"红色金融服务队"和"文艺轻骑兵"三支队伍为载体，积极践行"雷锋精神人人可学，奉献爱心处处可为"，围绕敬老爱幼、金融公益、绿色金融、扶贫助残和应急解难五大方向开展金融类志愿服务活动，以金融力量助力辽宁全面振兴新突破三年行动首战告捷，让雷锋精神在新时代绽放更加璀璨的光芒。截至 2023年 6 月底，"一车一队"已开展特色金融服务活动 900 余场，触达服务客户50 万余人。"一车一队"通过宣讲金融产品，提升市民反诈能力，树立了工行辽宁省分行服务辽沈人民的新形象。"郭明义爱心团队-中国工商银行辽宁省分行分队"在全省范围内开展普及金融知识、防范电信诈骗、消费者权益保护宣传活动，截至 2023 年，成立下属分队 13 支，成员达到 1430 人。各类"文艺轻骑兵"队伍自组建以来，致力于多渠道丰富职工文化生活、多角度宣传金融知识、多领域服务客户民生、多层面助力赋能经营，举办公益、志愿服务活动 460 次，服务受众 8 万余人次。

（二）工商银行志愿服务文化建设

1. 不断丰富志愿服务文化内涵

工商银行成立近 40 年来，始终秉承"源于社会，服务社会"的宗旨，充分发挥文化凝聚作用，在实践中不断丰富"奉献、友爱、互助、进步"志愿精神的内涵。工商银行志愿服务对企业文化和价值的传播与推广、企业人力资源的开发和利用能产生积极正面的影响；对外是一项利多本少的企业公关活动，能够提升顾客对企业的认同感、期望值和拥护程度，为企业带来看得见的财务绩效和非财务的周边绩效，从而为企业的经营和管理带来附加价值。此外，企业还通过志愿服务得到了回馈社会的机会，这对于树立企业的良好形象起到了积极作用，进而吸引更多社会专业人才加入。这种无形资产将会产生无法估算的品牌价值。企业将志愿服务与品牌经营、管理结合起来是自利和他利的有机整合，体现了互利共赢的理念，通常具有较强的稳定性。

一是融入企业经营发展，推动文化同频共振。工行通过深入乡村、校园、社区普及金融知识，响应扶贫号召助力普惠金融，为奥运会、世博会、青奥会提供全方位金融服务；通过不断传播志愿服务文化，为全行高质量经营发展持续注入价值引导力，努力践行社会责任，推动志愿服务文化与企业经营同步发展。二是强化青年思想引领，展现青年担当作为。在共青团中央和总行党委的正确领导下，工行青年高举志愿服务大旗，在全国范围内开展了一系列规模宏大、内容丰富、影响广泛的志愿服务行动，形成了"青年学雷锋""青年爱心行动""微爱·益起捐"线上公益等多个志愿行动品牌，不断弘扬志愿文化，引导激励青年员工形成艰苦奋斗、勤俭节约等优秀品质，培育其担当精神。三是健全荣誉表彰机制，激发志愿服务活力。为弘扬志愿精神，激励全行青年志愿者奉献爱心，工行开展"优秀青年志愿者""优秀青年志愿服务项目""青年志愿活动优秀组织奖"等评选活动，通过表彰，充分展示青年志愿者的精神风貌，持续发扬志愿精神，传播先进文化，鼓励青年员工为工行事业和社会进步贡献力量。

2. 以实践行动搭建志愿服务文化载体

志愿服务文化是开展志愿服务活动的行动指南，为青年志愿者提供了思想引领、价值引导和精神滋养。志愿服务实践也是志愿服务文化的重要载体，丰富多样的志愿服务实践凝聚青年的奋斗和奉献热情，培育青年的主动性与服务意识，让志愿服务文化在青年心中落地生根、丰富发展。一方面，工行志愿服务文化建设坚持发挥金融所能，践行社会责任。工行发挥金融青年的专业优势，通过"未来金融家"少儿财商教育、"小小银行家"、"金融知识进万家"等志愿公益项目，积极开展金融知识和政策宣传、金融权益保护、便民金融服务等活动，不断提升志愿服务的专业化水平，发挥金融志愿服务的独特作用。在进博会、冬奥会等大型志愿服务项目中，工行青年尽情发挥青年人的光和热，将工商银行一流的金融服务展现给世界。另一方

面，志愿服务文化建设通过暖心社会公益推进文明实践。以"我为群众办实事"为主线，围绕扶危济困、共创美好社区的主题，开展青年爱心行动、工行驿站创建等工作，把人民群众对美好生活的需求作为志愿服务工作的立足点和落脚点，在陶冶志愿者道德情操的同时，传递工行态度、工行力度和工行温度。特别是在抗击疫情期间，广大青年员工尤其是青年党员以实际行动坚守战"疫"一线，为疫情防控贡献了青春力量。为持续开展好志愿文化载体建设，总行定期开展青年志愿服务评比表彰活动，对涌现出的持续实施、内容科学、目标明确、成效显著、管理规范、影响广泛的优秀青年志愿服务项目予以表彰与推广，通过志愿文化载体建设，践行和传播"奉献、友爱、互助、进步"的志愿精神。

三 新形势下工商银行志愿服务面临的新挑战

（一）思想认识仍需提高，志愿公益与企业文化建设有待进一步统一

新形势下，工商银行胸怀"国之大者"，践行大行责任，长期高度重视、高质量推进志愿服务工作，使志愿服务呈现蓬勃发展的新局面。但在实际工作中，参加志愿服务工作的员工，倾向于将其视为一种单纯的慈善行为，没有意识到志愿服务对于工商银行长远发展的重要性；在各地组织志愿服务活动的分行或部门，有积极承担社会责任的主动态度，却没有认识到这也是与社会公众、企业员工之间建立互信关系、塑造良好形象的重要途径。因此，提高全行对志愿服务重要性的认识，引导员工树立志愿服务的正确观念，以更好发挥企业高质量发展和现代社会文明建设的作用，是新形势下工商银行志愿服务面临的首要挑战。

（二）队伍结构仍需优化，青年员工力量有待进一步加强

青年员工是开展志愿服务的骨干力量，他们有热情、有思路、有干劲，

对推动全行志愿公益创新发展发挥着中流砥柱作用。但是，各行在组织青年员工参加志愿公益项目时，普遍存在谁有空谁参加的情况，较少考虑志愿者与志愿项目的适配性，导致项目实际推进情况低于预期。如"未来金融家"项目需要发掘表达能力强、亲和力强，有内训师经验的志愿者；金融知识进社区、校园项目需要发动具有个人金融专业从业经验、熟练掌握个人金融产品的青年员工参加。因此，在如何以项目化为单元，建设适配性更高、专业性更强、机构覆盖和年龄分布更广泛的青年志愿者队伍方面，工商银行还需要进行进一步探索。

（三）顶层设计仍需强化，志愿服务体系有待进一步完善

工商银行在总行层面形成了持续稳定的志愿服务品牌和项目，包括"蓝信封"书信陪伴、"爱目行动"、"爱心助学'工'益有你"、"美丽中国·青春工行在行动"、"未来金融家"和"科学盒子"等志愿公益项目。这些项目经过多年的培育和实践，得到了社会各界的广泛关注与认可，其品牌影响力、资源整合力、项目生命力均优于各分行特色志愿公益项目。各级分行资源服务活动虽然百花齐放、各有特色，但是在如何与总行志愿公益项目形成差异化互补和协同推进方面还需要进一步强化。当前，志愿服务工作面临更加多样的社会需求与期待，推动全行志愿服务品牌层次化、差异化、特色化、系统化转型升级，是志愿服务工作再上新台阶面临的又一挑战。

四　新形势下工商银行志愿服务未来发展方向

（一）坚持党的领导，以习近平总书记关于志愿服务的重要论述为根本点

十八大以来，党和国家高度重视志愿服务事业，习近平总书记在地方考察、会议座谈、回信批示等不同场合多次就志愿服务相关工作做出重要指示，给青年志愿者群体亲切回信、寄语。习近平总书记指出："希望广大志

愿者、志愿服务组织、志愿服务工作者立足新时代、展现新作为，弘扬奉献、友爱、互助、进步的志愿精神，继续以实际行动书写新时代的雷锋故事。"①习近平总书记关于志愿服务的重要论述具有重大理论意义、现实意义和深远历史意义，是指导我国新时代志愿服务事业发展的科学指南，是我们做好新时代志愿服务工作的根本遵循。要始终坚持在围绕中心、服务大局中思考谋划、推动青年志愿工作，用当代青年乐于接受的宣传方式，培育青年志愿者文化，从思想根源加深青年员工对开展志愿服务活动的认识；结合社会热点、群众所需、行业特色，将有限的资源充分投入到解决人民群众"急难愁盼"问题中，通过团青工作活动载体，定期交流辖内志愿服务工作组织成效，提升广大青年对志愿服务工作的认同感，引导青年员工在志愿服务、品质锤炼中成长成才。

（二）彰显工行特色，以工行精神与志愿精神的充分融合为关键点

工商银行成立初期，在传承人民银行"三铁精神"的基础上，结合实践创造性地提出"求实创新、吃苦耐劳、顾全大局、团结奋进"的工行精神。"奉献、友爱、互助、进步"的志愿精神则是展现社会进步和价值观念的时代产物。二者在产生根源上有所不同，但工行精神和志愿精神在对社会主义核心价值观的体现上具有高度的内在统一性，二者具有共同基因。将工行精神与志愿精神进行充分融合是在新时代学雷锋志愿服务中展现工行特色、讲好工行故事、体现工行风格的重要方式。通过实行品牌战略，由总行层面自上而下明确工行志愿服务的系列品牌、服务标准、具体动作等内容，工行打造了具有可推广性的志愿服务品牌，实现目标明确、运作规范、持续稳定、效率更高、对志愿者更具吸引力等优势的金融资源服务品牌化运作；强化与社会主流媒体、政府机构、社区机构等线上线下多平台合作，借助"工行驿站"开展各类志愿服务宣传活动，注意收集和传播活动背后的故事、活动之后的故事，形成特色品牌。

---

① 2019 年 7 月 23 日习近平总书记致中国志愿服务联合会第二届会员代表大会的贺信。

（三）撬动金融杠杆，以青年志愿服务的制度化和项目化建设为支撑点

拓宽资金来源渠道，做好资金使用顶层设计，借助银行自身的资源优势，充分挖掘相关企业客户是否存在公益项目合作需求，通过党建共建、团建共建等形式，搭建银企、银社等合作桥梁，多渠道筹集项目资金，包括但不限于国有企业、当地民营企业、小微企业和个体工商户以及热心公益事业的社区居民爱心捐助等，通过追踪服务、评估审计等程序，确保所筹措的资金专款专用、合规合法；以总行为中心，开展项目化运营，组建专业项目管理团队，负责项目选定、项目策划、项目实施和项目评估等全过程管理，将组织的公益职能转化为具体项目的实施形式，推动工商银行志愿公益项目得到及时、准确、高效的执行，最大限度地实现志愿公益项目的既定目标。同时，推动志愿服务项目的多样化，扩大志愿服务项目范围，包括社区服务、环保倡导、教育支持等多个领域，以满足不同青年志愿者的需求，激发青年员工参与志愿服务的热情，提高青年员工参与志愿服务的参与度。

（四）搭建信息平台，以完善体制机制和推进数字化建设为突破点

习近平总书记在党的二十大报告中强调"完善志愿服务制度和工作体系"。工商银行应通过探索建立行内统一的志愿服务信息管理平台，加强对志愿者、志愿服务组织、志愿服务活动的登记管理，形成对各类志愿活动的设计、开展、跟踪、评估、优化等全流程机制，全面掌握工商银行志愿服务工作的全貌；建立"系统平台管理志愿者+发布项目+参与报名"的模式，拓展行内志愿者招募渠道，建立经常化、制度化的工作机制，让有温度、有热度、有能力的青年"走得出去""帮得上忙"；坚持以人为本，完善管理机制、激励机制和基层考评机制，量化基层组织志愿服务工作，与党建工作、文明单位创建工作结合起来，推动青年志愿服务有效开展；将青年员工志愿服务参与情况作为发展党员和评先的重要条件，明确考核激励标准，适当加大对绩效、费用等方面的倾斜力度，适当给予志愿者一些外部精神激

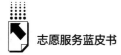
励，如加大事迹宣传力度、授予荣誉称号，鼓励志愿者撰写志愿服务感言，对优秀志愿者和优秀团队事迹可通过各类形式进行宣讲和展示，满足青年员工自我实现的高层次需求，进一步调动其参与志愿服务的积极性，让青年员工得到认可和鼓励，真正在增进民生福祉的倾情奉献中凝聚工行力量。

参考文献

潘春玲、张晓红，2015，《当前企业志愿服务的发展模式及推动社会责任实现的建议——基于北京市几家跨国公司的调查研究》，《决策咨询》第 4 期，第 68~71、88 页。

B.14
字节跳动公司志愿服务发展报告

陈咏媛　许宇童*

摘　要：　字节跳动的企业志愿服务以字节跳动员工公益团队为主导、多部门协作参与，并借助跳跳糖志愿者协会、跳跳糖公益小程序等平台进行组织管理。在实践过程中，字节跳动建立了规范完善的制度体系，形成了六大常规性志愿服务议题，并重点打造"技术公益"模式，推出西瓜"无障碍影院""亿角鲸珊瑚保护"等特色志愿服务项目，鼓励员工志愿者利用专业技能实现价值共创。未来字节跳动的企业志愿服务可以进一步提升组织化水平，推动实现志愿服务项目的可持续发展。

关键词：　字节跳动　企业志愿服务　技术公益（技术类志愿服务）

随着志愿服务的快速发展，社会各界对志愿服务价值的认可度也在不断提高，专业化既是志愿服务发展的必然趋势，也是社会发展对志愿服务工作提出的要求。2017年，《志愿服务条例》正式实施，该条例明确提出"国家鼓励和支持国家机关、企业事业单位、人民团体、社会组织等成立志愿服务队伍开展专业志愿服务活动，鼓励和支持具备专业知识、技能的志愿者提供专业志愿服务"，从政策层面为志愿服务的专业化发展提供了良好机遇。其中，技术驱动型志愿服务是互联网科技型企业开展专业志愿服务的一大重点。技术驱动型志愿服务是指各类专业技术人员将技术应用于帮助弱势群体、支持基础科学、助力医疗普惠、探索养老模式等各项社会事业中，以推

---

* 陈咏媛，中国社会科学院社会发展战略研究院助理研究员，研究方向为企业志愿服务。许宇童，中国社会科学院大学社会与民族学院硕士研究生，研究方向为社会治理和志愿服务。

动公益事业和公益组织在技术、运营、传播、组织等多方面获得提升，从而以创新的方法高效地解决社会问题。

字节跳动成立于 2012 年 3 月，是一家信息科技公司。字节跳动以"Inspire Creativity, Enrich Life"（激发创造，丰富生活）为使命，目前拥有今日头条、抖音、西瓜视频、飞书等产品。字节跳动将"正直向善、科技创新、创造价值、担当责任、合作共赢"作为企业社会责任的发展理念。为了使技术发展更好地服务于社会，字节跳动将志愿服务融入企业发展战略，依托公司的人力与技术资源优势发展企业志愿服务，使其成为企业履行社会责任的主要方式之一。同时，字节跳动在实践过程中不断发掘志愿服务与互联网技术之间的创新联动，以志愿服务推动社会价值的共创。

本文包含五个部分：第一部分对字节跳动企业志愿服务的发展历程及相关成就进行梳理；第二部分介绍了字节跳动企业志愿服务的管理部门及组织模式，并从员工志愿者的管理、培训、激励与保障三个方面说明字节跳动企业志愿服务的制度建设情况；第三部分对字节跳动企业志愿服务的六大议题及相关志愿服务活动进行描述；第四部分重点围绕字节跳动"技术公益"特色，介绍了两个企业志愿服务项目——西瓜"无障碍影院"项目和"亿角鲸珊瑚保护"项目；第五部分总结了字节跳动企业志愿服务的发展特色，并提出未来发展方向。

一　字节跳动企业志愿服务的发展历程及现状

字节跳动的企业志愿服务自 2019 年 5 月启动，以"跳跳糖"员工公益社团的成立为标志。字节跳动将员工志愿者命名为"跳跳糖"，希望员工在不断增强志愿服务意识、提高志愿服务能力的同时，保持一颗开放包容的心，积极跃动，迸发创意，以自身技能帮助解决社会问题。为进一步推动企业志愿服务的发展，字节跳动在 2020 年设计跳跳糖公益小程序，以提升员工参与志愿服务的效率；在 2021 年推出跳跳糖公益伙伴计划，加强与外部公益机构的合作，为员工志愿者提供更多的志愿服务机会；在 2023 年成立跳跳糖志愿者协会，更好地链接企业各公益社团的资源。

自 2019 年 5 月至 2023 年 7 月，字节跳动在全国范围内累计成立 58 个"跳跳糖员工公益社团"，并通过打造"跳跳糖公益伙伴计划"品牌项目，立足北京，联动全国范围内的公益组织，累计动员 103106 名员工参与线上线下的志愿服务活动，总志愿时长超过 262525 小时。

（一）搭建数字平台提升参与效率——跳跳糖公益小程序

字节跳动于 2019 年协同企业内部产研团队开发跳跳糖公益小程序，将此作为组织员工志愿者参与各类志愿服务活动和公益捐赠的平台载体。跳跳糖公益小程序包含浏览志愿服务项目、参与志愿服务互动、查看志愿服务参与记录等功能模块。员工可以在小程序上注册成为跳跳糖志愿者，进行志愿服务活动的筛选和报名，并在个人中心查看自己的志愿服务次数、公益时等。公益组织也可以通过小程序发布志愿服务岗位。通过项目化运营，小程序后台会将征集到的志愿服务活动按照养老助残、困难帮扶、儿童关爱、社区治理、生态保护、科教文卫、技术公益等类别进行划分，使员工能够更高效地查找自己感兴趣的志愿服务活动。

（二）践行社企联动的志愿服务模式——跳跳糖公益伙伴计划

跳跳糖公益伙伴计划是字节跳动于 2021 年发起的一项合作计划，旨在与全国各地的公益机构建立伙伴关系，共同探索搭建公益需求与员工能力相匹配的平台。该计划将企业社会责任目标与企业文化相结合，将"连接善意，成为解决问题的一部分"作为项目标语，让员工志愿者为外部公益机构提供技术支持。

跳跳糖公益伙伴计划于 2021 年 6 月启动并形成"由企业通过创投及配捐支持，动员员工参与，第三方专业支持机构持续赋能，共同激发志愿服务组织协同发展"的志愿服务模式。员工公益团队会根据公益组织的需求在企业内部招募感兴趣的员工志愿者，形成专项项目小组。各项目小组成员每周召开周会，与公益组织成员复盘当周的项目进展，不断更新迭代以满足公

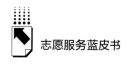

益组织的需求，实现志愿服务的可持续创新发展。

自 2019 年 5 月至 2023 年 7 月，员工公益通过跳跳糖公益伙伴计划项目联合全国范围内的 120 余家公益组织共同建立以"公益影响力为目标、以志愿者为中心、以技术赋能为基础"的志愿服务平台，共开展志愿服务活动近 3000 场，招募跳跳糖员工志愿者 157602 人次，累计公益时达到 136097 小时。

（三）成立志愿者协会提升管理能力——跳跳糖志愿者协会

跳跳糖志愿者协会于 2023 年 3 月 13 日由字节跳动员工自主发起，成员涵盖企业内部与公益相关的各个部门，该协会有助于协同各部门及企业资源参与志愿服务。跳跳糖志愿者协会旨在发扬"专业、务实、友爱、成长"的精神，主要工作包括制定企业志愿服务的年度发展方向，协调组建和管理公益社团，面向企业员工和社会提供更加丰富多元的志愿服务活动。此外，字节跳动还设立了"员工公益梦想基金"，提供资金支持跳跳糖志愿者协会优秀的公益项目。这项举措可以帮助更多有价值的志愿服务活动落地开展，让员工志愿者能够更好地利用自己的专业知识和技能，为社会做出有益贡献。

二 字节跳动企业志愿服务的组织及制度建设

（一）扁平化的组织模式

扁平化的组织模式对提升企业志愿服务的效率、扩大志愿服务的影响力起到了关键作用。首先，这种组织模式有助于将志愿服务活动的时间、地点和人员安排等信息更加快速、准确地传达给员工志愿者，提高志愿服务活动的组织和协调效率。其次，这种组织模式能够更大程度激发员工志愿者的积极性并提高参与度。扁平化的组织模式注重发挥员工的主动性，鼓励员工志愿者提出自己的想法和建议，推动企业志愿服务发展壮大。

1. 涉及部门

员工公益团队。字节跳动企业社会责任部员工公益团队作为员工志愿者和公益机会的连接器，发挥企业的技术优势，通过内部的宣传倡导，引导员工关注社会议题，动员员工参与志愿服务活动，以实现员工个人价值与企业社会责任的统一。员工公益团队的日常职能包括：对外，对接公益机构，为员工寻找志愿服务机会；对内，统筹设计企业志愿服务项目，并协同公司各部门员工参与志愿服务活动。

跳跳糖志愿者协会。跳跳糖志愿者协会由员工公益委员、公益社团和秘书处三个部门组成（见图1）。员工公益委员由通过选举且志愿服务经验丰富的9名员工组成，负责协会的管理与日常运营，参与讨论协会年度重点服务方向、年度规划、预算、制度制定、员工创新项目筛选，并协调组建公益社团等工作；公益社团可自行确定社团关注的公益方向，并组织招募成员开展志愿服务活动；秘书处由字节跳动中国企业社会责任部员工公益、人力与管理、企业文化、行政、公共事务、公共关系和字节跳动基金会各选派1人组成，负责协调各方诉求，通过"资源共享、协同合作、共同决策"的合作模式，推动志愿者协会的可持续发展。

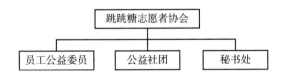

图1　字节跳动跳跳糖志愿者协会的组织架构

2. 组织模式

字节跳动企业志愿服务的组织管理由员工公益团队牵头统管，并协同企业文化、行政、人力资源、设计以及业务等部门共同支持员工参与志愿服务活动。该组织模式强调各部门之间的协同联动，注重发挥各部门及员工的能动性和自主性。具体的组织实施方式包括以下三种。

第一，动员业务部门参与志愿服务。字节跳动在企业内部由员工公益团队建立"公益需求"的沟通对接机制，各业务部门可以根据本部门员工的特长，选择感兴趣的志愿服务活动类型。了解各部门的志愿服务诉求后，员工公益团队会为其提供公益合作方资源、公益活动策划、传播渠道、捐赠配捐等方面的资源支持，进而带动企业内各部门参与志愿服务活动，利用员工的业务能力帮助解决各类社会问题。

第二，动员员工成立公益社团。字节跳动于2019年5月搭建起"跳跳糖"员工公益社团（以下简称"公益社团"），通过公益社团动员各城市的员工参与志愿服务活动。公益社团由有公益参与意愿、有组织能力、负责任的员工自发建立（见图2），并号召关心公益的员工共同参与。社团内部可自主设计、发布志愿服务活动。公益社团的日常工作包括定期组织开展公益活动；保持社团的活跃性，持续性维护并吸纳社团成员；完成社团公益活动的总结整理及宣传工作。

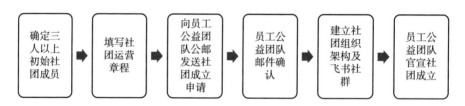

图2　公益社团成立流程

公益社团的发展经历了从业务部门到兴趣爱好再到以志愿服务议题为主的多元发展。在第一阶段，公益社团主要以业务部门为单位建立。员工公益团队主动寻找对社会责任或公益实践有意向和优势的业务部门来成立公益社团，以探索公益社团的发展路径和组织模式。在第二阶段，随着社团发展模式逐步成熟，员工公益团队开始鼓励公司内部的兴趣社团与志愿服务相结合，形成兴趣类公益社团。例如，字节跳动街舞社会成立街舞公益社团，为关注心智障碍群体开展舞蹈教学培训类的志愿服务活动。在第三阶段，员工公益团队希望各个公益社团能够形成一个长期关注的志愿服务议题，并与公益机构达成长期稳定合作。在该议题下，公益社团能够持续地开展各类志愿服务活动。

第三，动员员工参与日常志愿服务活动。除了自发建立公益社团外，员工志愿者也可以个人方式通过跳跳糖公益小程序报名参与志愿服务活动。为此，字节跳动员工公益团队通过每周全国各地的志愿服务活动、每月"公益活动日"和"公益团建"等多样化形式，为不同部门和专业的员工提供志愿服务参与机会，不断提升员工的公益感知水平，增强志愿者的服务体验感。

（二）规范化的制度建设

建立合理完善的制度对企业志愿服务的有序开展至关重要。一是制度建设可以规范企业志愿服务的组织和实施过程，通过制定明确的规章制度，提高企业志愿服务活动的透明度、合理性和可行性，以确保企业志愿服务行为合法合规。二是制度建设可以提高企业志愿服务的运行效率，建立有效的组织架构和工作流程，可以更好地协调和整合企业内外部资源，并建立相应的志愿服务评价机制，从而提高企业志愿服务的管理水平。目前字节跳动在志愿者管理、培训、激励与保障等环节建立了较为完善的制度，以保障企业志愿服务活动的有序开展。

1. 管理制度

志愿者管理制度包括志愿者报名、招募、分配等方面的规定，是确保企业志愿服务活动顺利开展的基础。制定有效的管理制度，可以帮助企业更加科学地组织志愿者队伍，合理分配人力资源，提高志愿服务的效率。

（1）出台章程条例

字节跳动员工公益团队遵照《志愿服务条例》《北京市志愿者服务管理办法》等相关要求，在实践过程中出台了一系列以志愿者为中心，重视志愿者的价值实现，促进和保障员工积极参与志愿服务的规章制度，如《员工公益公益时核算规则（试运行）》《志愿者管理准则》《员工公益社团管理制度》等，确保志愿者管理的标准化、规范化及适用性。

（2）搭建数字平台

飞书是字节跳动于2016年研发的一站式协作平台，用于企业内各部门员工协作沟通。员工公益团队借助飞书平台开发跳跳糖公益小程序，并建立

线上志愿服务群对企业志愿服务进行规范管理。

跳跳糖公益小程序。跳跳糖公益小程序是内嵌在飞书平台里的一个应用小程序。员工公益团队、跳跳糖公益社团、合作的公益组织等都可以在小程序上自主发布志愿服务活动，且利用小程序来记录每位员工的志愿服务次数、公益时等，满足志愿者服务管理的全流程需求。

志愿服务群。员工公益团队借助飞书的社群运营功能，建立志愿者群及志愿活动群以联系员工志愿者与外部公益机构人员，对志愿活动进行统筹管理。除了活动运营外，外部公益机构人员还可以在社群内部分享相关志愿服务活动资讯。

（3）成立社团组织

为进一步规范志愿者管理，字节跳动于2019年成立公益社团。社团内部设立一位团长及两位副团长职位，负责链接员工公益团队及员工志愿者，并进行社团内部管理，如信息发布、活动实施等。对于公益社团的管理，字节跳动出台了《员工公益社团管理制度》《公益社团承接当地公益活动机会的流程指引》《跳跳糖公益社团运营章程》《跳跳糖公益社团经费使用规范》《跳跳糖公益社团季度激励规则》等一系列制度文件，并通过季度会交流公益社团的制度、活动和资源情况，从而对公益社团进行评比。

2. 培训制度

员工志愿者的素质和能力直接影响着企业志愿服务的质量和成效。因此，建立全面的培训制度必不可少。字节跳动的员工志愿者培训内容包括志愿服务的相关基础概念、法律法规、职业道德等方面的知识，同时提供实践操作的培训机会，以提高志愿者的专业水平。

（1）建立志愿服务知识库

依靠飞书的知识库功能，员工公益团队设立了志愿服务知识库。员工公益团队不定期将与志愿服务相关的指导文件上传至知识库，包含志愿服务的概念、类型等，并在知识库内对关注心智障碍、关注老年人、关注儿童等不同类型的志愿服务活动进行介绍，帮助企业员工深入了解志愿者的职责以及各类志愿服务活动的开展模式和要求。

（2）举行季度总结会

员工公益团队每个季度会召集各个公益社团的负责人举行季度总结会。在会议上，员工公益团队会公布各公益社团的活动情况和相关数据，分享社团志愿服务活动的优秀案例，并介绍下一季度志愿服务的活动方向，从路径上引导各公益社团的发展。此外，在季度总结会上，员工公益团队会邀请外部公益组织导师开设志愿服务培训讲座，帮助各公益社团更好地发展。

（3）组织志愿服务培训

①公益社团团长培训

公益社团团长培训采用"线上+线下"的形式开展。员工公益团队借助飞书平台组建了跳跳糖公益社团团长群，定期为团长们提供各类志愿服务信息，展示优秀社团活动案例，或推荐适合社团组织开展的各类志愿服务活动等。除线上培训外，员工公益团队每半年还会组织一次线下共创会，带领各公益社团的团长去全国各地参加志愿服务培训、开展公益探访，让公益社团的团长们走进不同的场景去感知志愿服务项目和志愿服务组织的运作和管理方式。

②志愿服务活动培训

公益组织通过跳跳糖公益小程序发布活动招募。感兴趣的员工志愿者报名之后会自动进入一个志愿服务活动群。志愿者对活动有任何疑问，都可以在群内与公益组织的负责人进行交流。公益组织也会在群内分享活动的相关培训资料。志愿服务活动正式启动前，公益组织也会通过飞书平台对参与活动的员工志愿者进行针对性培训。

3.激励与保障制度

激励与保障制度是吸引和留住优秀志愿者的重要方式。为调动员工参与志愿服务的积极性，增强员工的体验感，字节跳动员工公益团队制定了一系列志愿者激励与保障措施，包括公益时配捐、跳跳糖公益梦想基金、志愿服务日、公益活动日等。

（1）公益时配捐

字节跳动员工公益团队于2021年发布公益时配捐制度，以激励员工以

志愿者身份参与跳跳糖公益伙伴计划的志愿服务项目。该制度以有无直接服务对象实时参与为区分，来设置公益时认定标准及配捐系数设定标准。对于有直接服务对象实时参与的志愿服务活动，企业将按照"1公益时 = 100元"的比例对合作的公益机构进行配捐支持；对于没有直接服务对象实时参与的志愿服务活动，企业将按照具体服务类型计算公益时及配捐系数（见表1）。

表1　没有直接服务对象实时参与的志愿服务活动的公益时配捐制度

志愿服务活动	说明	计算数量	计算单位	公益时计算事例	配捐系数设定	配捐计算示例
书信类志愿服务活动	志愿者通过书信/明信片的形式，与有需要的服务对象进行"对话"	1	封	1封书信≤1公益时 5封明信片≤1公益时	1	1公益时 = 100元
捐赠类志愿服务行为	志愿者对有需要的公益组织或服务对象进行资金、物资捐赠	1	次	1次 = 0.5公益时，每自然月内至多记录1次	0	无
善因购买类志愿服务活动	志愿者购买公益组织开设的网店中的商品或助力乡村振兴的商品、农产品等	1	次	1次 = 0.5公益时，每自然月内至多记录1次	0	无
技术公益类志愿服务活动	志愿者利用自身专业技术优势为志愿服务组织提供相关技术性服务，如帮助公益机构开发微信小程序、设计制作PPT等	1	项	视实际情况，一事一议。最高50公益时/（人·项）	0	无
音/视频录制/剪辑类志愿服务活动	志愿者为志愿服务组织提供音/视频的录制/剪辑等志愿服务，如录制有声书、剪辑活动视频等	—	音/视频时长	音/视频时长 < 10分钟，计0.5公益时 10分钟≤音/视频时长 < 30分钟，计1公益时 30分钟≤音/视频时长 < 60分钟，计2公益时 音/视频时长≥60分钟，视实际情况而定，一事一议	1	1公益时 = 100元

志愿服务活动	说明	计算数量	计算单位	公益时计算事例	配捐系数设定	配捐计算示例
手工类志愿服务活动	志愿者为志愿服务组织制作用于志愿服务活动的手工作品	1	次	1 次≤2 公益时,根据手工作品难度酌情认定	0.5	1 公益时=50 元
倡导类志愿服务活动	志愿者参与志愿服务组织开展的公益倡导类活动	1	次	1 次=0.5 公益时	1	1 公益时=100 元
代买代送类志愿服务活动	志愿者在志愿服务组织的统一管理下,为有需要的服务对象提供代买代送类志愿服务,如为老人送餐入户、为病患送餐入院等	1	天	最高 2 公益时/(人·天)	1	1 公益时=100 元
随手公益类志愿服务活动	志愿者响应相关随手公益倡导而做出的志愿服务行为,如光盘行动、随手关灯、低碳空间站等	1	次	完成 10 次及以上,每自然月至多累计 0.5 公益时	0	无

（2）跳跳糖公益梦想基金

字节跳动设立跳跳糖公益梦想基金,向跳跳糖志愿者协会中优秀的志愿服务项目提供一年不超过 20 万元的资金支持。申请该基金的项目组首先需要填写公益项目申请书,内容包括完整的项目方案、执行计划、项目预算等,并将公益项目申请以邮件形式发送至字节跳动员工公益团队。员工公益项目评审小组将在两周时间内根据务实可落地、社会价值强、专业可持续三项标准,完成对公益项目申请书的评审,并给出落地建议及批准预算。审批通过的公益项目需要在一个月内完成立项,半年时间内提交项目中期报告,一年时间内完成项目落地及结项,并在项目完成后提交项目复盘报告。在项目运作过程中,员工公益团队也会在行业资源、专家培训等方面为项目提供支持（见图 3）,帮助员工志愿者获得更多公益机会、提升服务能力。

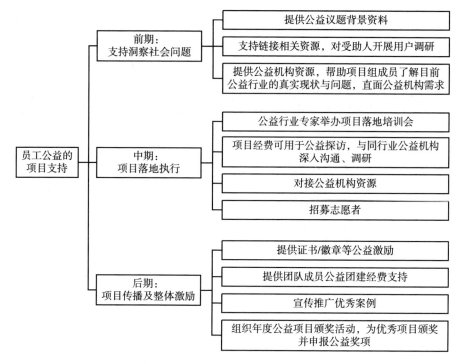

图3　字节跳动员工公益团队对公益项目的支持举措

（3）志愿服务日

字节跳动于2022年9月10周年司庆日当天向全体员工正式推出志愿服务日制度，即为每位正式员工设置每自然年1天（8小时）的全薪志愿服务日，用于支持员工在工作日内参与各项志愿服务活动。

（4）公益活动日

从2022年8月起，字节跳动将每月第一个周三的企业活动日改为公益活动日。在公益活动日当天，字节跳动员工公益团队联合企业行政组织公益主题活动，为员工志愿者提供丰富的志愿服务活动。

①"送万福进社区"（2023年1月）：邀请志愿者描绘古籍中的"福"字。

②"为化疗小卫士制作一个输液报警器"（2023年2月）：为处于化疗中的儿童定制专属的输液报警器。

③"为听障儿童制作一个人工耳蜗保护套"（2023年3月）：为听障儿童制作人工耳蜗保护套。

④"垃圾分类｜工区碎纸屑DIY纸浆画"（2023年4月）：邀请员工志愿者使用楼宇回收的碎纸屑进行手工制作，将碎纸屑塑成"画笔"。

⑤"组队做好事守护自然家园"（2023年5月）：5月22日是国际生物多样性日，员工公益团队发起生态主题活动日，邀请志愿者了解生物多样性，保护家园。

（5）公益团建

字节跳动各业务部门会定期组织部门内员工进行团建。为鼓励各业务部门开展与志愿服务相关的团建活动，员工公益团队设计了一个公益团建的"产品库"，并在产品库内详细说明了每项志愿服务活动的具体形式和内容要求，根据不同城市业务部门的需求，有针对性地提供志愿服务资源和机会，让业务部门可以以团队的形式报名参与志愿服务活动。

（6）公益徽章

员工公益团队对每个员工志愿者的志愿时长都进行了严格记录。每个员工志愿者在参加志愿服务活动后都能获得1枚公益徽章，而不同的公益时可以解锁不同款式的公益徽章，最终10个公益徽章拼在一起能够组成一个爱心的形状。

（7）设立奖项

①部门颁奖

字节跳动员工公益团队每季度会评选一次活力社团奖和亮点社团奖，为优秀的公益社团提供志愿服务参与机会以及企业的公益周边，以鼓励公益社团自主举办志愿服务活动，并动员更多员工参与志愿服务。

②司庆颁奖

字节跳动从9周年公司司庆起，在司庆上设置年度公益奖项颁奖环节，给年度公益人物、公益项目和公益社团进行颁奖。年度公益奖项的评选标准包括创新性、影响力、专业性和持续性，须与企业社会责任战略保持一致，并发挥员工专业技能。

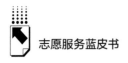
创新性：能够创造性地解决社会问题，在项目运营、直接效果和社会影响等方面具有优势和特色。

影响力：有公益成果落地且形成特色品牌，能够促进社会公益事业或某一公益项目的发展，具有一定的社会影响力。

专业性：利用企业平台优势并发挥员工专业技能，以解决社会问题，弥补空缺。

持续性：能够做到持续投入、探索和创新，项目模式可以移植和推广，并持续实现公益目标。

三 字节跳动企业志愿服务的主题及服务内容

目前，根据企业社会责任战略，结合公益组织的实际需求和社会热点问题，字节跳动形成了六大常规性志愿服务议题，涵盖儿童关爱、老年人关爱、助残关爱、环境保护、社区服务和技术公益（见图4）。每一议题下均设计了不同的志愿服务活动，以满足员工的多元化志愿服务需求。除了六大常规性志愿服务议题外，字节跳动还围绕与公益相关的节日设计主题性的志愿服务活动，并尽可能保证全国各地的员工志愿者都能够在同一时间参与活动。例如，在9月5日中华慈善日当天，字节跳动员工公益团队在企业内部举办"开心做好事"公益集市，为视障儿童和乡村女性集资。

（一）儿童关爱类志愿服务

儿童关爱类志愿服务旨在保障儿童享有健康、安全和快乐的成长环境，促进儿童的全面发展。在该领域，字节跳动重点关注留守儿童、农村儿童等处于困境中的儿童群体，通过书信交流、教育辅导、社交互动等形式让员工志愿者参与受助儿童的成长，为他们提供物质及精神层面的帮助。

书信陪伴计划：该计划由字节跳动员工公益团队与蓝信封合作发起。

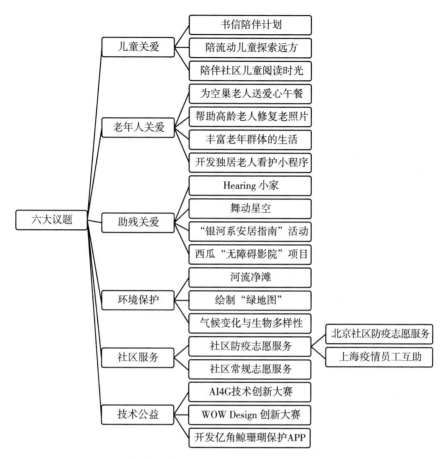

图4　字节跳动的六大常规性志愿服务议题及活动

员工志愿者会与留守儿童进行一对一配对，成为蓝信封留守儿童通信大使，通过书信交流的方式为孩子们提供生活和精神上的陪伴。

　　陪流动儿童探索远方：字节跳动员工公益团队不定期组织员工志愿者陪伴乡村儿童或生活在城中村的儿童探索城市的文化空间，如漫游科技馆、天文馆，去爬山、登长城等，并协助领队教师保护儿童的出行安全，开拓孩子们的视野。

　　陪伴社区儿童阅读时光：员工志愿者走入社区，与困难家庭的孩子一起阅读，并和他们交流读书心得与感想，丰富孩子们的精神世界。

（二）老年人关爱类志愿服务

随着我国人口老龄化与老年人口高龄化的加剧，养老服务需求不断增加。在此背景下，老年人关爱类志愿服务应运而生，这类活动通过志愿者的支持缓解社会及家庭的养老压力，为老年群体提供更多陪伴和关爱。在该领域，字节跳动一方面鼓励志愿者身体力行地陪伴社区独居老人，为老人提供日常生活上的帮助，提高他们的生活质量；另一方面发挥互联网企业技术的优势，鼓励员工志愿者发挥自己的技术专长实现老人的心愿、满足他们的需求，让老年群体感受到社会的关怀。

为空巢老人送爱心午餐：员工志愿者为社区内高龄、空巢老人配送爱心餐食，并与老人交流，聆听他们的故事，以缓解独居老人的孤独。

帮助高龄老人修复老照片：员工志愿者为高龄老人修复有意义的老照片，并给老人写祝福寄语，帮助高龄老人进行生命回顾，回忆温暖瞬间。

丰富老年群体的生活：员工志愿者自发制作《银龄互联网使用手册》，并走入社区或老年人活动中心，通过教老年人使用短视频软件、在短视频软件制作和发布短视频等增加老人的社交娱乐方式，帮助老年群体跨越数字鸿沟。

开发独居老人看护小程序：员工志愿者为公益机构开发了一款独居老人看护小程序，帮助机构志愿者高效获知社区内独居老人的健康状况与个性化需求。

（三）助残关爱类志愿服务

助残关爱类志愿服务旨在帮助残疾人群体克服日常生活中的困难，提高他们的生活质量。字节跳动致力于"让每个人平等地享受数字生活"，在助残关爱领域重点关注听障、视障、心智障碍群体，通过优化平台无障碍设计、陪伴残障人士等形式，帮助他们提升个人技能，更便捷地享受数字生活、融入社会生活。

Hearing 小家：员工志愿者通过线上直播的形式为听障儿童讲述生动、

丰富、有趣的绘本故事，帮助孩子们锻炼听说能力。

舞动星空：员工志愿者教心智障碍者跳舞，通过音韵律动帮助心智障碍者更好地增强自我意识和自信心。

"银河系安居指南"活动：员工志愿者从心智障碍者的画作中获取灵感，设计了26种文创产品进行义卖，并将义卖收入用于支持心智障碍儿童学校融合项目。

西瓜"无障碍影院"项目：员工志愿者通过开发口述电影平台，为影视作品设计文案、补充旁白配音，打造专供视力障碍者观看的无障碍电影。

（四）环境保护类志愿服务

环境保护是一个全球性的重要议题，环境保护类志愿服务旨在动员人们参与环保事业，以保护我们的共同家园，为后代子孙创造美好未来。字节跳动为员工志愿者提供了多样化的环境保护类志愿服务活动，包括清理河流和海滩垃圾、植树造林、保护生物多样性等。这些活动不仅有助于改善环境，而且能够培养人们的环保意识和责任感。

河流净滩：字节跳动员工公益团队组织员工志愿者参与环保组织开展的捡拾河滩垃圾为河流减负的活动，以改善河流生态环境。

绘制"绿地图"：员工志愿者参与绘制包含物种、景观、设施、故事等信息的地图，助力湿地生态保护行动。

气候变化与生物多样性：员工志愿者借助抖音平台拍摄并分享物种知识，增强公众的生物多样性保护意识。

（五）社区服务类志愿服务

社区服务类志愿服务通过为社区居民提供各种服务和支持，帮助营造更加和谐、友善的社区环境。除了开展各类社区志愿服务活动，帮助老人、儿童和弱势群体改善他们的生活环境，提升他们的幸福感和满意度外，字节跳动在疫情期间鼓励员工志愿者积极参与全国各地的社区防疫工作，帮助社区有效应对疫情，提高防疫工作的效率和质量。

北京社区防疫志愿服务：2022 年 5 月，北京地区的员工志愿者协助海淀区中关村、北下关等 10 个社区，开展疫情防控志愿服务，帮助社区居民完成核酸检测。

上海疫情员工互助：在 2022 年 3 月上海疫情严峻时期，上海地区的员工志愿者发起互助行动，帮助社区内独居老人购菜买药、为社区核酸检测梳理 SOP、参与社区核酸检测等。

（六）技术公益类志愿服务

在技术公益领域，字节跳动鼓励员工志愿者利用自己的技术专长，为非营利组织、社区组织、学校以及其他社会福利机构提供它们所需的支持，让数字技术与服务设计惠及更多公益领域，通过解决公益机构的技术难题，辐射更广泛的受益群体。

AI4G 技术创新大赛：2022 技术创新大赛以 AI 助力视障群体为主题，下设视障生活、视障工作、视障相关组织赋能三大课题方向，旨在鼓励员工志愿者利用 AI 技术帮助视障群体在工作和生活中更好地融入社会，助力视障相关组织更好发挥效能，体现技术与创新的普惠价值。

WOW Design 创新大赛：WOW 全员创新大赛聚焦"减碳"议题，支持员工志愿者通过设计碳账户等产品功能、策划创意传播营销活动等多种形式让低碳环保成为人们的共识。

开发亿角鲸珊瑚保护 APP：来自产品和研发团队的员工志愿者自发组成虚拟技术小组，利用业余时间为海洋保护组织亿角鲸开发了一款工具类APP"蔚蓝力量（BLUE UP）"，用于珊瑚保护定位和标记。

四 技术公益类志愿服务的典型案例

近年来，随着互联网企业的快速发展和技术的不断创新，技术驱动型志愿服务成为互联网企业开展企业志愿服务的一种新形式。一方面，互联网企业通过开展技术公益类志愿服务扩大企业志愿服务的服务范围，提高员工志愿者的技术能力，从而提升志愿服务的专业水平。另一方面，技术公益类志愿服务通过先进的技术手段帮助解决现实生活中的各类问题，能够更有针对性地满足社会需求，促进社会发展。

字节跳动的企业志愿服务重在推动技术公益类志愿服务，让员工以社会需求为线索，以专业技能为手段，深度参与解决社会问题。字节跳动的技术公益类志愿服务实践主要有两种途径：一是通过技术公益大赛的形式孵化志愿服务项目，如 AI For Good 技术创新大赛、黑客马拉松（Hackathon）；二是成立虚拟技术小组，输出员工，使其作为技术志愿者直接服务于外部公益组织并满足他们的需求，覆盖儿童关爱、应急救灾、社区治理、环境保护、医疗卫生、乡村发展六大议题。

2020 年至今，字节跳动内部已开展 6 场公益 Hackathon 活动，孵化出以西瓜"无障碍影院"为代表的志愿服务项目；成立了 8 个虚拟技术小组，产出包括应急救灾管理物资系统、老年人看护系统、慈善商店收捐小程序、亿角鲸珊瑚保护 APP 等成果，共有 60 多名员工志愿者发挥技术优势参与技术类志愿服务活动，累计公益时达 3000 多小时。

（一）"字节前端 Hackathon"大赛及其成果：西瓜"无障碍影院"项目

西瓜"无障碍影院"项目源于 2020 年"字节前端 Hackathon"大赛"声之形"团队的创意公益方案，后由产品研发、设计团队牵头，启用专门对接媒体资源和配音的团队，30 余名员工志愿者参与视障群体调研、撰写电影脚本及配音，将普通电影转化为专供视力障碍者观看的无障碍电影。2021 年 6 月，西瓜视频无障碍影院频道上线，它通过配音解说和对白以外的电影场景描述，让视障人士真正"听懂"电影。

1. 项目背景

2020 年 11 月，字节跳动员工公益团队和技术学院联合举办"字节前端 Hackathon"大赛，百余名前端研发人员组成 28 个团队，用 7 天时间提交了 24 个创新项目方案，其中公益方向聚焦生态环境保护、未成年人保护、传

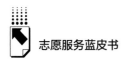

统文化保护、扶贫救济关怀等。在这次大赛中，关注视障人士，为其打造口述电影平台的"声之形"团队获得了一等奖和公益项目奖。

"声之形"团队共有5名成员，来自字节跳动的设计和研发部门。"声之形"团队负责人在海外网站上看电影时发现平台有为视障人士设计无障碍功能，但国内媒体平台还缺乏相关服务。因此，"声之形"团队希望能够开发一个口述电影平台，使视障人士在"观看"影视作品时可以开启"无障碍模式"，即开启口述旁白音，降低他们理解影视作品的难度。秉承这一设计理念，"声之形"团队报名参加了2020年"字节前端Hackathon"大赛。团队成员组织了一次内部会议，了解了视障人士看电影的需求。负责设计的志愿者据此设计出口述电影平台的产品形态，包括用户侧的编辑器和开关等设计，以及创作者视角下的视频剪辑、配音、字幕等功能。明确平台形态后，负责研发的三名志愿者分别负责交互页面、后端数据和音频的开发，并与负责设计的志愿者的设计稿进行合并，生成一个包含视频播放、录音、语音转文字、波纹图等功能的口述电影平台原型。

Hackathon大赛结束后，为了进一步满足视障人士的痛点需求，2021年4月，字节跳动以"声之形"团队为基础，由字节跳动员工公益团队、西瓜视频等部门的员工共同组成西瓜"无障碍影院"项目组，在西瓜视频上搭建配音创作者平台，为影视作品补充旁白配音。

2. 项目历程

西瓜"无障碍影院"项目的历程可分为沟通协调信息、视障群体调研、电影内容制作、反馈调整需求四个阶段。

第一阶段：沟通协调信息。沟通协调信息的主要目的是让西瓜"无障碍影院"项目组的成员能够明确"声之形"团队的设计内涵及进展，并在此基础上完成"无障碍影院"的开发和维护工作。首先，"声之形"团队负责人在西瓜"无障碍影院"项目组中扮演项目经理角色，与西瓜视频、字节跳动员工公益团队的成员共同讨论"无障碍影院"的落地问题，包括"无障碍影院"的模式、内容以及可协调利用的企业资源。其次，"声之形"

团队根据西瓜视频方的产品要求，完成配音创作者平台的需求文档和设计稿，以及相关的规范审核工作。

第二阶段：视障群体调研。无障碍电影是专门为了方便残障人士观看的、经过二次加工的电影。为视力障碍者打造的无障碍电影通过增补大量配音解说的方式，让视力障碍者能够了解整部电影的内容；为听力障碍者打造的无障碍电影通过增配字幕的方式，让听力障碍者也能够欣赏电影。在中国，虽然已经有一些长视频平台开始尝试引入无障碍电影，但电影数量无法满足视障用户的需求，而且缺乏明确的电影制作标准。

为了深入了解视障群体的观影需求，字节跳动员工公益团队联合西瓜视频组织员工志愿者去深圳一家专门做无障碍测试的公司进行调研，学习如何对平台软件进行无障碍适配，并与该公司的视障人士进行深度访谈，了解他们作为用户在使用平台时可能会遇到的问题以及诉求。通过这次调研，员工志愿者意识到，用户和创作团队的视角不同，文案、配音、剪辑都要反复斟酌，聊天式的讲述才能让视障人士更好地沉浸在电影世界里。

第三阶段：电影内容制作。综合前期调研完成平台产品建设后，就进入无障碍电影内容制作环节。该环节共有20名电影配音志愿者和10名电影文案撰写志愿者参与。与常规电影不同，无障碍电影需要将电影无对白的部分以客观又不失生动的旁白进行讲解，包括电影画面的细节、复杂的人物关系、演员的微表情等。因此，每名脚本撰写志愿者都需要在五天时间内将电影以极慢的速度反复播放四五遍以深入了解电影情节，并据此完成一部电影的旁白脚本写作工作。随后20名电影配音志愿者会根据文案内容为电影录制旁白，并由相关技术人员完成后续音轨剪辑和修改等工作。

第四阶段：反馈调整需求。制作完几部无障碍电影后，西瓜"无障碍影院"项目组邀请了一些视障人士参与无障碍影院的内测活动。在这次内测活动中，视障用户为项目组提供了两个建议：一是文案里尽量不写颜色，二是希望文案描述尽量做到客观真实。根据视障人士的建议，项目组成员迅速对电影文案进行修改完善，使观影者能够更加准确地了解电影内涵。"无障碍影院"频道正式上线后，项目组成员也会不定期阅读视障用户群体的

反馈，着手解决他们提出的问题。例如，有用户反馈在前期的无障碍电影片单中缺少动画类型，对此项目组补充了关于动画电影的无障碍制作；也有用户在观影过程中提出关于电影原声和电影配音杂糅的意见，项目组就进一步优化了配音、剪辑方面的制作流程。

3. 项目特色

（1）整合企业内部资源，提升志愿服务产出效益

西瓜"无障碍影院"项目的孵化模式为，整合企业内部资源，以字节跳动公益大赛产出的技术方案为基础，在企业内部寻找合适的平台进一步完善和跟进方案，从而提升志愿服务产出效益。"声之形"团队在参与Hackathon大赛之初计划做一个独立的视频平台，但他们在实际设计开发的过程中发现，无障碍电影的制作涉及电影版权问题。为了解决这一问题，"声之形"团队与作为大赛主办方之一的西瓜视频的工作人员进行交流，发现团队的设计理念和西瓜视频的发展方向不谋而合。比赛结束后，"声之形"团队与西瓜视频负责独立视频剪辑的团队合作，借助西瓜视频的媒体资源，共同打造配音创作者平台，提升企业资源的利用效率，并帮助实现团队的志愿服务目标。此外，通过参与口述电影平台的开发，"声之形"团队还将无障碍化的意识融入本职工作中。例如，负责研发的志愿者会在研发部门内部做有关产品无障碍化的经验分享，帮助改善残障人士的产品使用体验。

（2）以业务团队为单位参与志愿服务活动

业务团队在日常工作中已经培养了一种充满默契和协作的工作方式，因此以业务团队为单位参与志愿服务活动有助于提升志愿服务的效率。"声之形"团队中的志愿者都来自同一部门，具有相似的工作技能和经验。团队成员之间已经通过业务项目中的合作建立了默契，熟悉了彼此的工作方式和习惯，从而能够在参与志愿服务活动时实现高效的分工合作。此外，业务团队拥有完善的沟通机制，有助于成员更好地共享志愿服务信息、交流进展并解决问题。

4. 项目成果

2021年6月21日，无障碍影院在西瓜视频PC端和移动端上线。从上

线之日起，西瓜视频"无障碍影院"频道始终保持着平均每月上线 10 部以上无障碍影片的节奏，为视障用户提供了更丰富的观影选择、更流畅的观影体验。截至 2022 年 1 月 24 日，西瓜视频"无障碍影院"已经上线了超过一百部电影。通过对电影剧情和画面内容的描述，视障人士能够听懂电影，理解作品中的视觉冲击，感受到角色的表情和肢体语言，从而更好地享受电影艺术的乐趣。未来，西瓜"无障碍影院"项目组将持续优化平台的无障碍体验。

（二）虚拟技术小组成果："亿角鲸珊瑚保护"项目

2021 年 7 月，字节跳动跳跳糖公益社团开始与亿角鲸项目合作。对海洋保护感兴趣的员工志愿者获知需求后，自发组成虚拟技术小组，开发了一款面向专业潜水志愿者的工具 APP——蔚蓝力量（BLUE UP），实现定位和标记功能。此外，在 APP 里还可以自主发起珊瑚保护任务，并引入珊瑚百科和工具介绍。2023 年 3 月 1 日，"蔚蓝力量"APP 正式上线，成为国内第一个专注珊瑚保护志愿服务的 APP。

1. 项目背景

亿角鲸是一个做珊瑚保护和海洋清理的公益组织，由专业的潜水队员下潜到有需要保护和清理的珊瑚的海域开展工作，但潜水队员常常因无法准确定位而遗漏或重复清理。为此，该公益组织希望借助字节跳动的技术力量，开发一款面向专业潜水志愿者的工具 APP，实现珊瑚清理点定位和清理活动召集等功能。为了帮助亿角鲸组织，员工公益团队发布了"一起制作珊瑚保护地图 APP"的志愿服务项目信息，共招募 19 名员工志愿者参与。

2. 项目历程

（1）项目分工

跳跳糖员工公益团队职能：根据项目需求，完成项目的规划与开发；招募企业内部各部门员工参与"一起制作珊瑚保护地图 APP"的志愿服务活动，并及时跟进项目。

"亿角鲸"公益组织职能：提出项目需求，并联结"亿角鲸珊瑚保护"

项目的各个参与方；与外部中国珊瑚保护联盟、广东海洋大学珊瑚研究院、PADI 等权威单位合作，提供与珊瑚保护相关的专业知识，完成相关指导内容的梳理及编写。

（2）项目过程

BLUE UP APP 的开发涉及产品需求、UI 设计、客户端开发、服务端开发和两端的联调、测试等多项工作。因此，"亿角鲸珊瑚保护"项目历程可大致分为研发设计、开发测试两个阶段。

第一阶段：研发设计。2021 年夏，10 名分属不同产品线的研发部员工志愿者自发组成了虚拟技术小组。在项目前期，主要由产品部和设计部的员工志愿者与亿角鲸公益组织进行交流，完成 APP 研发设计的相关工作。

首先，负责产品的员工志愿者和亿角鲸公益组织取得联系并展开项目调研，通过与公益组织负责人进行一对一交流，深入探讨 APP 的应用场景，从而明确公益组织的需求。通过数次电话会议，项目组志愿者明确了组织的服务需求，并发现公益组织的问题不只最初提出的定位难，还有日常协作效率低、志愿者运营成本高、潜水队员缺乏专业知识来源等问题。据此，他们提出 BLUE UP APP 主要有两大功能定位：一是在工作时的工具属性，主要集中在 APP 里的"地图"和"任务"模块，其具有帮助用户定位和共享海底垃圾的地理位置，标记对应的珊瑚保育状态，发起珊瑚保育活动，以及招募志愿者的核心功能；二是在非工作时间的信息浏览属性，集成了广东海洋大学所收集和整理的有关海底珊瑚不同品种的相关知识，有助于志愿者浏览和学习更多关于珊瑚的知识，并获得有关海底垃圾清理的指导。

其次，负责设计的员工志愿者会根据负责产品的志愿者了解的需求信息，充分考虑用户的交互体验，设计出 BLUE UP APP 的页面样式以及模块组成（见图 5）。在此过程中，负责项目管理的志愿者也会从项目整体的角度发现问题并协调沟通解决，确保项目的整体进度。

第二阶段：开发测试。三个月后，虚拟技术小组陷入了研发人力不足的困境。员工公益团队根据虚拟技术小组的情况有针对性地在公司程序员社区发出了新一轮的招募活动，吸引了 9 名负责软件开发的员工志愿者参与

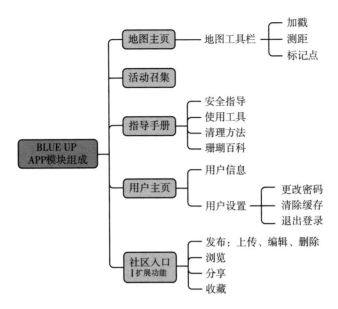

图 5　BLUE UP APP 模块组成

项目。

　　根据 APP 的功能定位，负责客户端开发和服务端开发的志愿者分别进行开发，并在独立开发之后进行联调。项目小组设有周会制度，项目组成员会在每周的周会上同步自己负责模块的工作进展。通常会在周三下午或周五下午举行项目的需求讨论会、进展会，并在每周五下班前确定每名项目组成员周末的开发和联调工作。

　　开发完成后，负责测试的员工志愿者编写测试用例，测试 APP 的各个功能模块。最终，该项目的志愿者为亿角鲸公益组织定制开发了一款 LBS 工具 APP，主要功能从最初的定位和标记拓展为以下四大模块。

　　定位：珊瑚保护成员可以定位需要进行垃圾清理的珊瑚位置，并在成员之间实现定位点共享，帮助成员发起后续珊瑚保护活动。

　　标记：通过 APP 可以标记珊瑚的保育情况，有效记录珊瑚的生长状态。

　　任务：成员可以在 APP 里自主发起珊瑚保护任务，在需要进行垃圾清理的定位点发起保护活动，并同步保护工作的时间、地点、所需人数及报名

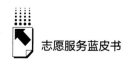

条件，因为不同的海域环境要求潜水员有不同等级的潜水证照。

介绍：APP引入了广东海洋大学志愿者团队整理的珊瑚百科和工具介绍，珊瑚保护成员可以利用闲暇时间了解更多有关珊瑚的知识。

3. 项目特色

（1）定制化的志愿服务形式

日常的线下志愿服务以体力劳动和奉献爱心为主，难以让志愿者感受到作为个体的专业技能价值，但虚拟技术小组则需要志愿者基于公益组织的要求，完整地提出一个设计稿和需求方案并落地，"相当于为他们定制开发一款APP"。因此，虚拟技术小组这种形式能够让志愿者从0到1孵化一个项目，并深度参与软件开发的每个环节。在此过程中，志愿者也有更大的主动性，能够在项目设计中融入自己的想法，并把自己在日常工作中所学到的知识运用到公益事业中，从而提升个人的价值感和成就感。

（2）利用产品思维提升志愿服务效率

将产品思维应用到志愿服务参与过程中，意味着志愿者能够站在服务对象的角度去思考问题；具有良好的沟通协调能力，能够通过多方协调提升服务，解决服务对象的需求矛盾；能够在活动过程中根据对象的需求，迅速对自己的服务进行调整升级。在与亿角鲸公益组织负责人沟通后，项目组志愿者进行了产品定位和设计，提出公益组织目前的痛点在于缺乏提供专业指导、即时共享清理地点、方便日常操作的工具。在此基础上，项目组成员将APP定位为"非工作时日常浏览的工具APP"。明确公益组织诉求后，项目组成员就有针对性地制订项目计划，并根据规划完成后续的软件设计和开发工作，提升志愿服务效率。

4. 项目成果

"亿角鲸珊瑚保护"项目解决了珊瑚保育中如何有效搜寻幽灵渔网的痛点，让环保志愿者能更便捷地共享幽灵渔网的位置，并通过应用标记污染物的发现地点、发起一次海洋清洁的环保行动。

集四大功能于一体的BLUE UP APP上线后成为国内第一个专注珊瑚保护志愿服务的应用软件。该应用软件既能够帮助公益组织和员工志愿者之间进行有效的信息传递，也能够明确在这个志愿服务活动中的费用承担以及个人风险，通过活动分享帮助亿角鲸在更大范围内传递珊瑚保育以及海底垃圾清理的相关活动，让更多人关注海底珊瑚的安全。项目组的志愿者将继续跟进后续维护迭代 BLUE UP APP，根据用户的实际使用情况不断调整优化。

五　字节跳动企业志愿服务的发展特色与未来展望

（一）发展特色

1. 利用技术优势开展专业志愿服务

区别于传统纯人力参与的志愿服务活动，如植树、助老等，员工志愿者发挥自身技术优势参与技术类志愿服务更能体现专业性。作为一家互联网企业，字节跳动主推"技术公益"模式。在志愿服务领域，字节跳动通过持续为员工提供公益赋能、资源支持等，提升员工的志愿服务能力，并引导员工关注社会议题，结合自身的业务能力与专业能力为社会问题的解决提供可持续的专业志愿服务。以虚拟技术小组为例，除"亿角鲸珊瑚保护 APP"外，虚拟技术小组目前针对不同社会场景和人群的需求，开发出"应急救灾物资管理系统"、"独居老人看护小程序"和"慈善商店收捐小程序"。

"应急救灾物资管理系统"：为壹基金提供的一个救灾项目管理工具。通过软件系统，完成信息化云端存储，帮助管理物资的接收与分发，让捐赠方与接收方都能通过 MySQL 和图数据库看到物资流转的信息。

"独居老人看护小程序"：为社区提供的一个信息管理工具。在小程序上，社区的工作人员和志愿者可以进行线上注册及审批、搜索查阅老人的信息、查看老人关怀的记录和相应流程、标注老人的诉求等，提升独居老人看护效率。

"慈善商店收捐小程序"：为慈善商店开发的一个个人收捐小程序，帮助慈善商店提升追踪管理捐赠品的能力，并为捐赠人提供后续的反馈。

通过参与这类专业志愿服务活动，技术人员不仅可以在实践中检验、

提高自己的技术，了解更多技术的应用场景，为本职工作提供一些新的视角（Peterson，2004），而且可以通过应用自己的专业技能为社会带来更多的便利。

2.针对员工能力点定制个性化项目

不同业务部门的员工所从事工作的性质不同，他们的能力点和特长也不尽相同。基于这一现状，字节跳动开始探索一种新的志愿服务模式，即在同一社会问题场景下，针对不同业务部门员工的特点，设计不同的志愿服务活动。目前，字节跳动针对员工的设计能力、咨询能力、规划能力、创作能力、调研能力、教研能力六大能力点，开发了多样化的志愿服务活动。

设计能力：员工志愿者将设计创意能力与公益相结合，举办公益市集活动或制作公益周边等。比如，"银河安居指南"活动通过用户体验设计部、员工公益团队与企业文化部三方合作，结合心智障碍儿童绘画二创设计7张原创海报、26款公益文创产品，并设计线上H5与21个字节跳动工区的线下义卖市集，将文创产品的售卖利润全部捐赠给心智障碍群体。

咨询能力：员工志愿者为乡村领域创业企业提供内容推广、新媒体、公益策划、品牌策划等方面的支持。比如，乡村成长伙伴计划从企业内部寻找一批对乡村发展感兴趣、有公益热情的员工志愿者，与乡村商学堂的企业学员形成结对子的帮扶模式，既能帮助乡村企业解决痛点问题，又能促进员工了解企业经营、关注与解决"三农"问题、提升自身能力。

规划能力：员工志愿者为大学生群体提供职业生涯规划辅导。比如，"字节青年1小时"活动以缓解高校学生就业压力为目标，招募企业内部员工志愿者帮助对互联网行业有强烈意愿的大学生或研究生，解答他们在实习、就业以及学习成长方面的困惑。

创作能力：员工志愿者为心智障碍或听力障碍群体制作公益音乐。比如，"陪你听见世界的声音"活动由员工志愿者从全球102个城市采集295种声音，并由BCD Studio、SAMI团队协助编曲、混音，志愿者自发组建黑轴乐队创作歌曲进行演唱，共同为听力障碍儿童制作原创歌曲《答案》。

调研能力：员工志愿者通过实地访谈、查阅资料等方式参与乡情调研，并通过调研形成家乡发展现状报告，如"家乡有我——为家乡做一件小事"活动。

教研能力：员工志愿者为乡村儿童设计素质课程。比如，充电计划支持员工志愿者前往贵州益童乐园进行实地调研，深度参与素质课程设计，为益童乐园6~12岁乡村儿童搭建素质教育课程体系，帮助儿童获得优质陪伴与成长支持。

有针对性的志愿服务活动设计旨在满足员工志愿者的个性化需求，提升员工参与志愿服务的积极性，同时吸引更多员工参与志愿服务。对于员工志愿者而言，这些活动可以发挥自己的专长，感受技能给自己带来的价值感与满足感。

3. 利用公司情境融入志愿服务元素

除了定期举办主题性志愿服务活动外，字节跳动员工公益团队还在尝试将志愿服务元素融入公司已有的活动或情境中。目前已开发出三种融入模式。

动员企业内兴趣社团发展为公益社团：字节跳动员工公益团队鼓励企业内员工将兴趣社团升级为公益社团，并为社团提供志愿服务资源和培训，让社团内成员可以发挥自己的兴趣专长参与志愿服务活动。

将企业的"活动日"发展为"公益活动日"：字节跳动员工公益团队联合行政部门将每月第一周周三的公司"活动日"升级为"公益活动日"，让员工在工区内就可以参与形式多样的志愿服务活动。

鼓励业务部门开展公益团建：字节跳动员工公益团队鼓励业务部门将团建与公益结合起来，在组织部门团建时选择公益活动，并为他们提供相关志愿服务资源支持。

上述模式不仅能够充分利用企业已有的资源和机会，实现志愿服务效益最大化，而且有助于增强员工的社会责任意识，让员工在享受活动带来的快乐的同时，为公益事业贡献自己的力量。上述模式有助于将志愿服务融入企业文化，在企业内部形成志愿服务氛围，这既能培养员工志愿者对企业的自豪感和忠诚感，增强情感承诺和认同，也可以辐射到其他未参加志愿活动的

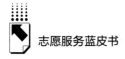

员工身上，增强他们的自豪感，使他们更加积极地推广企业的价值观和核心理念（Rodell et al.，2017）。

4.依靠数字工具进行高效组织管理

字节跳动基于飞书、公益小程序及其他产品的功能对企业志愿服务进行组织管理，让活动组织、人员管理、沟通协同变得更加高效，打造线上志愿服务新模式。借助飞书平台，字节跳动员工公益团队能够随时随地与员工志愿者、外部公益组织进行沟通，并分享志愿服务信息和资源，从而实现更加高效的管理和组织。通过跳跳糖公益小程序，公益组织团队能够更加便捷地发布志愿服务信息，志愿者也能够根据自己的喜好选择感兴趣的志愿服务活动，实现志愿服务供给和需求的有效匹配。

此外，数字化志愿服务是志愿服务发展的一大趋势。志愿服务与互联网、大数据、云计算、人工智能等数字科技的深度融合，能够为志愿者、志愿组织、志愿服务对象及其他利益相关者提供多方面的服务，推动实现志愿服务需求一键提、需求整合全覆盖、服务响应零延迟、服务供给精准达、服务监管全方位的理想状态。[①] 字节跳动致力于打造数字化开放平台，帮助公益组织提升数字化水平。开放飞书、公益小程序等产品，畅通了企业之间的信息共享渠道，推动了志愿服务工作的开展和发展。例如，公益机构可以通过飞书集成组织内部系统，形成统一入口门户，实现成员的高效沟通、协同创作、日程管理等一站式跨组织办公，也可根据自身需要构建知识库，涵盖机构内文化建设、对外管理机制等内容。

（二）未来展望

1.提升志愿服务组织化、规范化水平

字节跳动的企业志愿服务给予志愿者较高的自主性。在志愿者招募方

---

① 马龙军：《数字赋能志愿服务高质量发展》，https：//www.cssn.cn/skgz/bwyc/202306/t20230601_ 5641873.shtml，最后访问日期：2023 年 12 月 29 日。

面，字节跳动主要借助跳跳糖公益小程序，根据志愿服务活动的需要来招募单次或短期参与的志愿者；在团队建设方面，字节跳动主要通过跳跳糖公益社团来组织志愿者参与活动。这种较为松散的组织模式容易导致志愿者流动性较大，难以形成志愿服务团队的凝聚力。

未来字节跳动可以进一步提高员工公益团队和志愿者协会的组织管理能力，通过完善组织架构、加强制度建设、营造志愿服务文化氛围等方式，增强员工志愿者的归属感，形成规范化、可持续的组织运作模式。首先，对志愿服务组织架构进行内部细分。明确员工公益团队和志愿者协会的职能分工，确保组织各司其职，对志愿服务活动和志愿者进行有效管理。其次，建立更为完善的志愿者管理与激励制度。例如，制订详细的志愿服务招募计划，明确志愿者的入选和退出标准；定期对志愿者与志愿服务团队的活动情况进行考核，并对表现优异的团队进行奖励。最后，营造积极向上的志愿服务氛围。开展一系列志愿服务的宣传和引导工作，加深员工对志愿服务的认识；组织面向普通志愿者的志愿服务培训和交流活动，提高他们的专业技能与公益感知水平。这些措施有助于提高员工的志愿服务参与度，强化志愿者的文化认同感，增强志愿服务团队的凝聚力和人员稳定性，推动实现企业志愿服务的可持续发展。

2. 推动志愿服务项目化、持续性开展

目前虽然字节跳动已经形成了多个关注的社会议题方向，并开展了多样化的志愿服务活动，但志愿服务活动较为零散，且缺乏品牌项目，以短期或一次性的志愿服务活动为主，难以充分体现志愿服务的价值。

对外，字节跳动可以加强与有关政府部门、行业协会、公益组织的沟通与合作，了解企业志愿服务的发展动态，与社会各方一同构建更为体系化的企业志愿服务创新模式。此外，字节跳动还可以通过组建虚拟技术小组、公益社团等形式，与关注不同社会议题的公益组织达成长期合作，推动企业志愿服务朝着制度化、专业化和项目化方向发展。

对内，字节跳动一方面可以进一步探索员工公益与公益基金会等企业内部组织的合作，为员工志愿者提供更多的志愿服务机会；另一方面也需要不

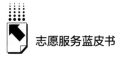

断发掘志愿服务活动的可塑性、可延展性，不断拓展志愿活动的外延，从而实现志愿服务项目的可持续发展。除了组织层面，有学者还从员工志愿者的角度进行探讨，提出志愿服务的可持续发展需要政策支持、制度保障、有效管理，也需要宣传、培育志愿文化和精神（罗婧，2021），从而激发、调动志愿者的主观能动性，实现志愿服务的常态化运作。

参考文献

罗婧，2021，《志愿常态化：对"个体-环境"交互机制的探索》，《管理世界》第 8 期，第 128~142 页。

Peterson，D. K. 2004. "Benefits of Participation in Corporate Volunteer Programs：Employees' Perceptions." *Pers. Rev.* 33：615-627.

Rodell，J. B.，Booth，J. E.，Lynch，J.，& Zipay，K. 2017. "Corporate Volunteering Climate：Mobilizing Employee Passion for Societal Causes and Inspiring Future Charitable Action." *Academy of Management Journal* 60：1662-1681.

国际报告 ⟪⟫

B.15

英国志愿服务发展报告

Jurgen Grotz 张书琬 邓依瑶*

摘　要：　志愿者参与在大不列颠及北爱尔兰联合王国有悠久的历史和广泛的社会基础。本报告基于最新的统计数据和案例研究，探讨了当前学术领域志愿者参与的理论框架和研究方法。首先，本报告梳理了 1945 年至今大不列颠及北爱尔兰联合王国志愿者参与的发展历程。其次，本报告重点讨论了志愿者参与在大不列颠及北爱尔兰联合王国的四个部分——英国（英格兰）、苏格兰、威尔士和北爱尔兰的政策调整与志愿者参与关系的演变。英国（英格兰）秉持以紧缩为原则的社会政策，其志愿者参与政策与国家政策相脱离，政府着力促进志愿者组织、社区组织或公民个人之间的合作，将权力下放并减少干预；苏格兰政府直接参与志愿服务有关活动，政府和志愿者参与之间的关系更为密切；威尔士政府与志愿者参与之间的关系和行政部

---

* Jurgen Grotz，博士，东安格利亚大学（UEA）志愿者研究中心（IVR）主任，研究方向为志愿服务参与的跨学科研究，重点关注参与式方法和公众参与。张书琬，中国社会科学院社会发展战略研究院志愿服务研究室助理研究员，研究方向为社会治理、社会发展和志愿服务。邓依瑶，中国社会科学院大学社会与民族学院硕士研究生，研究方向为社会工作和志愿服务。

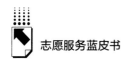

门被赋予的宪法义务息息相关，但是受不确定因素影响，威尔士志愿者组织
的情况仍然不稳定；北爱尔兰情况特殊，志愿服务发挥作用有限的问题仍然
存在，政府和各组织之间的关系充满了不确定性。最后，基于对当今社会经
济发展的认识，本报告展望了志愿者参与未来可能的发展方向。

关键词： 志愿者参与　志愿服务　志愿服务活动　志愿者组织

引　言

"各位，我将重点谈谈在疫情期间，也包括其他时间，志愿组织和社区
团体所作的出色工作，特别是在社会关怀领域，我们欠他们一个郑重的感
谢。"（Baroness Scott of Needham Market，2021）2021 年，自由民主党政治家
Baroness Scott of Bybrook 在伦敦上议院发表了以上这番话，在大不列颠及北爱
尔兰联合王国，志愿者和他们所做出的贡献深受社会各界、各级政府乃至所
有政党的尊重和认可。不过，关于志愿者参与扮演的社会角色及其与政府之
间关系的争论一直存在。虽然社会对志愿者的态度会随着时间的推移而改变，
不同的政府也会采取不同的方法，但较为一致的看法是，志愿者对民主社会
的运行、社区的维持和团结、个人和社会的发展至关重要。

一　中英志愿服务术语差异与现存问题

无论是英文源语还是汉语形式，在大不列颠及北爱尔兰联合王国，与志
愿者参与相关的术语和定义都不能准确地反映志愿者参与的多样性及其背后
的文化象征。此外，英国（英格兰）、威尔士、苏格兰和北爱尔兰也各自使用
不同的概念和术语。在本报告中，我们将使用大不列颠及北爱尔兰联合王国的
全称，它指的是英国（英格兰）、威尔士、苏格兰和北爱尔兰之间的政治联盟。
大不列颠及北爱尔兰联合王国是一个主权国家，其组成国都是独立的国家。

拥有不同意识形态和背景的人对志愿者参与的看法不同，因此，他们会选择不同的术语，并赋予这些术语不同的意义。英文中常见的术语，如"Voluntary Action"、"Volunteering"、"Involvement"、"Engagement"和"Participation"经常被互换使用，但是它们的含义大不相同。汉语词语，如"互相帮助"、"做好事"和"为人民服务"等，同样可以体现大不列颠及北爱尔兰联合王国志愿者参与的特点。这些例子可以和 Beveridge（1948）提出的"互助"和"慈善"动机，以及 Rochester 等（2010）所称的当前大不列颠及北爱尔兰联合王国志愿的主导范式"服务"进行比较。尽管它们有相似之处，但是我们不能简单地假设中英术语在概念和意识形态上有相似之处。例如，Kropotkin（1902）和 Borkman（1999）对互助的理解，或者Beveridge（1948）认为的志愿者参与是"自由社会的显著标志"等，和中国的主流观点并不相同。

我们不能直接把自愿行动、志愿者参与、志愿服务、志愿者工作、公民参与等词直译为中文，这样的翻译很容易产生误导。这里举一个例子：如果将"Civic Involvement"（社会参与）简单地直译为"公民参与"，那么就无法体现出社会参与中民主和政治的力量，没有涵盖这个术语的深刻含义。为了尽可能充分地解释志愿者参与，本文将使用以下翻译："Volunteer Involvement"（志愿者参与）包括"Voluntary Service"（志愿服务）、"Voluntary Work"（志愿者工作）和"Civic Engagement"（公民参与）。本报告所使用的"志愿者参与"一词的概念和语义在英国（英格兰）、威尔士、苏格兰和北爱尔兰尚存在争议，但可以达成的共识是，在志愿者参与中，志愿者可以自己做主，决定是否参与，并且这种活动在家庭范围之外开展，是无偿的。志愿者参与是个人行为，与公共行为和政府行为相反（Beveridge，1948；Rochester，2013；Grotz and Leonard，2022）。需要注意的是，本报告所使用的"参与"意为建立一种关系。在这种关系中，参与者被赋予行使自决、参与和贡献的自主权，他们规划和提交解决方案与活动计划，具有代理权。

二 志愿者参与的发展历史

在大不列颠及北爱尔兰联合王国，志愿者参与的历史悠久，具有广泛的社会基础。社会改革家 Lord Beveridge（1948）认为，人们积极的志愿者参与是"大不列颠及北爱尔兰联合王国生活的突出特点"。Bourdillon（1945）用她那个时代的话语呈现了社会志愿服务在现代国家中的地位："为各种社会目的而自愿成立协会的习惯在这个国家是广泛而根深蒂固的。当一个人有了新的想法和热情时，他会买一个两便士的笔记本，并在第一页仔细地写上'委员会会议记录'。然后他会以委员会的名义召集他的朋友，一个新的志愿团体就会诞生。"

从 18 世纪到 19 世纪，再到千禧年之交，大约 50% 的大不列颠及北爱尔兰联合王国公民都积极参加了志愿协会（Harris et al.，2016：35）。在英国（英格兰），自 20 世纪起，研究人员就开始对志愿者进行系统的调查（Davis Smith，1998；Low et al.，2007）。尽管几个世纪以来志愿组织的成员数量发生了变化，但志愿者的总体参与程度并没有发生实质性变化。目前的数据显示，约 70% 的人一生中至少参加过一次志愿活动，40% 的人约一年一次，20% 的人定期参加志愿活动（McGarvey et al.，2019；Kanemura et al.，2023）。然而，值得注意的是，这些数据并没有充分反映志愿者参与的多样性和地方差异，有些志愿者并不是通过组织和协会开展志愿活动的，而有些志愿者是在被排斥的社区中，或是在陷入危机的社区中（如新冠疫情期间）提供志愿服务的。

三 志愿者参与的当前数据

为了更好地获得公民社会参与情况，政府委托相关部门进行了社区生活统计调查。该调查收集了英国（英格兰）16 岁以上人群的信息，这些信息主要包括"身份和社交网络"、"幸福和孤独"、"邻里和社区"、"公民参与和社会行动"和"志愿和慈善捐赠"（Department for Digital，Culture，Media and Sport, 2021a)。

在收集志愿信息时，该调查区分了志愿参与形式，将其分为两种，即"正式参与"和"非正式参与"。

对于"正式参与"的受访者，问题为："在过去的 12 个月里，你是否参加过以下任何团体、俱乐部或组织?"这些组织或团体被细分为以下 15 个类别：①成人教育；②儿童教育、学校；③公民团体；④环境、动物福利；⑤健康、残疾和社会福利；⑥爱好、娱乐、艺术、社交俱乐部；⑦正义与人权；⑧当地社区或邻里团体；⑨老年人；⑩政治；⑪宗教；⑫安全、急救；⑬运动、锻炼、参加、指导或观看；⑭工会活动；⑮青少年、儿童课外活动（Department for Digital, Culture, Media and Sport, 2021b）。

对于"非正式参与"的受访者，问题为："你向其他人提供过哪些无偿的帮助?（注意，这种帮助不是通过团体、俱乐部或组织进行的，它们可以是对朋友、邻居或其他人的帮助，但不能是对亲戚的帮助）。"（Department for Digital, Culture, Media and Sport, 2021b）然而，也有人批评"正式"和"非正式"这两个术语的使用，认为这是一个错误的二分法，它们定义不清，会误导别人（Grotz and Leonard, 2022），使其很难把握志愿者参与的复杂性。"这一关于'互助'的定义突显了志愿活动被明确划分成'正式'或'非正式'的局限性。"（Scottish Government, 2022）

社区生活统计调查反映了一个重要现象：21 世纪之初，英国（英格兰）的志愿者数量达到一个高点，布莱尔政府投入了数百万英镑用于促进和推动志愿者参与志愿活动。然而，在过去的 20 年间，英国（英格兰）志愿者数量开始从高点缓慢减少。该调查的最新数据显示（Department for Culture, Media and Sport, 2023），过去的十年里，每月至少一次通过团体或俱乐部参与志愿活动的人数几乎减少了一半，这是自 2000 年该调查开始以来的最低水平。与此同时，自 2008 年开始，英国（英格兰）政府对志愿者参与的投资也逐步减少，各时期英国（英格兰）志愿者参与志愿服务的情况如图 1 所示。

英国（英格兰）和威尔士的慈善委员会每日更新志愿者和受托人的实时数据，在 2023 年 8 月 20 日（星期日），该委员会报道了 183698 家慈善机构中

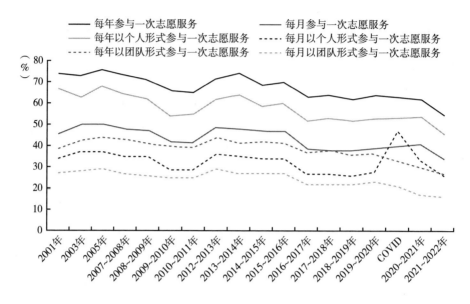

图1 各时期英国（英格兰）志愿者参与志愿服务的情况

资料来源：Grotz，2023。

6182696名志愿者和921336名受托人的数据。同时，全国志愿组织委员会在英国（英格兰）进行了大量调查（McGarvey et al.，2019；Kanemura et al.，2023），其最新成果可以佐证Davis Smith（1998）和Low等（2007）先前数据的准确性。他们认为，有资源、时间和经济基础且接受过教育的人更有做志愿者的意愿，并指出更具包容性的志愿者参与还未产生，仍需努力。基于前人的研究，Kanemura等（2023）得出结论：只增加志愿者的数量是不够的，志愿机会应该具有包容性，要满足不同人群的需求。

自2020年以来，志愿部门一直采取措施，鼓励不同的人群参与志愿活动。然而，相关数据表明，公平、多样性和包容性仍然是志愿者参与所面临的问题和挑战（Kanemura et al.，2023）。这一发现在过去的研究中尤为明显，表明那些最有可能从志愿服务中受益的、从中改善个人福祉的人，往往是最不可能参与志愿服务的人（Stuart et al.，2020）。

四 志愿者参与理论和实践的关系

几个世纪以来，大不列颠及北爱尔兰联合王国的人民一直在讨论和发展与志愿者参与相关的理论和实践。小说家 Daniel Defoe 在探索"友好社会"时介绍了一些术语，这些术语，如"达成相互帮助的协议"被沿用至今（Defoe，1697）。两个世纪后，曾在大不列颠及北爱尔兰联合王国生活过的俄罗斯无政府主义者 Peter Kropotkin（1902）在他的 *Mutual Aid* 一书中引用了大不列颠及北爱尔兰联合王国的例子。Lord Beveridge 男爵是把"福利国家"引入大不列颠及北爱尔兰联合王国的关键人物之一，他的开创性著作 *Voluntary Action* 于 1948 年出版，书中介绍了他对"互助动机"和"慈善动机"的看法。Beveridge 认为，可以从社会各个领域研究志愿者参与。

21 世纪大不列颠及北爱尔兰联合王国志愿者参与研究的领军人 Rochester（2006）认为，在过去的几十年里，大不列颠及北爱尔兰联合王国一直受到一种单一观点的主导，这种观点认为志愿是无偿的工作或服务。志愿者常被视为"由大型的正式组织招募和管理的初级劳动力"，这些组织主要在社会福利领域为他人提供服务。

这一主导范式过于简洁，没有涵盖志愿者参与的深刻内涵。基于此，Rochester 提出了两种更深刻的概念："公民社会"范式和"深度休闲"范式。以下四点可以清晰地体现志愿者参与的无偿特征：志愿者参与活动的动机、志愿者的活动领域、志愿者所处的组织环境、志愿者所扮演的角色。

参与"公民社会"活动的志愿者有自助和互助精神，他们提供共同支持、争取社会变革，积极参加协会和自助团体。他们并没有被动地接受他人管理，相反，他们擅长自我管理并履行领导者的职责，承担起个人责任。至于那些参与"深度休闲"活动的志愿者，是内在动因而不是外界因素驱使他们参与其中。在服务过程中，他们提升了活动技能，获得了满足感。这些人员一般来自艺术、文化、体育和娱乐领域，许多人还是当地俱乐部的成员和官员。他们参加体育和各类活动，指导、指挥和管理绩效与团队。

五　志愿者参与和政府的关系

20世纪40年代末，大不列颠及北爱尔兰联合王国"福利国家"的建立表明政府和志愿者参与之间存在明显分离。Beveridge（1948）在描述这种分离的同时，也清楚地认识到志愿者参与的特殊作用，他将其称为大不列颠及北爱尔兰联合王国社会的"自愿行动"。

> 此处使用的"自愿行动"是一种私人行动，即不受政府权力机关指挥的行动……自愿行动的独立性并不代表它与公众行动之间缺乏合作。公共机构和志愿机构之间的合作，如下所述，是大不列颠及北爱尔兰联合王国公共生活的特点之一。

尽管Beveridge已经有了清晰的思路和远见，但是在随后的几十年里，他的观点没有促进相应公共政策的出台。Zimmeck（2010）认为，1960年以来大不列颠及北爱尔兰联合王国政府发展志愿者参与的历程是非线性的，而是"迂回曲折，断断续续，起起落落，前进两步后退一步"的。同时，自2000年以来，大多数政府权力已被下放到大不列颠及北爱尔兰联合王国的四个部分，即英国（英格兰）、苏格兰、威尔士和北爱尔兰（Woolvin et al.，2015；Hardill et al.，2022）。

几十年来，各地政府提出了数十项方案和倡议，以促进和利用志愿者参与、招募和培训志愿人员完成政府在健康、社会关怀或刑事司法等方面预想的任务。不同人群在志愿者参与中有不同的作用，年轻人在参与志愿活动时可以保持活跃，减少反社会行为。而失业者可以通过志愿者参与获得技能和经验，便于重新进入劳动力市场。老年人参与志愿活动可以改善身心健康。只要资金到位，鼓励志愿者参与和增加志愿者总数的举措就能取得一定效果。例如，《国家青年志愿者服务的形成性评估》报告了人力和社会资本增加对志愿者参与的积极作用，桥接型社会资本可以使年轻人获得新的机会和社会支持网络等（National Centre for Social Research et al.，2011）。尽管 IVR（志愿者研究中心）和其他人试图推广此类知识（Hill and Stevens，2010），但遗憾的是，在随后的计划倡议和政策环境中，评估并没有取得进展。

过去 70 年来，大不列颠及北爱尔兰联合王国对"社会参与"至少存在三种不同的政治态度，特别是对"混合经济""第三条道路""大社会"的政治态度发生了显著变化。2010 年之后，大不列颠及北爱尔兰联合王国的四个部分——英国（英格兰）、苏格兰、威尔士和北爱尔兰——以不同的方式追踪志愿者参与情况。

六　政策对志愿者参与的影响

（一）混合经济

继 Beveridge（1948）的开创性工作之后，两份关于大不列颠及北爱尔兰联合王国公共部门和志愿者参与的报告也提出了新的观点。这两份报告的主题分别是"社会服务中的志愿工作者"（Aves，1969）和"志愿组织的未来"（Wolfenden Committee，1978）。报告提出这样一种观点：志愿者参与是一种资源，由志愿部门提供，政府可以用它来满足社会的需要。1979 年，在秉持"根本就没有所谓的社会"观念的领袖 Margaret Thatcher 的领导下，新一届政府开始推行新的政策，将当时仍在政府权力范围内的责任，通过签订契约和公众参与等方式交由志愿团体承担，如社区卫生委员会等。这项政策贯穿于 20 世纪 80 年代和 90 年代，营造了鼓励组织代表政府提供服务的文化氛围。Howlett（2008）指出，这种做法是合同文化的一部分，旨在节省大量资金（GHK，2010b）。Rochester（2013）描述了志愿组织和公共机构在提供互助、社区活动和竞选等服务时的不同，以及志愿组织结构与运作和志愿者参与方式的变化。

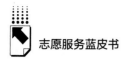
（二）第三条道路

20 世纪 90 年代以后的政策发生了巨大的改变，1997 年，新当选的布莱尔政府带着"情况只会变得更好"的口号上台，志愿者参与迅速成为公共政策的主流。政府与志愿部门的前景委员会协商拟定了志愿者参与的政策，它符合 Giddens 提出的政府对待公民社会的方式。该委员会以其主席 Nicholas Deakin 的名字命名。"活跃的公民社会是第三条道路的基本组成部分。"

"协约"清楚地体现了这种方法的内核，它是政府与志愿部门之间的协定，涵盖一系列责任。当时的首相 Tony Blair 在协约的前言中写道：

> 政府与志愿和社区部门之间的协约提供了一个框架，这个框架指导我们处理各层事务。政府和各部门在制定和提供公共政策与服务时发挥互补作用，在促进国民生活各个领域的志愿和社区活动中，政府也发挥着巨大的作用。然而，在当今社会，仅仅依靠政府的力量是不够的，志愿机构和社区组织的工作也尤为重要，它们的工作是政府实现"奉献时代"使命的核心。它们搭建起平台，使个人有机会为社区的发展做出贡献。这一做法有助于促进公民意识，重建社区意识，并为我们建立公正社会和包容社会的共同目标做出重要贡献。这份协约将加强政府与志愿和社区部门之间的联系，是一份兼具实际意义和象征意义的文件。（Blair，1998）

然而，并没有机构有权力或能力来监督协约的执行，这其中就包括"协约委员会"。虽然这个委员会是为了监督协约而设立的，但它既不是一个监管机构，也没有任何法律权力，所以无论是在道德还是在法律层面都无法约束这一协约。当时是大不列颠及北爱尔兰联合王国志愿者参与公共政策辩论和政府资源利用的高峰时期。下一届志愿服务前景委员会（Commission on the Future of the Voluntary Sector，2008）由 Julia Neuberger 领导，他们夸张地宣称：在他们看来，情况从未如此好过。

情况从未如此好过，志愿服务在公共政策议程上的地位比以往任何时候都要高。当今时代，各个党派都在努力用它解决经济和社会问题。2001 年，全世界 130 多个国家庆祝了国际志愿者年，同时，志愿活动也被联合国确定为实现其千年发展目标的关键。包括以后的 2011 欧洲志愿服务年、2012 年伦敦奥运会和残奥会，都可以在全球舞台上为展示志愿服务提供机会。

（三）大社会

然而，这种乐观情绪很快就被浇灭了。2010 年，David Cameron 领导下的新保守党-自由民主党联合政府介绍了"大社会"的概念，而随"大社会"而来的是政府推出的紧缩计划。在英国（英格兰），这一计划导致上届政府投资的大部分志愿服务基础设施被拆除，在此政策下，人们也意识到公民应该靠自我组织。同时，在"大社会"的旗帜下，英国（英格兰）引入了国家公民服务，这一做法鼓励英国（英格兰）和北爱尔兰 15~17 岁的公民参与服务。

这是 21 世纪的关键发展和变化，它将重塑政府和志愿者参与之间的关系，着重强调权力下放。权力下放与议会和政府的决定有关，在大不列颠及北爱尔兰联合王国，继 1997 年苏格兰和威尔士的公民投票以及 1998 年北爱尔兰的《耶稣受难日协议》后，除大不列颠及北爱尔兰联合王国议会之外，进一步独立的立法机构和行政机构产生了，如苏格兰议会、威尔士议会和权力分掌的北爱尔兰行政机构以及选举产生的北爱尔兰议会。权力下放会持续进行，未来也会有新的变化（Davies，1999）。

七 四个部分志愿者参与的发展现状

（一）英国（英格兰）

2008 年全球金融危机爆发。自 2010 年以来，英国（英格兰）的社会政

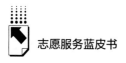
策一直以紧缩为原则，在接下来的十年中，"大社会"（Cabinet Office,
2010）和"建设更强大的公民社会"（Office for Civil Society, 2010）政策被
取代。如 Danny Kruger 议员的报告受到 2020 年"水平调整"议程事件
（Department for Digital，Culture，Media and Sport, 2022）的强烈影响，其志
愿者参与政策与国家政策相脱离。来自上议院公共服务委员会的观察员指
出，"水平调整"仍有待发展。"水平调整"不仅缺乏明确的目标和实现目
标的计划，而且分配资源的标准也不透明，中央政府的管理同样也不明确。

（二）苏格兰

2010 年后，不同于英国（英格兰）政府逐年减少对志愿者参与的支持，
苏格兰政府直接参与志愿服务有关活动，并通过第三部门持续为志愿者参与
的基础设施提供资金，进一步促进了政府和地方组织的志愿者参与。苏格兰
政府每年的资金可以支持其志愿者、苏格兰志愿组织理事会（SCVO）和一
个由 32 个第三部门相接组成的系统（每个第三部门都对应一个苏格兰的地
方当局）发展志愿者参与。2019 年，各部门联合制定的《全民志愿：我们
的国家框架》（Scottish Government, 2019）阐述了十年来苏格兰志愿者参与
的情况，并展望了预期的成果，它告诉人们"实现规划、投资和干预措施
的最佳组合"方案的合理性。三年后的 2022 年，在"苏格兰志愿行动计
划"的基础上，新的计划建立了（Scottish Government, 2022）。苏格兰通过
家计调查收集全国志愿者的数据，将有关"志愿类型"、"年龄"、"性别"、
"收入"、"贫困程度"、"地点"、"农村或城市"、"残疾"和"种族"的信
息进行详细分类（Scottish Government, 2023）。

（三）威尔士

威尔士政府与志愿者参与之间的关系和行政部门被赋予的宪法义务息息
相关，这种义务在一份提出"第三部门计划"概念的法定文件中得到描述。
《2006 年威尔士政府法》第七十四条"要求威尔士大臣制定一项'在行使
职能时促进相关志愿组织利益'的计划"（Welsh Government, 2014：3）。

2015年，威尔士发布了一项有关志愿的政策：增加社会各年龄段和各阶层人士参加志愿服务的机会，鼓励志愿者更有效地参与志愿服务，包括适当地开展培训，提高志愿的地位和形象（Welsh Government，2015：3）。

然而，受到持续的财政紧缩、竞争性的招标安排、较短的资金周期，以及大不列颠及北爱尔兰联合王国在2020年离开欧盟的不确定因素的影响，威尔士志愿者组织的情况仍然不稳定。

（四）北爱尔兰

北爱尔兰的近代史与英国（英格兰）、威尔士、苏格兰不同，志愿者在这段历史中也起到了更为特殊的作用。相较于其他三个部分，北爱尔兰面积较小，政治也极不稳定（Acheson et al.，2004）。不过即使环境复杂，北爱尔兰仍将志愿者参与视为维护社会稳定的合法力量。2012年，"北爱尔兰志愿战略和行动计划"发布，用来促进志愿者参与的发展。遗憾的是，此后该计划再未更新，社区发展也被卷入准军事主义的政治争论之中。近年来，北爱尔兰政府采用招标、外包福利服务等举措，在一定程度上促进了志愿者参与的开展，但如何协调志愿者参与和其他活动之间的关系、志愿者参与缺乏发言权等问题仍然存在（Hughes，2019；Hughes and Ketola，2021）。自《耶稣受难日协议》签署以来，与英国（英格兰）、苏格兰和威尔士相比，北爱尔兰政府和志愿者参与之间的关系更为特殊。

八 志愿者参与的未来展望

新冠疫情深刻地影响了大不列颠及北爱尔兰联合王国各部分的志愿者参与，它突出了志愿者的巨大贡献，但也暴露了政策分歧所带来的问题。纳菲尔德信托基金在向上议院公共服务委员会提交的资料中描述了在危机时期，资金不足、结构失调和市场不稳定因素对志愿系统在保护老年人时的不利影响。尽管如此，有证据表明，疫情期间出现了一种新的志愿模式，它在响应国家倡议方面表现突出，主要由工龄人口参与（Mao et al.，2021）。这种新

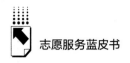

模式促进了高度自发、非正式的援助，邻里对非亲属的帮助，以社区为中心的互助，以及由志愿和公共部门组织协调的正式活动。疫情期间，休假和在家工作的人数增加，他们成为志愿者。这些人通常是第一次当志愿者，他们不用每天上下班，有时间支持当地社区。同时，大量文献论述了社区主导基础设施建设的重要性，肯定了该行为在疫情前（Davis Smith，2019）和疫情期间支持志愿者参与方面发挥的作用。如今，大不列颠及北爱尔兰联合王国逐渐摆脱了新冠疫情的影响，但其政治和经济依旧不稳定，因此，有些志愿组织担心这会对他们开展的志愿者参与产生影响，而且大不列颠及北爱尔兰联合王国各个地区、各地政府的看法和态度并不相同。

九　总结与对我国的启示

志愿者参与已经成为大不列颠及北爱尔兰联合王国社会的一部分，多达3/4 的公民参与其中。几个世纪以来，人们认可志愿者参与的作用，并对它进行了 70 多年的深入研究。在大不列颠及北爱尔兰联合王国，志愿者受到尊重，他们被视为维持社会活力的必要因素，与公共和私营部门共同发挥作用。保守党议员，负责数字、文化、媒体和体育事务的议会副大臣 Mims Davies 说：“我很高兴众议院讨论了一个有关国家核心的话题：慈善和志愿者。我相信众议院的每个人都会同意，这些了不起的人和组织是我们社会勇敢的、无畏的、跳动的心脏。他们并不是在孤军奋战，社会企业、互助组织、社区团体和相关企业与他们共同奋斗，构成了我们的公民社会。”（Davies，2019）

然而，人们对志愿者参与持有不同看法，他们参与其中的原因也不同。一些人可以很自然地融入其中，而另一些人可能有“被排除在外”的感觉。各国政府不断改变对志愿者的态度，其社会政策和资金安排也随之发生改变。一些人认为志愿者参与应该由人们在没有政府干预的情况下自己组织，这种行为是附加的。还有一些人认为志愿者是一种填补公共支出缺口的资源。

尽管各派观点不同，志愿者参与和政府之间的关系不断变化，人们对政府权力下放至地区的分歧也日渐凸显，但几个世纪以来，志愿者参与在大不列颠及北爱尔兰联合王国的作用基本保持不变。由此得出的结论是，志愿者参与牢牢扎根于社会生活中，政府既无法摧毁它，也无法创造它。

新冠疫情揭露了当前社会、政治、文化和经济存在的问题，也突出了社会政策是如何影响志愿者参与和个人行动的能力或意愿的。在英国（英格兰），政府着力促进志愿者组织、社区组织或公民个人之间的合作，政府似乎进一步脱离了这种活动；在苏格兰，政府和志愿者参与之间的关系变得更为密切；在威尔士，它们的关系始终密切；在北爱尔兰，政府和各组织之间的关系充满了不确定性。

我们不确定未来的政策是否有利于志愿者参与的发展，但是基于社会现实和各方数据，我们有理由相信，大不列颠及北爱尔兰联合王国的志愿者参与将继续繁荣发展，它将由大多数公民承担，得到各派政治家的支持，并牢固地扎根于文化和社会基石之中。

大不列颠及北爱尔兰联合王国志愿者参与的历史演变与发展历程对我国志愿服务具有深远启示。我国应定期进行调查研究，以深入了解社会志愿服务的需求和现状；同时，结合社会现实条件，及时调整志愿服务政策以适应社会变迁。在此过程中，政府需要妥善处理志愿服务与政府之间的关系，充分重视志愿者的力量，并积极发挥志愿服务在维护社会稳定、促进社会进步方面的独特作用。鉴于我国发展日新月异，各地区之间存在经济和政策上的差异，志愿服务政策也应因地制宜，灵活调整以满足不同地区的需求。

参考文献

Acheson, N. , Harvey, B. , Kearney, J. , and Williamson, A. P. 2004. "Two Paths, One Purpose: Voluntary Action in Ireland." North and South Dublin: Institute for Public

Administration.

Aves, G. 1969. *The Voluntary Worker in the Social Services: Report of a Committee Jointly set up by the National Council for Social Service and the National Institute for Social Work Training.* London: Bedford Square Press and George Allen and Unwin.

Baroness Scott of Needham Market . 2021. " Speech during Debate on Social Care and the Role of Carers, UK Parliament, Hansard, Volume 813: Debated on Thursday 24 June 2021. " Available from https: //hansard. parliament. uk/Lords/2021-06-24/debates/96211CEC-0C7E-48DB-9471-2B5CAFF4F385/details#contribution-6D22C6DF-86AF-4715-B148-EB20E603610B [Accessed 20 August 2023] .

Beveridge, Lord . 1948. *Voluntary Action.* London: George Allen & Unwin Ltd.

Blair, T. 1998. *Compact on Relations between Government and the Voluntary and Community Sector in England: Message from the Prime Minister.* London: Cabinet Office.

Borkman, T. 1999. *Understanding Self-help/Mutual Aid: Experiential Learning in the Commons.* Rutgers University Press.

Bourdillon, A. F. C. 1945. *Voluntary Social Services: Their Place in the Modern State.* London: Methuen & Co Ltd.

Cabinet Office . 2010. "Building the Big Society, Policy Paper Available on the Government's Webpages. " Available from https: //www. gov. uk/government/publications/building-the-big-society [Accessed 14. 11. 2022] .

Cabinet Office. 2007. The Future Role of the Third Sector in Social and Economic Regeneration: Final Report <http: //www. cabinetoffice. gov. uk/third_ sector/third_ sector_ review/~/ media/assets/www. cabinetoffice. gov. uk/third_ sector/the_ future_ role_ of_ the_ third_ sector_ in_ economic_ and_ social_ regeneration%20pdf. ashx> (Accessed 07. 07. 2008) .

Charity Commission . 2023. "Charities in England and Wales - 20 August 2023: Sector Overview, a Page on the Website of the Charity Commission for England and Wales. " available from https: //register-of-charities. charitycommission. gov. uk/sector-data/sector-overview [Accessed 20 August 2023] .

Commission on the Future of the Voluntary Sector . 1996. *Meeting the Challenge of Change: Voluntary Action into the 21st Century.* London: NCVO.

Commission on the Future of Volunteering . 2008. *Report of the Commission on the Future of Volunteering and Manifesto for Change.* London: Volunteering England.

Davies, R. 1999. *Devolution: A Process not an Event.* Cardiff: Institute of Welsh Affairs.

Davies, M. 2019. "Speech at the Debate of the House of Commons: Communities: Charities and Volunteers, Hansard Volume 654: debated on Wednesday 13 February 2019, UK Parliament. " available from https: //hansard. parliament. uk/commons/2019-02-13/debates/75722A79-90A2-4441-8B26-5230171CCE43/CommunitiesCharitiesAndVolunteers

[Accessed 20 August 2023] .

Davis Smith, J. 1995. "The Voluntary Tradition: Philanthropy and Self-help in Britain 1500-1945. " In *An Introduction to the Voluntary Sector* , ed. J. Davis Smith, C. Rochester, and R. Hedley, 9-39. London: Routledge.

Davis Smith, J. 1998. The 1997 National Survey of Volunteering The National Centre for Volunteering: London.

Davis Smith, J. 2019. *100 Years of NCVO and Voluntary Action: Idealists and Realists*, Palgrave Macmillan.

Deakin, Nicholas. 2005. "Civil Society and Civil Renewal" in Robb, Campbell. (ed) Voluntary Action: Meeting the Challenges of the 21st century NCVO, pp13-45 <http://www. ncvo-vol. org. uk/uploadedFiles/NCVO/Policy/voluntaryaction2005. pdf > (Accessed 07. 07. 2008) .

Defoe, D. 1697. *An Essay Upon Projects, The Project Gutenberg eBook, An Essay upon Projects, by Daniel Defoe, The Project Gutenberg eBook, An Essay upon Projects, by Daniel Defoe,* Edited by Henry Morley, Transcribed from the 1887 Cassell & Company by David Price. available from https://www. gutenberg. org/files/4087/4087-h/4087 - h. htm [Accessed 20 August 2023] .

Department for Culture, Media and Sport . 2023. "Community life Survey 2021/22: Volunteering and Charitable Giving" , *a Page on the Website of the Department for Culture, Media and Sport.* available from https://www. gov. uk/government/statistics/community-life-survey - 202122/community-life-survey - 202122 - volunteering-and-charitable-giving [Accessed 03 July 2023] .

Department for Digital, Culture, Media and Sport . 2021a. Community Life Survey Technical Report 2019/20, London: Department for Digital, Culture, Media and Sport. Available from https:// assets. publishing. service. gov. uk/government/uploads/system/uploads/attachment_ data/file/ 1087557/Community_ Life_ Online_ and_ Paper_ Survey_ Technical_ Report_ -_ 2020-21_ v4_ WA. pdf.

Department for Digital, Culture, Media and Sport . 2021b. "Community Life Survey 2020/21: Volunteering and Charitable Giving" , *a Page on the Website of the Department for Digital, Culture, Media and Sport*, available from https://www. gov. uk/government/statistics/ community-life-survey - 202021 - volunteering-and-charitable-giving [accessed 31 May 2022] .

Department for Digital, Culture, Media and Sport . 2022. *Government Response to Danny Kruger MP's Report: "Levelling up our Communities: Proposals for a New Social Covenant",* London: HM Government.

Department for Social Development . 2012. "Join In, Get Involved: Build a Better Future A

Volunteering Strategy and Action Plan for Northern Ireland. " Department for Social Development.

GHK. 2010a. Study on Volunteering in the EU Contracted by the Education, Audiovisual and Culture Executive Agency (EACEA) to GHK and Managed by the Directorate General for Education and Culture (DG EAC) of the European Commission.

GHK . 2010b. Study on Volunteering in the EU: Country Report United Kingdom https://ec. europa. eu/citizenship/pdf/national_ report_ uk_ en. pdf.

Giddens, A. 1998. *The Third Way: The Renewal of Social Democracy*. Cambridge, UK: Polity.

Government of Wales . 2014. "Third Sector Scheme. " Cardiff: Welsh Government. Available from: https://gov. wales/sites/default/files/publications/2019 – 01/third-sector-scheme – 2014. pdf [Accessed 31 May 2022] .

Grotz, J. 2021a. 'not under the direction of any authority wielding the power of the State' – a critical assessment of top-down attempts to foster volunteering in the UK. " a paper commissioned by the Manchester China Institute, for an online workshop on Volunteering in the UK and China, 25th June 2021, published on the Website of the Institute for Volunteering Research. available from https://www. uea. ac. uk/documents/96135/2840373/2021. 06. 13+IVR+POLICY+PAPER+_ +a+critical+assessment+of+top_ down+attempts+to+foster+volunteering+in+the+UK. pdf/a5687f51-4fda-f09a-e4fc-1aa2ab9ebd50? t = 1624891561723 [Accessed 10. 08. 2023] .

Grotz, J. 2021b. " IVR Working Paper Organisers' and Volunteers' Accounts from Mutual Aid Associations in Kensington and Chelsea during 2020. " Website: https://www. uea. ac. uk/documents/96135/2802691/IVR+WORKING+PAPER+Mutual+Aid+v3+11. 04. 2021+jlg. pdf/29391b33-90d1-924b-07ed-77b640a9f83c? t = 1618310383464.

Grotz, J. 2023. *Volunteer Involvement in UK Universities*. Cham: Palgrave Macmillan.

Grotz, J. and Leonard, R. 2022. *Volunteer Involvement: An Introduction to Theory and Practice* . Cham: Palgrave Macmillan.

Hardill, I. , Grotz, J. , and Crawford, L. 2022. *Mobilising Voluntary Action in the UK: Learning from the Pandemic*. Bristol: Policy Press.

Harris, B. , Morris, A. , Ascough, R. S. , Chikoto, G. L. , Elson, P. R. , McLoughlin, J. , Muukkonen, M. , Pospíšilová, T. , Roka, K. , Smith, D. H. , Soteri-Proctor, A. , Tumanova, A. S. , and Yu, P. J. 2016. " History of Associations and Volunteering. " in Smith, D. H. , Stebbins, R. A. and Grotz, J. eds . *The Palgrave Handbook of Volunteering, Civic Participation, and Nonprofit Associations*. Basingstoke: Palgrave Macmillan, pp. 23–58.

Hill, M. and Stevens, D. 2010. " Measuring the Impossible? Scoping Study for Longitudinal Research on the Impact of Youth Volunteering. " London: Institute for Volunteering Research and V The National Young Volunteers Service. Available from https：//socialwelfare. bl. uk/ artifacts/4163659/measuring-the-impossible-scoping-study-for-longitudinal-research-on-the- impact-of-youth-volunteering/4972230/［Accessed 31. 10. 2023］.

Howlett, S. 2008. "Lending a Hand to Lending a Hand: The Role and Development of Volunteer Centres as Infrastructure to Develop Volunteering in England." Volunteering Infrastructure and Civil Society Conference. Aalsmeer, Netherlands.

Hughes, C. 2019. "Resisting or Enabling? The Role out of Neo-liberal Values Through the Voluntary and Community Sector in Northern Ireland." *Critical Policy Studies* 13 (1): 61−80.

Hughes, C. and Ketola, M. 2021. *Neoliberalism and the Voluntary and Community Sector in Northern Ireland (Third Sector Research Series)*. Bristol: Policy Press.

Kanemura, R., McGarvey, A., and Farrow, A. 2023. *Time well spent* 2023: *A national survey on the volunteer experience*. London: National Council for Volunteering Organisations. Available from https：//www. ncvo. org. uk/news－and－insights/news－index/time－well－ spent−2023/download−this−report/#/［Accessed 27. 06. 2023］.

Kropotkin, P. 1902. "Mutual Aid: A Factor of Evolution." Heineman.

Locke, M. and Grotz, J. 2022. "Volunteering, Research and the Test of Experience: A Critical Celebration for the 25th Anniversary of the Institute for Volunteering Research." Norwich: UEA Publishing Project.

Low, N., Butt, S., Ellis Paine, A. and Davis-Smith, J. 2007. "Helping Out: A National Survey of Volunteering and Charitable Giving." London: Cabinet Office.

Mao, G., Fernandes-Jesus, M., Ntontis, E., & Drury, J. 2021. "What have we Learned about COVID−19 Volunteering in the UK? A Rapid Review of the Literature." *BMC Public Health* 21: 1470 https：//doi. org/10. 1186/s12889 − 021 − 11390 − 8. Available from https：//bmcpublichealth. biomedcentral. com/counter/pdf/10. 1186/s12889 − 021 − 11390−8. pdf［Accessed 30. 09. 2022］.

McGarvey, A., Jochum, V., Davies, J., Dobbs, J. and Hornung, L. 2019. *Time well Spent: A National Survey on the Volunteer Experience*. London: NCVO.

National Audit Office . 2017. "National Citizen Service." Website: https：//www. nao. org. uk/ wp-content/uploads/2017/01/National-Citizen-Service-Summary. pdf.

National Centre for Social Research, Institute for Volunteering Research, and Third Sector Research Centre . 2011. "Formative Evaluation of V: The National Young Volunteers´ Service: Final Report, National Centre for Social Research, Institute for Volunteering Research, Third Sector Research Centre." Available from https：//socialwelfare. bl. uk/ artifacts/4160354/formative-evaluation-of-v/4969340/［Accessed 31. 10. 2023］.

Office for Civil Society . 2010. "Building a Stronger Civil Society." London: Office for Civil

Society. Available from https：//assets. publishing. service. gov. uk/media/5a7495a840f0b61 6bcb17ab8/building-stronger-civil-society. pdf［Accessed 31. 10. 2023］．

Plowden, W. 2003. "The Compact：Attempts to Regulate Relationships between Government and the Voluntary Sector in England." *Nonprofit and Voluntary Sector Quarterly* 32：415-432.

Rochester, C. 2006. "Making Sense of Volunteering：A Literature Review. " London：Commission on the Future of Volunteering.

Rochester, C. 2013. *Rediscovering Voluntary Action* . Basingstoke：Palgrave Macmillan.

Rochester, C. , Ellis Paine, A. , and Howlett, S. with Zimmeck, M. 2010. *Volunteering and Society in the 21st Century* . Basingstoke：Palgrave Macmillan.

Scottish Government . 2019. "Volunteering for All：Our National Framework. " Available from：https：//www. gov. scot/publications/volunteering-national-framework/［Accessed February 2022］．

Scottish Government . 2022. "Scotland's Volunteering Action Plan. " Available from：https：// www. gov. scot/publications/scotlands-volunteering-action-plan/.

Scottish Government. 2023. " *Scottish Household Survey 2021 – Telephone Survey：Key Findings.* " Available from https：//www. gov. scot/publications/scottish-household-survey – 2021 – telephone-survey-key-findings/pages/10/［Accessed 20 August 2023］．

Stuart, J. , Kamera de, D. , Connolly, S. , Ellis Paine, A. , Nichols, G. , & Grotz, J. 2020. "The Impacts of Volunteering On the Subjective Wellbeing of Volunteers：A Rapid Evidence Assessment. " London：What Works Centre for Wellbeing and Spirit of 2012. https：// whatworkswellbeing. org/wp-content/uploads/2020/ 10/Volunteer-wellbeing-technical-report-Oct2020-a. pdf［Accessed 31 May 2022］．

Welsh Government. 2014. "Third Sector Scheme. ", Cardiff：Welsh Government. Available from：https：//gov. wales/sites/default/files/publications/2019-01/third-sector-scheme-2014. pdf ［Accessed 31 May 2022］．

Welsh Government. 2015. "Volunteering Policy：Supporting Communities, Changing Lives, Cardiff：Welsh Government. " Available from：https：//www. gov. wales/sites/default/ files/publications/2019 – 01/volunteering-policy-supporting-communities-changing-lives. pdf ［Accessed 20 August 2022］．

Wolfenden Committee. 1978. " The Future of Voluntary Organisations. " London：Croom Helm.

Woolvin, M. , Mills, S. , Hardill, I. and Rutherford, A. 2015. " Divergent Geographies of Policy and Practice? Voluntarism and devolution in England, Scotland and Wales. " *The Geographical Journal* 181：38-46. https：//doi. org/10. 1111/geoj. 12069.

Zimmeck, M. 2010. "Government and Volunteering：Towards a History of Policy and Practice. " in Rochester, C. , Angela E. P. , and Howlett S. , with Zimmeck, M. *Volunteering and Society in the 21st Century* . Basingstoke, UK：Palgrave Macmillan.

B.16

德国志愿服务发展报告

吴皓月*

摘　要： 德国的志愿服务内含于民众的社会参与和社区参与中，志愿服务的良好发展是社会活力的重要体现。辅助性原则是政府搭建志愿服务体系框架、主导项目开展的理念基础。在此基础上，志愿服务组织稳定发展，个人的志愿参与率基本保持在40%左右。从志愿参与领域来看，体育/运动领域依旧占据主导地位，教育、环境保护领域近年来获得较多民众关注。个人的利他动机是志愿者参与的主要动力，时间和工作则是阻碍民众参与志愿服务的主要原因。单次志愿服务时长缩短、非正式的个人志愿参与成为德国志愿服务发展的主要趋势，正式组织成员减少与管理者缺失等则成为其发展面临的主要困境。

关键词： 德国志愿服务　公民参与　志愿服务组织

引　言

德国志愿服务的发展由来已久。2011年，德国政府在社会服务与福利领域进行了一项重大改革，即取消强制兵役与社区服务，用联邦志愿者服务（Bundesfreiwilligendienst，BFD）项目取而代之，并在此基础上形成了当下德国的志愿服务体系。

德国志愿服务分为全职志愿服务和兼职志愿服务两种。一般来说，"志

---

* 吴皓月，南开大学社会学系硕士，研究方向为公益社会学、德国志愿服务等。

愿服务"（Freiwilligendienst）这一概念在德国社会指的是制度化的全职志愿服务，如联邦志愿者服务项目中的"志愿服务"，而包含兼职志愿服务的更一般性的概念则是"志愿参与"（Freiwilliges Engagement）。通常而言，"志愿服务"与"志愿参与"这两个概念在德国的社会语境中并没有明确的区分，两者都被视为内含于公民参与（Zivilgesellschaftliches Engagement）之中的一种自愿的（社会）承诺。在德国社会志愿调查（Freiwilligensurveys，FWS）中，"志愿活动指的是在社区背景下自愿的、在公共场所进行的、不以物质利益为目的的活动"，这一定义与 Enquete 委员会对公民参与的定义基本一致。

依据德国政府有关部门的数据，截至 2021 年，德国约有 3000 万公民参与志愿工作[1]；从 1999 年到 2019 年，正在从事志愿工作的人群比例从 31% 上升到 40%[2]，从未参加过志愿工作的人群比例仅为 38%（Sinonson，Kelle，et al.，2022）。此外，志愿服务组织发展迅速。ZiviZ 调查[3]数据显示，2022年，德国共有 656888 家志愿服务组织，较 2016 年增加了约 18000 家；截至 2017 年，约每 136 人拥有一家志愿服务组织，这展现出德国社会中志愿参与的强大影响力。

在德国志愿服务的发展过程中，政府一直秉持辅助性原则，扮演着框架搭建者的角色。除了基本行政、法律等体系建设外，政府还着力通过基金会、项目制等尽可能中立的形式，在平台搭建、学术支持等方面为志愿服务发展提供支持，志愿服务组织与志愿者个人共同构成了德国志愿服务发展的主要力量。其中，志愿服务组织蓬勃发展并作为志愿服务体系的基础存在，志愿

---

① Ehrenamt，https：//www.bmel.de/DE/themen/laendliche – regionen/ehrenamt/ehrenamt _ node.html.

② Volunteering in Germany，https：//www.bmfsfj.de/bmfsfj/meta/en/publications-en/volunteering-in-germany—184606.

③ ZiviZ 调查是对德国民间社会组织的一项具有代表性的调查，反映了全德各联邦州的民间组织发展状况，民间组织的主要结构特征、行动领域、面临的挑战以及目前的需求。截至2023 年底，共进行了三轮调查，分别为 2012 年 ZiviZ 调查、2017 年 ZiviZ 调查和 2023 年 ZiviZ 调查。调查报告、方法和问卷下载地址：http：//www.ZiviZ.de/ZiviZ-Survey。后文 ZiviZ 调查数据均来自此网站。本文民间组织相关数据如无特殊说明均来自 ZiviZ 调查。

服务组织及多方参与的地方团体以支持性项目为载体开展志愿服务，民众则通过兼职或全职志愿者制度参与志愿服务，成为行动主体。新冠疫情以来，德国逐渐兴起的非组织化参与尽管在一定程度上削弱了志愿服务组织或制度化志愿参与的必要性，但其依旧是公民进行志愿参与的主要中介或依托。通过这一架构（见图1），德国志愿服务体系得以建立并实现可持续发展。

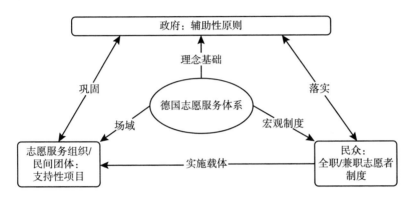

图1　德国志愿服务体系基本架构

资料来源：吴皓月、宣朝庆，2022。

总体而言，德国志愿服务体系基本建立在辅助性原则这一理念基础之上，在此前提下，志愿服务组织与个人通过支持性项目或志愿者制度开展志愿服务。志愿服务组织及个人的参与领域、参与时间、参与方式以及志愿者个体的人口特征、参与动机等能够展示出近年来德国志愿服务领域的最新发展状况。

一　德国志愿服务体系的基础：辅助性原则

作为提供社团主义式社会服务的典范国家，德国政府在志愿服务发展过程中发挥了主导作用。由于志愿服务与社会参与紧密相连，德国民众的社会参与又与德国作为一个民主社会的基础紧密联系起来，为民众提供社会参与的机会，并保障其社会参与权利成为政府的重要责任。因此，总体而言，政

志愿服务蓝皮书

府是志愿服务体系框架的建设者，各类志愿服务组织与个人作为志愿服务体系的主体参与志愿服务。

德国联邦家庭、老人、妇女与青少年事务部（BMFSFJ，联邦家庭事务部）是德国志愿服务相关项目及体系建构的主要负责部门，而联邦食品与农业部（BMEL）则在乡村志愿服务发展方面做出了较大努力。2011年社会服务改革后，志愿服务体系总体上包括全职志愿服务与兼职志愿服务两大类。其中，全职志愿服务是德国志愿服务领域的一大特色，大多持续一年，主要包括四个项目：联邦志愿者服务、自愿社会服务年（FSJ）、自愿环境服务年（FÖJ）以及国际青年志愿服务（IJFD）。其中，联邦志愿者服务针对所有完成义务教育的人群，没有年龄上限，没有国籍限制，涵盖社会、文化、生态等各公共领域，是目前德国参与人数最多、影响范围最广的全职志愿服务项目①。

与联邦志愿者服务等全职志愿项目相伴而生的还有全职志愿服务相关的法律、财政等方面的支持。在法律方面，联邦议会通过立法确立了志愿活动中志愿者、志愿工作地点等多方的权利与义务，维护了各主体的利益。在财政方面，政府成立德国公民参与与志愿服务基金会（DSEE）等，同时通过项目制的形式为有需要、有意愿获得国家财政资源以支持自身发展的志愿服务组织、团体等提供必要的资金支持。

在志愿服务体系建设与支持中，辅助性原则是德国政府一贯秉持的理念基础。这意味着政府在志愿服务领域对志愿服务组织的支持、保障等干预措施应以自身的"辅助者"角色为界限，注重维护志愿服务组织在志愿服务建设体系及项目中的特殊地位，政府只在志愿服务组织主动申请或自身无力

---

① 除联邦志愿者服务外，已完成义务教育但未满27岁的青年志愿者还可以选择参加自愿社会服务年或自愿环境服务年。自愿社会服务年所提供的工作岗位与培训大多针对社会、文化等领域，自愿环境服务年则更侧重于环境方面。值得注意的是，非本国居民也可以加入联邦志愿者服务、自愿社会服务年或自愿环境服务年，到德国参与志愿服务。非本国志愿者只要与志愿服务点位签订协议，就可以获得居留许可，专门用于参与志愿服务。除此之外，联邦家庭事务部还提供国际青年志愿服务项目，以为希望在不同的文化环境中进行体验、积累跨文化经验的青年志愿者提供支持。

发展的情况下作为对社会组织的支持或补充而存在，以促进志愿服务组织在志愿服务中的有效参与、激发非营利组织的积极性与主动性。政府不应过度渗透自身的政治或行政目的，更不能直接干预或控制志愿服务组织的自由发展。因此，只有在辅助性原则的基础上，政府对志愿服务体系的支持才能在保证非营利组织在提供福利与社会服务过程中具有独立性与能动性的基础上推动志愿服务的长效发展。辅助性原则在实践中主要体现为民间化与中立性两方面。

在德国志愿服务体系中，志愿服务组织是政府的重要合作伙伴，也是志愿服务体系得以持续运转的核心。政府与志愿服务组织之间存在广泛而密切的合作（Henriksen et al.，2012），这体现为政府公共社会服务与私人非营利性社会服务紧密结合的双重制度。双重制度的建立需要以志愿服务组织自身的良好发展为基础，由此，支持并保障志愿服务组织的发展就成为政府发展志愿服务的题中应有之义。然而，值得注意的是，大部分德国志愿服务组织都对政府对志愿服务组织发展的干预持谨慎态度。因此，辅助性原则就成为政府与志愿服务组织展开友好合作的基础，也成为德国社会公共服务供应的意识形态基础（Zimmer & Smith，2014）。

在遵循辅助性原则的前提下，政府在志愿服务领域应该扮演的是参与者而非主导者角色。以资源支持为例，资源是志愿服务组织得以生存和志愿服务体系得以发展的关键，基于辅助性原则，在为志愿服务组织提供资源支持或援助的过程中，对志愿服务组织自身主体性的维护与尊重是关键。[1] 受限于辅助性原则，德国政府不能以资源提供者的身份过度干预志愿服务组织自身的独立发展。基于此，政府的重要举措就是通过 2020 年正式成立的德国公民参与与志愿服务基金会支持志愿服务组织的发展。政府也借助基金会的形式完成了自身的民间角色转变，这在德国公民参与与志愿服务基金会中体现为两个方面。

---

[1] https：//www.b-b-e.de/aktuelles/detail/offener-brief-des-bbe-sprecherinnenrates-zur-gruendung-der-engagementstiftung/.

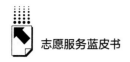

其一，德国公民参与与志愿服务基金会的理事由 19 名来自联邦政府、州政府、区政府以及各类社会组织的代表组成，各级政府与社会多个领域的代表共同参与该基金会的建设与运转，并在其内部建立起平等的合作伙伴关系，政府在其中并没有占据绝对的主导地位。其二，德国政府通过德国公民参与与志愿服务基金会为社会参与、志愿服务领域的相关组织提供资金支持，以推动志愿服务的进一步发展，这在很大程度上减少了行政目的对志愿服务组织的影响。从 2020 年起，为应对新冠疫情对志愿服务发展的冲击，通过"在新冠疫情期间携手合作"资助计划，该基金会为全国 1800 多个志愿项目提供支持，资金投入总计超过 2000 万欧元。目前，该基金会主要关注弱势地区的志愿服务小额资助计划，如针对疫情期间青年人群体志愿服务参与的未来（ZukunftsMUT）计划、针对志愿服务数字化转型的 100×数字（100×Digital）计划以及针对提高志愿服务专业培训水平的教育涡轮（Bildungsturbo）计划等。[①]

中立性是辅助性原则的另一要素，这主要体现为以政府资金为基础的各类学术研究、社会调查、数据平台与沟通平台的搭建等。目前，德国联邦层面的志愿服务组织及志愿者的联结与沟通离不开德国政府搭建起的全国性数据平台，各联邦州内部也纷纷搭建起各自的志愿服务支持平台。无论是针对民间社会组织的 ZiviZ 调查还是针对公民个体的德国社会志愿调查，其背后都有联邦政府、部分州政府及一些官方组织的支持。除此之外，联邦及各州政府，如联邦家庭事务部，还出资成立了包括老年问题研究中心、德国经济研究所等在内的各类学术研究机构，从而为志愿服务体系提供中立的学术支持。许多联邦州也由政府出资开展学术研究，推进州内志愿服务的发展。德国政府采取项目制的形式，通过各类面对志愿服务组织、大学、私人团体或公民个人的志愿服务项目为各类主体提供资金、技术、信息等资源。比如，哥廷根地区的"GIVE-信息灵通-网络参与"项目便是由政府主导推动、学术机构和地方行动者共同参与的志愿服务项目，旨在为当地提供志愿服务需

---

① https：//www.deutsche-stiftung-engagement-und-ehrenamt.de/foerderung/.

求导向下的信息网络支持平台。

当然，政府主导下的志愿服务发展不可避免地带有一定的行政目的，或者说政府通过志愿项目达成一定的政治或社会目的。如2016年，在世界战争与难民潮的背景下，联邦家庭事务部增加了多达10000个与难民援助有关的志愿服务名额，专注于为难民提供帮助和支持，帮助他们寻找住所、食物和其他基本资源，通过"与难民有关的联邦志愿者服务"引导志愿服务组织与志愿者加入难民援助队伍之中，同时希望借此机会从更长远的角度帮助难民[①]。

二 德国志愿服务组织的现状与发展

政府支持与引导志愿服务发展的重要目的之一是培育活跃、积极、主动的志愿服务组织[②]与个人，换句话说，活跃、积极、主动的志愿服务组织与个人是志愿服务蓬勃发展的关键。志愿服务组织是公民参与志愿服务的组织依托，到目前为止，组织化的志愿参与依旧是德国志愿服务参与的主要形式。在公民参与志愿服务过程中，志愿服务组织不仅是志愿服务的工作点位，还能够为志愿者提供权益保障。除此之外，志愿服务组织还是德国公民社会存在的重要基础之一，常常在政治、文化、经济等多个领域发挥着重要的作用。

（一）整体发展状况：稳步发展

德国的志愿服务组织主要包括社团（Vereine）、非营利公司（Gemeinnützige

---

① 这一项目于2015年12月开始启动，一直持续到2018年12月。

② 尽管德国的民间组织并非全部都是志愿服务组织，但民间组织的发展在很大程度上能够作为德国志愿服务组织发展的重要指标。这一方面是因为，在德国社会文化背景中，志愿服务与志愿参与本就无法截然分开，志愿服务的外延往往与志愿参与是重叠的；另一方面是因为，其他民间组织也并非不开展志愿服务活动，这种状况在社会福利、教育等领域的民间组织中体现得尤为明显，甚至德国在志愿服务活动中影响较大的四个组织均非单纯的以志愿服务为宗旨的组织。总的来说，通过对德国民间组织进行分析，我们能够对德国志愿组织的发展状况有一个大致的了解。

Kapital-gesellschaften)、合作社（Genossenschaften）、基金会（Stiftungen）四种基本形式，其中社团是参与人数最多、涉及领域最广、影响范围最大的一种形式。非营利公司与合作社更多地开展经济贸易等方面的合作与活动，基金会则更多地与慈善捐赠、志愿项目支持等相关。除上述四种形式外，志愿服务组织还包括作为社团联合体的协会（Verbände）。协会是一种伞式组织，由各社团代表组成，成员大多为民间社团。协会主要负责各个社团之间的联系与协调，旨在代表成员谋求共同利益，为成员提供技术支持等。但并不是所有社团都愿意加入协会并与其他社团共同行动，有不计其数的社团未加入任何协会，选择自行发展。

依据 2022 年德国社团、非营利公司、合作社登记册及德国联邦基金会统计数据，德国共有 656888 家志愿服务组织，其中社团为 615759 家，较 2016 年增长了 2%；非营利公司共 14540 家，较 2016 年增长了 27%；合作社与基金会的数量分别为 1939 家与 24650 家。从上述数据可以看出，社团是志愿服务组织的主要形式。无论是现实层面还是数据层面，社团的发展状况都在很大程度上代表了德国志愿服务组织的整体发展，进而能够说明德国组织化志愿服务的发展状况。

从数量来看，德国民间社团近 30 年来不断增加，但增长趋势逐渐放缓，总数逐渐趋于稳定。依据 ZiviZ 调查数据，注销的社团数量在 2005 年以前呈现上升趋势，1995 年仅有 4488 家社团选择注销，而在 2005 年，这个数字增长到 9639 家，较 1995 年增长了一倍多，2005 年以来，注销的社团基本稳定在每年 9000 家左右，2016 年以来该数字有所下降。与此同时，1995 年以来，每年新注册社团的数量逐渐下降，2005 年仍新增 20850 家社团，到 2020 年左右则已经下降到 9352 家，仅为 2005 年的一半不到。新增社团与注销社团之间的差值逐渐缩小，但时至 2021 年，仍保持正增长状态（见图 2）。从新增社团与注销社团趋势来看，德国民间社团增长速度放缓更多地源于新增社团数量的减少，这可能与近年来公民长期或全职参与志愿服务及在正式社团或协会组织中进行参与志愿服务的意愿下降有关。

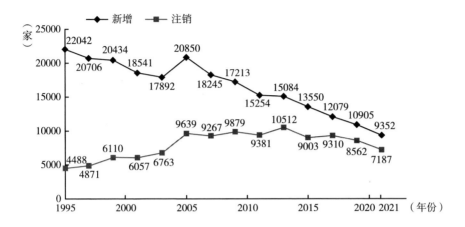

图2   1995~2021年德国社团注销与新增状况

资料来源：Vereine in Deutschland im Jahr 2022，https：//www.ziviz.de/sites/ziv/files/vereine_in_deutschland_2022.pdf。

（二）领域分布：越发活跃的教育、环境与自然保护领域

在德国志愿服务组织的分布领域中，体育、文化与教育是较为传统也是参与人数最多的领域。ZiviZ 2017年的志愿服务组织调查报告显示，环境与自然保护领域的志愿服务组织最常报告会员人数增加（45%）或不变（32%）①，这在一定程度上彰显了公民在环境与自然保护领域相对更多的志愿参与。在环境与自然保护领域的组织中，均衡化、同质化和数字化成为主要发展趋势。均衡化是指在城乡之间没有显示出较大差异；同质化是指在组织内部，成员社会文化背景、教育水平与价值观高度相似（这也是大多数志愿服务组织的普遍特征）；数字化是指更多地使用数字的方式进行志愿参与。此外，街头抗议成为青年人参与环境与自然保护的重要手段，2019年以来的"未来星期五"运动就是其中的典型代表，该运动在欧洲社会产生了较大影响。

---

① https：//www.ziviz.de/sites/ziv/files/ziviz-survey_2017.pdf.

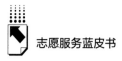
从志愿服务组织的数量来看（见图3），自2012年至2022年，志愿服务组织在教育、环境与自然保护领域越发活跃，在教育领域同比增长3.9%，在环境与自然保护领域同比增长1.3%，2022年社会服务领域的占比下降到6%，是除体育领域外占比下降幅度最大的领域，这可能与疫情以来线下开展服务比较困难以及社会领域非组织化志愿服务的发展有关，但尽管如此，社会服务领域的志愿服务活动依旧排在所有志愿领域的前五位。

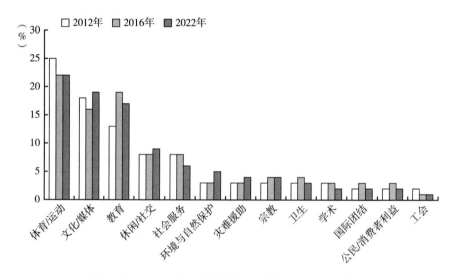

图3　2012~2022年不同领域的志愿服务组织发展情况

（三）自给自足与依赖政府：对政府资助的矛盾心理

充足的资金/资源是志愿服务组织维系发展的基础，会费与自筹资金向来是德国志愿服务组织的主要资金来源渠道，而外部融资手段（如社会捐赠、政府补贴等）在整体资金构成中占比较小。然而，在2023年有关志愿服务组织的调查中，会费与自筹资金收入增加比例下降，外部资金占比则显著上升。2021年，有16%的组织收到州政府的疫情特殊援助。对政府资金依赖性的转变不仅体现在客观实际层面，也体现在相关管理者的主观认知层面。

辅助性原则限制了政府对志愿服务组织的支持形式及力度，让志愿服务组织倾向于提高自给自足的能力，更倾向于通过自身的运作从社会上获取必要的发展资金而非依赖政府资金。在大部分志愿服务组织看来，尽管存在辅助性原则，但受限于资源依赖理论以及自身对独立性的维护，其通常情况下并不希望获得也不会申请政府的资金支持。但在疫情期间，这一状况有所转变。从主观上来看，希望获得政府资金支持的志愿服务组织占比较往年有所提升。ZiviZ 在 2016 年（$n=5894$）和 2022 年（$n=12595$）的问卷调查中指出，大部分被调查者都倾向于认为其作为社会的一分子，应该依靠自身的积极参与和实践塑造社会，仅有 6% 的被调查者认为政府应该对此全权负责。在剩下的 94% 中，2016 年有 31% 的被调查者认为政府应该为此提供资金，而 64% 的被调查者认为应该由自己解决资金问题；但在 2022 年，认为应该由政府提供资金的人员比例上升到 40%，余下 54% 的被调查者认为应全部由公民自身担负相关项目或活动资金。

这一问卷调查结果事实上展现出德国志愿服务组织对政府资金、项目的基本态度，即更关注自身的造血能力，尽可能依靠会费、捐赠等解决资金问题，维系自身运转，避免使用政府资金。但这一想法会受到现实情况中组织运转状况的影响，2016～2022 年的变化说明，在疫情影响下，越来越多的志愿服务组织难以为继，需要政府提供资金支持，这一心态在问卷中通过更多地向政府寻求援助体现出来。

对政府资金的态度实际上体现出辅助性原则对德国志愿服务组织自身的影响。一方面，在志愿服务组织能够维系自身发展的情况下，政府不应该过多"输血"，志愿服务组织在这种情况下更倾向于减少与政府支持资金的交集，应当独立自主发展，不受政府管辖也不向政府寻求各类资源支持。另一方面，在特殊情况下，当志愿服务组织发展出现自身无法解决的资源困境时，向政府寻求支持性资源并非不可逾越的底线，此时，政府有义务承担起支持志愿服务组织的责任，为有需要的组织提供资金等资源支持，扮演好辅助者角色。大部分志愿服务组织管理者在相关问题上也并未秉持绝对的、非黑即白的态度，而是依据现实情况灵活调整。

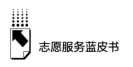

三 德国志愿参与的现状与特点

虽然德国的志愿服务也是通过志愿者自愿参与来提供的社会服务，但其侧重点并不在"服务"上，而是在"志愿"所体现的公民参与这一过程。可以说，德国志愿服务不仅是提高社会公共服务水平、促进公共利益的重要方式，也是增强社会凝聚力、增强公民意识和主体性的重要手段。德国志愿服务的这种特征与其政治、经济、文化息息相关，也极其明显地体现在其志愿服务的发展状况之中。

相较于"志愿服务"，德国更热衷于使用"志愿参与"一词表示个体为他人提供各种社会服务的行为。当然，志愿参与包括但不限于志愿服务，不过即便是狭义的志愿服务，在德国其重点也不在于服务对象的需求，而和志愿参与一样在于志愿者本身的社会参与。德国志愿服务的这一特征显著地影响了德国志愿领域的发展。德国各类社会调查均以"志愿参与"而非"志愿服务"为核心概念展开。在此社会文化基础上，本部分以"志愿参与"这一概念及相关调查数据为依据探讨德国志愿者的整体状况，以期涵盖社会、文化等各领域、各形式的志愿服务行为，更全面地介绍德国的志愿服务发展状况。

德国的志愿者群体总体上可以分为全职志愿者与兼职志愿者两种，两者并非截然分开，而是志愿者参与志愿服务的不同形式或阶段。全职志愿服务特指德国政府开展的制度化的志愿服务，以联邦志愿者服务项目为突出代表；而兼职志愿服务主要是各类正式或非正式组织开展的志愿服务，其中也包括一小部分政府组织开展的活动。两者在组织化、正式化等方面程度不一。

1999 年以来，在联邦家庭事务部的支持下，德国老年问题研究中心（Deutsches Zentrum für Altersfragen）每五年主持一项全国性的志愿调查，旨在调查全联邦范围内的公民社区参与情况，最近的一次德国社会志愿调查于

2019 年进行，第三、第四部分数据除特殊说明外均来自 FWS 2019 数据①及 FWS 2022、FWS 2023 报告。

（一）德国志愿者的基本情况

依据 FWS 2019 的数据，德国 14 岁以上公民的社区志愿参与率为 39.7%，德国的志愿参与率自 2014 年以来基本保持在 40% 左右，较 1999 年 的 30.9% 上升了 9.1 个百分点②。此外，有 22.3% 的人曾经参与志愿活动， 仅有 38% 的人从未参与过志愿活动。

1. 女性、学生、中青年群体表现活跃，东西德差异缩小

性别、年龄、受教育程度、地区等因素明显地影响德国民众的志愿参与 意愿与行动。从性别来看，2009 年以来，女性的志愿参与率迅速上升，在 FWS 2019 数据中，男女在志愿参与率上不存在较大差异，分别为 40.2%、 39.2%。从受教育程度来看，在校学生与受过高等教育的人更多地参与志愿 服务，志愿参与率分别为 51.4%、51.1%，而受教育程度低的人的志愿参与 率仅有 26.3%。从年龄来看，志愿者群体中存在显著的年龄差异，青年人 与中年人更有意愿参与志愿服务，其中 40~44 岁年龄段群体参加志愿服务 的意愿最强，志愿参与率为 52.2%。从地区来看，尽管经常被提到的东西 德在志愿参与率上存在差距，但这种差距自 1999 年以来逐渐缩小，不过东 德的志愿参与率（37.0%）依旧低于西德（40.4%）（见表 1）。

---

① 值得注意的是，2019 年开展全国志愿调查期间，德国受到新冠疫情、欧洲政治局势的影响，这可能会影响调查结果的准确性。有学者认为，这些社会背景影响了志愿者调查的结果及其所揭示的志愿发展趋势，如疫情导致人们的生活满意度下降或与他人接触的意愿降低。

② 不同的社会调查对志愿参与、社区参与的定义不同，由此产生了对社区参与率的不同调查结果。如就社区参与率统计数据而言，德国社会志愿调查的统计结果高于德国社会经济小组调查。依据德国社会经济小组调查，2017 年德国公民的志愿参与率为 33%，原因是两种统计数据对社区参与的定义不同。德国社会经济小组调查记录的是依托正式组织的志愿参与，即社团、协会中的志愿参与，德国社会志愿调查则将所有自愿、无偿的社区参与都视为志愿参与，通过直接调查志愿者个体，将参与 1 次及以上的志愿活动视为参与了志愿活动，因此同时包含正式与非正式参与。

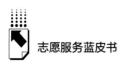

表1 1999~2019年德国志愿者基本情况

单位：%

	1999年	2004年	2009年	2014年	2019年
志愿参与率	30.9	32.7	31.9	40.0	39.7
性别					
女性	26.3	29.7	28.6	37.7	39.2
男性	35.8	35.8	35.4	42.5	40.2
年龄					
14~29岁	33.0	32.8	31.8	44.5	42.0
30~49岁	35.4	36.2	36.2	43.1	44.7
50~64岁	32.4	35.9	32.7	40.9	40.6
65岁及以上	18.0	23.1	25.4	31.2	31.2
受教育程度					
在读	37.1	39.2	37.4	54.5	51.4
受教育程度低	24.7	26.4	23.0	28.5	26.3
受教育程度中	34.9	33.9	34.3	39.0	37.4
受教育程度高	39.9	42.2	43.4	51.6	51.1
地区					
东德	24.7	27.5	26.8	36.6	37.0
西德	32.6	34.1	33.2	40.9	40.4

注：FWS 1999（$n=14917$），FWS 2004（$n=15000$），FWS 2009（$n=20003$），FWS 2014（$n=28690$），FWS 2019（$n=27762$）。

资料来源：Simonson et al.，2022a。

2. 有工作者、农村民众的志愿参与更为频繁，州际差异大

单从FWS 2019的数据来看，工作状况、宗教信仰、城乡等因素明显影响民众的志愿参与。从工作状况来看，有稳定工作群体的志愿参与率明显高于无业群体，其中失业群体的志愿参与率最低，仅有19.0%，相较于提供志愿服务，他们更可能接受志愿服务。从宗教信仰来看，信仰天主教、基督教与自由教人士的志愿服务参与率较高，分别达到45.3%与46.1%，伊斯兰教人士最少参与志愿活动，志愿参与率仅有21.8%。城乡差异对志愿参与的影响呈现与中国不同的特征，德国城乡的志愿参与率自2014年以来均未产生较大变化。调查数据显示，相较于城市居民，农村居民更经常参与志愿活动，志愿参与率为 41.6%，较城市居民（38.8%）高 2.8 个百分点（见图 4）。但这一现象存在州际差异，在黑森州、拜仁州等地，农村地区的公共参与活动更具规模，农村居民的志愿参与意愿明显更强，而在图林根州、石勒苏益格-荷尔斯泰因州，城市地区的公共参与活动更具活力。然而，从全国层面来看，公民在农村或小型社区中更有参与意愿，也更频繁地参与志愿活动。

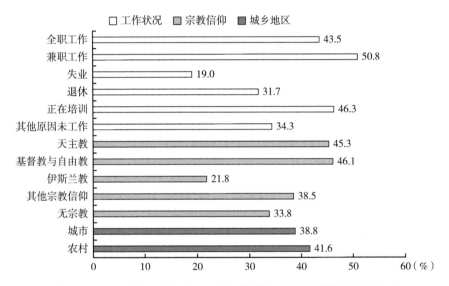

图 4　2019 年不同工作状况、宗教信仰及城乡地区人群的志愿参与率

资料来源：Simonson et al.，2022b。

（二）志愿者的参与领域

1. 总趋势：体育/运动领域仍占主导，环境保护领域趋于活跃

在德国，体育/运动领域的志愿参与程度要远远高于其他领域。在 2019年德国社会志愿调查中，有 13.5% 的被调查者表示会参与体育/运动领域的志愿活动，仅有 8.6% 的被调查者表示会参与位居第二的文化/音乐领域的志愿活动。2014 年以来，体育/运动领域的志愿参与率有所下降，文化/音

乐领域、社会服务领域、休闲/社交领域以及环境、自然与动物保护领域的志愿参与率则有所提高，其中环境、自然与动物保护领域增长速度最快，从2014年的3.1%增长到2019年的4.1%（见表2）。ZiviZ 2022的调查数据也显示，体育相关组织最常出现参与人数减少的情况，约占27%，而环境保护领域的相关组织则最常出现人数增加的情况，约占32%。

表2　1999~2019年德国志愿者的参与领域

单位：%

志愿领域	1999年	2004年	2009年	2014年	2019年
体育/运动	10.3	10.2	9.0	14.9	13.5
文化/音乐	4.2	4.6	4.3	7.8	8.6
社会服务	3.4	4.7	4.4	7.6	8.3
学校与幼儿园	5.0	6.0	5.6	8.1	8.2
宗教	4.5	5.2	5.8	6.8	6.8
休闲/社交	5.5	5.2	4.5	5.6	6.1
环境、自然与动物保护	1.6	2.3	2.3	3.1	4.1
成人校外青年工作或教育工作	1.2	1.9	2.1	3.4	3.5
政治或政治社团	2.1	2.3	2.1	3.0	2.9
事故救援或志愿消防	2.7	3.0	3.1	3.0	2.7
卫生	1.0	0.9	2.0	2.3	2.0
工会	2.0	1.9	1.5	2.2	1.9
司法与犯罪	0.6	0.4	0.5	0.6	0.6

资料来源：Kausmann & Hagen，2022。

2. 性别影响志愿参与：社会分工与刻板印象

不同性别与年龄的志愿者在志愿参与领域的选择上呈现较大差异（见表3）。这在一定程度上能够体现出德国社会中的男女性别分工。男性更倾向于参与体育/运动、政治或政治社团、事故救援或志愿消防、工会等领域的志愿活动，其中在体育/运动领域以及事故救援或志愿消防领域，男性的志愿参与率分别比女性高3.3个百分点与3.2个百分点；在政治或政治社团、工会领域，男性的志愿参与率也基本为女性者的两倍。换句话说，在除体育/运动外的这三个志愿领域中，男性均完全占据主导地位，在这些领域进行志愿参与更符合社会对"男性"的传统印象或想象。与男性不同，女性更倾向于在社会或家庭领域开展活动，如社会服务、学校与幼儿园、宗教等领域，这一差异在学校与幼儿园领域体现得最为明显，男性的志愿参与率比女性低 4.1 个百分点，这可能与女性更多地承担了家庭育儿责任有关。

3. 年龄结构影响志愿参与：不同人生阶段的志愿领域差异

此外，不同年龄段的志愿者所选择的志愿参与领域也有较大差异（见表3）。14～29 岁与 30～64 岁志愿者在体育/运动、成人校外青年工作或教育工作、应急（消防、卫生等）等领域参与较多；30～64 岁志愿者相较于另外两个年龄段志愿者更热衷于参与工会的志愿活动，这与个人的生命历程有较大的关联性；30～49 岁志愿者在学校与幼儿园领域的参与尤为突出，这与该年龄段群体的子女所处的人生阶段相关，基于此可以推测，有未成年子女的家庭（妇女）更容易参加各类学校志愿活动；50 岁及以上志愿者倾向于参与体育/运动、社会服务领域的各项志愿活动，这可能与老年人逐渐增长的社交需求有关，2023 年联邦家庭事务部正在开展的"对抗孤独策略"（Strategie gegen Einsamkeit）项目便着眼于此[①]。

表3　不同领域志愿者的性别、年龄分布

单位：%

志愿领域	性别		年龄			
	女性	男性	14～29 岁	30～49 岁	50～64 岁	65 岁及以上
体育/运动	11.9	15.2	16.0	16.2	14.0	8.1
文化/音乐	8.8	8.5	9.5	8.8	9.2	7.2

① 详细信息可见 https：//www. bmfsfj. de/bmfsfj/themen/engagement – und – gesellschaft/strategie – gegen–einsamkeit/strategie-gegen-einsamkeit-201642。

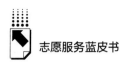

志愿领域	性别		年龄			
	女性	男性	14~ 29 岁	30~ 49 岁	50~ 64 岁	65 岁及 以上
社会服务	9.3	7.3	6.6	7.4	10.2	8.8
学校与幼儿园	10.2	6.1	6.7	17.3	5.2	1.8
宗教	8.3	5.4	7.0	6.6	7.4	6.5
休闲/社交	5.5	6.7	5.4	6.6	6.3	5.7
环境、自然与动物保护	4.1	4.1	4.1	4.0	5.0	3.1
成人校外青年工作或教育工作	3.8	3.2	5.2	3.7	3.4	2.0
政治或政治社团	1.8	3.9	2.8	2.5	3.4	2.8
事故救援或志愿消防	1.1	4.3	4.4	3.4	2.6	0.5
卫生	2.4	1.6	2.1	1.7	2.4	1.9
工会	1.3	2.5	1.1	2.1	3.0	1.1
司法与犯罪	0.5	0.7	0.1	0.5	1.2	0.4

资料来源：Kausmann & Hagen，2022。

（三）志愿者的参与动机和参与意愿变化

1. 精神需求与利他主义：德国志愿者的主要参与动机

在志愿参与中，志愿动机是志愿服务的出发点，也是志愿服务发展的关键。从个人主观层面来看，德国志愿者的志愿参与更多出于精神层面的获得快乐（93.9%）这一动机，其次是"帮助他人"（88.5%）、"谋求公共利益"（87.5%）、"塑造社会"（80.4%）等动机。出于"获得声望和影响力"（26.4%）、"赚取额外收入"（6.1%）等利己动机而参与志愿服务的人则较为少见（见表4）。

从性别层面来看，女性与男性的差异较小，但女性中基于"帮助他人""谋求公共利益""塑造社会"等利他动机而开展志愿活动的比例相对更高，男性则在"获得技能/资质""获取声望和影响力""赚取额外收入"等利己动机上的比例较高。从年龄层面来看，有更大比例的 14~29 岁志愿者出于"获得技能/资质""赚取额外收入"等动机参与志愿活动，而 65 岁及以上志愿者在"和他人聚在一起"这一动机上占比较高（见表 4）。

表 4　志愿者进行志愿参与的动机

单位：%

	性别		年龄				总体
	女性	男性	14~ 29 岁	30~ 49 岁	50~ 64 岁	65 岁及 以上	
获得快乐	95.0	92.8	93.8	94.2	94.1	93.4	93.9
帮助他人	89.3	87.7	90.7	90.2	86.1	86.6	88.5
谋求公共利益	89.1	85.9	86.6	89.5	86.5	88.5	87.5
塑造社会	83.0	77.7	76.7	82.7	81.9	78.6	80.4
和他人聚在一起	73.8	71.0	69.1	69.5	72.8	80.3	72.4
回馈美好，因为曾经历过志愿服务	63.0	63.2	66.1	63.0	60.9	63.1	63.1
获得技能/资质	52.7	54.9	72.5	55.5	47.0	39.0	53.8
获取声望和影响力	25.3	27.6	30.7	24.8	22.5	29.8	26.4
赚取额外收入	5.1	7.1	11.8	5.2	5.0	2.8	6.1

资料来源：Arriagada & Karnick，2022。

2. 工作、时间与年龄限制：停止志愿参与的原因

志愿动机所揭示的是"志愿者为什么会参与志愿活动"这一问题，但除了参与动机外，停止或不参与志愿参与的原因对理解志愿行为的发生来说同样重要，后者更直接地揭示出当前志愿体系中志愿者面临的各类阻碍。

就志愿行为的停止而言，"工作原因"（43.3%）、"项目时间有限"（42.9%）以及"时间花费过多"（40.4%）是最为常见的三个原因。"缺乏认可"（8.0%）以及"团队内部困难"（7.7%）导致的志愿行为停止则相对较少。女性更多地因家庭原因停止志愿参与，男性则更多地因工作原因停

止志愿参与。此外，50 岁及以上志愿者更常因为"不想做出承诺"（主观上不愿再进行志愿参与）而停止志愿参与，其中，65 岁及以上志愿者还常因"年龄限制""健康原因"停止志愿参与（见表 5）。

从停止志愿参与的原因来看，"时间花费过多"（或与工作相冲突）以及由项目制导致的志愿项目的短期性或阶段性是人们未能持续参与志愿参与的重要原因。此外，志愿活动对老年人的年龄限制使诸多老人被迫停止志愿行为，无法继续参与志愿活动。

表 5　志愿者停止志愿参与的原因

单位：%

	性别		年龄				总体
	女性	男性	14~29 岁	30~49 岁	50~64 岁	65 岁及以上	
工作原因	40.0	46.7	43.7	54.4	47.8	31.9	43.3
项目时间有限	46.4	39.5	44.1	36.4	42.2	47.4	42.9
时间花费过多	40.4	40.5	41.9	45.9	42.5	34.5	40.4
不想做出承诺	31.3	31.7	22.6	23.4	30.2	42.1	31.5
家庭原因	33.5	19.4	11.4	24.7	33.2	29.5	26.6
年龄限制	22.6	22.7	7.8	10.4	18.5	41.1	22.7
健康原因	19.7	14.2	5.7	8.1	16.1	28.8	17.0
缺乏认可	7.3	8.7	5.8	8.1	7.8	9.0	8.0
团队内部困难	5.7	9.8	9.3	8.4	7.6	6.6	7.7

资料来源：Arriagada & Karnick，2022。

3. 时间、工作与主观意愿：从未参与志愿服务的原因

目前，德国仍有 38% 的民众从未参与志愿服务，这部分群体不参与志愿服务的原因也能够从另一个侧面指明影响德国民众志愿参与的原因。调查显示，对于从未参与志愿服务的群体而言，"时间原因"（71.3%）往往被认为是一个重要障碍，其次是"职业原因"（41.4%）以及"不想做出承诺"

（37.9%）（见表6）。就时间原因而言，30~49岁志愿者最容易受此影响，65岁及以上志愿者则因退休等原因较少受此困扰，但即使是65岁及以上志愿者，时间因素依旧是志愿者不进行志愿参与的首要原因。女性与中老年志愿者更常因为家庭原因不进行志愿参与，青年及男性则较少受此困扰，这与志愿行为的停止等问题的调查结果相近，展现出女性在家庭中承担了较大责任。就"不知道在哪里参与"这一原因而言，越年轻的调查者越容易受此影响，这表明德国对志愿参与的宣传较为广泛，大部分成年人均了解志愿参与的途径、地点及方法。

表6 志愿者不进行志愿参与的原因

单位：%

	性别		年龄				总体
	女性	男性	14~29岁	30~49岁	50~64岁	65岁及以上	
时间原因	72.3	70.3	73.9	80.1	73.5	57.1	71.3
职业原因	38.6	44.3	35.5	49.2	49.4	30.0	41.4
不想做出承诺	38.7	37.0	29.6	31.7	41.5	48.7	37.9
家庭原因	36.7	21.3	15.1	36.9	30.6	31.6	29.3
健康原因	29.4	21.2	9.8	17.1	32.3	42.2	25.5
不知道在哪里参与	21.4	24.9	34.5	25.5	15.9	17.3	23.1
觉得自己不合适	22.2	21.0	24.4	18.1	20.6	24.1	21.6
被拒绝了	2.2	3.1	4.3	2.2	2.1	2.2	2.6

资料来源：Arriagada & Karnick，2022。

4. 未来可期：过半群体有意愿在未来参与志愿服务

值得注意的是，调查中有超过一半（58.7%）的被调查者表示未来可能会参与志愿活动，并且年龄越小，其未来参与意愿越强（见图5）。这在一定程度上说明，在主观意愿上，德国公民普遍具有较强的社会参与和志愿服务意愿。结合志愿者志愿行为停止的原因还可以发现，时间与职业因素是阻碍公民志愿参与的主要原因，也是目前德国志愿服务发展面临的重要障碍。

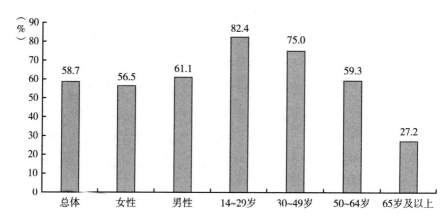

图 5　非志愿者群体未来参与的可能性

资料来源：Arriagada & Karnick，2022。

（四）全职志愿者状况：以 BFD 项目为例

全职志愿者作为志愿服务中的特殊类别，其参与者在人口数据上呈现与兼职志愿者不同的特征。从联邦家庭事务部提供的数据来看，就全国志愿者群体比例而言，参与 BFD 等项目的全职志愿者占比较低，即志愿者中大多数人仍属于兼职志愿者。

1. BFD 参与的州际差异与下滑趋势

2018～2022 年各联邦州 BFD 参与人数数据显示，每年基本都有千分之五的德国民众参与 BFD。除柏林州外，萨尔兰州、不莱梅州、汉堡州等的面积较小，人数也相对较少，因此在 BFD 参与人数上也处于低位；而北莱茵-威斯特法伦州、巴登-符腾堡州、下萨克森州在人数上占据优势，同时其在 BFD 中的参与人数占比也较高，其中北莱茵-威斯特法伦州的 BFD 参与人数几乎每年都远远超出其他各州，志愿参与氛围浓厚。

此外，从 BFD 参与人数来看，东西德在志愿参与意愿上并没有太大差异。2019 年以后，人数出现下滑趋势，联邦家庭事务部认为这是由新冠疫情引起的志愿参与意愿的降低。事实上，从总体来看，2018 年以来，BFD

参与人数一直处于下滑状态，这在一定程度上显示出 BFD 项目目前面临的一大困境，即志愿者人数的减少。但在 2021 年，部分联邦州的 BFD 参与人数出现了一定程度的增加，这与联邦家庭事务部所提出的疫情影响下志愿参与意愿降低相悖（见表7）。

表7　2018~2022 年各联邦州 BFD 参与人数

单位：人

	2018 年	2019 年	2020 年	2021 年	2022 年
北莱茵-威斯特法伦州	8815	8544	8394	8545	8126
巴登-符腾堡州	5657	5507	5869	6006	5920
下萨克森州	4342	4327	4068	3852	4090
拜仁州	3608	3538	3512	3629	3583
萨克森州	3420	3181	3126	2876	2686
萨克森-安哈尔特州	2107	1877	1800	1581	1566
图林根州	1898	1664	1501	1315	1243
柏林州	1797	1644	1415	1387	1311
勃兰登堡州	1753	1583	1423	1256	1184
黑森州	1751	1652	1625	1557	1465
梅克伦堡-前波美尼亚州	1712	1548	1458	1319	1239
石勒苏益格-荷尔斯泰因州	1505	1484	1461	1483	1416
莱茵-普法尔茨州	1221	1114	1070	1023	979
汉堡州	900	871	852	916	825
不莱梅州	413	399	384	391	376
萨尔兰州	294	264	260	268	246
总计	41193	39197	38218	37404	36255

2.青年女性成为 BFD 主力军

依据 2023 年 1 月 BFD 参与者的相关统计数据，青年女性成为 BFD 项目的主要参与者，其中 27 岁以下的青年女性占总人数的 48%，27 岁以下的青年男性占 30%，青年群体占 BFD 全职志愿者的 79%。中年群体的全职志愿者较老年群体要多，占总参与者的 20%，其中依旧呈现女性多于男性的特征（见图6）。从这一统计结果可以看出，在德国全职志愿者中，27岁以下的青年群体是主要力量。此外，女性在全职志愿服务中的参与较男性多。近年来 BFD 项目中青年所占比例有所下降，这可能与德国青年学业压力、社会压力等增大有关。

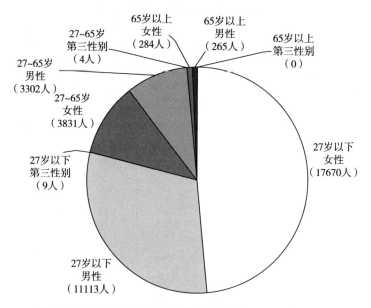

图6 BFD 项目全职志愿者群体基本数据（2023 年 1 月）

资料来源：https：//www.bundesfreiwilligendienst.de/servicemenue/presse/statistiken。

四 德国志愿活动发展趋势与困境

（一）志愿参与时长缩短

事实上，短时间（不足 2 小时）的志愿参与一直是志愿活动的主流，但基于时间因素在阻碍志愿参与中的重要影响，志愿工作耗时减少成为当前德国志愿活动发展的一大趋势。1999~2019 年，每周在志愿活动中耗费 6 小时及以上的志愿者比例下降了5.9个百分点,仅有17.1%的志愿者愿意参与长时间志愿活动。同时,参与2小时以内志愿活动的志愿者比例从1999年的50.8%上升到60.0%(见表8)。这种志愿耗时同样存在群体差异,男性以及50岁及以上群体更有可能在志愿活动中花费更多的时间,同时,受教育程度低的群体也会在志愿活动中耗费更多的时间。这些群体差异基本都可以与前文阻碍志愿者(持续)参与活动的原因相互印证,再次证实了时间因素对志愿参与的重要影响(见表9)。

表8　1999~2019年不同志愿参与时长的志愿者比例

单位:%

时间	1999年	2004年	2009年	2014年	2019年
不足2小时	50.8	—	55.0	57.9	60.0
3~5小时	26.2	—	25.2	23.5	23.0
6小时及以上	23.0	—	19.8	18.6	17.1

表9　不同志愿参与时长的志愿者群体状况

单位:%

	不足2小时	3~5小时	6小时及以上
性别			
女性	63.1	22.5	14.5
男性	56.9	23.5	19.6
年龄			
14~29岁	58.9	25.3	25.8
30~49岁	66.9	19.8	13.2
50~64岁	57.9	23.1	19.0
65岁及以上	52.0	25.8	22.2
受教育程度			
在读	63.7	25.8	10.5
受教育程度低	50.7	27.7	21.7
受教育程度中	59.7	20.2	20.1
受教育程度高	63.3	22.3	14.4

资料来源:Kelle et al.,2022。

愿意开展长时间或高频率志愿服务的志愿者的缺失影响着志愿服务组织的持续发展。依据 FWS 2019 的数据，有 2/3 的志愿组织表示在征聘长期志愿者上遇到了困难，而在短期项目及低耗时活动中，这种困难显著减少。在 ZiviZ 调查中，长期志愿者招募困难这一问题也被提及。

总的来说，无论是在组织层面还是在个人层面，德国志愿活动领域在耗时上均出现了低耗时化、短期化的倾向，这不仅是根据志愿者个体需求、志愿组织长远发展而做出的改变，也进一步激发了志愿参与的活力和积极性。

（二）非正式的个人志愿参与有所增加

各类社团或协会组织、宗教组织等正式组织是志愿者进行志愿参与的主要依托，但近年来，非正式的个人志愿参与，或称个人组织（Individuell Organisierte Gruppe）下的志愿参与逐步发展，甚至超越了宗教组织、联邦或地方机构等正式机构，成为仅次于社团或协会组织的第二大民间志愿参与形式。个人志愿参与主要包括邻里援助，自组织团体、倡议或项目等，这种志愿参与的一大特征就是非正式、非组织化，疫情期间的邻里互助是这种非正式的志愿服务的重要体现。

2009 年以来，小范围、低组织水平的互助团体、志愿项目、倡议等不断增加。依据 FWS 数据，在正式的社团或协会组织中进行志愿参与的志愿者比例从 1999 年的 57.2% 下降到 2019 年的 51.7%，下降了 5.5 个百分点，宗教组织、联邦或地方机构下的志愿参与形式所占比例则出现了不同程度的下降。与此同时，志愿者群体中基于个人组织进行志愿参与的比例从 1999 年的 10.3% 上升到 2019 年的 17.2%，上升了 6.9 个百分点[①]，人数也从 220 万人增长到 480 多万人。其中，个人组织于 2014 年取代宗教组织成为志愿参与的第二大形式（见表 10）。

---

① 根据 ZiviZ 调查，2014 年有 16% 的人活跃在这类低组织水平的社团或单独开展志愿活动，可作为对 FWS 数据的补充。

表 10 1999~2019 年志愿者的志愿参与形式比例

单位：%

类别	1999 年	2004 年	2009 年	2014 年	2019 年
社团或协会组织	57.2	56.3	54.1	52.5	51.7
宗教组织	13.7	13.9	14.4	12.8	12.7
联邦或地方机构	10.2	10.6	9.1	8.8	7.6
其他正式组织	8.6	9.0	8.3	10.2	10.9
个人组织	10.3	10.3	14.0	15.8	17.2

资料来源：Karnick et al.，2022。

相较而言，女性更倾向于在个人组织中参与志愿活动，除 30~49 岁志愿者外的其他年龄段志愿者也常常在个人组织中进行志愿参与（见表 11）。不过，这一情形存在州际差异，在下萨克森州、汉堡州和柏林州，与正式社团或协会组织有联系的志愿者不到一半，其中柏林州仅有 42%，同时柏林州是个人组织最多的联邦州之一。

表 11 2019 年不同参与形式的志愿者群体状况

单位：%

	性别		年龄			
	女性	男性	14~29 岁	30~49 岁	50~64 岁	65 岁及以上
社团或协会组织	46.2	57.2	51.0	53.0	53.2	48.0
宗教组织	16.2	9.0	12.9	9.9	12.6	17.2
联邦或地方机构	6.9	8.4	6.0	10.7	6.7	5.4
其他正式组织	11.1	10.7	11.3	11.5	9.6	11.1
个人组织	19.6	14.7	18.9	14.9	17.9	18.3

资料来源：Karnick et al.，2022。

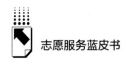

（三）正式组织成员减少与管理者缺失

FWS 数据显示，非正式个人志愿参与的发展伴随的是各类正式组织成员的减少，志愿活动中正式组织成员比例从 2004 年的 91.4% 下降到 2019 年的 79.5%，其中女性成为正式组织成员的比例（76.2%）比男性（82.7%）更低；50 岁及以上年龄群体更有可能成为正式组织成员（50～64 岁：81.7%；65 岁及以上：82.0%），而 30～49 岁年龄群体加入组织并成为正式成员的比例最低（76.8%）。疫情以来，志愿组织在人员上面临更大的挑战。大多数志愿活动都需要线下进行，同时，志愿活动本身的多样性是其具有吸引力的重要因素。然而，在疫情期间，志愿行动大大受限，许多志愿活动只能停止开展或在线上开展，这极大地影响了组织中兼职志愿者的留存。ZiviZ 调查显示，2022 年有 21% 的志愿服务组织声称自身的员工及志愿者人数在下降，这一数据较 2012 年（15%）和 2016 年（17%）都有所上升。

同样地，个人志愿参与的发展也使志愿组织的管理层或董事会面临发展难题。2019 年，共有 26.3% 的志愿者在相关组织或活动中承担管理层或董事会的职能，这一比例较 1999 年（36.8%）下降了 10.5 个百分点。相较于女性，男性更经常在相关活动中承担管理层或董事会的职能，但是男性在管理层或董事会中的比例下降也尤为明显，从 1999 年的 42.3% 下降到 2019 年的 30.5%，与此同时，女性占比下降了 7.6 个百分点（从 1999 年的 29.7% 下降到 2019 年的 22.1%）。2009 年以来，女性的比例基本保持稳定。不同年龄段群体在其中的比例均有不同程度的下降，其中 30～49 岁、50～64 岁两个年龄段群体的下降尤为明显，但依旧基本呈现年龄越大、参与管理的人数所占比例越高的特征。此外，非移民群体（27.3%）相较于移民群体（21.4%）也更多地参与管理工作。

（四）互联网时代下的志愿参与

德国公民通过互联网进行志愿参与的形式主要包括在推特、脸书等社交网络上分享志愿信息、创建时事通信、支持网络主页建设、线上参与志愿社团工作、线上捐款、线上为他人提供服务等。FWS 数据显示，2004~2009年，使用互联网进行志愿参与的人群比例从 39.2% 上升到 55.8%，而自2009 年以来，使用互联网进行志愿参与的志愿者基本维持在 56% 左右，并未发生较大变化，这意味着有近一半的志愿者并未使用互联网开展志愿服务或参与志愿活动。

就使用互联网开展志愿服务的人群而言，女性的使用比例明显低于男性，但一直不断上升，男性则在 2009 年达到峰值，随后一直保持在 60% 左右。2019 年，30~64 岁群体进行互联网化的志愿参与比例最高，14~29 岁群体的互联网使用比例则在 2009~2014 年出现明显下降，同时，50 岁及以上群体的互联网志愿参与率不断上升。这在一定程度上体现出青年人越发倾向于在现实社会中进行志愿参与，老年人则逐渐接受并实践互联网化的志愿参与形式。从受教育程度来看，总体而言，受教育程度高的人更倾向于使用互联网进行志愿参与，在读学生的互联网志愿参与比例在 2009~2014 年出现了大幅下降。此外，受教育程度高的群体近年来在互联网上进行志愿参与的比例也逐渐降低，而受教育程度低的群体的互联网参与比例则不断上升（见图 7）。

总体而言，线上志愿服务仅仅作为线下志愿服务的补充形式存在，大部分人仍旧主要依靠线下活动进行志愿参与，仅有 2.6% 的志愿者表示其活动主要或仅在互联网上进行。

五 结语

自 2011 年德国社会服务改革以来，全职志愿服务与兼职志愿服务共同发展，目前基本呈现良好态势，德国政府的辅助性原则大体上得以贯彻并对志愿服务体系产生了正面效应。从政府报告，ZiviZ、FWS 等调查报告及数据来看，德国志愿服务仍以兼职志愿服务为主，全职志愿服务仅作为补充形式存在。

志愿服务组织是志愿服务活动中联结个人志愿者与政府的主要中介。

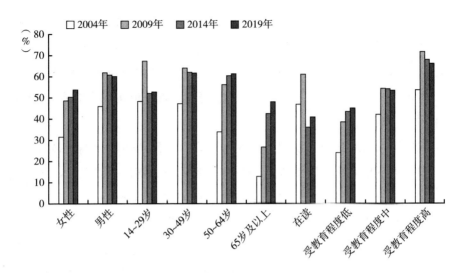

图7 2004~2019年使用互联网进行志愿参与的人群特征

资料来源：Tesch-Römer & Huxhold，2022。

2015年以来，志愿服务组织数量总体趋于稳定。截至2022年，德国共有656888家志愿服务组织，其中社团或协会组织是最主要的组织形式，共615759家，占比93.7%。但从个体志愿者角度来看，基于社团或协会组织开展志愿活动的比例逐年降低，至2019年仅占51.7%。与此同时，小型的、非正式的个人组织逐渐兴起，并于2014年超越宗教组织成为公民参与志愿服务的第二大形式。

无论是志愿服务组织的数量还是公民的志愿参与率，教育、环境保护领域近年来均有较大的增长与提高，这体现出近年来德国社会民众所关注的焦点，同时反映出德国志愿服务以公民需求、公民关注为主要导向与发展方向的特征。

精神需求与利他动机是德国公民进行志愿服务的主要动力，而时间有限则是德国公民停止或不参与志愿服务的主要原因。相较而言，女性更易受到家庭责任的影响，中年人更易受到时间、工作原因的影响而停止或不参与志愿服务。从全职志愿者群体来看，在各年龄段，女性均多于男性，27岁以下的女性数量已接近BFD志愿者数量的一半。

在互联网时代，线下志愿服务依旧占主导地位，近一半志愿者将线上志愿服务作为补充，另一半志愿者则从未参与过线上志愿服务，仅有 2.6% 的志愿者表示将线上志愿服务作为主要服务方式。这显示出在志愿服务中，面对面的志愿服务依旧是接受程度最高的服务形式，数字化、互联网化仅作为辅助性手段存在。

当然，德国志愿服务体系也存在一定问题。除正式组织人员减少、管理层流失、长期志愿者缺乏等发展性问题外，各类补助的不均衡发放也是当前德国志愿参与中存在的一大问题。大部分志愿者均无法报销在志愿活动中所产生的各类费用，德国政府提供的"零花钱"与实物补助也仅惠及一小部分参与者，且男性及受过高等教育的群体相较于女性及中低受教育程度的群体更常获得报销、"零花钱"以及实物补助。这些均是未来德国志愿服务体系需要面对和解决的问题。

就中国的情况而言，官方的、正式的志愿者组织是我国志愿者参与志愿活动的主要中介，因此，政府在志愿服务发展中发挥的作用更为显著。德国经验对中国志愿服务的发展有如下几点启示。首先，政府应发挥主导与引领作用，为志愿服务发展提供制度基础与充足的财政、技术等方面的资源保障，建立多元主体参与的志愿服务发展机制；志愿者组织则应提高自给自足能力，不过度依赖政府财政资金。其次，应扩大志愿服务领域的覆盖范围，同时建立起专业化的教育培训体系，使志愿服务能够满足社会群体多样化的精神需求，增强民众在志愿服务中的获得感，从而激发社会各群体参与志愿活动的积极性、主动性。最后，当下应更多地开展低耗时、短期化的志愿服务活动，减少因工作繁忙、无法持续参与志愿服务等因素造成的不愿加入志愿服务组织、不愿参与志愿服务等情况；同时应增加对志愿服务人员的交通、食宿补助，并提高其可获得性，减少志愿者参与志愿服务的后顾之忧。

参考文献

吴皓月、宣朝庆，2022，《支持与激活：乡村志愿服务体系建设的德国经验》，《中国志

志愿服务蓝皮书

愿服务研究》第 4 期，第 22~51 页。

Arriagada, Céline & Nora Karnick. 2022. "Motive für freiwilliges Engagement, Beendigungsgründe, Hinderungsgründe und Engagementbereitschaft." J. Simonson et al. (Hrsg.), *Freiwilliges Engagement in Deutschland, Empirische Studien zum bürgerschaftlichen Engagemen.* https：//doi. org/10. 1007/978-3-658-35317-9_ 7.

Henriksen, L. S. , Smith S. R. , & Zimmer A. 2012. "At the Eve of Convergence? Transformations of Social Service Provision in Denmark, Germany, and the United States." *Voluntas：International Journal of Voluntary and Nonprofit Organizations* 2：458-501.

Karnick, Nora, Julia Simonson, & Christine Hagen. 2022. "Organisationsformen und Leitungsfunktionen im freiwilligen Engagement." J. Simonson et al. (Hrsg.), *Freiwilliges Engagement in Deutschland, Empirische Studien zum bürgerschaftlichen Engagement.* https：//doi. org/10. 1007/978-3-658-35317-9_ 10.

Kausmann, Corinna & Christine Hagen. 2022. "Gesellschaftliche Bereiche des freiwilligen Engagements." J. Simonson et al. (Hrsg.), *Freiwilliges Engagement in Deutschland, Empirische Studien zum bürgerschaftlichen Engagement.* https：//doi. org/10. 1007/978-3-658-35317-9_ 6.

Kelle, Nadiya, Corinna Kausmann, & Céline Arriagada. 2022. "Zeitlicher Umfang und Häufigkeit 8 der Ausübung der freiwilligen Tätigkeit." J. Simonson et al. (Hrsg.), *Freiwilliges Engagement in Deutschland, Empirische Studien zum bürgerschaftlichen Engagement.* https：//doi. org/10. 1007/978-3-658-35317-9_ 9.

Simonson, Julia, et al. 2022a. "Freiwilliges Engagement im Zeitvergleich." J. Simonson et al. (Hrsg.), *Freiwilliges Engagement in Deutschland, Empirische Studien zum bürgerschaftlichen Engagement.* https：//doi. org/10. 1007/978-3-658-35317-9_ 5.

Simonson, Julia, et al. 2022b. "Unterschiede und Ungleichheiten im freiwilligen Engagement." J. Simonson et al. (Hrsg.), *Freiwilliges Engagement in Deutschland, Empirische Studien zum bürgerschaftlichen Engagement.* 2022. https：//doi. org/10. 1007/978-3-658-35317-9_ 5.

Sinonson, J. , Kelle N. , Kausmann C. , et al. 2022. *Freiwilliges Engagement in Deutschland：Der Deutsche Freiwilligensurvey* 2019. Wiesbaden：Springer Fachmedien.

Tesch-Römer, Clemens & Oliver Huxhold. 2022. "Nutzung des Internets für die freiwillige Tätigkeit." J. Simonson et al. (Hrsg.), Freiwilliges Engagement in Deutschland, Empirische Studien zum bürgerschaftlichen Engagement. https：//doi. org/10. 1007/978-3-658-35317-9_ 12.

Zimmer, A. & Smith, S. R. 2014. "Social Service Provision in the US and Germany：Convergence or Path Dependency?" *German Politics* 1-2：1-25.

B.17
韩国志愿服务发展报告

卞成日　芦恒*

摘　要： 韩国的志愿服务事业在政府的高度重视下蓬勃发展，志愿服务活动在社会各个领域得到了广泛关注，志愿精神逐渐成为韩国社会的风向标。韩国志愿服务先后经历了非制度化时期、制度化时期和后制度化时期，通过制定《志愿服务活动基本法》《振兴志愿服务行动的国家基本计划》等重量级的法律法规，立足于较为完善的志愿服务法律基础和制度建设，现代意义上的志愿服务开始勃兴。志愿服务体系建基于志愿服务振兴委员会、志愿服务协议会、志愿服务中心等机构组织，最终形成了较为完善的中央至地方的志愿服务运行体系。这对构建中国特色志愿服务体系的启示在于：第一，以法律法规为基础，加强志愿服务的顶层设计、做好长期规划，使志愿服务朝着法制化和规范化方向发展；第二，倡导培育多元化的志愿服务组织，充分发挥社会组织在志愿服务领域的社会动员作用；第三，重构志愿服务的组织框架与治理体系，形成党建引领下的跨领域合作联动机制。

关键词： 志愿服务　志愿者　韩国　志愿服务组织

　　韩国的志愿服务最早可以追溯到20世纪初基督教青年会等宗教团体的慈善活动。20世纪90年代中期以后，韩国政府相继制定《志愿服务活动基本法》《振兴志愿服务行动的国家基本计划》（以下简称"《志愿服务计

---

　　* 卞成日，延边大学人文社会科学学院讲师，研究方向为地域社会发展。芦恒，吉林大学哲学社会学院教授、博士生导师，研究方向为地域社会发展。

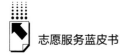

划》")等重量级的法律法规，现代意义的志愿服务开始勃兴。近些年，韩国志愿服务得到了快速发展，志愿服务活动在社会各个领域都得到了广泛关注，志愿服务呈现大众化和常态化发展趋势，形成了一整套行之有效的组织架构。

志愿服务是社会公共服务的重要组成部分。《志愿服务条例》指出，志愿服务是指"志愿者、志愿服务组织和其他组织自愿、无偿向社会或者他人提供的公益服务"，是衡量社会文明程度的一个重要标志。韩国学界对志愿服务概念的界定仍是各执己见，但整休来看，志愿服务的概念基本蕴含了自发性、无代价性和公益性等原则(이발희·윤현숙，2015)。这从韩国《志愿服务活动基本法》中不难看出，其将志愿服务活动定义为"个人或团体为地域社会、国家及社会无代价地自发提供时间和努力的行为"[①]，强调自发性、无代价性和公益性等原则。其中，自发性原则体现在个人从事的志愿服务不能是被强迫、处罚或法律义务范围内的强制活动，不能有任何经济补偿；无代价性原则体现在志愿服务活动的代价和经济补偿不能成为志愿者的主要目的和动机，区别于带薪劳动的经济补偿性；公益性原则区别于个人兴趣和休闲活动，志愿服务活动应是对尚无利害关系的对象或地域社会进行的公共活动(최준규 외，2022；최상미·신경희·이혜림，2017)。

一　韩国志愿服务的现状

(一)基本概况

最新统计数据显示(见表1和表2)，截至2022年，韩国已注册志愿者人数为900多万，与2012年的540万人相比，增加了360多万人，志愿者

---

① 국가법령보호센터 . 자원봉사활동 기본법 . https：//www. law. go. kr/lsSc. do？ section =
&menuId = 1&subMenuId = 15&tabMenuId = 81&eventGubun = 060101&query = % EC％9E％90％
EC％9B％90％EB％B4％89％EC％82％AC#undefined。

人数约占总人口的 18%，平均每五名韩国人中就有一名是志愿者，这些志愿者每年平均服务时长达到 22.4 小时①。从地区分布来看，注册志愿者集中于首都地区与经济发达地区，人数居前三位的分别是首尔特别市（1814503 人）、京畿道（1355815 人）、庆尚南道（567223 人）；从服务类别来看，注册志愿者人数居前三位的福利领域是老年服务（109623 人）、福祉馆服务（83844 人）、残疾人服务（79988 人）；从注册志愿者的职业来看，除了公务员、事务管理职务、专职人员等公职人员之外，注册志愿者主要来自学生（117528 人）和主妇（41249 人）。其中，学生志愿者中，大学生志愿者占比最高，约占学生志愿者的 50%，主要分布在首尔特别市（12817 人）；主妇志愿者中，京畿道（6263 人）、首尔特别市（4778 人）、庆尚南道（4506 人）居前三位。

（二）社会环境变迁与社会需求扩大

当今，韩国的社会、组织和集体的力量式微，个人主义倾向日益突出。在个人主义浪潮的蔓延下，集体形式的传统志愿服务活动越发呈现停滞状态，人们较少关注具有定期性、持续性、组织性的志愿活动。韩国民众开始对自我指向型的志愿服务倍加关心，以个人取向和需求为基本导向的短期志愿服务活动，正呈现逐步扩大的趋势。韩国正通过培养公民的积极参与性，努力消除社会问题认识的结构性瓶颈，以重建韩国社会的公共性。

众所周知，韩国在全球范围内已成为老龄化速度最快、应对老龄化挑战最艰巨的国家，预计 2025 年韩国全面进入超老龄社会（卞成日、芦恒，2023）。在以往的社会服务中，老年群体早已成为志愿服务的重点对象。

---

① 国家통계포털. 자원봉사자 1 인당 연간 평균봉사시간（시설종별/시도별）. https：//kosis. kr/statHtml/statHtml. do？orgId = 117&tblId = TX_ 117_ 2009_ H7024&conn_ path = I2.

表 1 2022 年韩国全国各福利机构中注册志愿者现状

单位：人

	注册志愿者	实际参与志愿服务人数	社会福利机构										其他
			总计	儿童机构	老人机构	残疾人服务机构	女性福利机构	精神治疗机构	无家可归者福利机构	福祉馆	法人／团体	保健医疗机构	
全国总计	9080191	532188	380222	40821	109623	79988	2753	3632	3804	83844	55757	21744	130222
中央层面	642290	159276	66904	8278	19426	15572	422	1040	922	11267	9977	4891	87481
首尔特别市	1814503	75445	54252	4734	12854	9803	231	153	630	12984	12863	3064	18129
釜山广域市	494946	25132	21110	2116	4777	3358	82	125	66	7798	2788	2145	1877
大邱广域市	376230	23819	21967	1619	5842	3259	184	51	132	8679	2201	934	918
仁川广域市	379724	17593	14440	1513	4719	2697	123	60	103	2878	2347	936	2217
光州广域市	458613	17376	13609	2627	2977	2871	140	134	29	1795	3036	756	3011
大田广域市	359186	14454	12096	1687	2433	2316	185	196	38	3622	1619	655	1703
蔚山广域市	268946	16412	13095	634	4756	3417	216	61	6	1574	2431	782	2535
世宗特别自治市	30124	879	834	114	238	109	2	41	8	107	215	17	28

续表

	注册志愿者	实际参与志愿服务人数	社会福利机构								法人/团体	保健医疗机构	其他
			总计	儿童机构	老人机构	残疾人服务机构	女性福利机构	精神治疗机构	无家可归者福利机构	福祉馆			
京畿道	1355815	54505	49220	5032	14769	8960	74	513	265	12736	6871	1456	3829
江原道	291737	12288	11271	810	3982	2061	133	27	182	2619	1456	141	876
忠清北道	230104	8922	8090	1058	2808	1942	40	139	59	1282	762	134	698
忠清南道	425689	17272	14532	2152	4094	3745	55	426	5	1759	2296	486	2254
全罗北道	310913	9952	8586	998	3353	1637	75	122	68	1278	1055	767	599
全罗南道	464922	18926	16796	2337	6504	4065	365	125	273	1859	1268	1294	836
庆尚北道	454326	23891	22019	2008	6706	6060	121	159	363	5223	1379	836	1036
庆尚南道	567223	28754	24705	2688	7543	5667	197	89	599	5458	2464	2210	1839
济州特别自治道	154900	7279	6696	416	1842	2449	108	171	56	926	728	240	356

注：注册志愿者是指，截至 2022 年韩国已注册的志愿者人数；实际参与志愿服务人数是指，2022 年至少参与一次志愿服务的人数。注册志愿者人数、"社会福利机构" "保健医疗机构" "其他" 的总和；中央层面是指，仅登记献血的志愿者人数。愿服务人数是 "社会福利机构" 的总和；中央层面是指，仅登记献血的志愿者人数。资料来源：국가통계포털（시도별사회복지시설봉사자수）. https: //kosis. kr/statHtml/statHtml. do? orgId = 117&tblId = TX_ 117_ 2009_ H7004&conn_ path = I2。

383

单位：人

表2 2022年韩国全国各行政区注册志愿者（职业分类）现状

	公务员	事务管理职务	专职人员	自顾、服务行业	技术/单纯劳务职	农水产业	军人	主妇	学生					无职业（包括退休人群）
									总计	小学	初中	高中	大学	
全国总计	5487	13538	11863	7940	2511	669	1057	41249	117528	4807	23917	30313	58491	8153
首尔特别市	764	3906	2016	893	219	18	142	4778	25630	1225	4932	6656	12817	1579
釜山广域市	258	688	689	494	117	43	36	3091	8338	209	1584	1674	4871	649
大邱广域市	213	565	584	506	76	13	39	3783	6140	258	767	1310	3805	551
仁川广域市	196	633	668	434	127	8	36	2336	4779	194	920	1261	2404	431
光州广域市	271	1129	547	378	96	17	46	1398	7207	217	1425	1966	3599	363
大田广域市	266	512	518	253	71	5	31	964	5635	270	1091	1534	2740	252
蔚山广域市	210	662	679	444	321	24	14	3400	3937	294	741	980	1922	455
世宗特别自治市	16	21	25	32	9	0	12	57	264	11	74	65	114	9
京畿道	922	1751	1743	1042	226	66	208	6263	15495	599	3871	3878	7147	1406

续表

	公务员	事务管理职务	专职人员	自顾,服务行业	技术/单纯劳务职	农水产业	军人	主妇	总计	学生				无职业(包括退休人群)
										小学	初中	高中	大学	
江原道	223	489	340	312	44	49	135	1346	3460	132	605	1005	1718	298
忠清北道	212	237	289	245	52	25	28	1125	2365	81	379	646	1259	223
忠清南道	209	382	477	323	101	104	41	1230	6732	204	1483	1665	3380	223
全罗北道	121	251	275	194	26	32	23	801	3619	135	857	1071	1556	391
全罗南道	346	568	1021	461	452	33	54	1711	7589	236	1804	2414	3135	326
庆尚北道	307	768	746	689	329	135	77	3723	5949	284	839	1698	3128	436
庆尚南道	576	702	935	850	194	45	118	4506	8311	312	1918	1963	4118	450
济州特别自治道	377	275	311	390	51	52	17	737	2078	146	627	527	778	111

资料来源：자원봉사자 현황（직업별/시도별）. https：//kosis. kr/statHtml/statHtml. do? orgId = 117&tblId =TX_ 117_ 2009_ H7004&conn_ path =I2。

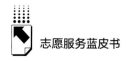

快速老龄化导致人口结构失衡，老年贫困和独居老人数量剧增，城乡超老龄化的严峻挑战接踵而至。尤其是韩国婴儿潮一代开始进入老龄期，接受过高等教育、经济相对独立的老年群体数量也持续增加。拥有较多社会资源和较强社会力量的老年群体具有开展志愿服务的潜力，在志愿服务队伍中逐渐脱颖而出。近几年，老年人参与志愿服务的比例呈现日益增长趋势。

2000年以后，韩国经济发展进入停滞阶段，长期失业问题成为社会关注的焦点，也成为阻碍民众参与志愿服务的重要因素。1997年金融危机后，韩国社会发展政策开始趋向新自由主义，强调劳动市场的灵活化和经济增长优先主义理念，社会的贫困和两极分化问题日渐突出，导致社会服务对象和需求持续增加。韩国最新统计数据显示，以市场收入为基准的相对贫困率，从2011年的19.6%增长至2021年的20.8%①，近十年间上升了1.2个百分点。虽然相对贫困率的增长幅度较小，但依然在持续性地增长。其中，76岁以上老年人的相对贫困率为69.1%，66~75岁老年人为53.7%（빈곤·불평등연구실，2022），整体上老年人的相对贫困问题较为突出。

新社会问题的涌现，要求人们在更多的领域开展志愿服务活动，需要多元的社会主体参与志愿服务。韩国志愿服务活动历来通过社会福利设施开展。但近几年，社会服务需求日益多元化，从咨询、康复、照料、福利设施等传统的社会服务领域，扩展至地域开发、社会支援、保健医疗、教育、居住、文化、生态环境等多元领域。换言之，传统的特惠型社会福利服务正转向更为广义、全面的普惠型社会福利服务，尤其是部分志愿服务从面对面的、集体性的、正规的服务拓展至非面对面的、非正式的、个人的线上志愿服务。随着社会服务领域的进一步拓展和需求的不断增加，志愿服务组织开始打破传统的社会福利设施和机构，将范围拓展至非营利组织、慈善组织、企业、基金会等多元形态的社会组织，构建了较为扎实的社会福利共治体系。

---

① 국가통계포털．소득분배지표．https：//kosis．kr/statHtml/statHtml．do？orgId＝101&tblId＝
DT_1HDLF05&conn_path＝I2。

（三）非营利组织的拓展与多元化

近年来，韩国非营利组织数量逐年增加，呈现多元化趋势。据统计，韩国非营利性民间组织数量从 2007 年的 7241 家增加到 2017 年的 13607 家，其中首尔市从 2007 年的 910 家增加到 2017 年的 2014 家（최상미·신경희·이혜림，2017）。非营利性民间组织不仅在数量上有所上升，而且涉及的服务领域开始多元化。其服务范围主要涉及社会福利、教育、学术、奖学、艺术、文化、医疗等多元领域，体现出服务对象的需求趋于复杂化和多元化。

进入 21 世纪，韩国社会开始出现社会经济型组织，其数量逐年增多，呈蓬勃之势，成为推动志愿服务发展的核心力量。社会经济型组织是仅存于国家与市场之间，兼具社会要素和经济要素的组织形态，具有民间性和公共性特征，主要包括社会性企业、村社企业、社会性合作社等多种组织形态。近期，此类组织积极彰显公益属性，通常以某个地域为中心开展志愿服务活动，为当地提供精准的社会服务，努力解决地域社会问题。同时，社会经济型组织在创造就业岗位和提供就业机会方面发挥积极作用，日益成为公共资源和社会资本重组的重要主体，备受全社会的关注。

二 韩国志愿服务的制度变迁

韩国志愿服务变迁周期具有权威性的划分，这来自韩国政府推出的《志愿服务计划》。该计划将韩国志愿服务的制度变迁划分为非制度化时期、制度化时期、后制度化时期（见表3）。由此，我们可以通过梳理韩国志愿服务的制度变迁，总结志愿服务的制度阶段性过程，分析其制度路径的重要特征，重新认识志愿服务大环境的转型发展，以及各领域志愿服务政策和项目的整体性变化。

表3 韩国志愿服务的制度变迁

	非制度化时期	制度化时期	后制度化时期
时间	建国至20世纪90年代初	20世纪90年代 中期至2018年	2018年以后
特征	非正式化;慈善性、利他 性、边缘性	制度化;规范性、公益性、 政府主导	超制度化;互惠性、公共 性、市民性、自律性

资料来源:관계부처합동,2018:5。

(一)非制度化时期

第二次世界大战以后,朝鲜半岛南北对峙的局面使其社会经济遭到严重打击,韩国政府无暇顾及建立健全志愿服务制度。该时期的志愿服务内容主要以战争难民的临时救护和食物照料等基本生存保障为主线,政府将更多精力集中于经济恢复与社会重建。现代意义上的韩国志愿服务活动是始于20世纪60年代的红十字运动,以及70年代的新村运动。这些由国家主导的运动,试图把志愿服务对象转向农村,在最需要农业生产劳动力的6月、7月设立农忙期临时托儿所来减轻农民的压力,帮助幼儿、青少年、独居老人与残疾人等群体满足各方面的福利需求(沈杰,2019)。20世纪70年代至80年代初,民间志愿服务团体和志愿服务专门机构如雨后春笋般出现,民间主导的草根志愿服务活动开始登上历史舞台,志愿服务宣传教育也随之得到推动。尤其是1986年亚运会以及1988年奥运会期间,韩国民众对志愿服务的意识开始增强,大批志愿者参与其中,开展了全方位的服务活动。在整个奥运会过程中,志愿者人数达到27221名(王洪松,2015),掀起了一波志愿服务的新浪潮。

直到20世纪90年代初期,韩国志愿服务与中央政府的政策支持基本无关,主要是在民间领域,以个别的、非体系化的形式开展志愿服务活动,该时期可被称为"非制度化时期"。志愿服务的价值观整体上呈现个体和民间的慈善行为与利他性理念,志愿服务一直被视为一个社会发展的边缘领域(정진경,2012;유병선·이재현,2018)。该时期的志愿服务通常利用福

利设施开展帮扶活动，或向志愿者提供志愿服务项目，培养志愿者的崇高意志和奉献精神，从而开展持续性的志愿服务活动，但志愿服务的整体管理尚未形成专业的体系框架。因此，该时期可被理解为一个志愿服务的非专业化时期。

（二）制度化时期

20世纪90年代中期以后，韩国开始涌现出以政府、地方自治团体和社会组织为单位，具有组织化的志愿服务活动。地方自治团体纷纷设立了志愿服务中心，进入了志愿服务的"制度化时期"。该时期具有标志性的行动是，韩国政府于2006年出台实施《志愿服务活动基本法》《志愿服务计划》等重量级的法律法规，构建了较为完善的志愿服务体系框架，为韩国志愿服务的发展奠定了制度基础。《志愿服务活动基本法》明确指出，颁布该法的目的在于对志愿服务活动的基本性事项进行规范，全面振兴志愿服务活动，为构建幸福的共同体做出积极贡献。同时，该法指出国家和地方自治团体的义务在于，必须要研究和制定促进志愿服务活动的各项政策，并对国民的志愿服务活动给予奖励和支持。此外，该法还规定了志愿服务活动的范围：①增进社会福利和卫生保健的活动；②地域社会开发和发展的相关活动；③环境和自然保护的相关活动；④增进社会弱势群体权益和青少年成长保护的相关活动；⑤教育和咨询相关的活动；⑥人权保护和实现和谐发展的相关活动；⑦犯罪预防和教导的相关活动；⑧交通和基础秩序系统的相关活动；⑨灾害管理和灾害救援的相关活动；⑩文化、观光旅游、艺术和体育振兴的相关活动；⑪预防腐败和消费者保护的相关活动；⑫公正选举的相关活动；⑬国际合作和海外志愿活动；⑭公共行政方面事务支援的相关活动；⑮促进公益事业和提高居民福利水平的必需性活动①。

该时期的志愿服务政策集中体现出补齐公共领域短板、重构社会共同

① 국가법령보호센터．자원봉사활동 기본법．https：//www.law.go.kr/lsSc.do？section=&menuId=1&subMenuId=15&tabMenuId=81&eventGubun=060101&query=%EC%9E%90%EC%9B%90%EB%B4%89%EC%82%AC#undefined。

体、规范志愿服务等多重内涵，稳步推进了志愿服务的快速发展，整体上体现出制度化特征。从2008年开始实施的第一次《志愿服务计划》和2013年开始实施的第二次《志愿服务计划》中可以看出（见表4），前两次计划主要构建了志愿服务的框架和体系，提升了志愿服务管理的专业性，重塑了志愿服务的大环境。由此，韩国的中学、高中、大学和企业的志愿服务活动，开始走上制度化和规范化道路。整体而言，该时期韩国的志愿服务活动虽然略有民间主导的倾向，但大体上仍由政府主导，以自上而下的形式推进志愿服务的快速发展，从而克服社会服务和公共服务人力资源缺乏的困境。

表4 第一次至第四次《志愿服务计划》比较

	第一次	第二次	第三次	第四次
起止时间	2008~2012年	2013~2017年	2018~2022年	2023~2027年
远景	志愿服务国家——幸福的社会	参与和分享，可持续的未来	成长的志愿服务，携手前进的韩国	提高志愿服务价值和参与度，共建团结、和谐、温暖的韩国
目标	参与和分享的志愿服务文化传播；成人志愿服务参与率达到30%	成熟的志愿服务文化传播；提高民众参与度	提升以公民性和公共性为基础的志愿服务价值；体现合作与责任的志愿服务治理理念；构建可循环的志愿服务生态系统	连带成长，激活地域共同体；构建可持续的志愿服务生态系统；主导变化的革新性志愿服务
政策特征	志愿服务数量增长，基础设施建设日趋完善	构建志愿服务事业体系	提升志愿服务质量	增强志愿服务的可持续性和创新性

资料来源：根据韩国政府颁布的第一次至第四次《志愿服务计划》整理而成。

（三）后制度化时期

随着志愿服务的稳步发展，韩国社会开始谋求以公民自律性为基础，以互惠性、公共性为中心的志愿服务，试图把政府主导的志愿服务转变为以民

间为中心的自主性志愿服务，从而进入了志愿服务发展的"后制度化时期"。如果说从"非制度化时期"到"制度化时期"是从"碎片化志愿者服务的时代"到"以规范的制度体系引领志愿者的时代"的过渡，那么，"后制度化时期"意味着"以公民自律性为基础的日常志愿服务时代"的来临（유병선·이재현，2018）。现阶段，韩国志愿服务的基本政策方向是：构建具备自生能力的公共服务和民间志愿服务支持体系；构建适应数字社会的专业志愿服务管理体系；基于地域社会与志愿服务行动者之间的和谐交流，构建可持续性志愿服务体系；超越单一化的帮扶，真正能解决社会核心问题，实现志愿服务的公共性功能（유병선·이재현，2018）。此类目标集中体现在 2018 年开始实施的第三次《志愿服务计划》。该计划在志愿服务项目内容方面，从过去单维的志愿服务转变为市民主导下具有专业性和创新性的志愿服务，有效提升了市民的自主参与性，重组了现有制度和政策。

如今，韩国志愿服务已成为居民参与地域政府治理甚至地域社会开发的一种重要手段，同时在一定程度上缓解了地域政府财政困难和经费不足的局面。"后制度化时期"的来临，使韩国面临着多元复杂的社会服务需求和新社会问题的出现，这对传统的志愿服务提出了更为严峻的挑战。韩国正努力超越原有的制度体系，制定更为多维的志愿服务框架，满足地域社会民众对志愿服务领域的进一步拓展，从而重构地域社会共同体。

三　韩国志愿服务的制度基础与支柱体系

（一）《志愿服务活动基本法》及其内容

自 1994 年开始，为有效促进民众自发参与志愿服务活动，韩国政府曾多次联合各行政部门谋求制定志愿服务活动基本法，但各方意见分歧导致未能制定志愿服务法律。直到 2004 年，政府向国会提交关于振兴志愿服务的国家责任规定，并设立志愿服务振兴委员会、韩国志愿者协议会、志愿服务中心等关于志愿服务活动的基本法案。2005 年，政府成立了由相关领域的专家团队、志愿服务团体、相关职能部门等 22 人组成的“志愿服务活化推进企划团”。专家团队经过 11 次相关会议和协商，通过听证会制定志愿服务活动基本法草案，并通过了国会会议。2006 年 2 月 5 日，《志愿服务活动基本法》开始正式施行。该法提出志愿服务相关概念，对诸如“志愿服务活动”“志愿者”“志愿服务团体”“志愿福利中心”等概念进行了权威界定。

截至 2023 年，《志愿服务活动基本法》经过 8 次修订，夯实了志愿服务的法律基础，构建了较为完善的志愿服务法律体系，为地方政府促进志愿服务发展提供了重要的法律依据。该法共由 20 条规定组成，包含志愿服务的目的、志愿服务的基本方向、国家与地方自治团体的责任义务、志愿服务活动的范围、志愿服务活动的管理等多个方面。其主要内容有以下几点：第一，全面振兴志愿服务活动，以构建幸福共同体为立法的主要目的；第二，以提升公民的协同参与能力为法律的基本方向，志愿服务活动的政策应以官民协作的形式稳步推进；第三，志愿服务活动范围包括社会福祉和保健相关活动、地域社会发展相关活动、环境保护相关活动等 15 个重要领域；第四，为了进一步促进民众参与志愿服务活动，营造志愿服务氛围，将每年的 12 月 5 日定为志愿者日，从志愿者日起一周定为志愿服务周等。①《志愿服务活动基本法》作为韩国开展志愿服务的基本法律，为志愿服务的法律制度奠定了坚实的基础，为韩国志愿服务的可持续发展做出了巨大贡献。

（二）《志愿服务计划》及其实施

随着韩国民众志愿服务意识的逐渐增强，志愿者人数稳步增长，志愿服务的社会性基础也逐渐稳固。韩国试图通过扩大志愿服务领域，最大限度地

---

① 국가법령보호센터．자원봉사활동 기본법．https：//www.law.go.kr/lsSc.do？section=&menuId=1&subMenuId=15&tabMenuId=81&eventGubun=060101&query=%EC%9E%90%EC%9B%90%EB%B4%89%EC%82%AC#undefined。

利用人力资源，创造就业岗位，为国家发展做出应有贡献。这成为韩国社会的基本共识，并成为国家治理的重要组成部分。由此，韩国政府根据《志愿服务基本法》第九条规定，行政安全部部长应与中央行政机关的负责人共同协商，每五年提出一次振兴志愿服务活动的《志愿服务计划》，积极应对社会发展的转型和满足民众日益增加的福利需求。该计划作为韩国志愿服务政策实施的中长期综合计划，具有较为突出的社会性和公共性。其主要包括以下内容：第一，每五年制定一次志愿服务活动的基本方向和具体项目计划；第二，制定中央行政机关推进志愿服务的相关政策；第三，规定志愿服务活动所需的经费筹措方法；第四，其他为志愿服务活动所需要的重要事项；等等。

自 2008 年政府制定第一次《志愿服务计划》以来，相关部门和地方自治团体相继制订了年度执行计划和具体工作计划，目前第四次《志愿服务计划》正如火如荼地进行。虽然从过去十年间来看，原本持续增加的志愿服务参与率在 2013 年以后开始出现下降趋势（관계부처합동，2023：3），尤其是 2020 年以后，在新冠疫情影响下，志愿服务的参与率出现了断崖式下降。同时，在面临全球第四次产业革命所带来的大转型浪潮之时，政府试图通过提高志愿服务价值、扩大志愿服务参与规模，推进多领域和多主体之间的协调互动。为此，第四次《志愿服务计划》应运而生。该计划在之前确立的制度的基础上，进一步完善了志愿服务的政策框架，积极回应了韩国社会的新发展样态及理念思潮，促使民间力量主导志愿服务的整体性发展。从具体内容来看，第四次《志愿服务计划》包括志愿服务文化与参与、志愿服务基础与管理、志愿服务特征与战略工作三大政策领域；扩展公民性价值、扩大问题解决型日常志愿服务的范围、完善志愿服务相关法律和制度、志愿服务支持与财政稳定、激活数字化志愿服务、针对全生命周期或社会阶层特点开展的志愿服务等 14 个方面的政策项目；每个政策项目中均包含 1~4 个具体项目（见表5）。

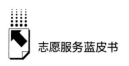

志愿服务蓝皮书

表5 第四次《志愿服务计划》的政策领域、政策项目和具体项目

政策领域	政策项目	具体项目
第一领域:志愿服务文化与参与	1-1. 扩展公民性价值	1. 以公民性为基础,扩大志愿服务文化 2. 扩大志愿服务参与的领域
	1-2. 扩大问题解决型日常志愿服务的范围	1. 问题解决型志愿服务项目支援与咨询 2. 强化灾难应对志愿服务支援体系 3. 活化公共日常性志愿服务活动
	1-3. 志愿服务支援方式的多元化	1. 加强时空参与的可及性 2. 以志愿服务价值为基础,促进社会认同的多样化 3. 对志愿服务团体的支持
	1-4. 加大志愿服务的宣传力度	1. 扩大志愿服务的参与范围 2. 志愿服务宣传的多元化
	1-5. 促进以世界公民性为基础的国际志愿服务	1. 提升国际志愿服务质量 2. 加强国际志愿服务的支援性基础设施建设
第二领域:志愿服务基础与管理	2-1. 完善志愿服务相关法律和制度	1. 修订《志愿服务活动基本法》 2. 修改志愿服务相关方针和条例
	2-2. 志愿服务支持与财政稳定	1. 提高志愿服务政策与预算运营效率 2. 志愿服务财源多元化
	2-3. 加强志愿服务管理者与志愿者赋能	1. 引入志愿服务资格制度 2. 提升志愿服务管理者能力和社会地位 3. 构建志愿服务教育体系 4. 加强社区志愿服务中心的专业性
	2-4. 加强志愿服务合作管理	1. 提升民间领域的志愿服务管理水平 2. 构建以地域为单位的民间主导的志愿服务合作体系
	2-5. 提升志愿服务信息系统	1. 确保志愿服务活动信息的系统性和多样性 2. 提高志愿服务的信息系统利用率
	2-6. 志愿服务研究与评价体系	1. 增强志愿服务相关统计的准确性 2. 提高志愿服务国家基本计划的实效性 3. 营造具有自主性的志愿服务研究环境
第三领域:志愿服务特征与战略工作	3-1. 激活数字化志愿服务	1. 促进融合型志愿服务 2. 数字公民性文化的共享与扩大 3. 加强志愿服务数据基础及打造数字捐助文化
	3-2. 针对全生命周期或社会阶层特点开展的志愿服务	1. 以生命周期为基础的志愿服务 2. ESG·加强社会价值的团结性
	3-3. 韩国志愿服务活动的品牌化	扩大韩国志愿服务活动的品牌力量

资料来源:관계부처합동,2023:16。

（三）韩国志愿服务的支撑体系

由《志愿服务活动基本法》的相关规定可以看出，韩国的志愿服务组织和团体拥有志愿服务振兴委员会、志愿服务协议会、志愿服务中心三大支撑体系。

韩国政府为了审议志愿服务活动的相关政策，依据《志愿服务活动基本法》，设立行政安全部部长岗位，由财政部、教育部、保健福祉部、女性家族部等政府委员，以及超过半数以上的民间委员组成志愿服务振兴委员会。作为主要政策审议机构，志愿服务振兴委员会审议的内容包括：①为振兴志愿服务活动制定政策方向，开展合作项目，调整方向和内容；②审议振兴志愿服务活动的国家基本计划和年度执行计划的相关事项；③完善志愿服务活动振兴制度；④其他有关振兴志愿服务活动所需事项。① 志愿服务振兴委员会和事务委员会的构成、组织及运营所需事项由总统令决定。可见，作为韩国政府的公共机构，志愿服务振兴委员会是在志愿服务相关部门、地方自治团体、团体（包括志愿服务协议会和志愿服务中心）之间进行协调的最高级别的组织，发挥着引领韩国志愿服务发展的关键作用。

韩国志愿服务协议会（以下简称"协议会"）是依据《志愿服务活动基本法》于1994年设立的从事志愿服务相关活动的民间法定团体。协议会是在社会、政府和企业的超党派的合作理念下成立的。协议会既是韩国全国志愿服务团体的总代表机构，也是与政府在志愿服务方面开展合作的民间合作伙伴，由教育、宗教、医疗等多领域的125个会员团体和250多个合作团体组成②。作为志愿服务振兴委员会的下级组织机构，协议会虽然看似是志愿服务团体的全国性组织，即由民间组织的协议体形式组成，但实际上是在行政安

---

① 국가법령보호센터. 자원봉사활동 기본법. https：//www. law. go. kr/lsSc. do？section =&menuId = 1&subMenuId = 15&tabMenuId = 81&eventGubun = 060101&query = %EC%9E%90%EC%9B%90%EB%B4%89%EC%82%AC#undefined。

② 한국자원봉사협의회. 협의회소개. http：//vkorea. or. kr/contents/company. html？sm = 1_ 2。

全部部长许可下设立的组织，同时以总统令决定其组织的运营。因此，协议会作为法人制定章程，得到行政安全部部长的认定后进行注册等级，并依据《非营利民间团体支援法》得到经费支持。协议会的职责包括：①支持会员团体之间的合作和项目；②对全民进行宣传教育，积极开展国际交流；③志愿服务活动相关政策的确立及其调查研究；④提供志愿服务的政策建议；⑤志愿服务活动相关信息的链接与支持；⑥开展政府和地方自治团体委托的志愿服务项目。① 协议会为了进一步推广志愿服务文化，促使更多民众参与，聚焦五项政策领域（志愿服务文化和参与、志愿服务支持性基础设施、志愿服务管理和开发、志愿服务研究和评估、志愿服务国际交流合作），以及四大业务领域（志愿服务活动、全国志愿服务活动、教育研究政策、全球合作）开展志愿服务工作。

志愿服务中心是政府依据《志愿服务活动基本法》设立的相关机构、法人、团体等，有效执行志愿服务活动的开发、奖励、联系、合作等事务。中心设立的主体是国家机关及地方自治团体，将志愿服务中心作为法人运营或委托给非营利法人。设立志愿服务中心的主要目的在于，国家推进志愿服务中心的设置、运营以及相关政策，通过强有力的组织能力，动员和支持城乡社区居民自发参与志愿服务活动，提升民众的"生活福利"质量，将志愿服务范围拓展到全社会，努力解决地域社会问题，构建共生共享的地域共同体。具体而言，志愿服务中心主要负责内容包括志愿服务的文化和参与、志愿服务支持性基础设施、志愿服务管理和开发、志愿服务研究和评估、志愿服务国际交流合作等。志愿服务中心的运营和发展具有民间主导性、居民主导性、专业性、责任性、透明性、中立性等原则。志愿服务中心作为整个志愿服务活动的重要行动者，具体推进志愿服务政策和项目落地见效。截至2021年，韩国的志愿服务中心共有245个，在岗人员1713人（최준규 외，2022：29）。除中央级别的志愿服务中心之外，

---

① 국가법령보호센터．자원봉사활동 기본법．https：//www.law.go.kr/lsSc.do？section =&menuId = 1&subMenuId = 15&tabMenuId = 81&eventGubun = 060101&query = % EC% 9E% 90% EC%9B%90%EB%B4%89%EC%82%AC#undefined。

地方自治团体也可以设立志愿服务中心，包括负责市、郡①、区合作体系的广域性志愿服务中心。实际上，志愿服务中心具有委托国家业务的专门机关性质。

（四）中央至地方的志愿服务运行体系

从韩国志愿服务政策的传递体系来看（见图1），中央政府制定和修订相关政策的法律和制度并发挥总协调的关键性作用，地方自治团体执行相关政策。实际上，志愿服务一般是由各地方的志愿服务中心来开展的，由政府对各志愿服务中心进行监督和管理。行政安全部代表中央政府主导制定《志愿服务计划》，在整个志愿服务政策有效实施过程中发挥中心作用，同时通过志愿服务中心促进志愿服务政策落地。行政安全部将中央、地方、基层志愿服务中心的职责进行划分。中央与各地方志愿服务中心既是计划组织者，也是支援组织者，而基层志愿服务中心是实施组织者。此类划分的目的在于，防止志愿服务中心与志愿服务团体之间出现服务内容和功能的重复，解决志愿服务低效问题，有效促进志愿服务的稳步发展。

与此同时，韩国保健福祉部和女性家族部等中央政府部门也积极参与志愿服务的政策制定与项目实施过程，发挥辅助性作用。保健福祉部通过社会福祉志愿服务管理中心，持续为弱势群体提供社会福利与社会服务。截至2021年，韩国社会福祉志愿服务管理中心共有14716所，其中有29722名人员已被认证进行相关工作与活动（최준규 외，2022：27）。为有效防止志愿者中途被淘汰或放弃志愿行为的产生，保健福祉部相继出台有关政策，积极正向引导志愿者参与志愿服务活动。女性家族部也通过各地方自治团体的青少年活动振兴院和地域青少年活动振兴中心，持续推动青少年志愿服务活动的稳步发展（见表6）。

---

① "郡"相当于中国的"县级"行政单位。

志愿服务蓝皮书

```
┌──────────────────────────────────────┐
│               行政安全部                 │
│ 志愿活动基本法及施行令的管理；             │
│ 制定振兴志愿服务行动的国家基本计划；        │
│ 制定振兴志愿服务行动的国家执行计划；        │
│ 建立志愿服务中心运营方针；                 │
│ 支援中央与地域志愿服务中心；               │
│ 1365志愿服务门户网站开发及推广            │
└──────────────────────────────────────┘

┌──────────────────────────────────────┐
│            韩国中央志愿服务中心            │
│ 志愿服务政策制定相关研究与调查；            │
│ 志愿市、道和市、郡、区志愿服务中心；         │
│ 支援国政或未解决问题的推进；               │
│ 对志愿服务中心进行支援和运营；             │
│ 运营和支援1365志愿服务门户网站            │
└──────────────────────────────────────┘

┌──────────────────────────────────────┐
│        市、道自治团体（自治行政部门）         │
│ 为运营志愿服务中心提供预算支援及业务的协助；    │
│ 对志愿服务中心的运营进行指导与监督           │
└──────────────────────────────────────┘

┌──────────────────────────────────────┐
│            市、道志愿服务中心              │
│ 制订以广域为单位的振兴志愿服务基本计划；       │
│ 对市、郡、区志愿服务中心进行业务支援；        │
│ 挖掘与志愿服务相关的资源；                 │
│ 利用1365志愿服务门户网站                  │
└──────────────────────────────────────┘

支援作用

┌──────────────────────────────────────┐
│       市、郡、区自治团体（自治行政部门）       │
│ 为运营志愿服务中心提供预算支援及业务的协助；    │
│ 对志愿服务中心的运营进行指导与监督           │
└──────────────────────────────────────┘

┌──────────────────────────────────────┐
│            市、郡、区志愿服务中心           │
│ 推进基层单位的志愿服务活动；               │
│ 发挥志愿服务据点作用；                    │
│ 志愿者与需求方的管理；                    │
│ 利用1365志愿服务门户网站                  │
└──────────────────────────────────────┘

支援作用
```

图1 行政安全部对志愿服务相关政策的传递体系

资料来源：한국중앙자원봉사센터，2023：5。

表6 中央主要政府机构志愿服务现状

相关部门	行政安全部	保健福祉部	女性家族部
运营主体	韩国中央志愿服务中心、各地域志愿服务中心	韩国社会福祉协议会、各地域社会福祉协议会	韩国青少年活动振兴院
运营系统	1365志愿服务网站	社会福祉志愿服务认证管理（VMS）	青少年志愿服务系统（DOVOL）

相关部门	行政安全部	保健福祉部	女性家族部
服务提供	依托志愿服务中心申请志愿服务、业绩管理、发放确认书	依托社会福祉机构,发放志愿服务认定书,以及志愿服务时间认定	以青少年为中心开展志愿服务、教育研修等活动,并发放认证书

资料来源:최준규 외,2022:29。

四 评价与启示

(一)对韩国志愿服务发展的评价

整体来看,韩国长期经历了慈善性、利他性、边缘性和零散性的志愿服务,即非制度化时期。但韩国政府从20世纪90年代末,在政治和经济发生急剧变化以后,通过《志愿服务活动基本法》《志愿服务计划》的制定和实施,立足于较为完善的志愿服务法律体系和制度建设,经历了制度化时期。如今,韩国志愿服务已逐步超越传统的志愿服务体系,进入了后制度化时期。韩国的志愿服务通过政府的制度基础和全社会的动员参与,有效利用民间的专业性志愿服务组织和社会资源,在志愿服务的基础建设和实践场域中,践行了强有力的"后制度化"倾向,获得了韩国民众的高度信赖和支持,为志愿服务的可持续发展做出了重要贡献。从政府角度来看,民间社会资源在增进国家福利福祉过程中发挥了重要的补充作用;从志愿服务机构角度来看,政府的制度性支持巩固了志愿服务活动的体系化发展,赋予志愿服务组织的正当性。由此可见,韩国志愿服务政策呈现政府和志愿服务机构"互相成全"(정진경,2013)的特征。

虽然韩国的志愿服务在东亚地区相对发达,但相较于欧美国家,仍然存在亟待解决的现实问题。与欧美国家不同,韩国是在志愿服务机构和地方政府未形成较为成熟的志愿服务文化的情况之下,修订和实施了相关法律与政

策。尤其是政府迅速推广志愿服务中心、志愿者认证补偿等管理体系，志愿服务原本所拥有的价值和政府的自律性问题成为当今韩国志愿服务发展面临的关键问题（정진경，2013）。与此同时，尽管志愿服务中心在中央至地方的志愿服务运行体系中发挥协调作用，但以政府为中心的志愿服务中心与以社会为中心的志愿服务组织，在其发挥的作用上存在冲突性和重复性问题。故而，韩国应进一步重组调整志愿服务的制度框架和评价体系，深入探索政府机构与社会组织共同促进、共同参与和共同治理的志愿服务模式，引领各地方自治团体结合自身资源禀赋，因地制宜制定具有地域性特征的志愿服务政策和项目。

（二）对中国志愿服务发展的启示

直至今日，韩国在志愿服务领域取得了举世瞩目的成就，并积累了许多宝贵经验。在时间维度上，中韩两国的志愿服务发展相差无几，但韩国志愿服务发展的演进过程和阶段性表现更为完整，具有较强的借鉴价值。由此，我们应立足中国新发展阶段社会转型的内在规律，批判地吸收符合我国基本国情的世界经验，进一步巩固志愿服务制度体系，全面推进志愿服务的可持续发展。韩国经验对我国的重要启示可总结为三个方面。

第一，以法律法规为基础，加强志愿服务的顶层设计、做好长期规划，使志愿服务朝着法制化和规范化方向发展。当前，中国的志愿服务事业取得了稳步发展，成为我国社会主义精神文明建设不可或缺的重要内容，但仍然存在志愿服务政策和法规体系不够完善，志愿服务机制不够健全等诸多困境。韩国始终把志愿服务相关议题上升至立法高度，再辅以具体的实施计划完善制度框架，促进了志愿服务的制度化发展，这也是韩国志愿服务发展的显著特征之一。由此可见，我们应不断完善志愿服务制度和工作体系[①]，建立健全相关法律法规和政策框架，充分发挥法律法规在志愿服务政策制定中

---

① 《高举中国特色社会主义伟大旗帜为全面建设社会主义现代化国家而团结奋斗》，中国政府网，https://www.gov.cn/gongbao/content/2022/content_5722378.htm。

的制度性作用，进一步深化志愿服务的制度建设。

第二，倡导培育多元化的志愿服务组织，充分发挥社会组织在志愿服务领域的社会动员作用。社会组织在生活领域和慈善公益领域提供公共服务的成效日益显著，逐渐成为联结国家、社会和民众的跨尺度行动者（芦恒、卞成日，2023）。但中国志愿服务组织发展相对滞后，其中非营利组织的自身造血能力较弱、专业化程度较低、组织管理不规范，未能真正成为志愿服务的重要主体。尤其是民众将把开展志愿服务的责任归于政府，个人志愿服务意识仍然比较淡薄，多重因素制约着我国志愿服务的进一步发展。韩国通过积极培育多元化的志愿服务组织，引领地域社会民众自发参与志愿服务活动，试图解决地域社会的诸多现实问题，发挥了社会组织的组织和动员作用。因此，我们应鼓励地方建设多元化、专业化的服务型社会组织，重组现有社会组织，因地制宜地制定志愿服务政策，满足不同群体的现实需求。同时，地方政府和社会组织共同开展志愿服务事业，重塑自上而下的政府引导和自下而上的自主参与机制，动员社会各界参与志愿服务，成为社会主义文明的实践者。

第三，重构志愿服务的组织框架与治理体系，形成党建引领下的跨领域合作联动机制。韩国在较为完善的志愿服务法律法规的基础之上，建立了志愿服务振兴委员会、志愿服务协议会、志愿服务中心等支撑体系，形成了层次较为分明的志愿服务组织框架。同时，韩国保健福祉部和女性家族部等中央政府部门积极参与志愿服务相关事宜，充分发挥了辅助性作用，最终构建了较为坚实的志愿服务运行模式和政策传递机制。中国的志愿服务组织框架与治理体系与韩国具有相似之处，但也存在根本性的差异。党建引领是我国社会治理的本质特征，也是治理效能的重要保证，能够赋予志愿服务更为持续的价值嵌入和动力资源（黄晓星，2022）。诚然，党建引领是跨领域合作联动机制的重要前提。整合条块分割的不同政府部门，形成各部门之间级的合力，协作开展政策调适和改革创新，有助于进一步推动志愿服务治理能力的现代化。我国应借助民政部门和群团组织的服务力量，链接全社会资源，形成跨领域合作联动机制和政策传递网络。

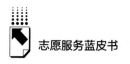
参考文献

卞成日、芦恒，2023，《超老龄社会的来临：韩国乡村老龄政策谱系及其展开》，《世界农业》第 8 期，第 40 页。

黄晓星，2022，《制度联结：中国特色志愿服务的多重实践与逻辑》，《学术月刊》第 4 期，第 141 页。

芦恒、卞成日，2023，《城乡交流中的多尺度网络与重构——以韩国的经验为例》，《中国农业大学学报》（社会科学版）第 5 期，第 44 页。

沈杰，2019，《志愿行动：中国的探索与践行》，人民出版社。

王洪松，2015，《当代中国的志愿服务与公民社会建设》，中国政法大学出版社。

이발희·윤현숙. 2015. 중·고령자 세대의 장기간 자원봉사 활동 경험에 관한 질적 연구. 노인복지연구 3：197-226.

최준규 외. 2022. 경기도 자원봉사 활성화를 위한 정책 방향 연구. 수원：경기연구원.

최상미·신경희·이혜림. 2017. 서울시 자원봉사 실태와 활성화방안. 서울：서울연구원.

빈곤·불평등연구실. 2022. 2022 년 빈곤통계연보. 세종：한국보건사회연구원.

관계부처합동. 2018. 자원봉사활동 진흥을 위한 제 3 차 국가기본계획（2018-2022）. 서울：행정안전부.

정진경. 2012. 자원봉사 개념의 재해석과 통합적 적용의 탐색, 한국사회복지행정학 3.

유병선·이재현. 2018. 대전 자원봉사활동 실태조사 및 활성화 방안. 대전：대전광역시자원봉사센터.

관계부처합동. 2023. 자원봉사활동 진흥을 위한 제 4 차 국가기본계획（2023-2027）. 서울：행정안전부.

한국중앙자원봉사센터. 2023. 자원봉사 활성화를 위한 자원봉사센터 운영지침. 서울：행정안전부.

정진경. 2013. 복지국가 맥락에서 스웨덴, 미국, 한국의 자원봉사정책 비교연구. 한국행정학보 2：155-156.

基金组织报告

B.18

中国宋庆龄基金会青少年
志愿服务发展报告

张佑辉　孙超凡*

摘　要：　开展青少年志愿服务，是党中央提出的明确要求，是青少年健康成长的内在需要，也是中国宋庆龄基金会的使命责任。多年来，中国宋庆龄基金会秉承宋庆龄先生"永远和党在一起"的信念和"缔造未来"的理念，践行"和平·统一·未来"宗旨，突出志愿服务的育人功能，助力青少年成长成才。中国宋庆龄基金会立足自身特点和实际需要，努力构建青少年志愿服务的实践与研究工作体系，初步形成了"四基地两中心"工作平台，打造了"青苗"计划、"加油小河长"项目、"金钥匙"行动等品牌项目。着眼未来，中国宋庆龄基金会将着力推进青少年志愿服务的制度规范化建设、服务专业化建设、治理现代化建设，为实现宋庆龄青少年事业高质量发展贡献力量。

* 张佑辉，中国宋庆龄青少年科技文化交流中心研究工作负责人、中国青少年社会服务中心研究顾问、北京青年研究会副会长，经济学博士、经济师，研究方向为青少年心理、素质教育、教育政策。孙超凡，教育学硕士，中国宋庆龄青少年科技文化交流中心研究专员，研究方向为德育与公民教育、青少年组织与教育。

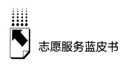
关键词： 中国宋庆龄基金会 青少年 志愿服务

为了纪念中华人民共和国国家名誉主席宋庆龄，中国宋庆龄基金会（以下简称"宋基会"）于 1982 年 5 月成立，其兼具群团组织和公益慈善机构双重属性。2022 年 5 月，在宋基会成立 40 周年之际，习近平总书记发来重要贺信，肯定了成绩、提出了希望，为宋基会在新时代的发展指明了前进方向，提供了根本遵循。宋基会秉承宋庆龄先生"永远和党在一起"的信念和"缔造未来"的理念，践行"和平·统一·未来"宗旨，努力成为拓展民间外交的重要平台、推动祖国和平统一的重要桥梁、发展青少年事业的重要力量、促进公益慈善事业的重要团体。宋基会积极推动青少年志愿服务事业发展，在打造品牌项目、研发培训课程、开展国际交流、推动学术研究等方面持续拼搏，用心用情为培养德智体美劳全面发展的时代新人贡献积极力量。

一 宋基会青少年志愿服务概况

宋基会紧紧围绕党和国家的中心工作，坚持"实验性、示范性"和"开门办会"工作方针，不断健全志愿者参与公益服务常态化工作机制，将志愿者与理事、机关干部并称为"三支队伍"，使志愿者成为宋基会事业发展的重要力量。截至 2023 年 12 月，宋基会初步建立起六支多层次、多职责的综合性志愿服务队伍，包括以中小学生为主体的青少年志愿者、以大学生为主体的青年志愿者、以退休人员为主体的社会志愿者、具备一定影响力的专家志愿者、"守护天使"安全应急志愿者、员工志愿者。其中，青少年志愿者主要指中小学阶段的未成年人，即年龄在 6~18 岁。这些志愿者与其他志愿者一样，不以获得物质报酬为目的，自愿贡献时间和精力，为社会和他人提供力所能及的帮助，以服务社会，促进自我成长。

（一）宋基会青少年志愿服务的指导思想

宋基会基于多年的实践与研究，立足当前、着眼长远，形成了青少年志愿服务的指导思想：坚持以习近平新时代中国特色社会主义思想为指导，学习贯彻习近平总书记重要贺信精神和关于志愿服务、青少年教育等一系列重要论述，传承宋庆龄先生公益精神和大爱情怀，不断强化青少年志愿服务的教育引导功能，促进青少年交流合作，助力青少年成长成才。

第一，将青少年志愿服务作为贯彻落实中央精神的重要内容。党的十八大以来，以习近平同志为核心的党中央高度重视青少年工作，亲切关怀青少年健康成长，强调发展青少年志愿服务。2017年，国务院颁布《志愿服务条例》，规定学校、家庭和社会应当培养青少年的志愿服务意识和能力。2020年，中共中央、国务院印发《关于全面加强新时代大中小学劳动教育的意见》，要求工会、共青团、妇联等群团组织以及各类公益基金会、社会福利组织动员相关力量、搭建活动平台，共同支持学生深入城乡社区、福利院和公共场所等参加志愿服务。2022年，时任中共中央政治局常委、全国政协主席汪洋在宋基会成立40周年纪念大会上发表讲话，明确要求"抓好理事、志愿者、机关干部三支队伍建设"。2023年，习近平总书记对深入开展学雷锋活动作出重要指示，要求深刻把握雷锋精神的时代内涵，不断发展壮大学雷锋志愿服务队伍，让学雷锋在人民群众特别是青少年中蔚然成风。中央关于发展青少年志愿服务的精神，为宋基会推进相关工作提供了方向指导和重要动力。

第二，将青少年志愿服务作为传承中华优秀传统文化的关键抓手。2022年7月12~15日，习近平总书记在新疆考察时强调，要传承和弘扬中华优秀传统文化，指出"中华优秀传统文化教育抓早抓小、久久为功、潜移默化、耳濡目染，有利于夯实传承中华优秀传统文化的根基"。中华优秀传统文化蕴含着丰富的志愿服务思想，是志愿服务精神的重要源泉，从远古神话"神农尝百草""女娲补天""后羿射日"，到孔孟仁政思想中的"大道之行也，天下为公"，再到顾炎武提出"天下兴亡、匹夫有

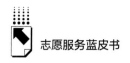

责",等等,无不体现了爱国为民、甘于奉献的精神。中国人自古以来就有扶危济困、乐善好施的美德,有些做法延续至今,现在开展的很多志愿服务内容都可以从中国古人的思想和实践中找到踪迹。青少年参与志愿服务,为他人送温暖、为社会做贡献,可以更加深刻地理解中华优秀传统文化,更加自觉地践行社会主义核心价值观。

第三,将青少年志愿服务作为弘扬宋庆龄崇高精神的必要载体。宋庆龄先生站在民族、国家前途和命运的高度,积极开展符合中国国情的公益事业。她在实践中探索形成了许多管用、好用的方法,如革命战争年代,中国同盟在香港举办义卖、义演、义映"嘉年华会",发动"一碗饭运动""二万条毛毯运动",为救济河南水灾举办国际足球义赛,坚持"助人以自助",等等。宋庆龄先生大力推行"小先生制",来自贫穷家庭的"小先生"们走出福利站的教室,在自己家里、在弄堂口、在坟墓旁、在理发摊边,在任何空闲地点,把学到的知识教给其他人。到1948年,"已培养了300多名'小先生'","受惠儿童已达15000人"。宋庆龄先生说:"我们认为以'小先生'制为基础举办扫盲班、保健教育和卫生措施,将对中国的未来产生长远的影响。采用这种办法,可使儿童负起社会责任,爱护和改进他们周围的环境。"(宋庆龄,1992)宋庆龄先生的这些思想与行动,充分体现了她的崇高精神和远见卓识,为宋基会在新时代发展青少年志愿服务提供了很好的示范和启发。

第四,将青少年志愿服务作为助力青少年成长成才的有效途径。理论和实践充分证明,参与志愿服务有利于青少年体验社会生活、增强集体意识、锻炼实践本领、提升综合素质。开展青少年志愿服务,对回答"培养什么人、怎样培养人、为谁培养人"这个教育的根本问题具有重要作用。宋基会紧紧围绕"缔造未来"的目标,坚持"将最宝贵的东西给予儿童"理念,把青少年志愿服务作为教育的一种方法,努力让所有参与的青少年都受益,帮助他们在接触不同事物的过程中全面发展。宋基会强调"志愿者与基金会一起成长",青少年志愿者既是志愿项目的服务者也是受益者,即他们在提供服务的同时成为该项目的参与主体,与其他参与人享有同等待遇。宋基会注重志愿启蒙、实践育人。青少年志愿服务不追求现实贡献的大小，着眼于未来，要在青少年心里种下一颗"志愿服务的种子"。

（二）宋基会青少年志愿服务的组织架构

从机构设置上看，宋基会包括机关职能部门和直属事业单位两大部分。宋基会内部没有设置统一、专门的志愿服务管理部门。早期志愿者参与项目以服务民间外交、两岸暨港澳交流为主，因此宋基会志愿服务队的牵头部门是国际合作交流部（港澳台事务部）。随着志愿者规模的不断扩大、志愿服务项目的不断增多，宋基会总体上按照"谁招募谁负责""谁使用谁负责"的原则，形成了各部门、各单位自主进行招募和管理的工作格局。

宋基会各部门、各单位根据自身实际需要，建立起相应的组织架构。下面以宋基会直属事业单位中国宋庆龄青少年科技文化交流中心（以下简称"青少中心"）为例进行说明，组织架构如图1所示。

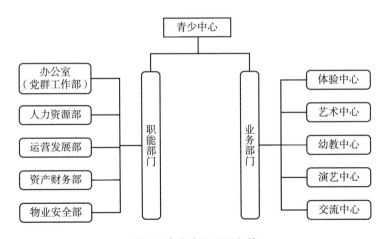

图1 青少中心组织架构

青少中心志愿服务初期的管理工作由社会志愿服务组织负责，后来建立自有的专职管理团队，带领骨干志愿者进行试验、示范，再后来形成"员工+志愿者"融合发展工作模式，不断深入实践、积累经验、逐步完善。目前，青少中心设有志愿服务总队，由人力资源部负责日常管理，统筹包括青

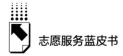

少年志愿服务在内的各类志愿服务工作。为了进一步加强相关工作，青少中心正在推进专门的志愿服务工作部门建设。总队内设秘书处和五个志愿服务支队：秘书处为总队办事机构，下设六个工作部；五个志愿服务支队分别对应相关业务，由各使用部门安排志愿服务工作者，负责支队的志愿服务工作（见图2）。

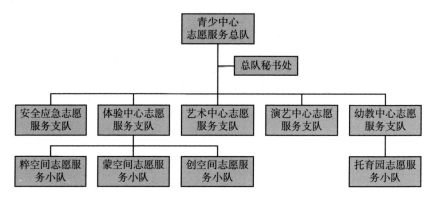

图2　青少中心志愿服务组织架构

青少中心在开展志愿服务实践的基础上，成立了青少年志愿服务研究中心（以下简称"研究中心"），由研究工作专班负责日常运行。研究中心着重开展以青少年为主体的志愿服务研究，形成了青少年志愿服务工作实践与研究的"两翼"，初步实现了二者融合发展、共同推进。目前，研究中心除了自有的研究团队外，特聘8位国内知名志愿服务领域专家担任研究员。

（三）宋基会青少年志愿服务的发展历程

第一阶段（1982~2014年）：实践探索。自成立以来，宋基会开展了一系列"人无我有"的特色活动，如母亲水窖、救助女童计划等公益项目及"时代小先生"等志愿服务项目，引领了公益时尚、传播了公益文化。宋基会持续深入开展志愿服务工作，几乎所有的公益项目都有志愿者参与，这些项目主要提供语言、接待、讲解、咨询与宣传等方面的服务。2011年，宋基会在实践基础上制定了《中国宋庆龄基金会志愿者管理办法》，推进了工作制度化;"宋庆龄故居志愿者联合会"成立,并成为"首批首都学雷锋志愿服务示范站";"时代小先生"计划启动实施,引导少年儿童"知行合一、即知即传"。通过多年探索,宋基会建立了短期项目型志愿者、长期行政型志愿者管理模式,既有效支撑了项目运行和机构运转,又对志愿者成长给予持续的关注和支持。例如,优先招募参与过宋基会志愿服务的优秀志愿者参加新的项目,定期邀请往届资深志愿者分享经验等,从而达到培养优秀志愿者、储备志愿者人力资源的效果。

第二阶段(2014~2017年):规范推进。2014年5月29日,宋基会志愿服务队在"志愿北京"平台正式注册成立,这为少年儿童参与志愿服务畅通了新的渠道。网络招募的志愿者主要是青年和青少年。网络平台的使用,不仅促进了信息传播,提升了招募效果,而且进一步加强了规范化建设,志愿者的招募、培训、管理、使用、保障等各项工作进入了新的规范发展阶段。2017年,《中国宋庆龄基金会志愿者管理办法》修订施行,进一步加强了制度保障、促进了规范发展。2017年9月5日,青少中心志愿服务总队在"志愿北京"正式注册,率先在体验空间开展常态化志愿服务,边实践、边建立制度机制、边探索项目建设的方式在青少中心试运营阶段初步形成。截至2023年12月,青少中心共有注册志愿者近8000人,其中2066人是青少年志愿者。

第三阶段(2017年至今):开拓创新。2017年12月,宋基会联合中国志愿服务联合会举行首批宋基会志愿服务项目启动仪式,发布包括国际交流项目、两岸交流项目、故居文博类讲解项目、青少年服务项目和时代小先生五类特色志愿服务项目。此后,"四基地两中心"的青少年志愿服务工作平台逐步形成。2018年5月,北京市教育委员会与青少中心签署合作框架协议,双方共同推进"北京市中小学综合实践活动课程研究开发中心"建设,研发包括志愿服务在内的中小学生综合实践活动课程;2018年10月,宋基会和中志联联合建设"中国志愿服务青少年实训基地",成为国内第一个以青少年为主体、集志愿培训与实践于一体的综合志愿服务场所;2019年6月,联合国志愿人员组织(UNV)在青少中心挂牌建立"国际青少年志愿服务培训与交流基地",旨在引导中外青少年通过参与志愿服务,践行可持

续发展目标，在助人过程中实现自我成长，为构建人类命运共同体贡献力量；2020 年 10 月，"海淀区新时代文明实践基地"在青少中心挂牌建立，并于 2021 年获评北京市市级新时代文明实践基地，以展教活动为载体，在青少年群体中广泛开展育人活动，助力青少年参与文明实践；2020 年 12 月，"青少年志愿服务研究中心"在青少中心挂牌成立，以青少年志愿服务建设与发展为主要方向，从研究创建青少年志愿服务品牌项目、加强志愿服务培训、促进国际交流与合作三个方面，开展青少年志愿服务基础理论及实训研究；2022 年，"阳光助残志愿服务基地"在青少中心挂牌建立，以残疾青少年为主要服务对象，开展助残志愿服务。

二 宋基会青少年志愿服务工作经验与亮点

宋基会青少年志愿服务具备"自愿性、无偿性、公益性、互助性"等志愿服务的基本特征，突出强调以青少年为本。具体来说，主要包括：以中央精神为指导，以国家政策法规为依据，做到合法、合情、合理开展工作；尊重每位青少年志愿者，相信每位青少年志愿者的潜能；注重志愿服务项目的科学性、实用性，使其符合青少年的年龄、心理、身体等特点；推动青少年参与家庭、学校和社区等建设，在志愿服务过程中健康成长，更好地实现自身价值并融入社会。

（一）强化思想引领，弘扬志愿精神

坚持用习近平新时代中国特色社会主义思想凝心铸魂，着力做好青少年志愿者的思想引领工作。充分理解和把握青少年志愿服务的精神实质和时代意涵，加强中华优秀传统文化和革命传统教育，培育青少年的家国情怀。坚持弘扬宋庆龄崇高精神，将公益事业与"缔造未来"事业相结合，确保青少年志愿服务沿着正确方向前进。

弘扬"奉献、友爱、互助、进步"志愿精神，营造浓厚的志愿服务氛围。在开展青少年志愿服务过程中，突出强调志愿精神的重要性，并贯彻到

各项工作的全过程中。与此同时，将志愿精神融入机构文化，进一步扩展归纳为"6组、12个词"，即"奉献、友爱；善良、诚信；平等、正义；开放、包容；快乐、充实；凝聚、成长"。奉献、友爱是基本理念，强调志愿服务"赠人玫瑰、手有余香"；善良、诚信是基本素养，强调志愿者首先是诚实守信之人；平等、正义是基本原则，强调志愿服务追求平等、追求正义；开放、包容是基本态度，强调志愿者要有开放、包容的胸怀；快乐、充实是基本体验，强调志愿者通过参与感知快乐；凝聚、成长是基本效果，强调志愿服务的效果是协力同行、共同进步。

（二）发挥育人作用，推动研发创新

第一，精准研发青少年志愿服务项目。立足青少年身心发展特点、家庭和社会关切，坚持问题导向、需求导向、效果导向，不断加强青少年志愿服务项目策划、设计、组织和研究。发布了"小小志愿体验师"、"中学生示范引导"、"大学生专业辅导"和"家长安全陪伴"四个志愿服务项目，涵盖了场馆服务、讲解引导、安全应急、国际交流、科普宣讲等活动内容，将活动开展纳入项目运作，不断提升管理和服务成效。充分发挥老一辈志愿者的积极作用，团结凝聚一批离退休人员，引导和帮助青少年更好地参与志愿服务活动。策划实施的"把最宝贵的东西给予儿童——做新时代文明的传播者"文明实践项目，获得首都志愿服务项目大赛银奖，学雷锋志愿服务"五个100"先进典型最佳志愿服务组织、最佳志愿服务项目。策划实施的"青少年志愿者青苗成长计划"品牌项目，获得第五届中国青年志愿服务项目大赛金奖和第十三届中国青年志愿者优秀项目奖。

第二，悉心设计青少年志愿服务培训内容。坚持"不培训不上岗、培训不合格不上岗"原则，建立了志愿通识、场馆专业、技能提升、成长课堂四类培训内容，构建了以年度、季度、月度为周期，以重大活动、重要时间节点为坐标的培训机制。以学雷锋纪念日、国际志愿者日、寒暑假期、国际家庭日、六一儿童节、重阳节等为契机，集中力量策划开展回应社会需求的青少年志愿服务培训，增强工作的针对性与吸引力。

第三，创新研发青少年志愿服务课程。以志愿服务项目的实践经验为基础，不断丰富课程要素。坚持立足实际、彰显特色，积极推动青少年志愿服务的教材、教具、材料包等创新研发。构建开放参与机制，不断扩大教学活动的受惠范围，形成"课程进校园、学生进场馆"的教学生态，着力增强和提升志愿服务的育人功能与育人水平。

（三）增强交流合作，彰显人文情怀

第一，增强和提升青少年志愿者的合作意识与能力。在"宋庆龄少年儿童发明奖""和平天使艺术奖"等重要赛事以及实践活动中，持续加强志愿服务工作，引导青少年志愿者积极协作，保障各项活动顺利有序开展。以青少年志愿服务为抓手，通过台湾青年寻迹京杭大运河、两岸国际论坛、粤港澳大湾区青少年公益年会等活动，增进海峡两岸暨港澳青少年交流，促进两岸青少年心灵契合。新冠疫情期间，引导青少年志愿者线下参与社区疫情防控，组织居家健康知识课堂、撰写志愿叙事、为抗疫一线工作者送祝福等线上活动，筑牢抗击疫情青少年志愿者防线。

第二，通过志愿服务促进青少年国际人文交流。把志愿服务作为加强青少年国际人文交流的重要途径和特色内容，深挖潜力、提高成效。在"文化小大使""中非青年大联欢""宋庆龄国际青少年交流营"等项目中，提升青少年志愿服务的国际化水平，助力发挥青少年"民间外交"特色优势。积极开展国际青少年可持续发展志愿服务项目活动，以"可持续发展青少年在行动"为主题，紧扣社会热点话题，举办"厨余垃圾变废为宝""志愿创造美好社区""青少年志愿者走进联合国"等系列活动，深化青少年志愿者及志愿服务项目的国际交流。引导广大青少年积极参与国内外志愿服务，培养、储备国际化志愿服务人才。

（四）优化平台建设，提升治理水平

第一，强化青少年志愿服务实践平台。不断加强和改进管理工作，深化"四基地两中心"等平台建设，畅通信息交流渠道，创新服务内容设计，强

化青少年志愿服务人才培养。注重总结建设经验，不断丰富平台功能，使项目优化和平台强化双融合、双促进，全方位、多角度展现宋基会青少年志愿者风采及志愿服务成效，提高与扩大平台的知晓度和影响力。

第二，强化青少年志愿服务研究平台。组织开展青少年志愿服务相关课题研究，及时把握志愿服务理论与实践前沿，努力形成高质量、有影响的成果。突出实践导向，坚持理论反哺实践，着力解决青少中心志愿服务遇到的问题，推进实践工作不断取得新成效。坚持"开门做研究"，持续巩固和扩大专家队伍，改进运行模式，提升吸引力、凝聚力和影响力。充分发挥专家的专业优势，围绕青少年志愿服务基础理论、权益保障、活动组织、课程开发等重点、难点问题，集中力量开展科研攻关。

第三，规范青少年志愿服务项目管理。结合青少年志愿服务实际，运用好"4个阶段、12个字"志愿服务项目管理经验："调、设、宣，注、招、培、管、保、激、评、记、转"。其中，"调"是指对志愿服务需求进行调研，"设"是指根据调研情况设计符合需求的项目，"宣"是指对项目进行宣传推广，"注"是指志愿者实名注册，"招"是指招募所需志愿者，"培"是指对招募的志愿者进行培训，"管"是指科学管理、合理分配，"保"是指做好志愿者保障工作，"激"是指激励，"评"是指对项目进行评估，"记"是指记录志愿服务情况，"转"是指项目成果转化。在上述经验基础上，建立健全青少年志愿服务项目评估反馈机制，遵循实事求是原则，合理设计评估办法，重视过程性评估，保证项目评估贯穿始终、行之有效。

第四，优化青少年志愿服务环境。组织青年党员以志愿服务的方式开展主题党日、主题团日活动，推进"员工+志愿者"一体化融合发展，建立"划小服务单元，缩短服务时间，简化服务内容，方便职工参与，加大激励力度，形成长效机制，培养身边榜样"工作规范，员工用实际行动参与志愿工作，服务青少年、爱护青少年、引导青少年。不断推出志愿服务优秀典型，为青少年志愿者做榜样。截至2023年12月，已培育42名北京市五星级志愿者、17个青少中心五星级志愿者，1名志愿者被推选为北京市2022年首都学雷锋志愿服务"五个100"先进典型最美志愿者。

三　宋基会青少年志愿服务品牌项目

经过多年探索，宋基会逐步形成了多个青少年志愿服务品牌项目。这里选取其中三个进行介绍：助力青少年志愿服务发展的"青少年志愿者青苗成长计划"（以下简称"青苗"计划）、促进青少年参与可持续发展的"可持续发展青少年在行动——加油小河长"项目（以下简称"加油小河长"项目）、以理论研究推动实践提升的"金钥匙"行动（以下简称"金钥匙"行动）。

（一）"青苗"计划，助力青少年志愿服务发展

1. 项目背景

随着素质教育的推进和人才培养观念的深化，志愿服务开始深入走进青少年的学习生活，以"好伙伴"身份，助力青少年健康成长。在周末、节假日参加志愿服务，体验社会生活，已成为当下青少年校外生活的新潮流。为满足青少年参与志愿服务的现实需求和成长需要，通过课题调研、专家论证，青少中心志愿服务总队于2018年6月发起"青苗"计划，以志愿精神为引领，树立青少年主体地位，悉心培育祖国"青苗"，助力其实现向阳生长。

2. 组织运行

在机制建设方面，"青苗"计划设计实施之初，即开展区域化点对点的学校合作机制，通过"学校组织推荐-项目考核选拔"方式，联动家庭、社会力量参与，逐步建立起稳定、可持续的志愿平台。经过探索和实践，项目完善并形成"招募—培训—实践—考核—激励—评估—反馈"的闭环式运行逻辑，以青少中心场馆教育资源为基础，开设特色实践岗位（"小小志愿讲解员""展项活动设计小帮手""文明服务引导员"），推广"青少年服务青少年"的志愿模式，营造同龄群体之间志愿行为示范和志愿精神传播的育人场景。

在项目实施方面，分为寒暑假集中培训（利用假期时间开展五天制的场馆实地志愿培训与体验）和常态化志愿实践（上学期间利用周末和节假日开展岗位服务）两个阶段，在"学"和"做"中，青少年志愿者可体验志愿奉献的快乐和意义，实现自我成长。经过项目考核认证，青少年志愿者可获得实践证书，记录志愿时长，加入青少年志愿人才储备库。项目采用"孵化器"理念，设置进阶式志愿成长课堂，鼓励有经验的青少年志愿者发挥自身特长，开展专业化志愿岗位服务（如才艺小讲堂、手工制作小能手等）。随着年龄的增长，小志愿者们可以进一步选择参加相匹配的志愿项目活动，让志愿真正成为一种学习生活方式。青少年志愿者用实际行动彰显担当，引领示范。在"手拉手"的连锁效应中，越来越多的青少年被带动和感召，主动加入志愿队伍，冉冉志愿新星不断汇聚，勾勒出青少年志愿服务新生态。

在运维管理方面，创新设计推广青少年志愿者服务记录手册，推行项目管理日志。从制度化、规范化要求出发，项目制定实施制度手册，严格按照流程管理项目。建立稳定、高效的运行团队，成员主体全部由志愿者组成，专职志愿者、家长志愿者、中心教师志愿者组成项目执行团队，聘请知名志愿专家团队提供业务指导。

3. 项目成果

"青苗"计划搭建了具有中国特色的青少年志愿服务成长平台，是"课程研发、国际交流、学术研究"三位一体青少年志愿服务体系的具象体现。截至 2023 年 6 月 30 日，"青苗"计划已覆盖北京市的东城、西城、海淀、朝阳、丰台五大核心区域，并辐射周边区县。与 12 所中小学校建立项目合作关系，开发志愿服务岗位 94 个，5300 人次参与，受益规模 8 万余人，累计志愿服务时长达到 2 万小时，共有 834 名中小学生志愿者加入青少年志愿人才库。项目得到行业部门的积极肯定，并受到社会的广泛关注。2018 年 8 月，全国政协社会和法制委员会到青少中心调研志愿服务工作，对"青苗"计划给予积极肯定；2019 年，该项目获得中国志愿服务联合会"学雷锋志愿服务支持项目"专项资金奖励；2020 年，该项目获得中国青年志愿服务

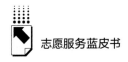

项目大赛、北京市志愿服务项目大赛金奖，还得到人民网、新华社、《中国日报》、《北京教育》等媒体和行业报纸杂志的关注和报道。

（二）"加油小河长"项目，促进青少年参与可持续发展

1. 项目背景

河流、湖泊是自然生态系统的重要组成部分，在当今时代，其正遭受来自生活、工业和农业排放的污染。不仅河湖中的生命遭到危害，而且人类的健康和发展也受到威胁。世界各地已经开始意识到保护河流的重要性，集中力量对河流进行生态修复。我国实施的河长制是治理河湖的一种成功经验，有效地改善了河湖环境。保护数量繁多的河湖需要大众参与。青少年不仅是其中的重要力量，还将是未来政策的制定者。从2021年起，青少中心携手水利部宣教中心共同开展"加油小河长"项目，用小河长SDGs（联合国可持续发展目标）练习生工作坊这一活动课程，赋能来自北京、福建、杭州、武汉、张掖的150多名青少年志愿者成为小河长，参与守护美丽河湖行动。

2. 指导思想

落实《中国学生发展核心素养》要求。重在培养青少年适应终身发展和社会发展需要的必备品格和关键能力。以"全面发展的人"为核心，涵盖文化基础、自主发展、社会参与三方面，充分展现人文底蕴、科学精神、学会学习、健康生活、责任担当、实践创新六大素养。

践行《中小学综合实践活动课程指导纲要》总目标。让学生能从个体生活、社会生活及与大自然的接触中获得丰富的实践经验，形成并逐步提升对自然、社会和自我之内在联系的整体认识，具有价值体认、责任担当、问题解决、创意物化等方面的意识和能力。学生以小河长志愿者身份实地考察调研，探究河流水资源问题，制订解决问题方案，并将方案设计制作出成果原型。

践行联合国可持续发展目标。聚焦河湖水资源的可持续发展问题是实现SDG6（清洁饮水和卫生设施）的重要行动，帮助青少年从小建立可持续发展的理念，了解、践行可持续发展目标，养成可持续发展意识。

3. 组织运行

"加油小河长"项目经历实训课程研发、志愿者招募、组建线上线下实训群组、课程开展、成果收集与效果跟进、完善资源平台六个步骤。第一,相关课程研发人员确定课程具体内容及形式,明确实训课程目标并完成研发。第二,通过推荐及联系学校发布招募信息,初步获得参与实训意向单位,进一步审核确定最终学生名单。第三,完成学员资料收集、课程物料发放及线上课程授课平台测试等工作,确保实训课程如期顺利进行。第四,课程研发教师团队完成授课,由志愿者团队辅助教学,重点引导青少年了解志愿服务内涵,学习可持续发展目标,运用设计思维发现问题、解决问题并践行方案。第五,收集实训课程产出成果材料,继续跟进河流治理及社区节水可持续发展方案实践效果并进行后续指导。第六,进一步开展青少年志愿服务培训与实践,传播志愿精神,增强和提升青少年参与社会公共生活的主动意识与行动能力。

4. 项目成果

"加油小河长"项目在开展过程中产出了可见的成果,比如一系列经由水利专家、可持续发展专家、科创专家全面赋能的课程,一套"小河长"运用可持续发展理念和科创理念设计、专家指导点评完善形成的治水护水方案和工具,一系列学生工具包和教师工具包。2022年,以项目成果为基础,进一步整合资源,实施第一期科学教师培训,面向全国招募,为来自福建、陕西等地19所中小学开展"小河长"主题教学提供课程内容和方法,通过校内外教师联动,进一步打磨"小河长"课程,助力学校"小河长"主题活动升级与延伸。完成培训后,教师们将运用"小河长"课程工具包面向更广泛的青少年开展活动课程,把"立德树人"融入可持续发展教育和社会实践各环节,让其了解河湖保护工作、联合国可持续发展目标知识,并传授如何运用科技的力量创新河湖监管和治理的手段与方法,最终赋能青少年在社会实践活动中增长才干,真正成为家乡河湖的守望者、宣传讲解的志愿者、建设美丽河湖的创想者。

（三）"金钥匙"行动，以理论研究推动实践提升

1. 项目背景

调查研究是中国共产党的传家宝，是做好各项工作的基本功。充分发挥研究先导作用，是推动青少年志愿服务工作发展的"金钥匙"。"金钥匙"行动以研究中心为依托，以"构建中国特色青少年志愿服务育人体系，培养社会主义合格建设者和可靠接班人"为工作导向，开展以青少中心志愿服务实践为基础、以青少年为主体的志愿服务研究工作。

2. 指导思想

以习近平新时代中国特色社会主义思想为指导，贯彻落实习近平总书记关于新时代中国特色志愿服务的指示精神、完善志愿服务制度和工作体系的时代要求，落实党和国家的教育政策方针，坚持立德树人育人目标，积极培育和践行社会主义核心价值观，秉承和发扬宋庆龄思想宝库中关于青少年教育的指导精神，积极研究探索，努力构建中国特色青少年志愿服务理论与实践体系，以高质量学术研究成果为支撑，发挥群团组织、校外教育平台在新时代育人工作中的重要作用。

3. 任务目标

"金钥匙"行动以青少年志愿服务建设与发展为主要任务，从中国特色青少年志愿服务基础理论研究、青少年志愿服务教育体系研究、国际和港澳台青少年志愿服务研究三个维度设计课题，围绕形成学术成果、制定行业标准、产出政策建议、重点理论与实践研究、青少年志愿服务咨询服务、学术交流、对外合作七个方面开展理论和实践的探索研究，为助力新时期青少年教育事业，推进青少年在国家治理体系和治理能力现代化中发挥积极作用，提供学术支持。

具体有三个目标。第一，围绕构建中国特色青少年志愿服务理论与实践体系总目标，组建专家队伍，开展专题研究，形成一批高质量的理论成果。第二，研究提炼青少中心青少年志愿服务的实践经验，在为青少年志愿服务活动提供支持与指导的基础上，推动青少年志愿服务实践体系，包括校外教育及社会组织青少年志愿服务教育课程体系建设。第三，聚合研究实践成果，建设青少年志愿服务研究与实践品牌，打造形成在国内和国际具有影响力的青少年志愿服务专业研究机构，树立青少年志愿服务领域行业旗帜，为新时期青少年教育事业做出积极贡献。

4. 组织运行

项目式管理。项目（研究课题）负责人组织实施课题申报、课题执行、课题汇报、课题结题等业务工作，重点从研究成果质量、研究计划执行力、资源使用规范性三个维度完成课题任务。

例会沟通机制。项目（研究课题）负责人根据推进情况组织例会，研究中心工作人员提供会务保障，合力实现"上情下达、下情上知"，增强凝聚力，提升工作成效。

总结评估机制。根据项目（研究课题）推进情况，从规范性、科学性、有效性等维度，开展年度工作评估，形成年度工作总结，保障管理的科学性、规范性、有效性。

5. 项目成果

该行动已形成五项学术研究成果。为更好地了解北京地区青少年对志愿服务的认知和参与现状，为完善我国青少年志愿服务实训体系提供数据和理论支撑，研究中心团队对北京市东城、海淀等七个区23所中小学的3348名中小学生展开调查，揭示北京地区中小学生志愿服务认知和参与特点，并在此基础上形成《青少年志愿服务调研报告（北京地区）（2020）》《青少年志愿服务行为指南》《青少年志愿服务培训指导手册》《青少年志愿服务综合实践活动课程建设意见》《青少年志愿服务培训系列视频课程》五项成果。

该行动正在推进三方面工作。一是研究中心的四项重点课题。聚焦青少年志愿服务工作实际，开展全国实证调研，有序推进《中国特色青少年志愿服务概论》《社会教育机构青少年志愿服务教育课程开发》《青少年志愿服务行为规范与法治保障》《中小学生志愿服务对策研究》课题研究及专著编写。二是青少中心的一项重点课题。开展"青少中心青少年志愿服务现

状研究"，立足青少中心实践，在中小学志愿服务项目培育、组织建设、志愿服务"实践育人"成效提升、服务"双减"有效途径等方面，形成研究成果。三是长期咨询指导服务。依据形成的研究成果，结合宋基会青少年志愿服务工作开展情况，发挥专家学者的专业优势，提供高水准的业务指导和咨询服务。

四 宋基会青少年志愿服务未来展望

青少年是民族的希望，青少年志愿服务是培育时代新人的重要抓手，需要不断发展和完善。就目前来看，宋基会青少年志愿服务还不完善，对标党和国家对志愿服务工作、对助力青少年成长成才的要求，还有很大的提升空间。未来，宋基会将进一步把握时代主题、发挥特色优势，秉承"缔造未来"理念，持续推动青少年志愿服务高质量发展，形成与宋基会事业发展相匹配的青少年志愿服务工作新局面。

（一）推进制度规范化建设

一是全面统筹管理青少年志愿服务工作，为志愿者队伍建设、志愿服务项目深化、服务能力和品质提升、研究成果产出与转化、志愿精神弘扬等提供必要保障，发挥志愿者之家的作用，保障青少年志愿者安心服务、幸福服务。二是不断完善志愿服务工作管理办法，在岗位配置、考核激励、研究培训等方面，建立健全相关制度，加强统筹协调，推动管理与考核的科学化、规范化、制度化，形成更加友好的志愿服务环境氛围。三是优化组织保障体系，高效合理调动各部门人力、物力、财力等资源，形成责任明确、协调推动、全员覆盖的志愿服务工作机制，健全志愿者参与和培训工作机制，不断实现"志愿者与基金会一起成长"的发展目标。

（二）推进服务专业化建设

一是不断提升青少年志愿者队伍的专业水平，加强学习培训，不断改进和完善培训计划，系统开展志愿服务精神、标准、技能等培训活动。二是加强理论研究，针对青少年志愿服务遇到的重点和难点问题，及时形成研究成果，为工作决策和落实提供智力支持。三是结合志愿服务实际，落实"开门办会"方针，主动"走出去、引进来"，吸收借鉴国内外志愿服务工作先进经验，并进行本土化改造和创造性转化，因地制宜形成有效举措。四是加强项目品牌建设，按照"专业规范、品质过硬、特色鲜明、创新发展"的标准，提升现有项目质量，开发优质新项目，不断扩大品牌效应。五是持续推进国内、国际志愿服务基地建设，打造青少年志愿服务示范平台。

（三）推进治理现代化建设

一是坚持一切为了青少年，围绕新时代青少年的特点和需求，改进管理的理念和方式方法，充分发挥青少年志愿者的积极性、主动性、创造性，全面优化青少年志愿服务环境。二是深入学习宣传贯彻《未成年人保护法》《志愿服务条例》等法律政策，有效保障青少年志愿者权益。三是强化青少年志愿服务的安全保障，积极防范化解各类风险隐患，加强安全警示教育和防护技能训练，不断提升青少年志愿者自我防护的能力，切实保障志愿服务工作安全、顺利开展。四是加强青少年志愿服务信息化建设，探索运用大数据手段，构建智慧型青少年志愿服务管理体系，及时有效调配青少年志愿服务队伍、项目、专家等资源，提升管理的智能化水平。

参考文献

宋庆龄，1992，《宋庆龄论儿童教育和儿童工作 1927—1981》，上海教育出版社。

2023年中国志愿服务十件大事

2023 年，习近平总书记对志愿服务作出重要指示。2 月 23 日，"把雷锋精神代代传承下去——纪念毛泽东等老一辈革命家为雷锋同志题词六十周年"座谈会在京召开。习近平总书记作出重要指示，强调加强志愿服务保障和支持，不断发展壮大学雷锋志愿服务队伍。[①] 5 月 21 日，习近平总书记给上海市虹口区嘉兴路街道垃圾分类志愿者回信，强调继续发挥志愿者在基层治理中的独特作用。一年来，各地各部门认真学习贯彻习近平总书记的重要指示精神，积极推动志愿服务制度化常态化，不断完善志愿服务制度和工作体系，推动志愿服务事业高质量发展，取得了一系列成果。

一　全国志愿服务工作的统筹规划、协调指导、督促检查等职责划归中央社会工作部

2023 年 3 月，中共中央、国务院印发的《党和国家机构改革方案》提出，组建中央社会工作部，明确将全国志愿服务工作的统筹规划、协调指导、督促检查等职责划入中央社会工作部。

党的二十届二中全会决定组建中央社会工作部，意味着志愿服务工作被纳入党的社会工作体系，充分体现了以习近平同志为核心的党中央对志愿服

---

① 《深刻把握雷锋精神的时代内涵　让雷锋精神在新时代绽放更加璀璨的光芒》，《人民日报》2023 年 2 月 24 日，http://politics.people.com.cn/n1/2023/0224/c1024-32630161.html。

务工作的高度重视，对加强党对志愿服务的全面领导、完善志愿服务制度和工作体系、促进志愿服务事业长远发展具有重要意义。

二 志愿服务立法纳入十四届全国人大常委会立法规划

党的十八大以来，中国特色志愿服务事业得到了长足发展，志愿服务队伍不断壮大，志愿者规模快速增长，志愿服务领域持续拓展。志愿服务在围绕中心、服务大局、保障民生中发挥了重要作用，成为推进基层治理体系和治理能力现代化、提升社会治理效能的有效工作路径。为促进新时代中国特色志愿服务事业深入发展，推动志愿服务制度和工作体系不断完善，志愿服务法已列入十四届全国人大常委会立法规划第一类项目。全国人大社会建设委员会将进一步开展调查研究，全面了解志愿服务情况，认真研究立法中存在的重点难点问题，抓紧起草完善法律草案，争取本届任期内提请全国人大常委会会议审议。

三 应急救援志愿服务引发全社会广泛关注

2023年7月，河北涿州等部分地区遭遇极端强降雨天气，出现严重洪涝灾害；12月18日，甘肃积石山发生6.2级地震，震中及周边民房和水、电、路等基础设施遭到不同程度的损坏。在两次突发自然灾害救援过程中，全国各地应急志愿服务队伍和社会应急力量在现场协调机制的统筹下，及时响应、紧急集结、千里驰援、有序撤离，配合国家综合性消防救援力量，完成人员搜救、群众转移、物资运输、防疫消杀、灾后重建等任务，体现出志愿者的家国情怀和大爱无疆精神。

四 赛会志愿服务大放异彩

在成都大运会、杭州亚运会、"一带一路"峰会等大型赛会活动期间，

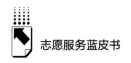

赛会组委会认真选拔、悉心培训、精心配岗，使赛会志愿者在活动中发挥重要作用。成都大运会期间，800余支志愿服务队、1.1万名城市志愿者全力彰显"大运有我"风采，一同引领了"人人都是志愿者"的文明新风尚。杭州亚运会期间，1.37万余名亚运会志愿者坚守工作点位。"一带一路"峰会期间，来自25所高校的1400名志愿者参与咨询引导、语言翻译、媒体、交通等志愿服务活动。

五　大学生志愿服务西部计划二十周年

2023年，大学生志愿服务西部计划实施二十周年。2003年，团中央、教育部、财政部、人力资源和社会保障部联合实施大学生志愿服务西部计划。20年来，在党的领导下，各级共青团联合教育、财政、人社等部门，依托组织优势，广泛发动社会力量，累计选拔派遣超过50万名高校毕业生到以西部地区为主的2000多个县（市、区、旗）开展志愿服务。一批批西部计划志愿者奔向西部、深入基层，让青春之花绽放在祖国最需要的地方，在强国建设、民族复兴伟业中勇当先锋队、突击队，在实现中国梦的伟大实践中书写别样精彩的人生。

六　中国文艺志愿者协会成立十周年

2023年，中国文艺志愿者协会成立十周年。2023年9月，由中国文艺志愿者协会主办、中国文联文艺志愿服务中心承办的"服务中国之治　创造美好生活"——中国文艺志愿服务十年成果展在京开幕。十年来，中国文艺志愿者协会团结带领广大文艺志愿者不断完善志愿服务工作机制、创新志愿服务工作模式、丰富志愿服务活动方式，打通了文艺服务基层的"最后一公里"，做实做强国家、省、市、县、乡、村六级联动的"送文化、种文化、传精神"。

七　文旅部和国家民委启动"春雨工程"

2023年5月，文化和旅游部联合国家民委印发《"春雨工程"——文化和旅游志愿服务边疆行计划实施方案》，创新"春雨工程"工作机制，指导各地采取"走出去+请进来"等方式，推动东中部地区与边疆民族地区文化机构"结对子"，促进各民族文化和旅游常态化交流，汇聚高质量文化和旅游资源以志愿、公益的方式向边疆民族地区流动，增强边疆民族地区文化自我发展能力，推动"春雨工程"实现从"送文化"向"种文化"再到"兴文化"的转变。在各地各单位供需对接基础上，2023年6月，"春雨工程"现场交流和签约活动在新疆伊犁成功举办，集中推出364个高品质的文化和旅游志愿服务项目，其中面向新疆、西藏等地的项目占70%。

八　退役军人事务部开展"传承红色基因
赓续红色血脉"志愿服务活动

2023年3～12月，退役军人事务部开展"传承红色基因　赓续红色血脉"——退役军人关爱青少年志愿服务活动。活动立足发挥退役军人优势作用，助力培塑信念坚定、崇尚英雄、关心国防、堪当重任的时代新人，精心设计"四个一"规定动作，即开展一组主题宣讲、举行一次升旗仪式、祭扫一次烈士陵园、进行一次国防教育。各地在此基础上结合实际，创新开展自主活动。活动开展以来，各级退役军人服务中心（站）深入动员、精心组织，广大退役军人志愿者积极响应、主动作为，累计参与136812人次，开展活动32098场次，服务惠及青少年420万余人次，受到青少年朋友的喜爱和社会各界好评，产生了良好的社会效益，擦亮和展现了中国退役军人志愿服务的红色底色和使命担当。

九　第七届中国青年志愿服务项目大赛暨2023年
志愿服务交流会在广东汕头举办

2023年12月1～3日，第七届中国青年志愿服务项目大赛暨2023年志

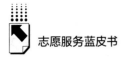

愿服务交流会在广东汕头举办，来自全国各地的青年志愿者、志愿服务组织、专家学者参加了活动。本届志愿服务交流会以"志愿新时代，共筑中国梦"为主题，其间举办了"志愿服务与公益创业"主题研讨会、"粤港澳大湾区志愿服务融合发展"、"大型赛会志愿服务"等5场重点交流会，"海外计划""助残阳光行动"等5场平行交流会，以及多项主题活动。

十　中国科协"惠民兴县"助力乡村振兴

中国科协于2023年8月启动"惠民兴县"科技志愿服务行动。"惠民兴县"科技志愿服务行动充分发挥22个试点县的典型示范带动作用，组织全国县级科协紧贴乡村振兴战略需要和群众所思所盼，围绕助力产业发展、培养乡土人才、建设美丽乡村、丰富精神生活、补齐服务短板等现实需求设计服务项目，引导全国学会、企业高校优质科技资源下沉，团结引领10万多家科技志愿服务组织、400万多名科技志愿者广泛开展科技志愿服务活动数十万场，推动科技志愿服务常态化、便利化、精准化，有效服务地方经济发展、民生福祉和社会建设。

后　记

2022年10月，党的二十大报告明确要求"完善志愿服务制度和工作体系"，为志愿服务事业的发展提出了要求、指明了方向。2023年3月，中共中央、国务院印发了《党和国家机构改革方案》，提出组建中央社会工作部，中央社会工作部划入中央精神文明建设指导委员会办公室的全国志愿服务工作的统筹规划、协调指导、督促检查等职责。这标志着中国特色志愿服务进入新的历史阶段。站在新起点，适时总结、全面掌握2022年我国志愿服务发展现状，解读我国志愿服务在新时代的发展大势，对深入贯彻落实习近平总书记重要指示批示精神，在新时代新征程上持续推进志愿服务事业发展，引领志愿服务事业迈上新台阶，具有十分重要的现实意义。在中央大力推进志愿服务事业发展的背景下，为在传播中国特色志愿服务思想价值、深入把握志愿服务的特点和规律、推动构建中国特色志愿服务理论体系、提供高质量决策咨询服务等方面发挥更大作用，中国社会科学院社会发展战略研究院中国志愿服务研究中心（以下简称"中心"）主持编撰了《中国志愿服务发展报告（2022~2023）》。

本书经历了精细的筹划、资料收集、写作与编排等过程。从调查的准备到提纲的设计、修改，从调查培训到调查开展，从调查指导到调查汇报，从材料使用到报告写作，中心得到了中央文明办各部门领导的关怀、各行业专家的指导和志愿服务实务工作者的帮助，借本书出版之际，向他们致以诚挚的感谢！

　　各地调查员深入田野，收集了大量、翔实的第一手文献资料、访谈资料、视频资料、图片资料等，并在此基础上撰写了调查报告。在此，感谢各位调查员认真负责的态度以及对学术执着求索的品质。本书能够顺利出版，离不开每个人的努力。

Abstract

The year 2022 is the first year for China to embark on a new journey to fully build a modern socialist country and march towards the second centenary goal. The report of the Party's 20th National Congress clearly called for "improving the system and work system of voluntary service", which put forward requirements and pointed out the direction for the development of voluntary service. The voluntary service system with Chinese characteristics has entered a new stage of organization, standardization, institutionalization and legal development. Throughout the year of 2022, China's volunteer service has adhered to the center and served the overall situation, and has made great progress under the leadership of the Party. The construction of relevant systems for volunteer service has reached a new level, community volunteer service has achieved new results, cultural and tourism volunteer service has made new progress, emergency volunteer service has made new breakthroughs, and ecological environment volunteer service has opened a new chapter. Various types of voluntary services in various regions and enterprises have developed vigorously, demonstrating new achievements and new responsibilities in serving major national strategies, making up for weaknesses in basic public services, ensuring and improving people's livelihood, promoting common prosperity and rural revitalization, and advancing the modernization of the national governance system and governance capacity.

In March 2023, the CPC Central Committee and The State Council issued the Reform Plan for Party and State Institutions, and established the Central Social Work Department, which was assigned to the overall planning, coordination, guidance, supervision and inspection of the national voluntary service work of the Office of the Central Spiritual Civilization Construction Steering Committee. The

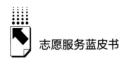
志愿服务蓝皮书

establishment of the Central Department of Social Work is a major measure to implement the spirit of the Party's 20th National Congress, adhere to the problem-oriented Approach, and deepen the reform of the functional system of the Party's social work institutions, and is conducive to upholding and strengthening the centralized and unified leadership of the Party over voluntary service work. To promote the Party's voluntary service work to be more scientific in the establishment of institutions, more optimized in the allocation of functions, more perfect in the system and mechanism, and more efficient in operation and management is conducive to comprehensively promoting the development of the voluntary service system with Chinese characteristics to meet the requirements of the socialist modern country.

Standing at a new starting point, earnestly reviewing and summarizing the significant innovations and important progress of China's voluntary service in 2022 is of great practical significance to deeply implement the important instructions and directives of General Secretary Xi Jinping. This is of great practical significance for promoting the development of voluntary service in the new era and leading the cause of voluntary service to a new level as well. Therefore, the Chinese Centre of Volunteering Research of the National Institute of Social Development of the Chinese Academy of Social Sciences has compiled the Report on the Development of Voluntary Services in China (2022—2023) (hereinafter referred to as the Report) . The Report consists of general reports, sub-reports, sectoral reports, regional reports, corporate reports, international reports and IMF reports. Among them, the general report system summarized the new development of volunteer service in China since the 18th National Congress of the Party, comprehensively interpreted the new goals, new tasks and new missions of volunteer service with Chinese characteristics, and scientifically prospected the new acts, new responsibilities and new directions of volunteer service with Chinese characteristics. The sub-report, department report, regional report, enterprise report and IMF report adopt the method of combining empirical research and theoretical research to investigate the development of volunteer service from different levels, summarize and refine the grass-roots work mode of volunteer service in the case analysis, and interpret and summarize the new experience, new situation and new progress of volunteer service with Chinese characteristics with big data and practical cases. In addition, the international report also describes the development of volunteerism in the United Kingdom, Germany and South Korea in depth, and opens up an international perspective for the development of volunteerism with Chinese characteristics.

Keywords: Volunteer Service; Central Social Work Department; the Party Building

Contents

I   General Report

Abstract: Since the 18th National Congress of the Communist Party of China, our country's volunteer service has achieved significant policy and systemic breakthroughs, as well as notable progress in practice. These advancements are primarily manifested in the following aspects: Party leadership guides volunteer service towards the right direction; Volunteer service becomes grounded and inclusive; Innovative approaches and methods greatly enhance the efficiency and level of social governance through volunteer services; The practice of civilization in the new era activates rural volunteer services, effectively linking comprehensive poverty alleviation with rural revitalization. New Internet technologies empower volunteer services, accelerating their informatization process. Moreover, volunteer services promote the creative transformation and innovative development of outstanding traditional culture. The report from the 20th National Congress of the Communist Party of China explicitly calls for "improving systems and work mechanisms related to volunteer service," presenting new requirements and opportunities for its development. The establishment of a Social Work Department within CPC Central Committee elevates voluntary service to a new level, marking a new stage for this cause in China. Standing at this fresh starting point, it is crucial to carefully review and summarize major innovations and important progress made since the 18th National Congress while deeply comprehending and implementing the spirit outlined by the 20th National Congress—this will significantly contribute to continuously advancing voluntary service with Chinese characteristics during this new era.

Keywords: Volunteer Service; Voluntary Service System; Volunteer Service Work System

Ⅱ   Sub-reports

B.2   The Establishment and Outlook of the Legal Framework for Voluntary Service during the 14th Five-Year Plan Period

Mo Yuchuan, Ren Xiaorong / 018

Abstract: The legal system is an important guarantee for the development of voluntary service. Specifically, the legal system of voluntary service includes two categories: normative law and promotion law, involving laws, regulations, rules, etc. The construction of China's voluntary service legal system in general includes three development stages: germination start, rapid development and standardized development. The development of the legal system of voluntary service in the new era has the following four characteristics: strengthening cultural confidence, building the voluntary service legal system with Chinese characteristics; deepening scientific legislation, promoting the systematization, organization and refinement of the voluntary service legal system; strengthening the leadership of the Party, forming a good situation of joint management of voluntary service; focusing on the main contradiction, expanding the field of voluntary service, and improving the service quality. During the 14th Five - Year Plan period, the legal system of voluntary service with Chinese characteristics has formed a relatively perfect system at the central and local levels, but it is still necessary to solve the legislation at the

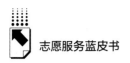

central and local levels and the coordination relationship between the two, and gradually improve the implementation mechanism of the legal system of voluntary service. The current practice focus of the voluntary service legal system is to effectively promote the effective implementation of the Regulations on Voluntary Service. The long-term task is to launch the "Voluntary Service Law" as soon as possible, and form a complete legal standard system and efficient operation mechanism.

Keywords: Volunteer Service; Legal System Construction; Rule of Law System; Voluntary Service Regulations; "Voluntary Service Law"

B.3 The Innovative Approach to the Development of Community Volunteer Service in the Contemporary Era

Huang Xiaoxing, Fang Xinyang / 037

Abstract: Volunteer service is a vital force in promoting the modernization of social governance, with communities serving as crucial arenas for the development of volunteer activities. Moving into the new era, China attaches great importance to the development of community volunteer service, employing multi-pronged approach to propel it into a critical period of high-speed development, allowing community volunteer service to play a pivotal role in uniting social forces, constructing the governance network, and resolving the main contradictions. This article systematically sort out the five historical stages of the institutionalized development of community volunteer service from the dimension of historical evolution, summarizing the characteristics, highlights, and experiences of its current stage, while delving into typical projects and offering prospects for its sustained development. China's community volunteer service has progressed through stages of inception, emergence, development, ascension, and flourishing, gradually showcasing the characteristics of diverse development modes, varied implementation forms, innovative venue creation, stable and efficient team construction, and extensive coverage across various domains. It has been transformed from an "auxiliary force" to a "core force" in community governance. China's community volunteer service has established the development experience adhering to the principles of "the Leadership of Party building", "People-oriented", "Multi-party collaboration" and "Refined governance". On this basis, further efforts are needed to establish a cultural system for community volunteer service, create a reasonable and well-founded development environment, smoothen participation channels for pluralistic subjects, and foster a sustainable service ecosystem.

Keywords: Community Volunteer Service; Community Governance; Institutionalized Development

B . 4　The Current Development Status and Emerging Trends in Chinese Culture and Tourism Volunteer Service

Liang Jingyu, Han Fengying and Fan Qingyue / 065

Abstract: Since the implementation of the "14th Five-Year Plan", culture and tourism volunteer service has been gradually promoted in policy measures, institutional construction, team development, project implementation and other aspects. In particular, many volunteer service project brands with innovative value and distinctive characteristics have been formed in cultural venues, special groups, border ethnic regions, cultural and tourism integration services, digital cultural services and mechanism construction. This research find that while the overall number of cultural and tourism volunteer teams and projects is increasing, there are still issues such as insufficient stability among team members, unbalanced regional development, inadequate interoperability of information platforms, limited participation from socialized forces, and inadequate theoretical research. Based on the requirements of high-quality development in the "14th Five-Year Plan" period, culture and tourism volunteer service needs to further focus on innovation of systems and mechanisms,

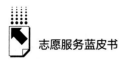
志愿服务蓝皮书

improvement of service systems and quality, improvement of balanced development in group and regional, and improvement of integrated development.

Keywords: Culture and Tourism; Volunteer Service; High-Quality Development

Ⅲ   Department Reports

B.5   The Report on the Advancement of Voluntary
Services by the Ministry of Emergency Management

Zhang Shuwan, *Ma Shuai* / 088

Abstract: Emergency volunteer service is an important component of volunteer service and an important force in preventing and resolving major risks. In recent years, emergency volunteer services in China have received widespread attention and development. Overall, China's emergency volunteer service has made certain achievements in system construction, team building, institutional construction, and practical rescue; Accumulated many outstanding practices and experiences, such as Party building leading emergency volunteer services, information technology empowering emergency volunteer services, brand building achieving emergency volunteer services, and skill training ensuring emergency volunteer services; We have incubated a series of brand projects, such as emergency education projects, emergency training projects, and emergency support projects. In the future, we need to further strengthen the construction of emergency volunteer service teams, improve the emergency volunteer service system, strengthen the theoretical and applied research of emergency volunteer service, promote the incubation of emergency volunteer service projects, and thus play an important role in promoting the modernization of the national governance system and governance capacity.

Keywords: Emergency Volunteer; the Brand Project; Volunteer Service Training

Abstract: Ecological and environmental volunteer services have become the mainstream discourse in building a modern environmental governance system and fulfilling the responsibility proposition of building a community with a shared future for mankind under the new situation. In 2022, under the guidance and promotion of the Ministry of Ecological Environment and the Central Civilization Office and other departments, the ecological environment volunteer service insisted on the characteristic practice path of "mobilizing young ecological environment volunteers, exploring and building a new model of 'ecological civilization + civilization practice', building a multi-level organizational system of 'headquarters+units+characteristic service teams', improving the whole chain of 'base+volunteers+activities' volunteer service, and deeply integrating the Internet and ecological civilization construction", and achieved positive progress and obvious results: citizens' ecological environment awareness gradually improved, green habits gradually developed, ecological environment volunteers became more proactive, and the field of ecological environment volunteer projects was diversified, procedural, and institutionalized.

Keywords: Ecological Environment Volunteer Service; Volunteer Service; Ecological Environment

Abstract: Since the 21st century, museums and the development of

museums become more and more important in China. People love museums, like visiting museums, also want to be a volunteer in museums. Nowadays, volunteers are the most important part in the development of museums. In the past decade, more and more museum volunteers try to work in different departments of museums. The museum volunteers work will establish a comprehensive working-system in China in the future.

Keywords: Museum; Volunteer Service; Volunteer Working-System

Ⅳ Region Reports

B.8 The 2022 Report on Volunteer Service

Development in Henan Province

Wei Leidong, Wang Jingting and Yang Weiwei / 167

Abstract: Based on the research results of the New Era Civilization Practice Volunteer Service in Henan Province conducted by the Henan (Xinxiang) Branch of the China Volunteer Service Research Center in 2023, this article summarizes the development status, challenges, and directions of the New Era Civilization Practice Volunteer Service in Henan Province, providing reference for relevant departments to make decisions. The volunteer service industry in Henan Province has been able to start, develop, and innovate in the context of economic and social modernization in Henan Province, going through three stages: the 1990s, the early 21st century, and after 2018. With the support of the New Era Civilization Practice Center in the new stage, the volunteer service industry in Henan Province has entered a period of rapid growth and development. The strength of the volunteer service team is moving towards aggregation and unity, and volunteer service projects are developing towards precision, convenience, and branding. The supply of volunteer services is more institutionalized, socialized, and specialized, and in the development process, it presents the characteristics of Queshan County, Jiyuan City A series of county-level volunteer service development models, including Sui County. Although the construction and development of the Henan Province New Era Civilization Practice Center has achieved significant results in a short period of time, there are still many problems, mainly manifested in the weak foundation of the development of public welfare and charity undertakings in Henan Province, which limits the financing channels for volunteer organizations; The construction of new era civilization practice institutes and practice stations is affected by regional development, and their substantive role is difficult to play; The participation of social forces in volunteer services for civilized practice is insufficient and the scope is narrow; The willingness to organize volunteer service projects for civilized practice is not strong, and the volunteer capacity is insufficient. In response to the above issues and in the face of new situations and tasks, combined with various information obtained from research, this article proposes the following opinions and suggestions: improving institutional mechanisms, strengthening organizational teams, accurately implementing projects, strengthening business training, providing strong guarantees, and increasing research and interpretation power.

Keywords: a New Era; Practice of Civilization; Volunteer Service; Practice in Henan

Abstract: After more than 30 years of continuous development, volunteer services in Tianjin have achieved significant results and are moving towards the goal of high-quality development. In 2022, Tianjin's volunteer service has been comprehensively promoted, the Civilized Practice Center's volunteer service position has been sound, the ability to coordinate and coordinate volunteer services have been improved, the volunteer service team has steadily developed and grown, the number of volunteer service platforms and carriers have increase continuously, the number of volunteer service projects and brands became increasingly rich, and

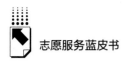
the social atmosphere of volunteer service became increasingly strong. In the field of Ping An volunteer service, Tianjin was committed to improving the fourth level team, expanding service areas, improving management mechanisms, cultivating distinctive brands, and improving and continuously playing a role in models such as "Beichen People", "Hexi Big Sister", and "Nankai Hongshao". In the field of science and technology volunteer services, Tianjin focused on strengthening its team, continuously carrying out activities, and building typical experiences and brand projects. In the field of youth volunteer services, actively improved organizational networks and service projects, continuously expanded the scale of volunteer service teams, rooted in the community to carry out youth volunteer services, and promoted the diversified development of volunteer service brand projects. Tianjin's volunteer service has formed a good foundation and trend, and further development requires efforts to optimize and improve: should continue to develop and strengthen the volunteer service team, improve the volunteer service management system, improve the volunteer service platform and carrier, create diversified projects and brands, strengthen the construction of volunteer service capabilities, and create a strong atmosphere of volunteer service.

Keywords: Volunteer Service; Volunteer Spirit; Safe Volunteer Service; Science and Technology Volunteer Service; Youth Volunteer Service

B. 10 The 2022 Report on the Development of Volunteer Service in Shandong Province

Wang Yuxiang, Qi Congpeng / 212

Abstract: In 2022, Shandong Province gradually improved the system and mechanism of party-led co-governance, established a multi-dimensional and diversified voluntary service team system, strengthened the empowerment of voluntary service position platform, built a brand matrix of voluntary service projects, solidly promoted the institutionalization, projectization, normalization and long-term effect of voluntary service, and strived to build the "Five for" civilized practice voluntary service brand project, the ecological protection and high-quality development of the Yellow River Youth Voluntary Service Brand Project, and actively explored the integrated development model of "social work plus voluntary service". At the same time, there were still some weak links in terms of voluntary participation activity, specialization and projectization of voluntary service, the incentive guarantee, the integration of resources, the construction of the platform and the operation mechanism of voluntary service in Shandong Province. Facing the new development opportunities brought about by the reshaping of the functional system of voluntary service management institutions, Shandong Province needs to further strengthen holistic governance, enhance fine-grained governance, empower the team, and continuously promoting the integrated, innovative, and professional development of volunteer service.

Keywords: Shandong Province; Voluntary Service; Civilization Practice in the New Era

B. 11 The 2022 Report on the Advancement of Voluntary
Services in Hainan Province   *Guo Ran, Wang Luyao* / 231

Abstract: The COVID−19 pandemic poses a significant challenge to the emergency volunteer service system, while also presenting an important opportunity for enhancing the regular volunteer service system and work structure. Since the outbreak of COVID−19, Hainan Province has adhered to a command and coordination mechanism that combines peace and war, resulting in the establishment of a comprehensive and effective mobilization mechanism for volunteer services in epidemic prevention and control. Additionally, Hainan Province has developed a scientific and efficient team-building mechanism for volunteers engaged in epidemic prevention and control, as well as a precise supply pattern, extensive network of volunteer positions, solid support mechanisms ensuring adequate resources for epidemic prevention and control.

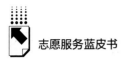
Hainan province has improved its volunteer service system and strengthened its volunteer service system, laying a solid foundation for the future development of regular volunteer service. Based on this, this paper systematically summarizes the situation, working ideas and practical experience of voluntary service for epidemic prevention and control in Hainan Province, and comprehensively presents the existing basis of voluntary service in Hainan province, and the overall framework of Hainan province's normal voluntary service system and working system is constructed.

Keywords: COVID - 19 Pandemic; Voluntary Service; Voluntary Service System

B.12   The 2022 Report on the Development of Volunteer

Service in Zhangjiagang City

Tian Feng, Zhang Shuwan and Wang Luyao / 257

Abstract: The 20th report of the Party proposed the need to enhance the volunteer service system and work system, elevate the societal level of civilization, and present new requirements for the development of volunteer service in our country. Through continuous exploration and practice, Zhangjiagang City adheres to a people-centered approach, regarding volunteer service as a project centered around meeting people's new expectations for an improved quality of life in this era. It systematically promotes the construction of a center for civilized practice by employing "materialized operation, standardized construction, and socialized mobilization". By implementing "resource coordination and integration, perfect system design, and extensive participation from the masses", Zhangjiagang has established a three-dimensional system and work structure for civilized practice volunteer service in this era. This scientific operational mechanism has facilitated profound advancements in civilized practice volunteer service during this era while also forming a distinctive model with Zhangjiagang characteristics.

V   Enterprise Reports

Abstract: Under the leadership of the Central Committee of the Communist Youth League and the Party Committee of the Head Office, and with the promotion of the Industrial and Commercial Bank of China Youth League Committee, the Industrial and Commercial Bank of China Volunteer Service uses the "Youth Volunteer Association" as a unified brand to connect, unite, guide, and gather young volunteers from all over the bank to jointly carry out volunteer service work. It closely follows the national strategic deployment and key tasks of volunteer service in the new era, creates a three-dimensional volunteer service system, builds a professional and young volunteer service team, and relies on the Industrial and Commercial Bank of China Post Station to build a main battlefield for volunteer service. Industrial and Commercial Bank of China adheres to the concept of "love, walk towards the light", relies on key public welfare projects, creates a new model of "finance + volunteer" service, continuously strengthens the brand and cultural construction of volunteer service, effectively fulfills social responsibility, demonstrates corporate responsibility, and enhances the public's sense of gain and happiness.

Keywords: Volunteer Service of Industrial and Commercial Bank of China; Volunteer Service; ICBC Postal Outlet; Finance + Volunteer

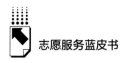
B.14   The Report on Volunteer Service Development by

Bytedance Corporation   *Chen Yongyuan*, *Xu Yutong* / 295

Abstract: ByteDance has developed a sophisticated and methodical approach to corporate volunteering through the Department of Employee Charitable Programs, fostering collaboration across various departments. Supported by the ByteDance Volunteer Association and powered by the ByteCandy Charity-Box App, this initiative is both well-organized and professionally executed. Over the years, ByteDance has established a standardized yet expansive framework centered around six key themes, showcasing a unique "technological public welfare" model. Initiatives such as the "BuzzVideo Barrier-Free Cinema" and the "N.O.C. Coral Protection" project encourage employees to apply their professional skills towards making meaningful contributions. Looking forward, ByteDance is committed to further refining its corporate volunteering strategy, aiming to ensure the sustainability and effectiveness of these valuable efforts.

Keywords: Corporate Volunteering; Technological Public Welfare (Technical Voluntary Service)

VI   International Reports

B.15   Report on the Development of Volunteer

Service in the United Kingdom

Jurgen Grotz, *Zhang Shuwan and Deng Yiyao* / 327

Abstract: Volunteer involvement is a well-known and long-standing social phenomenon in the United Kingdom (UK), which has a broad social base. Based on the latest statistics and case studies, this report explores current theoretical frameworks and research methods for volunteer involvement in academic fields. Firstly, this report reviews the development of volunteer involvement in the United Kingdom from 1945 to the present. Secondly, this report focuses on policy changes and the evolution of the relationship between volunteer involvement in the four nations of the United Kingdom, including England, Wales, Scotland and Northern Ireland. England adheres to the social policy based on the principle of austerity, and its volunteer involvement policy appears to be disengagement by the state. In England, focusing on collaborations between volunteer involving organizations and community organizations or individual citizens, the government decentralizes authority and reduces intervention. The Scottish government stayed directly involved in volunteer service and related activities. The relationships between government and volunteer involvement have become closer. The relationship between the Welsh government and volunteer service is closely linked to the constitutional powers vested in the executive. However, the situation for volunteer organizations in Wales remains precarious due to uncertainty. In Northern Ireland, where the role of volunteer service is limited, the relationship between the government and organizations is fraught with uncertainty. Finally, based on the understanding of today's social and economic development, this report looks into the possible future direction of volunteer involvement.

Keywords: Volunteer Involvement; Volunteer Service; Volunteerism; Volunteer Organisations

B. 16　Volunteer Service Development Report in Germany

Wu Haoyue / 347

Abstract: Volunteer service in Germany is embedded in the social participation and community participation of the public, and the sound development of volunteer service is an important embodiment of social vitality. The principle of subsidiarity is the conceptual basis for the government to build a framework for volunteer service system and lead the development of projects. On this basis, volunteer service organizations have developed steadily, and the rate of individual volunteer participation has basically remained at about 40%. In terms of volunteer participation fields, sports still occupy a dominant position, while

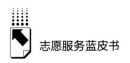
education and environmental protection have received more citizens' attention in recent years. Individual altruistic motivation is the main driving force for volunteer participation, while time and work are the main reasons that hinder people's participation in volunteer services. On this basis, the shortening of single volunteer service hours and informal individual volunteer participation have become the main trends of the development of volunteer service in Germany, the reduction of formal organization members and the lack of managers have become the main dilemmas faced by its development.

Keywords: German Volunteer Service; Citizen Participation; Volunteer Service Organizations

B . 17   Volunteer Service Development Report in South Korea

Bian Chengri, Lu Heng / 379

Abstract: With the great attention of the government, volunteer service in South Korea has developed vigorously, and volunteer service activities have been widely concerned in all fields of society, and volunteer spirit has gradually become the wind vane of South Korean society. Volunteer service in South Korea has experienced the non-institutionalized period, the institutionalized period and the post-institutionalized period, through the formulation of the Basic Law of Volunteer Service activities, the National Basic Plan for the revitalization of volunteer service and other heavyweight laws and regulations, based on the relatively perfect legal foundation and system construction of volunteer service, volunteer service in the modern sense began to flourish. The voluntary service system is based on the volunteer service Revitalization Committee, volunteer service Council, volunteer service center and other organizations, and finally formed a relatively complete central to local volunteer service operation system. The implications for the construction of a voluntary service system with Chinese characteristics are as follows: First, on the basis of laws and regulations, to strengthen the top-level design of voluntary service and make long-term planning, so that voluntary service develops in the direction of legalization and standardization; Second, to advocate the cultivation of diversified voluntary service organizations, and give full play to the social mobilization role of social organizations in the field of voluntary service; Third, to reconstruct the organizational framework and governance system of voluntary service, and form a cross-field cooperation linkage mechanism under the guidance of the work of party building.

Keywords: Volunteer service; Volunteer; South Korea; Voluntary service organization

Ⅶ The Fund Report

B.18 Report on the Development of Youth Volunteer

Service by China Soong Ching Ling Foundation

Zhang Youhui, Sun Chaofan / 403

Abstract: The development of youth volunteer service stands as a clear mandate from the CPC Central Committee. It is not only an intrinsic requirement for the healthy growth of young individuals but also a mission and responsibility entrusted to the China Soong Ching Ling Foundation. Guided by the unwavering belief of "always with the Party" and the visionary concept of "building the future," the foundation has consistently practiced the tenet of "peace, reunification, and the future." Over the years, the China Soong Ching Ling Foundation has played a pivotal role in nurturing young people through volunteer service. By creating a robust practice and research system, it has established a working platform comprising "four bases and two centers." Notably, the foundation has launched impactful programs, including the "Youth Seedling" initiative, the "Cheer Up Little River Chief" project, and the dynamic "Golden Key" action. Looking ahead, the China Soong Ching Ling Foundation is committed to several strategic goals: standardization of youth volunteer services,

professionalization of services, and modernization of Governance. In pursuing these objectives, the China Soong Ching Ling Foundation remains steadfast in its dedication to the high-quality development of Soong Ching Ling's visionary cause "building the future."

Keywords: China Soong Ching Ling Foundation; Teenagers; Volunteer Service

社会科学文献出版社

皮书

智库成果出版与传播平台

❖ 皮书定义 ❖

皮书是对中国与世界发展状况和热点问题进行年度监测，以专业的角度、专家的视野和实证研究方法，针对某一领域或区域现状与发展态势展开分析和预测，具备前沿性、原创性、实证性、连续性、时效性等特点的公开出版物，由一系列权威研究报告组成。

❖ 皮书作者 ❖

皮书系列报告作者以国内外一流研究机构、知名高校等重点智库的研究人员为主，多为相关领域一流专家学者，他们的观点代表了当下学界对中国与世界的现实和未来最高水平的解读与分析。

❖ 皮书荣誉 ❖

皮书作为中国社会科学院基础理论研究与应用对策研究融合发展的代表性成果，不仅是哲学社会科学工作者服务中国特色社会主义现代化建设的重要成果，更是助力中国特色新型智库建设、构建中国特色哲学社会科学"三大体系"的重要平台。皮书系列先后被列入"十二五""十三五""十四五"时期国家重点出版物出版专项规划项目；自2013年起，重点皮书被列入中国社会科学院国家哲学社会科学创新工程项目。

皮书网

（网址：www.pishu.cn）

发布皮书研创资讯，传播皮书精彩内容
引领皮书出版潮流，打造皮书服务平台

栏目设置

◆ 关于皮书

何谓皮书、皮书分类、皮书大事记、
皮书荣誉、皮书出版第一人、皮书编辑部

◆ 最新资讯

通知公告、新闻动态、媒体聚焦、
网站专题、视频直播、下载专区

◆ 皮书研创

皮书规范、皮书出版、
皮书研究、研创团队

◆ 皮书评奖评价

指标体系、皮书评价、皮书评奖

所获荣誉

◆ 2008 年、2011 年、2014 年，皮书网均
在全国新闻出版业网站荣誉评选中获得
"最具商业价值网站"称号；
◆ 2012 年，获得"出版业网站百强"称号。

网库合一

2014年，皮书网与皮书数据库端口合
一，实现资源共享，搭建智库成果融合创
新平台。

皮书网

"皮书说"
微信公众号

权威报告・连续出版・独家资源

皮书数据库
ANNUAL REPORT(YEARBOOK)
DATABASE

分析解读当下中国发展变迁的高端智库平台

所获荣誉

- 2022年，入选技术赋能"新闻+"推荐案例
- 2020年，入选全国新闻出版深度融合发展创新案例
- 2019年，入选国家新闻出版署数字出版精品遴选推荐计划
- 2016年，入选"十三五"国家重点电子出版物出版规划骨干工程
- 2013年，荣获"中国出版政府奖・网络出版物奖"提名奖

皮书数据库

"社科数托邦"
微信公众号

成为用户

　　登录网址www.pishu.com.cn访问皮书数据库网站或下载皮书数据库APP，通过手机号码验证或邮箱验证即可成为皮书数据库用户。

用户福利

- 已注册用户购书后可免费获赠100元皮书数据库充值卡。刮开充值卡涂层获取充值密码，登录并进入"会员中心"—"在线充值"—"充值卡充值"，充值成功即可购买和查看数据库内容。
- 用户福利最终解释权归社会科学文献出版社所有。

数据库服务热线：010-59367265
数据库服务QQ：2475522410
数据库服务邮箱：database@ssap.cn
图书销售热线：010-59367070/7028
图书服务QQ：1265056568
图书服务邮箱：duzhe@ssap.cn

社会科学文献出版社 皮书系列
SOCIAL SCIENCES ACADEMIC PRESS (CHINA)

卡号：182999294841
密码：

S 基本子库
SUB DATABASE

中国社会发展数据库（下设 12 个专题子库）

紧扣人口、政治、外交、法律、教育、医疗卫生、资源环境等 12 个社会发展领域的前沿和热点，全面整合专业著作、智库报告、学术资讯、调研数据等类型资源，帮助用户追踪中国社会发展动态、研究社会发展战略与政策、了解社会热点问题、分析社会发展趋势。

中国经济发展数据库（下设 12 专题子库）

内容涵盖宏观经济、产业经济、工业经济、农业经济、财政金融、房地产经济、城市经济、商业贸易等 12 个重点经济领域，为把握经济运行态势、洞察经济发展规律、研判经济发展趋势、进行经济调控决策提供参考和依据。

中国行业发展数据库（下设 17 个专题子库）

以中国国民经济行业分类为依据，覆盖金融业、旅游业、交通运输业、能源矿产业、制造业等 100 多个行业，跟踪分析国民经济相关行业市场运行状况和政策导向，汇集行业发展前沿资讯，为投资、从业及各种经济决策提供理论支撑和实践指导。

中国区域发展数据库（下设 4 个专题子库）

对中国特定区域内的经济、社会、文化等领域现状与发展情况进行深度分析和预测，涉及省级行政区、城市群、城市、农村等不同维度，研究层级至县及县以下行政区，为学者研究地方经济社会宏观态势、经验模式、发展案例提供支撑，为地方政府决策提供参考。

中国文化传媒数据库（下设 18 个专题子库）

内容覆盖文化产业、新闻传播、电影娱乐、文学艺术、群众文化、图书情报等 18 个重点研究领域，聚焦文化传媒领域发展前沿、热点话题、行业实践，服务用户的教学科研、文化投资、企业规划等需要。

世界经济与国际关系数据库（下设 6 个专题子库）

整合世界经济、国际政治、世界文化与科技、全球性问题、国际组织与国际法、区域研究 6 大领域研究成果，对世界经济形势、国际形势进行连续性深度分析，对年度热点问题进行专题解读，为研判全球发展趋势提供事实和数据支持。

法律声明

"皮书系列"（含蓝皮书、绿皮书、黄皮书）之品牌由社会科学文献出版社最早使用并持续至今，现已被中国图书行业所熟知。"皮书系列"的相关商标已在国家商标管理部门商标局注册，包括但不限于LOGO（ ▨ ）、皮书、Pishu、经济蓝皮书、社会蓝皮书等。"皮书系列"图书的注册商标专用权及封面设计、版式设计的著作权均为社会科学文献出版社所有。未经社会科学文献出版社书面授权许可，任何使用与"皮书系列"图书注册商标、封面设计、版式设计相同或者近似的文字、图形或其组合的行为均系侵权行为。

经作者授权，本书的专有出版权及信息网络传播权等为社会科学文献出版社享有。未经社会科学文献出版社书面授权许可，任何就本书内容的复制、发行或以数字形式进行网络传播的行为均系侵权行为。

社会科学文献出版社将通过法律途径追究上述侵权行为的法律责任，维护自身合法权益。

欢迎社会各界人士对侵犯社会科学文献出版社上述权利的侵权行为进行举报。电话：010-59367121，电子邮箱：fawubu@ssap.cn。

社会科学文献出版社